国家图书馆年鉴

National Library of China Yearbook

2019

国 家 图 书 馆 出 版 社

图书在版编目（CIP）数据

国家图书馆年鉴 . 2019/ 国家图书馆编 . —北京 : 国家图书馆出版社 , 2019.12
ISBN 978-7-5013-6857-0

Ⅰ . ①国…　Ⅱ . ①国…　Ⅲ . ①中国国家图书馆—2019—年鉴　Ⅳ . ① G259.251-54

中国版本图书馆 CIP 数据核字 (2019) 第 205037 号

书　　名　国家图书馆年鉴 2019
著　　者　国家图书馆　编
责任编辑　高　爽　张　颀　王炳乾　唐　澈
封面设计　凡华（北京）文化传媒有限公司

出版发行　国家图书馆出版社（北京市西城区文津街 7 号　100034）
（原书目文献出版社　北京图书馆出版社）
010-66114536　63802249　nlcpress@nlc.cn（邮购）
网　　址　http://www.nlcpress.com
印　　装　北京华艺斋古籍印务有限公司
版次印次　2019 年 12 月第 1 版　2019 年 12 月第 1 次印刷

开　　本　889 × 1194（毫米）1/16
印　　张　26
字　　数　612 千字
书　　号　ISBN 978-7-5013-6857-0
定　　价　580.00 元

撰稿人（按姓氏笔画排序）：

丁　政　于　茜　于　瑞　于良杰　于菲菲　万　静　卫萌萌　马　涛
马　骏　马　超　马　静　马赵扬　王　欢　王　丽　王　沛　王　洋
王　娟　王　楠　王　新　王　蕊　王　燕　王　薇　王　融　王旭东
王宇强　王佳欢　王彦侨　王杜杰　王娣娣　韦　伟　古　娟　戈　岳
毛　瑞　方　怡　尹汉超　叶　茜　叶升阳　申子超　申庆月　申晓娟
田　颖　田周玲　只莹莹　代　坤　白云娇　宁三香　司领超　边　靖
毕朦予　吕婷婷　朱　莺　朱庆华　乔　娜　任昳霏　任思琪　全凤燕
刘　伟　刘　俊　刘　贺　刘　瑛　刘　雅　刘小川　刘丽娜　刘英赫
刘金哲　刘晶晶　刘源泓　闫　征　安载良　许玉梅　孙　乐　孙　丽
孙　俊　孙　倩　孙　阔　孙伯阳　杜　鹃　李　丹　李　帅　李　进
李　杉　李　诺　李　彬　李　婧　李　强　李　楠　李　静　李一秀
李文蕾　李东杰　李金涛　李泽岩　李思涵　李莹菲　杨　凡　杨　帆
杨经玮　杨晓微　杨海帆　肖慧琛　吴　凯　吴　洋　邱奉捷　何昊辰
冷　熠　辛　璐　宋　辰　宋　凯　宋仁霞　张　洁　张　涛　张　雪
张　楠　张　煦　张　鹏　张亚清　张收棉　张红霞　张若冰　张国庆
张珊珊（典藏阅览部）　张倩竹　张蕾累　陈　琳　陈月婷　陈英敏
陈国丽　陈魏玮　邵颖超　武　翰　苗文叶　苗璐珺　范梦璐　林　荣
金文昌　周一虹　郑　伟　屈　凯　孟　征　孟　修　赵　悦　赵　爽
赵　磊（离退休干部处）　赵　磊（保卫处）　赵丹丹　赵丹阳　赵文友　赵金柱
赵建国　赵荣荣　赵洪雅　赵海英　赵银芳　赵媛媛　郝玉凯　郝金敏
荣　杰　胡　泊　胡　洁　胡宏哲　姜晓曦　宣艺瑶　姚　迎　贺　燕
索　晶　贾　贝　徐　燕　徐云平　高　爽　高　博　郭　妮　郭　炯
唐　书　黄　晴　黄　静（党群工作办公室）　黄　静（社会教育部）　黄　鑫
黄炜宇　黄梦洁　曹丽萍　常慧慧　章　遥　梁　淳　梁钜霄　梁爱梅
彭增光　董　婧　韩　华　韩　玲　韩　萌　韩　尉　韩　超　韩新月
景　晶　程天舒　敦文杰　谢　丰　谢万幸　谢冬荣　槐　燕　雷　亮
路龙惠　解天龙　廉洪霞　蔡　丹　裴书静　廖永霞　樊　桦　潘常青
薛　雪　穆浴阳　魏　然

编辑说明

一、《国家图书馆年鉴》力图系统、全面记录国家图书馆年度事业发展进程，着眼于记录主要事件，反映年度工作，保存重要数据，提供决策参考，服务业界社会。首卷出版于2011年，此后每年编辑出版一卷。

二、《国家图书馆年鉴》由国家图书馆主办，编纂工作由国家图书馆研究院《国家图书馆年鉴》编辑部主持。

三、《国家图书馆年鉴2019》反映2018年国家图书馆事业的发展状况。

四、《国家图书馆年鉴2019》正文采用分类编辑法。全文由综述、特别记载、基础业务工作、服务工作、国家数字图书馆建设与服务、重点文化工程及项目、文献整理与编辑出版、学术与科研、对外交流与合作、机构与人事管理、设施建设与安全保卫、党建与群团活动、统计资料、重要文件选编、媒体报道、年度大事记以及综合索引等部分构成。

目 录

综　述

综 述

2018年是贯彻落实党的十九大精神的开局之年，是改革开放40周年，是决胜全面建成小康社会、实施“十三五”规划承上启下的关键一年。在文化和旅游部党组的正确领导下，在各有关司局和直属单位以及社会各方面的关心与支持下，国家图书馆领导班子带领全馆干部员工，坚持以习近平新时代中国特色社会主义思想为统领，全面贯彻落实党的十九大和十九届二中、三中全会精神，坚持党政同责、一岗双责，自觉承担举旗帜、聚民心、育新人、兴文化、展形象的使命任务，特别是围绕《中华人民共和国公共图书馆法》所规定的国家图书馆特殊职能和公共服务功能，将贯彻落实法律要求贯穿到全年业务工作始终，以改革发展为动力，以提升效能为目标，脚踏实地、开拓创新，稳扎稳打规范内部管理，善作善成提升公共文化服务效能，尽心尽力维护干部职工切身利益，有效激发员工干事创业积极性和创新发展动力，圆满完成全年各项工作任务，为促进现代公共文化服务体系建设，传承弘扬中华优秀传统文化做出新贡献。

一、坚持党政同责、一岗双责，扎实推进党建工作

（一）全面落实从严治党主体责任

深入推进“两学一做”常态化制度化，抓细抓实抓好“三会一课”、党员民主评议等组织生活制度，全年共召开党委会11次，中心组学习会7次，馆班子成员分别结合主管工作讲授党课；全年新发展党员9人，预备党员转正10人。坚持党政统筹原则，由部门主要领导负责党建工作，班子成员负责纪检工作，完成全馆23个支部的调整及改选，进一步增强基层党组织的引领力、凝聚力、统筹力、战斗力。以学习贯彻《中国共产党支部工作条例（试行）》为契机，对新一届121名支委开展专题培训。在推进法人治理结构改革工作中，坚持党的领导，在《国家图书馆章程（草案）》中专门设立“中共国家图书馆委员会”一章，明确理事会有限决策和监督、管理层自主履行日常管理职责、党组织发挥战斗堡垒作用相统一的改革思路。

（二）扎实推进“两学一做”学习教育常态化制度化

深入学习贯彻习近平新时代中国特色社会主义思想和党的十九大精神，发挥党委理论中心组的学习带动作用，组织全馆党员干部深入学习党章党规党纪，树牢“四个意识”，坚定“四个自信”，坚决做到“两个维护”，结合本馆实际学习全国宣传思想工作会议精神。组织开展“践行‘两学一做’要求，传承弘扬国图精神，为国图事业发展立新功”主题征文活动，45篇作品获奖，

5个党支部获优秀组织奖。通过图书推荐、专架展陈、专题研讨、报告会、座谈交流、专题培训等方式，在国家图书馆广大员工中深入开展“弘扬爱国奋斗精神、建功立业新时代”活动。开展形式多样的党员学习教育活动，通过“不忘初心 牢记使命”主题党日党课、学习原著、收听收看纪念马克思诞辰200周年大会和庆祝改革开放40周年大会实况直播等活动，切实加强党员干部思想政治工作，提高党员队伍的整体素质能力。

（三）全力做好巡视整改任务

遵照部党组统一部署，由党政主要领导牵头，成立巡视整改工作领导小组，对照《中央巡视整改问题、任务、责任清单》和《巡视检查意识形态工作责任制问题、任务、责任清单》，将巡视整改与加强党建、推进业务统筹研究、统筹安排、统筹部署，扎实推进整改任务落实，使巡视整改成为事业发展的强效助推剂。将警示教育月活动与建立健全党风廉政建设长效机制结合起来，党政主要领导牵头负责，成立国家图书馆警示教育月活动领导小组；研究制定《国家图书馆开展警示教育月活动工作方案》，23个支部分别制定本支部工作方案；在组织全馆党员干部学习原著、观看教育片、参观廉政教育基地的基础上，结合国家图书馆实际情况，以各支部、各部处为单位全面梳理排查廉政风险点和党建薄弱点，研究制定整改方案；以支部为单位召开专题组织生活会，中层干部、科组长及部分关键岗位员工参加，对照反面典型，对照六项纪律，认真剖析党组织和党员个人在党风党纪、廉洁从政等方面存在的薄弱环节。通过开展警示教育月活动，国家图书馆党风廉政建设水平和管理水平得到明显提升。认真贯彻落实中央八项规定精神，修订《国家图书馆关于进一步贯彻落实中央八项规定精神的实施意见》，驰而不息纠正“四风”，加强节前宣传教育、节日期间监督检查，强化制度建设，巩固长效机制。

（四）严格落实意识形态工作责任制

充分发挥国家图书馆文化阵地作用，把意识形态工作纳入重要议事日程，积极培育和践行社会主义核心价值观。制定《国家图书馆意识形态工作责任制实施办法》，结合实际提出意识形态工作任务清单，逐级落实意识形态工作责任制，责任到岗，责任到人。完善意识形态风险定期研判制度，对全馆意识形态工作风险点进行系统排查，健全协调联动机制，抓早抓小、防微杜渐，强化日常管理监督。将意识形态安全教育培训纳入员工培训计划，纳入党建专题学习，切实加强馆领导对分管领域意识形态工作的管理责任，切实加强对中层干部、支委委员、关键岗位员工和青年员工的意识形态教育，强化责任担当。完善网络空间风险排查制度，严格执行新闻宣传归口管理制度，制定《敏感文献筛查业务工作规范》和《涉密文献筛查业务工作规范》，确保全馆在举办活动、开展服务、提供文献、编印刊物、文献开发，以及社会合作等方面大力弘扬主流意识形态，始终保持正确政治方向。

二、完善分层服务体系，不断提升公共服务效能

（一）为国家立法和决策服务的新型智库建设持续推进

改版人大代表服务平台和政协委员服务平台，全方位提升数字服务效能，平台点击量呈现快速增长，达过去五年累计点击量的三倍；创新推出政协委员阅览卡，累计发放1243张，受到广泛欢迎；“人工智能的发展与对策”参阅资料被编入全国政协双周会会议资料；为领导人出访及国务活动提供以故事形式整理的专题资料集，获领导批示肯定；与全国人大信息中心合作建设国家法律法规数据库；大力支持最高人民法院数字图书馆建设，筹建海关总署、军事科学院分馆；全年举办12场部级领导干部历史文化讲座均受到好评；举办立法决策服务成果展，全面展示20年来的发展成绩和服务成果；全年为党政军提供咨询服务1651件，编制经济、文化、外交、国防、民政、海外智库等领域专报10余种824期，获有关部门专门致函表扬。

（二）到馆服务与网络服务融合发展

全年共接待到馆读者545.85万人次，解答各类咨询112.57万件，文献流通2549.95万册次；举办公益性展览、讲座、培训2278场次，演出128场次，共惠及129.90万人次。网站访问量达7.85亿次；国家数字图书馆实名注册用户超过1194万人，覆盖全国所有省、市、自治区和港澳台地区；互联网电视用户覆盖全国26个省市1.1亿用户，以及190个国家地区的600万用户；国家图书馆官方微博用户总数超过28万人，较上一年度增长28%；官方微信订阅号用户总数29万余人，较上一年度增长45%，全年文章阅读量达94万人次；国家图书馆官方微信订阅号、国家数字图书馆客户端分别荣登2017年度“微信贡献力十佳榜单”与“APP用户服务十佳榜单”。开展儿童阅读推广进校园系列活动，全年接待少年儿童读者33.95万人次，举办周末故事会、低幼悦读会、文津少儿讲坛等活动，5000余人次参与。举办老年课堂等培训30场，累计培训老年读者2500余人次。到馆服务与网络服务并重的服务格局日趋完善。

（三）特色服务品牌效益凸显

国图公开课全年共发布66期，累计时长1538小时；平台点击量近7159.70万次，约为前三年总和的3倍；举办4场线下活动，在多个网络平台直播，68.86万人次观看；“汉字与中华文化”“丝绸之路与丝路之绸”等系列课程入选第八届“书香燕京——北京市中小学阅读指导活动”推荐书目及视频；在人民网公开课频道开设专区，为全国110万注册学生提供优质资源。第十三届文津图书奖评选获奖图书9种，推荐图书51种，联合全国40余家图书馆同步举办获奖图书展览，参与评选推广的图书馆数量达到179家，较上届增长12%，在北京外国语大学和北京小学设立文津书架，联合北京人民广播电台推出3期文津图书奖专题直播活动，联合盲文出版社推出“文津听书”，出版《文津重读：历届“文津图书奖”获奖作者讲座集萃》。M地铁·图书馆项目推出“狗年·故事”“听见童年”等专题资源，在地铁站举办专题展览和微信互动活动。中国记忆

项目重点抢救珍贵资源，采集普米族影像资料、当代重要学者口述资料、日本侵华殖民教育亲历者口述资料等528小时。文津经典诵读项目开展“致敬经典·古韵弥新”五周年展览、古诗词原创作品征集、拟古诗优秀作品选展等系列活动，社会公众踊跃参与。

（四）国家典籍博物馆社会影响力日益增强

结合重大活动、重要时间节点举办专题展览24场，交流展9场，大中小学巡展14场，接待参观79.78万人次，提供讲解服务3722场次。“旷世宏编　文献大成——国家图书馆藏《永乐大典》文献展”“书卷为媒　友谊长青——日本永青文库捐赠汉籍入藏中国国家图书馆展”“问祖寻根——姓氏文化主题展”“器用为尚——文房艺术与文人生活特展”“不忘初心　牢记使命——中国书法家协会第七届理事书法作品展”“‘一带一路’非中艺术交流展”等展览社会反响热烈，永乐大典专题展览在新闻联播头条播报。结合国图实际，探索文化和旅游融合发展路径，通过诗词朗诵、短剧表演、手工体验、抄写经典等寓教于乐的方式开展“悦读之旅”品牌活动，推出3条特色路线；策划开展首届“海淀区研学旅游季系列活动”，举办征文、推介会、研学线路体验、研学论坛等活动；入选“全国中小学生研学实践教育基地”。举办首届“全国图书馆文化创意产品开发联盟年会”，联盟成员馆达116家；“全国图书馆文化创意产品开发一体化平台”和“全国图书馆文化创意产品开发联盟天猫旗舰店”正式上线；与上海自贸区管委会、北京大学汉学家研修基地等机构开展合作，全年共开发文创产品超过100种；积极推广展示文创开发成果，获第十届中国国际旅游商品博览会“博物馆文创系列产品推介奖”和第八届中国博物馆及相关产品与技术博览会“弘博奖·最佳展示奖”。

（五）科技创新服务扎实推进

国家图书馆科学评价中心联合企业共同举办知识产权信息服务业务交流活动；为多家科研机构提供基于大数据分析、可视化呈现的科学评价报告，呈现效果良好。制作完成1000余个动漫数字文化创意素材资源，国家动漫公共素材库资源平台年均访问量超过20万人次。全年完成重点科研教育单位信息咨询10162件；接受文献传递、馆际互借、国际互借请求43110件，满足率82.44%，面向重点教育科研生产单位的专业服务能力进一步提升。

（六）文化扶贫深入开展

组织召开全国图书馆文化帮扶工作会议，联合全国省级图书馆共同商讨文化帮扶工作模式。紧密结合贫困地区文化需求，精心筹划项目，开展精准文化扶贫。面向67家贫困县图书馆提供援建资源约72万册/件；搭建“基层数字图书馆”，遴选约1.5TB数字资源为基层用户提供服务；通过数字图书馆推广工程专网，分别向西藏、新疆等地各级图书馆提供16万种中文图书、1.23万种中文期刊等普适类优秀数字资源。以选派优秀干部挂职锻炼、“订单式”人才援藏等形式，为西藏地区图书馆提供专业指导和技术支持。邀请知名专家为新疆各地州图书馆古籍保护工作者授课，大力拓展线上线下相结合的基层馆员培训服务。

三、加强国家总书库与总书目建设，持续增强资源保障能力

（一）文献采集工作有序开展

稳步推进文献交存工作，积极宣讲《公共图书馆法》，加大催缺力度，提升出版机构文献交存意识，中文图书、期刊、报纸交存率分别达到78.2%、96.1%和69%，均比去年有所提升。全年入藏各类型文献约132.57万册/件，采集网站2.58万个，接受日本永青文库捐赠汉籍36种4175册，入藏杨献珍、刘季平手稿等一批珍贵文献，馆藏文献总量达3901.19万册/件。完成馆藏民国时期图书等文献数字化60127种、视频资源数字化约1296小时，建设12个专题网站和2个特殊群体服务网站内容，数字资源存储总量达1960.91TB。国家文献信息资源总库规模不断增长，载体形态日益多样。

（二）文献信息资源整合揭示不断深入

全年制作书目数据68.19万条；文津搜索系统扩容项目正式上线，整合元数据达到3.6亿条；完成29个资源库72万条实体馆藏资源元数据改造；建设关联数据注册与服务平台，完成25.8万条数据的处理、转换、灌装和可视化展示；通过元数据仓储系统，实现对外购数据库、自建书目、征集资料共计约647万条元数据的统一管理。实施《国家图书馆外文文献资源RDA本地政策声明暨书目记录操作细则》，受邀担任RDA理事会亚洲地区国家机构代表。进一步细化中文名称规范编制规则，开发基于互联网环境的《中国图书馆分类法》与《中国分类主题词表》修订维护系统。国家文献信息资源总目建设基础不断夯实。

（三）文献信息保存保护水平稳步提升

总体规划部署图书、期刊、报纸、数字资源、缩微制品等各类型文献保存保护工作，全年修复各类纸质文献1109册/件，其中“天禄琳琅”专项50册/件、西夏文献32册/件；修复缩微胶片1250卷，民国图书、期刊缩微复制工作基本完成，核查国家缩微母片库房醋酸片保存状况，采取针对性保护措施；实现139.6TB数字资源的长期保存；加强善本库房的安全巡视和温湿度防虫检查，开展古籍装具的制造及替换工作；古籍保护科技文化和旅游部重点实验室试运行；通过装具配备、库房改造、文献调整，纸质文献数字化、缩微复制等方式，整体提升文献保存保护水平。在国家图书馆文献搬迁工作领导小组的领导下，在现场指挥部的统一组织下，来自全馆各部处、各支部青年员工组成的文献搬迁志愿者队伍，历时38天，顺利完成天竺库房6.7万箱共计600余万册文献的安全搬迁，志愿者用自己的实际行动践行了百年国图精神。

四、深入实施重点文化工程项目，不断提高传统文化典籍保存保护及整理利用水平

（一）中华古籍保护计划进展顺利

24省古籍普查工作基本完成，全国古籍普查累计完成260余万条14500函；出版《全国古籍普查登记目录》19部22册；“全国古籍普查登记基本数据库”累计发布169家单位古籍普查数据67万余条；组织第六批《国家珍贵古籍名录》和“全国古籍重点保护单位”申报工作，“国家珍贵古籍名录数据库”正式上线；联合14家图书馆发布中华古籍资源1万余部；发布法藏敦煌遗书等中华古籍资源数字化影像6200余部；加工海外藏中华古籍书目数据17.6万条；《国学基本典籍丛刊》新出《宋本十一家注孙子》等35种175册，配合有关方面推进全球汉籍合璧工程、《中华续道藏》《韩国藏中国古籍总目》等项目正式启动；新增中华优秀传统文化实践基地4家、国家级古籍修复技艺传习中心传习所2家，举办古籍修复培训班24期，培训学员851人次，古籍保护培训学员人数创历史新高，古籍保护学科建设初见成效，宣传推广工作取得丰硕成果。

（二）革命文献与民国时期文献保护计划稳步实施

新增革命历史文献书目数据约3000条、馆藏民国时期期刊书目和馆藏数据1万余条，出版《民国时期图书总目·哲学》；征集海外藏抗战史料和涉华调查档案2.4万页；评审立项2018年民国时期文献整理项目37项，影印出版文献1639册；继续实施民国时期文献脱酸研究与脱酸设备研制项目，获国家发明专利一项；《民国时期连续出版物普查著录标准》通过验收，起草《图书馆民国时期文献书库建设标准》；组织召开民国时期文献保护工作座谈会；举办民国时期文献保护计划太原站、烟台站、福州站系列宣传推广活动暨民国时期文献保护工作高级研修班，培训学员400余人次，举办专题展览3场。革命文献和民国时期文献保护工作机制进一步健全。

（三）数字图书馆推广工程不断推进

升级数字图书馆推广工程运行管理平台，通过可视化手段展示和分析全国数字图书馆建设与服务情况。继续开展政府信息数据、元数据仓储数据等资源的联合建设，完成政府信息数据1800万余条、元数据仓储数据68万余条；加强唯一标识符系统管理，唯一标识符系统注册总量达265万条，开展数字资源唯一标识符注册数据聚类项目，初步构建唯一标识符注册数据关联关系数据库。部署网络书香资源检索平台，37家图书馆完成API对接，85家完成定制站点部署，1家完成网站发布模块部署，3家完成网络资源保存与服务系统部署。开展117家省市级图书馆统一用户管理系统部署。联合700多家图书馆开展“网络书香过大年”活动，线上活动访问量超过37万次；联合437家图书馆举办全国少儿诗词在线诵读活动，超过145万人次参与。完成数字图书馆推广工程移动资源综合管理平台开发，移动阅读平台分站达到394家。面向57家基层图书馆开展网络书香基层图书馆帮扶计划，累计发放数字阅读卡2万余张，为基层用户提供2000册数字图书、200种电子期刊、3000集视频资源。举办专题培训16期，培训1500人次；网络书香讲坛培训12万人次。贯彻落实部党组部署，加强领导协作，有效推进公共数字文化工程的融合创新发展。国

家图书馆提供的公共数字文化服务惠及更广泛社会公众。

（四）典籍整理出版项目成果丰硕

《中华传统文化百部经典》编纂项目受到中宣部、文化和旅游部领导高度重视与支持，黄坤明同志先后两次做出重要批示；首批10部图书入选第十三届文津图书奖、2017年度全国古籍图书奖（普及读物奖），《中华传统文化百部经典》网络出版工程被纳入2018年度新闻出版改革发展项目库；组织召开编纂委员会会议6次，初步讨论确定百种书目；召开宗教类、科技类和先秦两汉诸子类等分主题典籍编纂工作会议3次；收到书稿23部，通过复审交付出版9部，新出版5部。《鲁迅手稿全集》编辑出版项目完成存藏情况统计，扫描国家图书馆、北京鲁迅博物馆、上海鲁迅纪念馆等单位所藏鲁迅手稿资料17766拍，基本编辑完成全集的文稿编、译稿编、书信编和日记编。国家传统文化典籍整理工程首批项目成果《丝绸之路研究论著叙录》《丝绸之路研究论文目录》《中国海疆珍贵历史文献丛刊·第一卷》《辛亥革命武昌起义报刊资料选编》等交付出版，海疆文献、石刻文献、一带一路文献、武昌首义文献整理与研究子项目进展顺利。出版《集部辑佚文献汇编》等"十二五"国家重点图书出版规划项目成果3种、《国家图书馆藏样式雷图档·颐和园卷》等国家古籍整理出版资助项目成果4种，《中国历史编纂学史》等3个项目获批国家出版基金资助项目，《汉魏六朝集部珍本丛刊》等8个项目获批国家古籍整理出版资助项目。在这些项目带动下，国图传统文化典籍整理利用能力不断增强。

五、务实推进国内外交流合作，积极发挥行业引领作用

（一）全国图书馆业务指导职能充分发挥

组织全国图书馆文献采访、联合编目、馆际互借、文献传递、参考咨询、缩微技术、古籍修复与鉴定、数字图书馆创新服务等业务领域交流与培训68场，参与培训达12.3万人次。编制《全国少年儿童基本藏书目录（2018）》，举办"2018全国少年儿童阅读年"等活动。支持中国图书馆学会承接第六次全国县以上公共图书馆评估定级工作，开展全国县级图书馆馆长培训和阅读推广人培育行动，入选"世界一流学会建设项目"。支持中国古籍保护协会与台湾古籍保护学会联合举办第四届海峡两岸古籍保护论坛。组织召开中国图书馆年会、全国图书馆标准化技术委员会年会和中国文献影像技术协会、全国文献影像技术标准化技术委员会年会。全国联合编目中心新增成员馆140家，上传数据70.5万条，下载数据1195.38万条。全国图书馆文献缩微复制中心召开全国公共图书馆技术部主任会议，批复成员馆各类文献拍摄计划6357种。"中华古籍普查文化志愿服务行动"获全国学雷锋志愿服务"四个100"先进典型项目，云南、新疆古籍普查志愿服务被列入"春雨工程——全国文化志愿者边疆行"重点需求项目。行业学会、协会组织在促进业界学术交流与合作共建方面作用明显。

（二）国际及台港澳交流合作不断深化

倡导成立丝绸之路国际图书馆联盟，与丝路沿线 24 个国家和地区联合签署《丝绸之路国际图书馆联盟成都倡议》；举办首届"一带一路"非中艺术交流展暨非中文化论坛；中阿电子图书馆门户网站正式上线；与美国图书馆协会等共同举办"中美文化论坛——第六届中美图书馆合作会议"；参加第二届金砖国家图书馆联盟会议、第 84 届国际图联大会、第 26 届亚洲及大洋洲地区国家图书馆馆长会议、第十二次中文文献资源共建共享合作会议等国际性会议 11 次，台港澳学术会议 3 次；与英国、卡塔尔签署合作谅解备忘录，与新加坡、韩国、捷克等国家图书馆确立合作意向；完成海外中国文化中心数字图书馆系统平台开发和英文网站建设。全年接待来访 59 批次 513 人次，组织出访 22 批次 65 人次，国家图书馆在国际图书馆事务中的影响力进一步彰显。

（三）综合研究能力持续增强

组织编纂公共图书馆法解读与学习问答，为制订公共图书馆馆藏文献信息处置、年报编制等法律配套制度提供支撑研究；围绕音像资料编目、古籍特藏采访登记、数字资源全流程管理等开展调查研究；组建后勤科技创新小组，围绕南区夜景照明、后勤保障调度中心控制系统等的改造开展技术攻关；举办刘季平与中国图书馆事业改革发展座谈会、国家图书馆第三届青年学术论坛、第二届中国记忆项目资源共建共享研讨会等学术会议；主办的《中国图书馆学报》《文献》《国家图书馆学刊》等学术刊物在促进业界学术和实践研究方面发挥积极作用；依托全国图书馆标准化技术委员会、全国文献影像技术标准化技术委员会，申请立项国家标准和行业标准 4 项，标准化研究项目 4 项，制定发布标准 3 项；国家科技支撑计划项目"公共文化数字资源传播服务关键技术研发与示范"顺利通过验收；获省部级以上科研项目 3 项，立项资助馆级科研项目 24 项，文津出版基金项目 8 项；13 项馆史资料征集与研究项目顺利结项；古籍文创产品开发等调研报告获全国文化和旅游系统 2017 年度十佳调研报告 1 项，优秀调研报告 2 项；组织编纂《中国图书馆年鉴》《中国图书馆事业发展报告》；一批中青年员工撰写的学术研究专著在馆外获奖。国家图书馆作为全国图书馆发展研究中心的科研创新能力得到进一步发展。

六、深化体制机制改革，全面提高综合管理水平

（一）法人治理结构改革有序推进

作为部党组确立的公共文化机构法人治理结构改革首批中央级试点单位，于 2018 年 4 月启动相关改革工作，在部党组及有关司局指导下，按照中宣部等 7 部委政策文件要求，立足国图实际，明确工作思路，研究起草《国家图书馆法人治理结构改革实施方案》《国家图书馆章程（草案）》，面向馆内外广泛征求意见。《实施方案》与《章程（草案）》已经部党组会审议通过，召开职工代表大会，听取职工代表对《章程（草案）》的意见建议，推选理事会理事候选人中的员工代表人选。配合人事司，酝酿理事和监事人选，完成理事会配套制度起草工作，配合有关司局，筹备召

开理事会成立大会和第一届理事会第一次全体会议。

（二）人才队伍建设着力加强

根据三定方案和业务发展需要调整部处内设机构，增设科组 14 个，更名科组 11 个，撤销科组 1 个，调整后的部处内设机构共 115 个；严把选人用人关，坚持党管干部原则，不断完善选拔任用机制，完成 2 名正处级干部、21 名副处级干部、283 名科级干部和 1357 名员工的岗位聘任；按照建设高素质专业化干部队伍的要求，不断规范干部选拔任用工作，从严加强干部监督管理，实事求是地考察评价干部，提高选人用人的科学化水平；接收高校应届毕业生 17 人，博士后进站 3 人；推荐晋升高级职称 18 人，评审通过副研究馆员 55 人；完善分层分类培训机制，全年针对新任中层干部、专业技术人员、新入馆员工等不同群体举办形式多样的专题培训，参训人员 2700 余人次；获批人力资源和社会保障部“国家级专业技术人员继续教育基地”单位，在全国图书馆界尚属首家，为国家图书馆持续做好专业技术人员继续教育工作提供组织与经费保障。

（三）内部管理规范化程度进一步提升

通过调整相关管理机制，合理调减公文审批环节，提高工作效率；严格执行重大事项请示报告制度；坚持民主集中制原则，全年召开馆务会 53 次，馆长办公会 93 次。业务创收平稳，实现全年收支平衡，有效保障了员工的收入水平；加强预算执行，全年财政预算 9.59 亿元，其中当年预算近 8.65 亿元，当年预算支出 8.49 亿元，预算实际执行进度 98.14%，在文化和旅游部的逐月考核中均名列前茅；制定《国家图书馆劳务费发放管理暂行办法》；财务综合管理平台上线，录入凭证位列部属单位第一；完成基本养老保险费征缴。完成直属公共文化服务及艺术研究单位专项审计、国家图书馆出版社及馆属企业主要经营责任人经济责任审计等 8 项专项审计工作；配合文化和旅游部开展国家数字图书馆资源建设及服务经费项目绩效评价，综合绩效为“优”。法律事务处正式成立运行，积极应对处理有关案件，切实维护国图合法权益，逐步完善全馆知识产权管理工作，为推进依法治馆发挥了积极作用。修订《国家图书馆采购管理办法》《国家图书馆特殊文献购买管理办法》；完成 47 个重点项目采购工作；加强馆属企业监管，通过公开招聘等方式为馆属企业配齐配强高级管理人员；提升企业回报母体能力，对全馆经营性出租用房进行全面核查，调整租金；开展全馆固定资产盘点对账；进行资产库房盘点清理及报废资产处置。

（四）馆属企业发展持续向好

国家图书馆出版社全年共出版图书 359 种，其中新版书 284 种，较 2017 年增加 13.1%；“2017 年度全国优秀古籍图书奖”获奖 7 项，第五届全国地方志优秀成果（年鉴类）获奖 4 项，“国家图书馆藏清代样式雷图档——中国传统建筑图档复合应用平台”入选中央文化产业发展专项资金项目；数字出版快速发展，全年收入超过 1500 万元，连续 3 年增幅超过 50%；“国家古籍资源库”完成平台搭建，入库古籍 8 万种。国图艺术中心全年共举办各类公益活动 107 场，开展演出经营活动302场；“荣庆学堂——北方昆曲传统折子戏专场演出”获北京文化艺术基金资助。北图文化发展中心对外承接冬奥主题图书馆等3家图书馆的运营管理，举办形式多样的传统文化系列培训、研修活动。国图书店自主开发全国图书馆文化创意资源开发对接平台获2018年度中央财政文化产业发展专项资金支持。国家图书馆在西华书房举办公益读书会及讲座40余场。国家图书馆出版社及馆属企业实现社会效益和经济效益双丰收，为国家图书馆的事业发展提供了有力支撑。

七、全面加强保障工作，营造事业发展良好环境

（一）宣传推广不断拓展

围绕“日本永青文库捐赠汉籍”“《永乐大典》展览”等重大活动、重要题材开展全方位、多媒体、立体化宣传推广，永青文库捐赠活动报道引发外交部关注和肯定，新华社客户端转发“永乐攻略”，单日阅读破百万。对馆内16个微信、12个微博等新媒体平台的运营管理进行梳理整改。建立新媒体工作微信群，“微传播”团队策划推出“穿越600多年，嘉靖皇帝的案头书就在这里”“回望四十年辉煌成就”“《公共图书馆法》我们在行动”等主题文章。全年开展集中宣传活动50余次，配合媒体完成采访拍摄70余次，媒体报道总数1.4万余条，发布媒体专版10个，新媒体直播29次，累计观看突破800万人次。向文化和旅游部报送信息100余条，在直属单位中排名第一，高出第二名84分。国家图书馆开展的各项业务、服务活动吸引了更多社会公众的关注与参与。

（二）安全保卫坚实有力

深入学习贯彻习近平总书记安全生产重要思想，增强红线意识，树牢底线思维，将读者安全、文献安全、职工安全、馆区设施设备安全放在安全生产工作首位，切实做到万无一失。组织消防安全协调会，开展消防安全自查，严格落实消防安全责任制，实行分区负责的常态化巡查制度；开展全馆安全隐患大排查大整治专项行动，杜绝电动自行车入馆充电；完善技防设施，为各宿舍区更换便携式灭火器，对古籍馆避雷设施、气体灭火系统和消防电气设备进行安全检测，确保全馆消防、安防系统正常运行，全年查处火警或火警相关操作329次，及时有效处置新能源汽车自燃事故；举办消防宣传月系列活动，对全馆员工进行安全知识考核、消防安全培训及演练。全年无一起重大安全责任事故，获文化和旅游部系统安全保卫工作年度考核第一名。

（三）国家图书馆国家文献战略储备库完成开工前各项准备工作

项目可行性研究报告获国家发展改革委员会正式批复，批复项目总建筑面积69670平方米，总投资规模84069万元，分别比项目建议书增加14.42%和6.90%；上报初步设计，建设用地测绘和规划许可、岩土工程详细勘查现场钻探等开工前各项准备工作即将全部完成；与承德县人民政府签订《国家图书馆国家文献战略储备库建设工程项目用地补充协议》。

（四）后勤服务精细务实

圆满完成全馆及各类重要活动的供电、供水、供暖、空调、医务、收发、保洁、车辆管理等服务保障任务和夏季防汛工作，对空调系统进行清洁杀菌，中央空调安全运行5110小时，车队安全行驶20余万公里。围绕馆区环境改造及设施设备维护开展调查研究，重点推动国家图书馆运行保障维护调度中心控制系统改造，以实现设施设备的集中控制与实时监测，完成南区屋顶防水维修和夜景照明系统的改造，北区少儿馆东侧路面塌陷修补、冷却塔门窗改造等工程，有序推进二期数据中心机房和四库全书库房空调改造工程。顺利完成馆区物业服务招标工作，加强工作监管。保持“北京市健康示范单位”荣誉，荣获海淀区“节能先进单位”，设施设备维护维修保障机制进一步健全。

（五）群团工作立体推进

召开第二届职工代表大会第七次、第八次全体会议；完成工会换届和职工代表大会代表选举；组织4次馆长午餐会；举办国家图书馆第十二届员工艺术节，开展全民健身活动，组建羽毛球俱乐部。组建文献搬迁青年志愿者突击队，开展“新时代·新青年·新作为”等主题活动，组织团员青年通过观看纪录片、参观主题展览等形式，学习习近平新时代中国特色社会主义思想。制定志愿者服务规范及管理办法，通过“志愿北京”平台招募暑期志愿者，注册1336余人次，运行25个志愿服务项目，累计服务时长12828小时。群团组织作为党关心群众、团结群众的桥梁纽带作用得到充分发挥。

（六）切实关心员工生活

多方筹集资金保障员工收入水平，增加政策透明度，向全馆传达国家和馆方的相关政策，激励员工克服困难，发挥主观能动性，树立起推动国图事业蓬勃发展的信心。坚持急员工所急、想员工所想，针对广大干部职工普遍关心的食堂问题，以勇于担当的精神和务求实效的行动，调整食堂运营模式，改善员工就餐条件，建立动态监管机制，确保员工吃到健康营养的工作餐。组织员工体检，增加甲状腺功能检查和糖尿病筛查等项目。面向女员工、青年员工等特定人群开展摄影比赛、亲子互动、升学政策讲座等活动。面向有特殊困难的员工开展“送温暖”活动。关心老同志思想政治生活，举办离退休干部党小组长及协管工作骨干培训；稳步推进在京中央国家机关事业单位养老保险改革，完成1067名退休人员基本养老金支付转移；关心离退休员工家庭、就医、救助等实际需求，探视慰问住院及生病人员、特困人员等共计161人次，及时发放困难补助；组织新春团拜会、老同志春秋游活动，鼓励离退休员工参加文化和旅游部老年大学课程学习，支持离退休员工参与摄影、舞蹈、合唱等各类文体活动，各项工作深受好评。

特别记载

- 国家图书馆开展警示教育月活动
- 国家图书馆举行“刘季平与中国图书馆事业改革发展”系列纪念活动
- 国家图书馆联合14家单位在线发布古籍数字资源
- 日本永青文库捐赠汉籍入藏中国国家图书馆
- 丝绸之路国际图书馆联盟成立
- 中阿电子图书馆门户网站正式上线
- 国家图书馆服务全国“两会”20年
- 国家图书馆获批“国家级专业技术人员继续教育基地”
- 第十三届文津图书奖颁奖暨国图公开课特别活动
- 全国图书馆文化创意产品开发联盟举办首届年会
- 重大展览
- 新入藏珍贵文献

特别记载

一、国家图书馆开展警示教育月活动

2018年，国家图书馆（以下简称“国图”）贯彻落实文化和旅游部党组关于警示教育月相关部署要求，积极开展国图警示教育月活动。

（一）贯彻落实部党组警示教育月各项部署，加强组织领导，保证活动取得实效

召开专题党委会，馆班子成员、党委委员参会，传达学习雒树刚同志在文化和旅游部警示教育大会上的讲话精神，通报相关违纪违法典型案例，研究制定《国家图书馆开展警示教育月活动工作方案》。党委书记、副馆长魏大威指出，国图各级党组织和广大党员干部要提高思想站位，充分认识警示教育重要意义，坚持问题导向，落实“一岗双责”，进一步坚持和完善国图党建工作责任制，落实全面从严治党“两个责任”，加强警示教育月活动组织领导，保证活动取得实效。馆长、党委副书记饶权强调，要充分认识警示教育月活动的重大意义，将其作为国图近一阶段的重要政治任务，坚持党政同责，切实抓好各项任务落实，不断提升国图党风廉政建设水平和管理水平。成立警示教育月活动领导小组，魏大威、饶权分别担任组长、副组长，办公室、人事处、党群工作办公室和纪检监察处主要负责同志为成员。

召开警示教育大会暨动员部署会，学习文化和旅游部警示教育大会精神，安排部署国图警示教育月各项工作。魏大威传达了雒树刚同志在文化和旅游部警示教育大会上的重要讲话，并代表馆党委作动员部署讲话。饶权主持会议，传达了相关违纪违法典型案例，并对全馆结合实际开展好警示教育月活动提出明确要求。馆领导班子成员、馆党委委员、馆纪委委员和全馆各党支部支委及全体中层干部参会。

根据《国家图书馆开展警示教育月活动工作方案》，全馆各支部制定了本支部开展警示教育月活动工作方案。馆警示教育月活动领导小组加强对各支部开展活动的指导和督导。各支部、各部门主要负责人严格落实本支部、本部门第一责任人的职责，积极抓好各项工作落实。

（二）学习党章党规党纪，广泛开展警示教育，筑牢思想防线

印发关于认真学习贯彻《中国共产党纪律处分条例》（以下简称“《条例》”）的通知，馆班子成员、党委委员进行了集中学习，交流研讨学习体会，发挥示范表率作用。大家认为，相隔不到3年时间，党中央再次修订《条例》，体现了党中央坚持不懈、持之以恒将全面从严治党推向纵深的坚定决心。国图党组织和党员干部要深刻认识新修订《条例》的重大意义，全面把握《条例》精神实质与标准要求，自觉落实到行动中，为国图事业发展提供坚强有力的纪律保障。馆纪委召

开扩大会议开展集中学习，强调要认真履行纪检组织职责，强化监督执纪问责。为进一步落实全面从严治党要求，加强党风廉政教育，强化廉洁从政意识，按照《国家图书馆党委开展警示教育月活动工作方案》相关部署，于10月24日组织开展党风廉政警示教育活动，馆领导班子成员、党委委员、纪委委员、中层干部、各党支部委员共计130余人集体观看《刘志案警示录》等警示教育片。魏大威在活动中强调，党员领导干部要从警示教育片的案例中吸取教训，引以为戒，增强党性意识，时刻保持清醒头脑，常怀律已之心、常思贪欲之害，切实做到警钟长鸣，防微杜渐。要严守纪律和规矩，做到廉洁履职，规范用权。观看结束后，大家纷纷表示，警示教育片选取的案例生动鲜活，贴近工作和生活实际。既有反映刘志、张慧光等领导干部背离党性、忘掉宗旨、贪腐堕落的案例，也有基层小官利用职务之便贪腐的案例，思想受到强烈震撼和教育。联系自身工作和生活实际，要以反面典型为镜、为鉴、为戒，知敬畏、存戒惧、守底线。

组织开展党风廉政警示教育活动

各党支部结合警示教育月活动，依托“三会一课”等形式，深入学习《条例》等党规党纪。有的支部组织集中学习，读原文、悟原理，结合业务实际，撰写学习心得，交流学习体会。有的支部组织观看解读《条例》的相关视频，提高认识水平；有的支部组织观看《巡视利剑》视频，以案为戒，提高警惕，遵规守纪；有的支部参观“刘季平与中国图书馆事业改革发展”纪念展，学习国图原馆长刘季平廉洁奉公、勤勉敬业的典型事迹；有的支部组织党员干部和关键岗位员工逐条深入学习《中共文化和旅游部党组贯彻落实中央八项规定精神实施细则》，结合部门业务实际，交流研讨，推进贯彻落实；有的支部丰富学习形式，组织党员参观廉政教育基地，通过学习集中呈现的反腐文字、图片、影像、证物、实景等多种教育素材，上了一堂立体直观的廉政教育课。

（三）召开专题组织生活会，认真剖析党风党纪、廉洁从政等方面存在的薄弱环节

以党支部为单位召开专题组织生活会，各党支部对照反面典型，对照六项纪律，围绕本次组织生活主题，结合业务工作，认真剖析党组织和党员个人在党风党纪、廉洁从政等方面存在的薄弱环节。组织生活会坚持问题导向，要求既使支部党员普遍接受教育、查摆不足，又突出重点，安排中层干部、科组长及部分关键岗位员工参加。馆领导班子成员以普通党员身份参加所在支部活动。馆警示教育领导小组派员参加各支部组织生活会，加强督查，务求实效。

各党支部认真研究制定专题组织生活会方案，以问题为导向，扎实做好会前各项准备工作。支部书记代表支委班子作对照检查并带头开展批评和自我批评，支委委员、中层干部以及科组长、部分关键岗位员工代表依次发言，查摆问题，对照检查。有的支部围绕警示教育案例交流心得体会，大家表示相关警示案例，特别是此次文化和旅游部系统内“身边人身边事”的警示案例，让每位党员都深受触动，深入开展警示教育很有必要，经过本次集中教育，大家进一步增强“四个意识”，坚定“四个自信”，将坚决做到“两个维护”；有的支部根据本部门在业务工作方面项目多、资金量大、与商业合作伙伴交往密切的特点，党员干部结合观看的警示教育案例，切实将自己摆进去，举一反三，分析自身在廉政风险认识、纪律和规矩意识、严格执行制度等方面的不足，强调要做到防微杜渐，严格遵守与商业伙伴交往合作相关纪律；有的支部围绕严控意识形态风险点进行热烈讨论，大家畅所欲言，统一了思想认识，巩固了既要敢于担当大力推进业务建设、又要善于担当严守意识形态安全红线的工作方针；有的支部不仅认真剖析党建和业务工作方面的薄弱环节，大家还围绕私德、家风等深入交流、查摆，表示要切实遵守党的各项纪律，处处发挥党员先锋模范作用，做到明大德、守公德、严私德。

（四）全面排查廉政风险点和党建薄弱点，将警示教育月集中排查整改与建立健全党风廉政建设长效机制结合起来

各党支部、各部处紧密结合中央巡视组反馈的问题，特别是结合实际，认真开展廉政风险点和党建薄弱点自查，严格排查党的建设、意识形态工作、落实中央八项规定精神、管理制度、业务工作、依法依规履职等方面的风险点，以党支部为单位提交自查报告，并制定整改措施。国图结合贯彻落实中央巡视整改工作，同步推进本次警示教育月排查的廉政风险点和党建薄弱点相关整改工作。各支部、各部处对警示教育月排查出的问题制定整改措施，全面整改。排查风险点、推进整改是一项长期的工作。警示教育月之后，国图对全馆党建工作薄弱点和党风廉政建设风险点继续深入梳理、排查，在此基础上，馆党政领导班子进行专题研究，完善工作机制和管理制度，消除工作盲区，补足工作短板，特别是完善对核心部门、关键岗位人员的教育管理监督，使各级党组织和党员干部始终置于有效的监督管理之中。

二、国家图书馆举行“刘季平与中国图书馆事业改革发展”系列纪念活动

2018年是我国改革开放40周年，也是国家图书馆建馆109周年，恰逢刘季平同志110周年诞辰，国家图书馆以“刘季平与中国图书馆事业改革发展”为主题，组织召开座谈会、纪念展、讲座、征文等系列纪念活动。

9月7日，“刘季平与中国图书馆事业改革发展座谈会”在国家图书馆召开。文化和旅游部公共文化司副司长陈彬斌，国家图书馆馆长、党委书记韩永进，副馆长张志清、李虹霖、孙一钢、陈樱，研究院院长汪东波，业界及专家代表，刘季平馆长家属代表，在职和离退休员工代表等参加会议。副馆长、党委副书记魏大威主持会议。

刘季平同志是中国近现代教育家，坚定的共产主义者。原名焕宗，曾用名满力涛，江苏省如皋县（今如东）人。1924—1927年就读于如皋师范，后转入陶行知先生主办的南京晓庄师范学校。1927年加入中国共产党。1930年和1932年因组织革命活动两次被捕。1937年获释后被派往武汉、桂林等地从事抗日宣传和统战工作，历任抗战教育研究会、生活教育社常务理事。1941年后在苏中行政公署和新四军、华东野战军从事文教工作。新中国成立后，历任上海市委常委、副市长，中共山东省委、安徽省委书记处书记，教育部党组副书记、副部长、代部长，北京图书馆（现国家图书馆）馆长，文化部顾问，中国陶行知研究会会长。曾是中共八大代表，第三届全国人大代表，第五、六届全国政协委员。

1973年11月，刘季平同志被国务院任命为北京图书馆馆长，直至1981年2月卸任，任职时间近8年，恰逢中国图书馆事业走向改革开放的关键历史时期。在任期间，刘季平馆长以“化困难为力量，向必然要自由”的革命乐观主义精神，带领北京图书馆积极解放思想，不断开拓创新，引领中国图书馆事业从封闭走向开放，从传统走向现代。在推动图书馆领域国家政策出台，筹组全国图书馆事业管理机构，筹建北京图书馆新馆，组织编纂《中国古籍善本书目》，创立中国图书馆学会，学习借鉴国外先进技术经验等方面，做了许多卓有成效的工作，为解决当时中国图书馆事业发展中面临的一系列突出问题，引领中国图书馆事业的改革发展做出重要贡献。

陈彬斌在致辞中回顾了改革开放40年来中国图书馆事业的光辉历程与非凡成就。对刘季平馆长在改革开放国策确立前后，带领一代中国图书馆人积极解放思想、引领业界逐步走上适应中国特色社会主义发展道路的历史贡献予以充分肯定。希望在进入新时代之际，图书馆界继续弘扬改革创新精神，自觉承担起举旗帜、聚民心、育新人、兴文化、展形象的使命任务，为服务党和国家事业全局做出更大贡献。

韩永进在简要回顾刘季平同志生平的基础上，对刘季平馆长在中国改革开放肇始阶段所做发轫贡献以及所产生的深远影响进行全面阐述，对中国图书馆事业改革先锋们所具有的非凡勇气、魄力、智慧和牺牲精神及其取得的辉煌成就表示由衷敬佩。他表示，在国家图书馆建馆109周年之际，要以改革开放40周年为结点，梳理问题、总结经验，按照《中华人民共和国公共图书馆法》的新要求，以传承文明、服务社会为己任，勤勉敬业、务实创新，继续推进事业向前发展，为促进中华优秀传统文化的传承和弘扬做出新的、更大的贡献。

原文化部副部长、国家图书馆原馆长周和平发来书面讲话，高度赞扬刘季平同志对国家图书馆和中国图书馆事业做出的卓越贡献，认为刘季平同志的精神已成为激励图书馆人不断进取的精神财富，希望图书馆人要以刘季平同志等老一辈先贤为榜样，继续改革创新，在中国图书馆事业发展中发挥好引领作用，完成新时期的责任和使命。

上海图书馆馆长陈超，国家图书馆原副馆长、中山大学资讯管理学院教授谭祥金，广东省立中山图书馆馆长刘洪辉，上海社会科学院信息研究所研究员王世伟，中山大学文献与文化遗产管理部主任、资讯管理学院教授程焕文，西北大学公共管理学院教授杨玉麟，南开大学商学院教授柯平等业界和专家代表，从不同方面阐述了刘季平等老一代改革先锋在改革开放时期领导中国图书馆事业发生翻天覆地变化而做出的巨大贡献，以及改革开放 40 年来我国图书馆事业取得的辉煌成就。

座谈会上，刘季平馆长夫人，105 岁高龄的吴瀚先生向国家图书馆捐赠刘季平馆长的部分珍贵手稿，包括 1973 年秋率中国图书馆界代表团访美后的情况汇报要点 19 页，1978 年在与国务院系统古籍善本工作相关单位座谈会上的发言要点 6 页，1982 年致李一氓的信 6 页等共计 13 件。刘季平馆长之子刘鲁作为家属代表发言，并接受国家图书馆颁发的捐赠证书。

刘季平手稿捐赠仪式

作为系列活动的重要组成部分，国家图书馆在总馆北区二层大厅举办“天禄惟新　绍熙文脉——刘季平与中国图书馆事业改革发展”纪念展。展期 2 个月，由“改革开放先行者”“艰难困苦玉汝成”“关山初度路尤长”3 个单元组成。“改革开放先行者”单元简要回顾刘季平同志作为教育家、革命家走过的光辉历程，展示 1973 年 4 月刘季平馆长到北京图书馆后，着手拨乱反正、解放思想，改变当时的图书馆面貌。“艰难困苦玉汝成”单元展示以实干家刘季平为代表的老一代图书馆人，继往开来、励精图治，推动全国图书馆事业发生翻天覆地的变化，为今天的现代化图书馆事业打下坚实基础。“关山初度路尤长”单元简要介绍改革开放 40 年来，在党中央、国务院的高度重视下，在社会各界的悉心关怀下，图书馆人秉承“传承文明　服务社会”的宗旨，无私奉献、开拓创新，中国图书馆事业走出了一条具有中国特色的发展道路，取得举世瞩目的成就。同时，对新时代中国图书馆事业的发展进行展望。

为配合该纪念展览，特别邀请南开大学商学院教授、博士生导师柯平，于 9 月 7 日下午在国家典籍博物馆启德厅以“我国图书馆事业改革：路径、经验与问题”为题做专题讲座，回顾改革开放40年来我国图书馆事业不断发展的历程。

此外，本次系列活动还包括《刘季平与中国图书馆事业改革发展论文集》的出版。国家图书馆以“刘季平与中国图书馆事业改革发展”为主题，面向全社会开展征文活动，得到业界同人的积极响应，经专家评审后结集出版，共收录论文20篇，其中，既有对刘季平同志等一代改革开放先驱所做贡献的追忆，也有对改革开放初期中国图书馆事业发展历程的研究，更有对40年来中国图书馆事业发展成就的总结梳理，论文集的出版为业界同人和读者朋友进一步了解与研究那一段历史提供了丰富的档案资料。

国家图书馆举办的系列纪念活动，不仅是对刘季平同志等老一代改革开放先驱的追忆，也是站在改革开放40年这个历史性的节点，总结和回顾那段激动人心的历史，继承和传扬开拓进取、甘为人梯的图书馆职业精神，为推动中国图书馆事业的蓬勃发展贡献力量。

“天禄惟新　绍熙文脉——刘季平与中国图书馆事业改革发展”纪念展

三、国家图书馆联合14家单位在线发布古籍数字资源

9月28日，国家图书馆（国家古籍保护中心）联合天津图书馆、上海图书馆、山东省图书馆、黑龙江省图书馆、南京图书馆、广东省立中山图书馆、四川省图书馆、云南省图书馆、中国科学院上海生命科学研究院图书馆、洛阳市图书馆、苏州图书馆、镇江市图书馆、泰州市图书馆、苏州市吴江区图书馆等14家单位在线发布古籍数字资源，免费服务大众阅览和学术研究。

此次国家图书馆（国家古籍保护中心）联合14家单位共同发布的古籍数字资源超过1万部。

其中：国家图书馆发布古籍影像资源3100余部，上海图书馆发布地方特色古籍资源400余部，天津图书馆在线发布馆藏明清刻本490余部，广东省立中山图书馆等单位发布《广州大典》数据库（收录文献）4064种，山东省图书馆发布馆藏《永乐南藏》1600余部，黑龙江省图书馆发布馆藏特色古籍58部，南京图书馆发布馆藏稀见方志20部，四川省图书馆发布地方特色古籍资源16种，云南省图书馆发布馆藏特色古籍152部，中国科学院上海生命科学研究院图书馆发布馆藏珍贵古籍61部，洛阳市图书馆发布馆藏珍贵古籍60部，苏州图书馆发布地方文献与珍贵古籍608部，镇江市图书馆发布古籍资源20部，泰州市图书馆发布馆藏特色古籍文献149部，苏州市吴江区图书馆发布馆藏县志及乡镇志24部。15家图书馆用实际行动不断践行守护、传播和弘扬中华优秀传统文化的职责。

古籍数字资源联合在线发布座谈会

在发布古籍数字资源的同时，全国古籍普查也取得重要进展，“全国古籍普查登记基本数据库”累计发布169家单位古籍普查数据672467条6541261册。随着古籍普查登记工作的不断推进，古籍普查登记数据将在该数据库中陆续发布更新。同时，“国家珍贵古籍名录数据库”正式上线，公布五批《国家珍贵古籍名录》，收录全国457家单位收藏的12274部古籍信息。

古籍数字资源的在线发布与共建共享，开创了古籍服务新模式，极大地促进了古籍传播，对于揭示和坚守中华民族的文化基因，坚定和增强文化自信，传承和发展中华优秀传统文化有着至关重要的作用。以国家图书馆（国家古籍保护中心）为代表的各级公共图书馆将在习近平新时代中国特色社会主义思想指引下，按照《中华人民共和国公共图书馆法》《中华人民共和国公共文化服务保障法》《关于实施中华优秀传统文化传承发展工程的意见》的要求，继续秉承“保护古籍、传承文明、服务社会”的宗旨，积极落实《“十三五”时期全国古籍保护工作规划》，在坚持公益性基础上，不断加大古籍数字资源建设和整合力度，更多更快发布古籍数字资源，努力完善古籍品种和版本，免费为社会公众提供服务，使古籍里的文字真正“活”起来，为保障国家文化资源安全、传承和发展中华优秀传统文化做出新的更大的贡献。

四、日本永青文库捐赠汉籍入藏中国国家图书馆

6月26日，日本永青文库汉籍捐赠仪式在中国国家图书馆（以下简称“国图”）举行，这是中日和平友好条约缔结40周年的重要纪念活动。日本前首相、永青文库理事长细川护熙，文化和旅游部部长雒树刚、党组成员于群，驻日本大使程永华，日本驻华大使横井裕，国图馆长韩永进，以及日本永青文库、驻华使馆、文化和旅游部、外交部、国图有关领导和嘉宾，古籍版本专家等出席仪式。

雒树刚在致辞中指出，中日文化相通相融，在两国关系发展进程中，文化交流长期发挥着不可替代的重要作用，并不断巩固着两国友好的重要基础。细川护熙长期以来致力于中日友好事业，在中日和平友好条约缔结40周年之际，代表永青文库将细川家族数代人收藏的36部4175册珍贵汉籍捐赠中国国家图书馆。该义举将为新时期中日文化交流与合作发挥示范和推动作用。中国文化和旅游部将以此为契机，支持推动中日图书馆界深化交流与合作，使中日友好合作的正能量得到更广泛的传播，以此作为对捐赠者义举的最好回馈。

细川护熙表示在中日和平友好条约缔结40周年这个特殊的时间节点上，能够为中日之间的进一步友好事业添砖加瓦，实乃一件喜出望外之事。他本人愿一如既往，为深化中日人文交流与务实合作不断做出贡献。

本次捐赠的汉籍均出自日本永青文库，由日本细川家族数代人收藏和传承。永青文库由细川护立于昭和25年设立，保存着细川家族自14世纪以来近700年收藏的古籍和艺术品，有数万册汉籍。

此次捐献是1949年以来日本友人向中国捐赠汉籍规模最大的一次，共有36种4175册文献，包括中国版本25种、日本版本11种，其中经部14部138册、史部9部912册、子部4部229册、集部5部135册。内容涵盖传统经史子集，诸子百家、文人文集乃至民国时期商务印书馆影印的《四部丛刊》等均包括在内。其中，最重要的是中国古代政治文献选集《群书治要》五十卷，由唐代魏徵等撰写。该书唐末已亡佚，国内失传千年，因日本遣唐使带回日本而得以流传至今。此次日本捐赠的是日本天明七年（1787）刻本，共25册。

此外，日本弘化四年刻本《尚书正义》、昭和影印本《尚书正义》所据宋代底本国内都没有收藏，对于国内学者开展研究具有重要意义。有些捐赠文献版本相当珍贵，如《佩文斋书画谱》为康熙内府刻本，道光《列女传》刊刻精美，清刻套印本《御制圆明园诗》、日本宽政八年刻本《制度通》等国内存世寥寥无几，日本江户积玉圃刊本《草字汇》在《中国馆藏日本和刻本汉籍书目》

中未见著录，十分珍贵。捐赠文献中有多种为清代著名学者旧藏之书，如《列女传》为严可均旧藏，《周易集解》为归安姚彦渠旧藏，《文选》为潘祖荫旧藏，见证了晚清时期我国藏书的东流。11种日本版本以日本学者所纂汉学著作为主，是中日古代文化交流的重要见证。此次捐赠的文献品相较好、保存完整，基本没有残缺；而且品类齐全，涵盖经史子集丛诸部，基本涉及我国古代绝大部分重要典籍，有较高的学术价值。

捐赠仪式前，雒树刚在国图会见细川护熙一行，并见证永青文库和国图签署汉籍捐赠协议。捐赠仪式上，韩永进代表国图向细川护熙颁发捐赠证书。为配合此次捐赠，国图专门策划的“书卷为媒　友谊长青——日本永青文库捐赠汉籍入藏中国国家图书馆展”同时开展，展览分“以德为邻　世代友好”“书籍之路　交流互鉴”“海外合作　文化共享”3个单元，面向公众免费展览一个月。善本阅览室设置专柜展示部分捐赠书籍，展期10天；并向读者提供本次捐赠书籍的长期免费查阅。

日本永青文库汉籍捐赠仪式

7月26日，国图召开日本永青文库向中国国家图书馆捐赠汉籍专家座谈研讨会，邀请高等院校及相关研究机构的专家学者，进一步探讨日本永青文库捐赠汉籍的学术价值和捐赠意义，并就如何做好此批捐赠汉籍的研究、利用和服务工作进行研讨。

为加大日本永青文库捐赠汉籍宣传力度，突显该批汉籍捐赠对于中日友谊、中日文化交往和中日典籍交流的示范意义，国图后续做了以下工作：制作“书卷为媒　友谊长青——日本永青文库捐赠汉籍入藏中国国家图书馆展”专题网站，观众可访问国图官网、中国古籍保护网、国家典籍博物官网进行在线观展；编纂《书卷为媒　友谊长青——日本永青文库捐赠汉籍入藏中国国家图书馆特展图录》，将其作为中日友好交往的史料永久保存；启动数字化，服务全球读者。已启动此批捐赠汉籍的数字化工作，建立永青文库捐赠汉籍专题数据库，秉承边建设、边服务的原则，及时在“中华古籍资源库”公益发布，免费提供全球读者研究使用。截至2018年底，已完成2.08万拍数字影像的扫描工作，约占总量的11.8%。

此次捐赠活动受到国内外媒体的广泛关注。国图采取制作专版和访谈等方式，在《人民日报》(海外版)、《光明日报》、《中国文化报》等重要媒体进行深度报道，全面阐释此批汉籍的丰富学术内涵以及典籍背后的历史故事，让社会公众共同见证中日两国源远流长的书籍文化交流史。

“书卷为媒　友谊长青——日本永青文库捐赠汉籍入藏中国国家图书馆展”

五、丝绸之路国际图书馆联盟成立

5 月 28 日，由中国国家图书馆（以下简称“国图”）、中国图书馆学会、四川省委宣传部主办的丝绸之路国际图书馆联盟成立暨“阅读·城市·文化”学术研讨会在四川省图书馆举办。文化和旅游部党组成员于群，四川省人民政府副省长杨兴平，国图馆长、中国图书馆学会理事长韩永进，文化和旅游部公共文化司司长张永新、外联局副局长朱琦，国图常务副馆长、中国图书馆学会副理事长陈力，国图副馆长孙一钢，以及来自哈萨克斯坦等国家的 20 余名联盟成员馆馆长、文化官员、专家出席活动。

于群在丝绸之路国际图书馆联盟成立仪式上致辞。他说，民心相通是“一带一路”建设的人文基础，推进文明交流互鉴、加强同沿线国家和地区的文化往来是实现民心相通的重要内容。丝绸之路国际图书馆联盟的成立，是“一带一路”倡议在文化领域实践的最新成果，也是各国图书馆界协同合作、携手共进、共谋发展的重要举措。相信联盟的成立将为各国图书馆事业协同发展提供新动力，引领图书馆领域国际交流与合作再上新台阶。期待未来各成员馆不断扩大合作规模、创新发展模式，构建长期战略合作关系和定期交流互访机制，在人才培养、业务发展等方面联合策划合作项目，推动图书馆领域合作深化升级，为推动构建人类命运共同体做出积极贡献。

韩永进在致辞中指出，丝绸之路国际图书馆联盟是对“丝绸之路”精神遗产的继承和发扬。国图在推动业内共建共享中做了很多积极探索，愿利用已有经验带动联盟发展，也期待与联盟内其他图书馆互相学习、开展合作，促进共同进步。大会发布《丝绸之路国际图书馆联盟成都倡议》，并签署《图书馆、书店融合发展合作协议》。联盟成立的同时，国图主持召开丝绸之路国际图书馆联盟主题论坛。与会代表踊跃发言，白俄罗斯代表建议在联盟的基础之上继续双方互访，相互学习，加强经验交流，开展有关数字图书馆的业务交流；哈萨克斯坦代表表示联盟建立了一个很好的平台，建议联盟开展资源共享，制定青年培养计划；马来西亚代表希望联盟的成立帮助各国新建图书馆的发展；蒙古国代表表示全力支持联盟工作，希望在文献保护、数字化方面开展工作，建议在联盟框架下开展专业论坛；孟加拉代表希望通过信息化建设的共建共享提升资源分享能力，加强文献共享；缅甸代表希望在文献保护方面开展合作；卡塔尔代表希望在图书馆管理工作方面开展合作；斯里兰卡代表表示非常需要在资源支持与人才培养获得联盟支持；泰国代表表示希望通过联盟开展文献分享。大会发布《图书馆、书店融合发展联盟宣言》。

“阅读·城市·文化”图书馆、书店融合发展学术研讨会同期举行，重点就如何在国家“全民阅读”战略指导下，将图书馆、书店与城市文化发展特点相结合，优化城市阅读文化生活，提升市民素质，促进产业发展和事业繁荣等议题进行研讨，来自美国、英国、澳大利亚等国家的图书馆界代表、驻华使节以及国内专家学者共计300余人参加研讨会。

丝绸之路国际图书馆联盟成立仪式

六、中阿电子图书馆门户网站正式上线

7月10日，中阿合作论坛第八届部长级会议在北京举行，作为中阿合作论坛机制性活动——中阿图书馆和信息领域合作机制成果的中阿电子图书馆门户项目正式启动。国务委员兼外交部长王毅、阿盟秘书长盖特和沙特外交大臣朱拜尔出席启动仪式并共同点击启动按钮，中阿电子图书

馆门户网站（http：//chn-las.nlc.cn/）正式上线发布。文化和旅游部党组成员杜江、中国国家图书馆副馆长魏大威、阿盟秘书处信息文献部主任贾德和沙特阿拉伯阿卜杜勒·阿齐兹国王公共图书馆执行总监载德等出席启动仪式。

中阿电子图书馆门户网站正式上线发布

阿拉伯国家是我国建设“一带一路”的天然合作伙伴。近年来，为促进中阿文明的交融互鉴，推动中阿传统友谊与文化交流，中阿在图书馆和信息领域开展了积极合作。在有关各方的共同努力下，《中国与阿拉伯国家图书馆2014北京合作倡议》《中国国家图书馆与阿拉伯联盟秘书处谅解备忘录》等协议相继签署，中阿图书馆代表就建立信息领域合作机制、图书馆资源共享与合作发展、文献典籍保护与利用、电子图书馆发展合作等双方共同关心的问题进行全面、深入的讨论，并就合作建立中阿电子图书馆门户网站达成一致意见。

在外交部、文化和旅游部、阿盟秘书处等有关各方的指导和关心下，中阿电子图书馆门户网站项目于2015年开始筹划，由中国国家图书馆（代表中方、项目中方网站的承建方和执行方，以下简称“国图”）、阿盟秘书处（代表阿方）和沙特阿拉伯阿卜杜勒·阿齐兹国王公共图书馆（项目伙伴、项目阿方网站的承建方和执行方）3方组成的项目委员会负责实施。外交部高度重视中阿电子图书馆门户网站项目的建设，多次来函国图询问项目的推进情况，中阿合作论坛事务大使李成文在访问阿拉伯国家联盟总部与阿方工作商谈时也多次提及中方网站的建设情况，同时敦促阿方全力推进阿方网站的建设。

为保障项目的顺利推进，国图与阿盟秘书处、沙特阿拉伯阿卜杜勒·阿齐兹国王公共图书馆分别于2016年4月在沙特利雅得、2017年5月和2018年7月在北京举办3次中阿电子图书馆合作项目工作会议，就电子图书馆门户网站建设涉及的网站标识、域名、版权、内容与技术架构等方面积极磋商、反复论证，最终完成中阿电子图书馆门户网站项目的搭建目标，并签署《中阿电子图书馆项目政策指南》，3方共同明确项目名称、法律框架、标识、网站域名、展示内容、版权约束、技术架构、实施方任务、实施机制等内容。

中阿电子图书馆门户项目旨在建设成为中阿各成员图书馆资源书目记录搜索数据库、导引目录在线数据库、中阿数字化历史文化遗产的展示平台和中阿图书馆与信息领域交流成果的信息发布平台，从而实现中阿各成员图书馆之间的文献检索、资源揭示与数字化成果的交流，以鼓励与促进中阿在图书馆与信息领域的内部合作，搭建起沟通中阿文明的桥梁。现已发布的网站设中文与阿拉伯文两种语言版本，内容包含中阿文明发展的代表性图书、手稿和音视频等资源，具有内容检索、在线浏览等功能。网站上线后，还将持续更新内容、完善功能。

七、国家图书馆服务全国“两会”20年

2018年是国家图书馆（以下简称“国图”）开展“两会”服务20周年。20年来，国图“两会”服务几乎涵盖所有人大代表团和政协委员界别，完成提案、议案相关专题咨询500余件，直接参与“两会”服务人员共计100余人。国图“两会”服务在创新服务手段、丰富服务内容，以及引领业界发展方面取得显著成果。“两会”服务模式的开启，为进一步深化国图立法决策服务职能增添新的内容。

（一）发挥国图智库作用，提供全方位服务

紧随时代应势而生。自新中国成立初期，国图就围绕国家重大方针政策的制定和国家经济建设提供过大量的文献信息咨询。随着我国经济的飞速发展和民主政治建设的日益加强，每年一次的全国人民代表大会和中国人民政治协商会议越来越引起人们的广泛重视。1998年，国图开始全方位改革，如何为中央国家机关在制定法律法规以及国家大政方针过程中发挥国图应有的作用成为关注的重点。在此背景下，国图率先在图书馆界推出“两会”服务模式，为参会的代表委员参政议政、提案议案提供文献信息咨询服务工作，并使其成为每年特定阶段的专项工作任务。2002年，“两会”服务迎来第一个高峰，会议期间共接待完成委托咨询课题90余件。

推出特色服务举措。依托国图馆藏海量文献以及参考咨询专长，国图先后为代表委员在会议期间设立“‘两会’咨询服务处”，开通“24小时咨询热线”，提供办理“阅览卡”“图书借阅”“到馆参观”等多项服务手段，派员编入大会秘书处的不同服务组，协助全国人大、全国政协相关机构进行大会现场和住地服务。随着信息时代的到来，利用数字化平台打造个性化信息产品，实现“无纸化”服务“两会”，建立“两会”服务平台，推出电子触摸屏、移动ULib、国家数字图书馆APP等服务方式，编制推送“‘两会’热点专题资料”“‘两会’文献信息专报”“舆情专报”等信息产品，为代表委员查询信息提供快速便捷的全方位、全天候的服务保障。2018年“两会”期间，国图工作人员免费为政协委员办理“政协委员阅览卡”，凭借此卡可享受国图纸质文献借阅、

远程数字资源访问等内容，为委员查阅文献、挖掘信息、完善提案提供查询便利，同时接受代表委员通过电话方式办理阅览卡，共计办卡1000余张，受到广泛好评。

"两会"服务平台

为国家立法提供重要信息参考和服务保障。2018年1月1日颁布实施的《中华人民共和国公共图书馆法》明确定义了国家图书馆"为国家立法和决策服务"的职能，对于国家图书馆事业发展具有里程碑意义。长期以来，国图积极提高自身信息服务的前瞻性、时效性和准确性，多次为国家重大法规的制定出台提供信息服务保障。例如自2004年起，开始对《物权法》历次审议情况进行跟踪，为全国人大提供多篇中外关于《物权法》研究的背景资料以及物权法审议情况报道，为《物权法》在2007年第十届全国人大五次会议上的最终通过提供了重要的文献参考。2015年，在《反分裂国家法》颁布前后，受全国人大的委托对《反分裂国家法》颁布进行了近4个月的媒体舆情实时监测与信息报送，最高实现了时间单位24小时 ×7日的不间断信息跟踪，得到全国人大领导的高度重视和肯定。

（二）建立有效的信息服务保障机制

形成科学化、专业化、常态化服务模式。国图通过开展“两会”服务，进一步加深了与全国人大、全国政协等相关机构的合作关系，将面向机构的短时间会期服务扩展为全年服务，服务模式逐渐常态化；将服务范围由全体代表委员，拓展至常委会、专委会、双周协商座谈会以及相关重点工作，使得立法决策服务格局更为科学化、专业化、常态化，业务更为规范，形式更为多元，内涵更为丰富。例如，2014年至今，受全国人大委托，开展“四个全面”建设相关资料的定题跟踪，遴选提供3000余篇文章，并在常委会会议期间以日报为频率提供“审议议题媒体报道”，以周报形式每周编制报送“媒体信息专报”，全年报送达100余期。2017年，进一步深化对全国政协的文献信息服务保障，共完成专题咨询、内参专报等重大信息服务近80件。

建设了一支高水平信息服务保障队伍。作为一个国家级的文献信息服务和研究机构，国图在多年的服务实践中，在信息采集、整合、分析、研究等信息服务的各个环节已拥有丰富的经验，打造出了一支训练有素的专业团队。曾涌现出张申府、张秀民、杨殿珣、戚志芬等一大批咨询专家，在信息咨询领域产生过巨大影响。目前，全馆拥有硕士及以上学历人员850人，占人员总数的56%，具有高级职称的馆员492人，专业背景覆盖各个学科领域，能够全面搜集来自于馆藏、互联网、非正式出版物等各个渠道的信息，并且具有对检索结果进行判断、分析和综合能力，善于运用科学方法从海量信息中挖掘出最有价值信息。“两会”服务人员热忱周到的服务受到代表和委员们的青睐，被代表委员比喻为“‘两会’资讯库”“‘两会’信息岛”“‘两会’图书馆”。

（三）引领业界开启地方“两会”服务新局面

国家图书馆充分发挥业界引领作用，为地方图书馆“两会”服务工作提供业务指导和帮助，2013年12月12日，正式发布“全国省级公共图书馆决策咨询服务协作平台”，旨在建立全国省级公共图书馆“两会”服务工作网络，共同提升为全国“两会”和地方“两会”服务的工作水平。截至2018年底，全国（不包含港澳台地区）31个省、自治区、直辖市的省级公共图书馆中超过90%开展“两会”服务。在国家图书馆的带动和引领下，全国公共图书馆“两会”服务正在以蓬勃的态势向前发展，在为图书馆赢得良好社会声誉的同时，也扩大了图书馆的社会影响力。同时，各级图书馆以“两会”服务为起点，拓展面向党政军领导机关的决策咨询服务，为促进国家决策的科学化、民主化发挥积极的智库作用。

八、国家图书馆获批“国家级专业技术人员继续教育基地”

2018年7月，经文化和旅游部推荐，人力资源社会保障部评议，国家图书馆成功获批为第八批“国家级专业技术人员继续教育基地”。

此次成功获批国家级专业技术人员继续教育基地，标志着国家图书馆能够承办国家级专业技术人员继续教育基地重大专项工程项目；举办政府部门、行业协会、企事业单位委托的培训班、研修班或进修班；协助开展专业技术人员公需科目或专业科目的培训、考核和管理；开展继续教育理论研究，开发有针对性和实效性的培训项目与培训课程；举办继续教育交流服务活动等。国家图书馆是全国图书馆界首家正式获批的单位，也是2018年文化和旅游部系统内唯一一家获批单位。

国家图书馆将严格按照《专业技术人才知识更新工程实施方案》和《国家级专业技术人员继续教育基地管理办法》的要求，充分发挥自身资源、场地等综合优势，积极开展图书馆行业高层次、急需紧缺和骨干专业技术人才的培养工作，充分发挥基地的示范效应和骨干作用。

国家级专业技术人员继续教育基地是落实《国家中长期人才发展规划纲要（2010—2020年）》，深入实施专业技术人才知识更新工程建设的重大举措，是国家培养高层次、急需紧缺和骨干专业技术人才的服务平台，承担着国家专业技术人才知识更新工程培训项目、专家师资、教材资源、数据库开发、在线学习平台建设、课题研究等任务，对于实现专业技术人员知识技能增新、补充、拓展、提高具有重要意义。

九、第十三届文津图书奖颁奖暨国图公开课特别活动

为更好地发挥图书馆的阅读推广职能，促进书香社会的建设发展，进一步完善公共文化服务体系，引领阅读风尚，2018年国家图书馆组织第十三届文津图书奖评选和推广活动，严格评审流程，加大宣传推广的力度，推动建设学习大国，让全民阅读理念深入人心。

（一）第十三届文津图书奖评选工作

第十三届文津图书奖评选活动于2017年12月正式启动，评选范围是自2017年1月1日至2017年12月31日（以版权页记载时间为准），由国家出版行政管理部门批准成立的出版机构在国内正式出版、公开发行（包括限国内发行）的中文版图书。评选流程主要分为启动、推荐、初评、终评、发布等阶段。第十三届文津图书奖共收到各方推荐书目1874种，全国有81家图书馆担任联合评审单位，影响力和覆盖力进一步扩大。在广泛征集读者和专家意见的基础上，国家图书馆组织专家进行两轮认真审慎的评审，本着公开、公平、公正的原则，综合专家评审委员会的投票及讨论，最终评选出9种获奖图书及51种推荐图书。

荣获第十三届文津图书奖的9种优秀图书分别是：《中国传统文化百部经典》（1—10种）、《中国三十大发明》、《哲学起步》、《我们人类的基因：全人类的历史与未来》、《良训传家：中国文化的根基与传承》、《学以为己：传统中国的教育》（上、下册）、《太空日记：景海鹏、陈冬太空全纪实》、《地球之美：一部看得见的地球简史》、《给孩子讲量子力学》。此外《中关村笔记》等51种图书荣获第十三届文津图书奖推荐图书。

（二）国图公开课工作

国图公开课是国家图书馆顺应互联网时代大众阅读习惯和学习模式的变化，在总结多年举办文化教育讲座的实践基础上，借鉴“慕课”大规模、开放、在线的理念，于 2015 年 4 月 23 日正式推出的国家级公共开放课程平台。

3 年时间，国图公开课累计发布专题 15 个，课程数量近 1400 讲，视频数量近 4200 个，总时长近 1500 小时。策划制作“汉字与中华文化”“丝绸之路与丝路之绸”“天地同和　道法自然论古琴的文化精神”“中国的对日战争与日本的战后处理”“昆曲”“中国大发明”“人类太空探索与中国航天之路”“世界古代史（上古部分）”“诗经二十讲”“中国书法：从书写中生长的民族精神”“中国古代建筑文化与艺术”“盲人摸象戏曲谈”“舞蹈与生命的交响”“丹青传世美”等 14 门专题课程，推出 110 期读书推荐节目，组织“不朽的巨匠——纪念‘汤显祖、莎士比亚、塞万提斯’逝世 400 周年特别活动”等 7 次特别活动及 9 次线下活动，出版“汉字与中华文化”课程图书及国图公开课系列 DVD“汉字与中华文化”“不朽的巨匠”“读书推荐精选”。

（三）第十三届文津图书奖发布暨国图公开课特别活动

4 月 23 日，在第 23 个世界读书日到来之际，国家图书馆以“致敬经典　面向未来”为主题举行第十三届文津图书奖发布暨国图公开课特别活动。活动现场通过人民网公开课频道、新浪网、北京时间、国图公开课官网、国家数字图书馆推广工程等多个平台同步进行网络直播。

国家图书馆馆长、党委书记韩永进，文化和旅游部公共文化司副司长陈彬斌，国家图书馆常务副馆长陈力，首都图书馆和三联书店领导等相关单位领导出席颁奖仪式。第十三届文津图书奖获奖图书作者和出版单位代表、文津图书奖组委会、专家评委会、媒体评委会代表以及来自全国的公共图书馆联合评审单位代表等 300 余人参加活动。

第十三届文津图书奖颁奖活动

颁奖活动中，专家评审代表梁晓声致辞，分享他对全民阅读的理解并对经典致敬。专家评审代表赖雪梅、王渝生、庄建分别对少儿类、科普类、社科类3类获奖图书进行推介。作者代表李淼、冯立昇、邓晓芒发表获奖感言。主办方向获奖图书作者代表、出版社代表颁奖，向首都图书馆等联合评审单位代表颁发证书并赠送获奖图书，同时向北京外国语大学、北京中学等捐赠文津书架。

作为国图公开课三周年特别活动，国图公开课邀请哲学家、北京大学哲学系人文讲座教授陈鼓应先生，为广大读者带来“传统文化与现代生活”的主题演讲。活动现场，国图公开课系列丛书的首本图书《汉字与中华文化十讲》正式发布。“汉字与中华文化”是国图公开课的首门专题课程，语言文字学家、北京师范大学教授王宁先生作为该书作者和国图公开课首门专题课程老师发表“读书日　谈读书”的主题演讲。国图公开课的更多专题课程将陆续结集出版，以更加丰富优质的内容和更加灵活多元的形式，使国图公开课为更多的社会公众服务。

（四）第十三届文津图书奖宣传推广活动

第十三届文津图书奖宣传推广工作继续开拓创新，推广形式丰富多样，关注青少年群体的阅读需求，影响范围更加广泛，传播效果进一步扩大。

举办第十三届文津图书奖获奖图书展暨历届回顾展。4月23日，第十三届文津图书奖获奖图书展在国家图书馆总馆北区二层读者大厅开展，全国40多个联合评审单位及各级图书馆同步举办。随后还有多个地方图书馆陆续举办，截至11月，全国共有179个图书馆参与文津图书奖巡展活动。

出版《文津重读：历届“文津图书奖”获奖作者讲座集萃》。第十三届文津图书奖组委会精选历届文津图书奖获奖作者讲座文稿集结成书，2018年12月由国家图书馆出版社出版。

邀请获奖图书作者举办文津读书沙龙，录制国图公开课“读书推荐”节目。为了更好地推广评选出来的优秀图书，国图讲坛和国图公开课邀请《中国三十大发明》作者冯立昇、《哲学起步》作者邓晓芒等多位获奖图书作者和编者举办文津读书沙龙活动，录制国图公开课“读书推荐”节目，组织线上线下交流互动。

十、全国图书馆文化创意产品开发联盟举办首届年会

7月23—27日，在文化和旅游部公共文化司、文化产业司的支持下，国家图书馆、辽宁省图书馆共同主办的“全国图书馆文化创意产品开发联盟年会暨图书馆文化创意产品开发培训班”在辽宁省图书馆举行。国家图书馆副馆长兼国家典籍博物馆常务副馆长李虹霖，辽宁省文化演艺集团副主任王筱雯，文化和旅游部文化产业司企业发展处处长马力等出席会议并致辞，来自全国各级各类图书馆的文创工作负责人及相关企业代表近110人参加会议。

此次会议系联盟成立以来举行的首届年度会议。在正式大会之前，经过37家发起馆会议讨论

通过，26 家省市级图书馆加入联盟，图书馆文创聚合效应逐渐形成。会议讨论通过了 2018—2019 年度重点工作，包括：完成“全国图书馆文化创意产品一体化平台”建设并完全投入使用；与上海自贸区艺术品交易中心合作，以联盟名义开通天猫旗舰店；举办文创开发主题对接会；组织开展以联盟成员馆为基地的青少年研学旅游活动；举办首届“典籍杯”图书馆文化创意产品设计大赛等等，为联盟未来的发展指明方向。

会后，举办为期 3 天的图书馆文化创意产品开发培训班，邀请业界专家、企业代表等围绕政策解读、IP 授权、文创产品开发设计以及“联盟”线上销售平台等内容开展授课；同时，金陵图书馆等成员馆的文创经营负责人向与会者分享自身经验。

联盟成立不到一年时间，近 30 家成员馆经历文创产品从无到有的过程，54% 的成员馆建立专职文创机构；而借助“互联网 +”思维的“全国图书馆文化创意产品开发一体化平台”也在加紧研发建设中，平台可提供创意素材库和文创产品数据库储备，在 2018 年下半年上线运营，为提升全国图书馆文创产品生产加工能力、辅助产品运营推广等提供巨大助力。

全国图书馆文化创意产品开发联盟首届年会

十一、重大展览

（一）旷世宏编　文献大成——国家图书馆藏《永乐大典》文献展

9 月 28 日，由国家图书馆（国家典籍博物馆）主办的“旷世宏编　文献大成——国家图书馆

“旷世宏编 文献大成——国家图书馆藏《永乐大典》文献展”展厅实景

藏《永乐大典》文献展”在国家典籍博物馆第一展厅开展。

展览分“大典犹看永乐传”“合古今而集大成”“久阅沧桑惜弗全”“搜罗颇见费心坚”“遂使已湮得再显”5个单元，单元题萃选自乾隆御题《永乐大典》诗作及明代文献《进永乐大典表》等，详细介绍《永乐大典》的编纂、贮藏、流变以及最终入藏国家图书馆的历程。展览以梳理《永乐大典》修纂工程为始，全面介绍大典收书之广、版式之美、纸张之良、书写之秀、插图之工；着重刻画了经几代国图人孜孜不倦的求索、新中国成立以来党和政府的亲切关怀、海内外人士艰苦卓绝的努力，在历史变迁中遭受重重厄运的永乐大典入藏国图的经历；同时，还梳理了各代辑佚、《永乐大典》修复工作及影印出版的过程，力图让观众领略“镇馆之宝”的风采，了解国宝背后的故事，普及古代典籍知识，并挖掘传统文化适应现代社会发展、文化需求的新价值。

展览展出不同时期入藏国家图书馆的12册代表性《永乐大典》卷册，及相关珍贵善本古籍、金石拓片、名家手稿和舆图，以及各个时期《永乐大典》入藏国图的档案，不同时期出版的《永乐大典》影印本及海外收藏《永乐大典》影印本等多种类型文献80余件。同时，展厅辅以全息投影等现代化的展陈手段，通过数据信息可视化的展陈方式，营造出虚实结合、层次分明的体验效果，并设置有互动知识、临摹字体等互动屏幕，以满足不同年龄观众的观展体验，为观众普及古代典籍知识。

在开展期间，为了让广大观众进一步了解永乐大典，国家典籍博物馆特别举办“集文献之大成的旷世巨著——《永乐大典》”“古籍修复：化‘腐朽’为神奇——《永乐大典》的修复”讲座，以及线上有奖竞答之“《永乐大典》知识竞赛”、“观文献大成 抄传世经典”、“门内门外阅古今”填色创作、“观《永乐大典》赏明代石刻”传拓技艺体验等社会教育活动。同时，围绕《永乐大典》主题开发出系列文创产品近30种。力求以丰富多样的社会教育活动和文创产品为媒介，激发社会公众探求传统文化内涵的兴趣与需求。

截至2018年底，观众已逾5万人次。展览受到全社会的热烈关注，央视《新闻联播》头条播报；《中国文化报》《中国日报》刊出《永乐大典》专版；人民网、光明网网站首页推荐；新华社客户端转发“永乐攻略”单日阅读量破百万；北京电视台、北京人民广播电台、天津人民广播电台等媒体纷纷主动来函，从不同角度制作多期围绕永乐大典的专题节目，仅省级以上媒体对《永乐大典》的报道就超过100条。

（二）问祖寻根——姓氏文化主题展

12 月 28 日，由国家图书馆主办，随州博物馆承办，襄阳市博物馆、安阳博物馆、荆门市博物馆及南阳市文物考古研究所协办的“问祖寻根——姓氏文化主题展”在国家典籍博物馆第三展厅开展。

姓氏是标识家族来源和血缘关系的文字符号，记录了华夏民族数千年繁衍生息与形成发展的历史脉络，历经数千年绵延至今而不衰，为促进中华民族文化的交汇融合和国家大一统起到尤为重要的凝聚力作用。展览以中华姓氏文化为主题，以通俗易懂的文字和精美丰富的图片，梳理姓氏产生、发展、演变的历史脉络及现状，展示姓氏所包含的精彩纷呈的传奇典故、鲜活动人的生命情怀和蔚为大观的姓氏文化。

展览分为“姓氏来源”“改易姓氏”“稀见姓氏”“姓氏趣谈”4 个单元。第一单元介绍“姓氏起源”以及“以动物为姓氏”“以封国、封地为姓氏”“以官职为姓氏”“以职业为姓氏”等十大姓氏的来源；第二单元介绍改姓这一特殊的姓氏文化现象，包括“少数民族改汉姓”“帝王赐姓改姓”“避讳改姓”“随母亲改嫁改姓”“女子出嫁冠以夫姓”等内容；第三单元结合国家图书馆馆藏家谱，介绍“宦”“汝”“胥”“须”“贝”“花”“生”等稀见姓氏；第四单元介绍“姓氏始祖伏羲氏”“百姓本无姓”“叫错了的姜太公”“姓氏数量知多少”“两岸一家亲”“中国人口最多的前十大姓及代表名人”等一系列与姓氏文化相关的趣味知识。

观众参观“问祖寻根——姓氏文化主题展”

展览共展出实物 201 件 / 册。随州博物馆、襄阳市博物馆、安阳博物馆、荆门市博物馆及南阳市文物考古研究所等单位提供展品 153 件，其中包括卫伯须铜鼎、曾少宰黄仲酉匜、曾都尹定簠、鱼伯彭尊等青铜器 41 件，刻有“马”“周”“余”“侯”等甲骨 47 件，印章 13 件，以及族徽拓片 32 件，简牍复制件 20 件。同时，从国家图书馆宏富馆藏中撷取与姓氏文化相关的文献 48 种 48 册，包括《百家姓》《世本》《风俗通·姓氏篇》《元和姓纂》《古今姓氏书辩证》等古籍 33 种 33 册，《孔氏家谱》《宦氏宗谱》《胥氏族谱》《虞南须氏宗谱三卷》等家谱 15 种 15 册，与器物相互诠释证补，全面展示中华姓氏文化。

展览从所展甲骨、青铜器铭文中选取与姓氏有关的甲骨文、金文，如“马”“牛”“侯”“邓”“谢”“黄”“陈”等，对应简体字，以趣味翻转板的形式制作小游戏，并在多媒体投影区域播放姓氏文化纪录片，提升展览的互动性、趣味性；开展形式多样、生动活泼的社会教育和服务活动，除定场讲解外，还组织有“迎新春、看姓氏、赏古琴”主题参观，邀请姓氏与家谱文化研究专家举办“姓氏文化纵横谈”讲座等，拓宽展览的教育内涵，丰富观众的观展体验。

（三）高文有典　美行如圭——郑振铎诞辰一百二十周年纪念展

“高文有典　美行如圭——郑振铎诞辰一百二十周年纪念展”

12月19日，由国家图书馆主办的“高文有典　美行如圭——郑振铎诞辰一百二十周年纪念展”在国家典籍博物馆第八展厅开展。郑振铎先生与国家图书馆渊源深厚，新中国成立后，郑振铎曾出任文化部副部长、国家文物事业管理局局长。郑振铎去世后，家属秉承遗志，将其生平藏书全部捐赠给北京图书馆（现国家图书馆），为国家图书馆善本馆藏建设做出重大贡献。国家图书馆馆长、国家古籍保护中心主任、国家典籍博物馆馆长饶权，国家文物局办公室主任解冰，中国社会科学院文学研究所所长刘跃进，国家图书馆副馆长、国家古籍保护中心副主任张志清，中华书局总编辑顾青，郑振铎先生家属代表以及相关专家学者等80余人出席展览开幕式。开幕式由国家图书馆党委书记、副馆长魏大威主持。

展览图文并茂，分为“力挽狂澜铸书魂”“保护征献张书韵”“嘉惠学林振书香”“化私为公续书脉”4个单元，生动展示这位文化巨匠爱书、护书、献书而殚精竭虑、亲力躬行的壮阔一生。第一单元主要讲述在抗战期间，郑振铎倾囊收购流散古籍，并联合张元济等知名学者组织“文献保存同志会”的动人事迹。第二单元主要讲述抗战以来，郑振铎通过收缴文献、鼓励藏书家捐让、培养古籍修复人才等方式实现古籍保护，并通过立法进行法制保障。第三单元主要讲述郑振铎通过研究文学史、编纂古籍目录图谱、影印珍贵文献，使珍贵典籍嘉惠学林。第四单元主要讲述先生壮烈殉职后，其家属将所藏书籍全部捐献北京图书馆庋藏。国家图书馆特设“西谛藏书”集中保存先生捐赠之书，成为国家图书馆特藏文献的重要组成部分。

展览共计展品81件/册，包括《永乐大典》《芥子园画传》《考古编》等善本20种22册，《长乐郑氏汇印传奇》《西谛书目》《中国历史参考图谱》等古籍17种24册，《劫中得书记》《西谛所藏散曲目录》《清词集目录》等手稿6种8册/页，褒奖状、长乐郑氏藏书之印、革命烈士证书等实物10种12件，民国书刊7种13册，现代出版物2种2册，另有郑振铎雕像、肖像等，并设置多媒体投影区，分别播放郑振铎《我是少年》的诗词朗诵，以及介绍古代藏书文化的纪录片。

（四）“一带一路”非中艺术交流展

10月24—31日，首届“‘一带一路’非中艺术交流展”暨非中文化论坛在中国国家图书馆（以下简称“国图”）举办。本次展览由肯尼亚共和国体育与文化遗产部主办，肯尼亚共和国驻中华人民共和国大使馆、中华人民共和国驻肯尼亚共和国大使馆支持，国图、肯尼亚非中文化交流协会及中国清华大学美术学院承办。这是首个由外国政府部门牵头主办，境外社会团体发起组织，在我国境内举行的“一带一路”文化交流活动。肯尼亚体育与文化遗产部文化理事齐普洛普·拉贾特，肯尼亚驻华大使馆代办奥迪波，津巴布韦国家艺术管理委员会副主任尼古拉斯·摩尤，国图馆长饶权，中国美术家协会副秘书长陶勤，清华大学美术学院党委书记马赛，中华人民共和国文化和旅游部国际交流与合作局（港澳台办公室）非洲处调研员张庆华等出席开幕式，中非艺术家代表，清华大学、中央美术学院等高校教授近百人参加活动。开幕式由国图副馆长李虹霖主持。

首届“‘一带一路’非中艺术交流展”暨非中文化论坛开幕式

展览以“走进肯尼亚·感知新非洲”为主题，在国家典籍博物馆第三展厅展出。参展的110余幅作品中有近一半出自肯尼亚、卢旺达、乌干达、津巴布韦、坦桑尼亚等非洲国家的40余位艺术家之手，其中既有反映非洲人民日常生活、民俗类的油画、粉笔画、雕塑作品，也有当代艺术表现的作品，主题丰富，形式多样，基本反映出当代非洲艺术作品的现状和特色。中国有30余位著名艺术家的40余幅作品参展，包括油画、国画、版画及雕塑等反映一带一路建设、非洲风土人情、当代生活的艺术作品。

在随后举行的首届“一带一路”非中文化论坛上，中外嘉宾分别围绕深化“一带一路”倡议下的非中文化交流进行发言。为更好发展非中文化艺术交流，肯尼亚非中文化交流协会与河北青竹画材科技有限公司签署设立“非中文化交流基金”的战略合作协议，与鲁迅美术学院继续教育学院签署“文化教育交流”战略合作协议。

本次“‘一带一路’非中艺术交流展”暨非中文化论坛得到海内外媒体的广泛关注，共有近50家境内外媒体进行采访报道，仅开幕式直播就吸引160余万人观看，《人民日报》（海外版）连续两天对活动进行报道。

十二、新入藏珍贵文献

2018年，国家图书馆入藏一批晚清官绘地图，共计59种67幅/册。

这批地图是晚清时期各地呈送给上级行政机构的官绘本地图。清代官绘地图有明确的管理制度。地方造送地图至中央，一般呈送2套。一套由内务府造办处舆图房画工摹绘一本，这套摹绘本收藏在内务府档案中，清代档案中称“录副”。原件送至军机处，面呈皇帝，这批地图保存在军机处，称“留中”。另一套由地方呈送的副本转入内阁大库保存。国家图书馆新收藏地图初步判断为各级政府保存的官绘本地图。从形制上看，部分地图有县级官印，以示官方正统性。地图保存形制大都折成上呈奏折的式样，封面贴红色标题签，部分地图写有地方行政官员的题款，并盖有官印。部分地图内贴有红签、部分地图附有呈送奏折。由此判断这批地图应是地方呈送中央机构过程中，保存在某一级地方行政机构的地图。

这批地图按照绘制内容可分为：①与海防有关的海防图、炮台图、海口图和沿海形势图。由此推测这批地图与晚清筹建北洋水师的历史事件有关。②台湾专项战事地图。中法战争第二阶段，战事一度扩大到中国东南沿海。法国侵略目标直指台湾地区。中法战争后，清廷意识到海防的重要性，设置台湾省，任命刘铭传为台湾巡抚并开始积极筹建水师。这批台湾战事地图与中法战争的历史相关。③边备江河形势图。此类地图展现江河流域形势，以及江河周边营汛情况。晚清时期，金沙江、黑龙江区域均有外国列强势力干扰。确定江河流域形势，保证疆域完整、了解江河防御体系的地形地貌对于维护主权尤为重要。④地方行政区划图。其中，以山东、安徽境内的划界图和县级地方行政区划图为主。这类地图是由地方官绘，随题本进呈的行政区划图。地图保存形制多为呈送奏折的形式，并加盖官印。描绘晚清县级行政区划的大比例尺地图数量有限，且官绘本地图由于地图管理制度的限制，流通版本十分稀少。国家图书馆旧藏内阁大库官绘地图，很多与此次入藏的地图相似，足见此批地图的重要意义。⑤与江河、运河系统有关的水利工程图。河道畅通是保证漕运的基础，元代以来，都城在北，粮仓在南，漕粮北运关系到国之命脉，所以保证内陆河流水系交通是十分重要的大事。此类地图有部分与保证漕河疏通有关，是晚清时期水利工程方面的重要资料。⑥其他专项地图。如与洋务运动和近代工业兴起有关的《浙省机器厂全图》，与帝王巡幸名胜有关的《敕建南海普陀山境全图》等。

明清古旧地图由于存量少，幅面大，流通范围有限，造成流传至今的珍贵地图资料数量较少。这批地图内容丰富，资料性强，是研究晚清历史的重要图像资料。国家图书馆整体收藏这批地图，是近年来在地图采访方面的一件大事。

基础业务工作

- 文献信息建设
- 文献信息组织
- 文献信息保存与保护
- 年度掠影

基础业务工作

一、文献信息建设

（一）中文文献

1. 中文图书

接收交存 428788 种 1049504 册，较 2017 年种数增加 5.19%，册数增加 3.95%。购买 128937 种 235044 册，较 2017 年种册数基本持平。接受赠送 4091 种 8025 册，较 2017 年种数减少 20%，册数减少 19%。中文图书旧书补藏 10037 种（含赠书），较 2017 年增加 75%。

2. 学位论文

采访 230895 种，较 2017 年增加 4.08%。其中博士论文 59192 种，博士后报告 8508 种，硕士论文 163195 种。

3. 台港澳文献

采访图书 18308 种，较 2017 年减少 15.1%；采访期刊 755 种 8361 册，较 2017 年种数减少 7.13%，册数增加 5.54%；采访报纸 82 种 24360 期，较 2017 年种数减少 2.38%，期数增加 5.18%。

4. 中文期刊报纸

入藏期刊 10440 种 543643 册，较 2017 年种数减少 0.97%，册数增加 2.42%；入藏报纸 1424 种 565570 期，较 2017 年种数减少 2.67%，期数减少 2.86%。

5. 音像制品和电子出版物

接收交存 7096 种 15102 盘，较 2017 年种数减少 9.44%，盘数减少 12%。购买补藏 1591 种 5468 盘，较 2017 年种数增加 53.42%，盘数增加 33.2%。接受赠送 72 种 320 盘，较 2017 年种数减少 23.4%，盘数减少 51.44%。

6. 中文资料

采访非正式出版文献 6533 种 6690 册，较 2017 年种数减少 14.95%。存疑文献 421 种 448 册，较 2017 年种数减少 21.46%。

（二）外文文献

1. 西文文献

订到图书 42110 种 43404 册，较 2017 年册数减少 17.32%；UMI 缩微平片 3821 种，较 2017 年种数增加 30.99%；补订海外中国学文献 770 种，较 2017 年种数减少 16.31%。

2. 东文文献

订到日文图书 13800 种 14045 册，较 2017 年册数减少 15.71%；补订日文中国学文献 945 种，较 2017 年种数减少 14.86%；订到东文图书 4377 种 4667 册，其中阿拉伯文图书 1673 种 1814 册、韩文图书 1188 种 1292 册、越南文图书 736 种 781 册、泰文图书 660 种 660 册、印地文图书 120 种 120 册，较 2017 年册数减少 4.66%。

3. 俄文文献

订到 6128 种 6349 册，较 2017 年册数减少 4.76%。

4. 国际组织与外国政府出版物

订到图书 852 种 853 册、期刊 388 册、缩微平片 7353 种 18671 张、光盘 87 种 87 盘，较 2017 年册数增加 8.7%。

5. 出版物交换

交换到各类型文献 8241 种 21764 册 / 件，其中图书 2801 种 2822 册、期刊 723 种 5349 册、平片 4211 种 11347 张、随书光盘 77 种 77 盘、电子出版物 10 种 69 件、音像资料 419 种 2100 件，较 2017 年册 / 件数减少 1.24%。

6. 外文报刊

订到外文期刊 46146 册，较 2017 年减少 1.19%；外文报纸 22322 份，较 2017 年增加 6.49%。

7. 外文实体电子资源

订到西文实体电子资源 6545 种 9404 盘。

8. 外文数字资源建设

开通外文试用数据库 11 个；提交文献资源建设委员会资源建设方案，增订 1 个数据库的子库；根据参考咨询部需求，增订数据库 1 个；停订数据库 3 个；完成 PQDT 学位论文的采选工作，订购 1800 篇。截至 2018 年 12 月底，外文数据库总量达 126 个，较 2017 年减少 2 个；开通远程访问的外文数据库总量达 55 个，较 2017 年减少 10 个。

（三）古籍特藏文献

1. 古籍及特藏文献采访

2018 年，继续大力采访古籍及特藏文献，全年采访各类文献 13863 种 38065 册 / 件。其中：善本 40 种 4326 册 / 件，新善本 97 种 124 册 / 件，精装精印图书 18 种 24 册 / 件，名家手稿 934 种 4455 册 / 页，其他 2 种 2 册，普通古籍 132 种 960 册，契约文书 4230 种 4333 件，地方文献 808 种 5738 册，敦煌文献新书刊 374 种 552 册，金石拓片 570 种 810 册 / 件 / 张，接受中文采编部转入少数民族语文文献 5300 种 13520 册，中文新旧地图 656 种 1143 件，外文新旧地图 596 种 675 件，年画 1 种 1 件，老照片 13 种 1020 件，外文善本 92 种 382 册。

2. 古籍数字资源建设

继续开展国际敦煌项目（IDP）的资源建设工作，全年完成 159 件敦煌遗书的数字化，数据库上传图像 14455 幅，累计数字化 5034 件，累计上传图像 181774 幅；完成世界数字图书馆项目第 10 批选目 14 种；负责“华夏记忆”频道脚本撰写，拟订 2018 年度选题 8 个；“馆藏甲骨影像数据制作”项目完成 1000 片甲骨拓片的影像数据制作；“馆藏样式雷图档专题数据库”项目完成

2000种样式雷图档的数字化以及相关元数据的制作；开展名家手稿的数字化工作，完成图像扫描及相关元数据的制作20000拍。

（四）缩微文献

全国图书馆文献缩微复制中心各成员馆全年共拍摄民国图书353349拍，民国期刊251145拍，善本古籍138818拍，中华人民共和国成立初期中文报纸123791拍，现报560310拍，共计1427413拍。其中：国家图书馆完成拍摄民国图书285075拍，民国期刊251145拍，善本古籍100404拍，中华人民共和国成立初期中文报纸123791拍，现报301780拍，共计1062195拍。完成珍贵文献数字资源转换缩微胶片638522拍，其中国家图书馆馆藏哈佛燕京中文善本、家谱数字资源转换黑白胶片492910拍。完成母片拷底7290卷，拷贝5528卷。

（五）数字资源

截至2018年底，国家图书馆数字资源总量达1960.91TB，较2017年增加357.04TB（参见“国家数字图书馆建设与服务”之“二、数字资源建设与发布”）。

（六）其他资源建设

“中国记忆”项目自建口述史料、影像史料等资源约528小时。开展当代重要学者专题资源建设，采集刘家和、司徒兆敦、王永民等专家口述史料共计约300小时。开展中国图书馆界重要人物延续性资源共建，与北京大学图书馆、南京图书馆等6家合作单位完成口述史资源采集和整理，获得口述史料逾35小时。开展人口较少民族口头传统典藏记录工作，赴普米族聚居地采集口头传统相关影像资料约43小时。开展日本侵华殖民教育专题延续性资源共建，收集45位亲历者的口述史料约130小时。开展东北抗日联军、珍宝岛自卫反击战等专题延续性资源建设，采集口述史料约20小时。完成281盘口述史采访录音带数字化并提交入藏。收集党史专题人物采访及影像资料录像带707盘并开始数字化。继续进行音视频资源登记整理，采集资源总时长377小时，资源总量逾9TB；收集并登记实物资料数据231条，移交日记手稿、民族文字书法作品88册/件，非正式出版物247册。

二、文献信息组织

（一）中文文献

1. 中文图书

制作中文图书书目数据245264条，较2017年增加4.72%。其中：普通图书书目数据211757条，较2017年增加3.52%；少儿图书书目数据33463种，较2017年增加18.05%；民国图书编目

44条。新建名称规范数据75683条，完成规范数据与书目数据的同步挂接。新建中文标准篇名数据2209条，维护中文标准篇名数据2920条。中文图书加工941694册（含光盘），较2017年增加5.51%。

2. 学位论文

学位论文编目加工195144种，较2017年增加5.89%。其中：博士论文58816种，博士后报告6328种，硕士论文130000种。

3. 台港澳文献

图书编目加工19180种/19187册，较2017年种数减少2.80%，册数减少2.77%；制作图书书目数据19474条，较2017年减少2.43%；期刊编目35种，较2017年减少48.53%。

4. 中文期刊报纸

新编期刊书目数据137条，报纸书目数据40条。中文期刊加工543643册，中文报纸加工565570期。

5. 音像制品和电子出版物

登记加工9573种20488盘，较2017年种数减少25.4%，盘数减少29.1%；编目入库8009种15796盘，不含复本、附件，较2017年种数减少25.1%，盘数减少31.73%；制作书目数据8091条，较2017年减少24.52%。

6. 缩微文献

制作缩微品母片书目数据1800种，拷底片书目数据7639条，缩微品拷贝片书目数据5907条，维护书目数据20000条。

7. 中文资料

非正式出版文献编目加工6376种，较2017年减少16.86%。存疑文献编目加工412种，较2017年减少43.33%。

（二）外文文献

1. 西文文献

编目加工西文图书45535种47763册，较2017年种数减少10.49%；缩微平片4163种，较2017年种数减少14.04%。

2. 东文文献

编目加工日文图书13697种13882册，较2017年种数减少10.49%；编目加工东文图书4377种4667册，较2017年种数减少5.32%（其中阿拉伯文图书1673种1814册、韩文图书1188种1292册、越南文图书736种781册、泰文图书660种660册、印地文图书120种120册）。

3. 俄文文献

编目加工图书6904种6904册，较2017年种数减少1.37%，黑胶唱片6种13件。

4. 国际组织与外国政府出版物

编目加工图书789种1110册，期刊144册；缩微平片6372种14428片，光盘23种97盘。

各类文献编目加工较 2017 年册数减少 14.9%。

5. 外文报刊

新编目外文期刊 90 种，外文报纸 1 种。新编外文连续出版物书目数量较 2017 年增加 21 种。

6. 外文实体音像电子资源

编目加工西文实体音像电子资源 7645 种 11688 盘，较 2017 年种数增加 134.15%。

7. 书目数据回溯

外文实体音像电子资源书目数据回溯 1517 种，较 2017 年种数减少 40%。

（三）古籍文献

积极开展古籍文献的编目工作，全年编制各类书目数据 19608 条，其中：善本 4719 条，新善本 106 条，精装精印图书 82 条，手稿 2465 条，舆图 1261 条，老照片 63 条，年画 1 条，普通古籍 1789 条，地方文献 1248 条，石刻拓片 2750 条，民文新书 5124 条。完成馆藏文革资料回溯书目数据制作 808 条，外文善本 2730 条，民语文献回溯 1681 条。删除普通古籍提善书已编数据 720 条。删除外文善本回溯书目数据中的 STA 字段 3000 条。

（四）数字资源

1. 数字资源门户系统（Metalib）和开放链接系统（SFX）管理

继续承担数字资源门户系统 Metalib 中资源配置、SFX 电子期刊资源激活、target 的配置、数据库列表的更新管理等工作。

（1）数字资源门户系统

Metalib 系统中新增数据库 2 个，变更 78 个，撤销 5 个，累计维护数字资源列表 85 次。

每月检查所有资源库链接有效性 2 次，将链接失效的资源库情况报送相关负责人进行处理，检查结果和处理结果进行记录备案。根据业务需求，分别对数字资源列表的 4 类相关网页进行调整，增加资源库访问方式的文字悬浮显示。排查国图首页各类资源链接情况，更换“阅读中国”“工具书在线”2 个二级页面中的失效链接并调整页面结构。

（2）SFX 资源链接系统

负责 SFX 系统的日常管理，新增期刊 58094 本，删除期刊 4137 本。检查 SFX 中中文期刊资源库的期刊列表 5 个，发现部分期刊已失效，通过 SFX 管理平台对失效期刊进行屏蔽处理，其中屏蔽 CNKI 期刊库中期刊 895 本、维普期刊库中期刊 3139 本、万方期刊库中期刊 103 本。

2. 元数据仓储

整合中文外购数据库 49 个，元数据数量约 1.45 亿条。整合外文外购数据库 15 个，元数据数量约 11 万条。制定 12 个中外文数据库的映射规则，数据库核查完毕后全部提交文津搜索系统进行整合发布。定期完成自建与征集资源的同步更新，新增自建资源 2 万余条。

分别对外购、征集和馆藏实体图书元数据开展系统化管理工作，实现 20 个中文外购库元数据 86334 条、24 个外文外购库元数据 1010713 条、全部征集资源元数据 16 万条以及馆藏实体图书书目元数据约 521 万条的统一管理，提升国家图书馆的元数据仓储系统管理能力。

开展实体馆藏学位论文与商购学位论文、数字化馆藏学位论文与商购学位论文的查重比对工作，完成数据比对并提交数据清单及说明。

3. 数字馆藏元数据改造

建设完成国家图书馆数字馆藏资源元数据改造项目，对古籍善本、普通古籍、民国图书、甲骨拓片等共 29 个资源库 72 万余条实体馆藏资源元数据进行改造。改造完成的数字资源元数据，增加反映资源内容形式及载体类型的内容、唯一标识符及发布地址、数字馆藏的特征信息以及数字馆藏与实体馆藏的关联等。在此项工作中，还发现原始编目中存在的错误问题，一并进行修改，从而提升国家图书馆文献资源的编目质量。此项工作的完成，进一步提升国家图书馆文献信息整合与揭示的准确性、规范性和内在关联性。

4. 国图公开课关联数据

立足国家图书馆公益性服务职能，以满足用户知识需求为宗旨，针对历年加工的中文视频资源，每月遴选 15 场推送到国图公开课平台，同时对遴选出来的课程进行元数据加工，著录课程题名、摘要、专题系列、学科分类、主题词、主讲人等元数据信息。此外，对国家图书馆现有各类资源进行深度挖掘与整合，以文字、图片、音视频的形式插入课程的相关背景知识中，形成与课程既相互独立又保持关联的知识点，实现与馆藏图书、期刊、学位论文等资源的链接和融会贯通。截至 2018 年 12 月底，已完成 184 场（318 集）公开课的视频提供、对象数据与元数据制作，制作知识点 1590 条。

加强关联数据的管理，剔除因国图公开课系统更新引起的冗余资源 10 种，新增课程关联资源 30 条、教师关联信息 10 条。撰写数据说明，提交 1000 场已发布公开课元数据的关联数据，用于国家图书馆关联数据注册与服务平台发布。

三、文献信息保存与保护

（一）数字信息保存与保护

1. 自建数字资源入藏

2018 年，自建数字资源典藏库房入藏光盘 22321 盘，包括中文现代文献入藏光盘 7702 盘、民国文献 1182 盘、善本古籍 11660 盘、音视频资源 1625 盘、其他资源 152 盘。光盘总入藏量较 2017 年增加 13.6%，其中：中文现代文献光盘入藏量较 2017 年增加 28.37%，善本古籍类资源光盘入藏量增加 102.71%，音视频类资源光盘入藏量增加 27.25%，民国文献类光盘较 2017 年减少 80.92%，其他资源光盘入藏量减少 64.15%。

定期开展自建数字资源库房巡检，做好自建数字资源的集中管理，完成自建数字资源光盘的接收、上架、清点工作。合理规划库房现有架位，重新调整光盘位置，及时更新库房管理系统。清点 3 个库房共 902 个架位光盘入藏情况，整理成表统一管理。

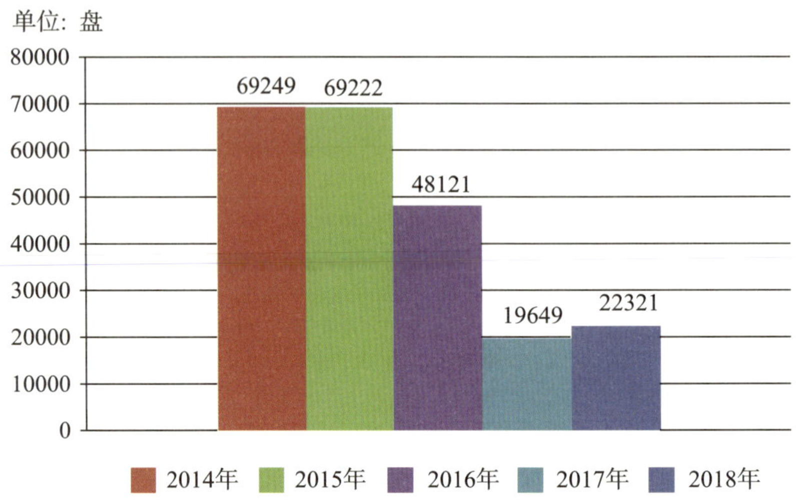

国家图书馆 2014—2018 年自建数字资源光盘入藏量对比

2. 数字资源长期保存

2018 年，加强数字资源长期保存工作，完成各类数字资源长期保存共计 31.57TB，较 2017 年增加 26.9%。其中：2018 年触摸屏电子报纸资源备份共计 1.3TB，中文采编接收交存电子报纸数据备份 0.48TB，网络信息采集资源长期保存 29.79TB。完成中文图书、博士论文、数字善本、数字家谱、敦煌 IDP 数据、年画、甲骨、宋人文集、藏书票、世界图书馆、样式雷图档、舆图、征集资源、触屏报纸、民国文献、民国报纸、民国图书、法律法规、版权信息、盲人图书馆、多媒体动画、公开课、新媒体资源、网页采集、馆藏音像电子出版物共计 25 大类、202326 册，音视频文件 4108 个，数字资源长期保存 11768132 页、136.33TB。截至 2018 年底，国家图书馆长期保存数字资源总量达到 1669.09TB。

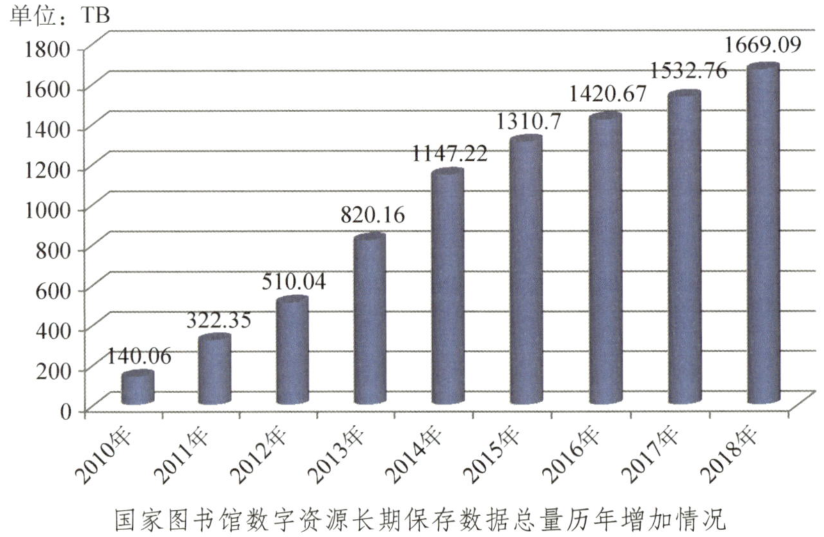

国家图书馆数字资源长期保存数据总量历年增加情况

完成初次数据在灾备中心磁带库的全备份 1.57PB，实现长期保存数据的双份保存。依据备份策略，全年完成增量数据备份 152.16TB，灾备中心磁带库数据总量达到 1720TB。开展对国家图书馆主中心及灾备中心磁带库长期保存数据安全性检查，全年共完成检查 1824 盘次，发现并剔除问题磁带 25 块，完成问题数据恢复，保证两地数据的完整性和一致性。

（二）文献修复与保护

1. 文献修复

继续开展国家图书馆馆藏修复工作，修复“天禄琳琅”藏书 50 册、西夏文献 32 册 / 件，其他善本、新善本、祖宗像、金石拓片等 358 册 / 件；为中国电影资料馆修复电影海报 150 张、鲁迅博物馆修复文献 45 册、地质博物馆 114 册 / 件、清华大学图书馆契约文书等 355 件、北京大学《论语义疏》5 册。

修复科研方面，“古籍保护修复档案记录规范”“文献修复用纸选配规范”通过专家审核，进入结题阶段，承担并初步完成《国家图书馆藏三件早期佛经修复》一书中修复部分编写工作，完成《古籍样书制作教程》编制工作，完成头戴式影像记录系统样机制作工作，开展传统粉蜡笺纸和洒金笺纸制备工艺研究和试制工作。

重视修复技艺的传承，对 2017 年入职的 2 名青年修复员工进行多项古籍修复基本技法训练；在馆内外修复专家的指导下，2016 年入职的 2 名青年修复员工结合现有藏品修复工作，专项开展明清绢本祖先画像的修复工作，准确掌握多项传统手工绢本书画的修复技法。9 月，4 名青年修复员工参加西文精装书样书制作培训，初步掌握常见西文书的装帧特点。

积极承担各项修复教学，对国家图书馆与中国社会科学院研究生院联合培养的第二批古籍鉴定与修复方向专业硕士研究生开展多项古籍修复基本技法训练，受训学员 10 人，学时 1 个月；杜伟生作为指导老师参与天津图书馆古籍保护技术培训班相关工作，时长共 1 周；朱振彬作为传习导师在南京图书馆举行收徒仪式，并教授修复技法，时长 3 周。另有 4 人在首都联合职工大学国图分校开设的修复、装裱等课程中承担大量的教学工作，总计达 300 余学时。9 月 5—21 日，承办“第九期全国古籍修复技术与工作管理研修班”，各地参训学员共 12 名。

配合中央电视台科教频道拍摄新闻纪录片《中国影像方志》和《我为国家修典籍》；配合网易《传・承》栏目开展“走进传统手工艺”系列网络直播；配合《今日中国》对古籍馆文献修复组从多个角度进行报道。

2. 文献保护

继续进行古籍保护科技文化和旅游部重点实验室（以下简称“实验室”）国家认可（CNAS）资质认证工作，完成实验室认可资料的准备工作，正在进行试运行，待时机成熟正式开展申请工作。配合装具制作与更换工作，开展各种样品的实验检测。继续做好库房温湿度监测工作，每月提交一次温湿度、虫霉病害监控报告，全年共提交 12 份。对重点库房的二氧化硫、二氧化氮和 TVOC 等气体进行检测，全年提交报告 2 份。完成总馆北区温湿度无线监控系统的安装。

按照文化和旅游部的要求，实验室在 2018 年科技活动周期间举办活动 1 次；5 月，参加第十四届中国（深圳）国际文化产业博览交易会，展示实验室的建设成果和科研成果，重点展示国家图书馆的脱酸研究成果。2018 年，实验室在研科研项目共有 10 项，完成标准 2 项，在研标准 1 项，获得国家发明专利 1 项。出版古籍保护论文集《芸香芬馥：古籍保护探索与实践》以及《文献保护中英双解词语手册》。

完成天竺库房文献整理外迁。2018 年，根据馆务会精神，国家图书馆成立文献搬迁工作领导小组，下设文献搬迁现场指挥部。全馆各党支部从大局出发，克服困难抽调人员参与天竺库房文献搬迁工作，共有 96 名青年志愿者参与。期间，相关部处人员前往承德库房进行实地测算，积极制定库房文献码放方案，召开文献搬迁动员会，组织开展志愿者培训工作。4 月，启动国家图书馆天竺库房文献整理及外迁服务的招标及合同签订工作，相关物资申请到位。5 月 9 日—6 月 18 日，完成天竺周转库文献搬迁到承德文献周转库管理中心的工作任务，累计完成 224 车次、3244 拍 67460 箱文献的搬迁任务，累计运输行程 116480 公里。在此次搬迁工作中，按文献类型、语种及出版年代，随机开箱检查文献受压变形和粘连情况，共完成 25 批次 150 箱 4300 余册文献的开箱检查工作，未发现受压变形和粘连情况。

启动国家图书馆天竺库房文献搬迁工作

完成学位论文文献搬迁调整。9 月 10 日—11 月 1 日，完成学位论文外迁到承德文献周转库管理中心的工作任务。此次搬迁工作参照国家图书馆 2017 年上半年比对万方数据库与馆藏纸本论文文献的结果，抽取并外迁有电子版的学位论文，累计完成 20 车次、6459 箱 601122 册文献外迁任务，累计运输行程 10920 公里。11 月 2—23 日，完成学位论文库房 1522363 册文献调整工作。

完成保存本文献搬迁调整。12 月，启动 2015—2018 年保存本图书下架暂存工作。完成 2016

年、2018 年保存本文献的装箱工作，累计装箱 11427 箱（其中 2016 年 5491 箱、2018 年 5936 箱），共 663603 册（其中 2016 年 318508 册、2018 年 345095 册）。按照馆领导指示，为确保文献安全及下架暂存工作的顺利开展，对下架暂存流程做了周密布置，制定相应的工作规范与岗位职责，并抽调专人进行全程监管。在人员紧张的情况下，典藏阅览部党支部组织党员进行义务劳动，通过轮岗方式参与文献下架监管，与此同时，还提前在相关阅览室贴出公告，及时告知读者此部分文献暂停借阅。

推进库房规范化管理，定期进行库房安全、环境检测及母片监测工作，确保缩微文献安全存藏。2018 年，开展国家缩微母片库房醋酸片核查工作，深入核查母片保存状况，对缩微母片中的醋酸片基与涤纶片基胶片进行区分，并通过通风、品相检查、放置除酸材料、更换包装盒及重新进行单册挂接等方式，对醋酸胶片采取有针对性的保护，全年完成 20018 卷母片 pH 值测定、8000 卷醋酸胶片深度核查。配合国家文献战略储备库建设，开展缩微胶片冲洗废水处理专题研究，推进科研工作与具体业务相结合；开展文献缩微工作标准体系建设研究，完善国家图书馆文献标准化体系。

年度掠影

【宣传《中华人民共和国公共图书馆法》 推进交存工作】

2018年是《中华人民共和国公共图书馆法》（以下简称“《公共图书馆法》”）颁布实施的第一年。《公共图书馆法》明确了国家图书馆拥有接受国内正式出版物交存职能。国家图书馆负责中文采访的馆员利用外出、电话、邮件等多种途径积极宣讲《公共图书馆法》，向各地方新闻出版管理部门及出版单位宣传该法的意义，解释其与国家图书馆、出版单位的关系，解读出版单位向国家图书馆交存样本的条款，努力提高出版单位的依法交存意识，获得多数出版单位赞同和支持。通过大力宣传推广，出版物交存工作取得切实效果，2018年度出版图书的交存率达到78.2%，较2017年上升3.8%。

【结合国家图书馆国家文献战略储备库项目建设　全力开展基藏本补藏计划】

2018年，结合国家文献战略储备库项目建设，国家图书馆全力开展基藏本补藏工作。在2017年梳理的基藏本补藏计划基础上，分析中文图书基藏本缺藏情况，根据现行的基藏本补藏原则和补藏方式，按照出版年份滚动整理查重，共提交可补基藏本书目27848种。另外，为了配合数字化补藏工作，实现纸质文献和数字文献的优势互补，整理核实9444种基藏缺藏目录以供数字化补藏。

【为海外文化中心图书馆提供采编服务】

2018年，国家图书馆继续承接海外中国文化中心图书馆藏书建设，完成斐济、斯里兰卡海外文化中心图书馆后续编目、加工、配送工作。另外，根据拉脱维亚、以色列、坦桑尼亚等几家海外中国文化中心的实际需求，从近两年出版的40余万种新版图书中遴选出满足对方要求的图书目录。同时，为更好地配合海外中国文化中心图书馆选书工作，2018年针对各个国家的不同文化特点，适当增加国内出版的外文书目比例，供各家海外文化中心图书馆选择。

【配合国务院教育督导委员会抽检博士学位论文】

根据《教育督导条例》（国务院令第624号）和《博士硕士学位论文抽检办法》（学位〔2014〕5号）有关要求，为保证博士生培养质量，国务院教育督导委员会办公室决定2018年度抽检的博士学位论文继续从国家图书馆调用。接到国务院教育督导办函件后，国家图书馆学位论文收藏中心对分散在采访、编目、加工、外包及保密等多环节工作流程中的博士学位论文逐一筛查，共提取博士论文6341种，经数字资源部进行数字化扫描制作成电子文档，按照要求提交国务院教育督导办，完成相关工作。

【参与第四届全国党员教育培训教材展示交流活动的组织工作】

为促进新时代党员教育培训教材的开发和推广使用，中央组织部党员教育中心主办第四届全国党员教育培训教材展示交流活动。10 月 16 日，国家图书馆对寄、送到馆的参选文献进行登记、核查，完成对教材的授权书等各类表格以及教材电子版的汇总和整理工作，并把参选教材进行专架存放。共接收来自全国各省、自治区、直辖市、新疆生产建设兵团、中央和国家机关各部委、高校、企业以及中央军委政治工作部组织局等 96 家参评单位的文献 655 种 4720 册，分为政治理论、党的建设和综合知识 3 大类。最终评选出获奖教材 74 种 127 册，其中精品教材 13 种，创新教材 23 种，优秀教材 38 种。根据教材版权所有者授权，将获奖教材的电子版上传至共产党员网、中国国家数字图书馆等平台，供广大党员学习使用。

【召开中文名称规范联合协调委员会第十六次会议】

10 月 25—27 日，由国家图书馆主办的中文名称规范联合协调委员会第十六次会议在北京召开。国家图书馆副馆长陈樱、中文采编部主任王洋、业务管理处副处长张玮，以及来自台湾汉学研究中心、香港理工大学图书馆、岭南大学图书馆、澳门大学图书馆、澳门科技大学图书馆、中国高等教育文献保障系统管理中心（CALIS）联机编目中心、国家图书馆的代表 10 余人出席此次会议。会上，各单位代表介绍 2018 年度各机构中文名称规范工作进展情况；与会代表还围绕规范数据的应用场景、关联数据、新一代图书馆服务系统、RDA 等问题展开讨论。会议讨论决定各成员单位进一步加强向“中文名称规范联合数据库检索系统”上传数据的工作，继续关注和推动规范数据在语义网的应用，积极探索新一代图书馆自动化系统中规范数据共建共享的新模式。

【中文引进数据库使用统计】

中文数据库的使用统计数据均直接或间接由数据库商提供，按获取方式可分为厂商提供、自查远程服务器、自查本地服务器三种。截至 2018 年底，国家图书馆有一定使用时间的中文数据库 128 个。其中：无法统计使用情况的有 23 个，占数据库总量的 18%；可直接或间接获取统计数据的数据库有 105 个，占数据库总量的 82%。具体包括：由厂商统计汇总形成最终数据，以 Excel、Word 等文件通过邮件提交的（即厂商提供）有 39 个；工作人员登录数据库商远程服务器统计系统，自行统计汇总形成最终数据的（即自查远程服务器）有 16 个；工作人员登录数据库本地镜像服务器统计系统，自行统计汇总形成最终数据的（即自查本地服务器）有 50 个。同 2017 年相比，可获取统计数据的数据库减少 0.9%。

【加大中文商业数据库元数据收集力度】

国家图书馆通过查询商购数据库的合同协议、核对以往的数据提交情况，对中文商购数据库的元数据收集工作进行梳理汇总，包括已提交元数据数据库的合同约定情况、更新频率、最新数据时期以及未提交元数据的原因统计等。2018 年全年共获取中文商业数据库元数据 51 批次、

147708511 条，总量是 2017 年的 3.47 倍。共收集 83 个数据库的元数据，占中文商业数据库总量的 64.8%，较 2017 年增加 2.5%。其中：全文型数据库 50 个，数值事实型数据库 20 个，多媒体型数据库 13 个。中文商业数据库的元数据是图书馆开展资源整合的基础数据之一，元数据收集工作为国家图书馆的资源建设、数据整合与读者服务提供有力的数据保障。

【推进 RDA 本地化实施　认真履行亚洲地区机构代表职责】

2018 年 1 月 1 日，历时 2 年研制而成的《国家图书馆外文文献资源 RDA 本地政策声明暨书目记录操作细则》作为馆级标准正式实施，标志着中国国家图书馆 RDA 本地化实施的初步实现。2017 年底，鉴于中国国家图书馆在 RDA 研究和实践方面所取得的丰硕成果，国际 RDA 管理机构“RDA 理事会”（RDA Board）邀请中国国家图书馆担任该机构亚洲地区国家机构代表，任期 3 年（2018—2020 年）。2018 年，为了更好地履行 RDA 亚洲地区国家机构代表的职责，中国国家图书馆于 3—5 月在亚洲范围内以调查问卷的形式开展了一次有关 RDA 研究与实践情况的调研，共收到来自 8 个国家 20 个书目机构的调研反馈。在此基础上，组织人力开展调研分析，形成调研报告，并于 5 月提交至 RDA 理事会年度会议，报告对当前亚洲地区 RDA 的现状和前景进行有效分析，有利于国际 RDA 管理机构制定相关未来发展战略，得到 RDA 理事会的高度赞誉。此外还策划组织了一系列多层次、全方位围绕 RDA 实施的馆内外培训活动。对内举办部门培训 2 次、各科组培训 10 余次，对外与社会教育部联合举办全国性 RDA 培训 1 次。同时，馆内相关部门积极沟通，进一步明确系统切换的技术需求，积极配合 RDA 在国家图书馆的本地化系统切换工作。

中国国家图书馆受邀担任 RDA 理事会亚洲地区国家机构代表，标志着我国编目事业的国际化进程取得令人瞩目的成就。RDA 本地化技术测试、馆内外 RDA 培训以及亚洲地区 RDA 问卷调研等一系列活动的开展，切实有效地推动 RDA 在各层面的普及与实践，进一步密切亚洲各书目单位与国际 RDA 管理机构的联系，充分发挥中国国家图书馆在国际 RDA 合作与交流中的桥梁和纽带作用，为日后引领亚洲地区各书目机构开展深入合作打下坚实的基础。

【制定国际组织与外国政府出版物开放获取资源建设规范】

开放获取资源是国家图书馆国际组织与外国政府出版物特色馆藏的重要组成部分。2018 年，国家图书馆在国际组织与外国政府出版物开放获取资源建设工作方面取得阶段性进展，全年共选取 23 个国际组织，采集 2018 年内出版的开放获取图书样例数据近百条。结合国家图书馆网站系统当前技术条件，编制元数据，制作整理用于读者门户网站发布的对象数据，并于 11 月完成《国际组织与外国政府出版物开放获取图书采集加工规范》的制定。该规范详细说明国际组织与外国政府出版物开放获取图书采集加工的工作内容、质量要求、技术规格和验收标准，为国际组织与外国政府出版物开放获取图书的采集、组织、发布及典藏管理奠定基础。

【Aleph 系统 RDA 本地化实施切换】

为适应表达 RDA 的需要，国家图书馆对 MARC 21 数据格式做了一系列 RDA 化的修订，涵盖书目数据格式、规范数据格式和馆藏数据格式，包括新增字段、子字段、修改编码和子字段定义等几个方面。2018 年初，国家图书馆宣布外文资源编目启动 RDA 规则。为保障书目记录的完整性和可读性，更好地兼容和利用 RDA 数据以及充分发挥 RDA 的优势，需要针对 MARC 21 数据式的变化对 Aleph 系统进行相应更新。为此，提交了《RDA 本地化实施技术需求》，全力配合相关部门进行先期多轮测试，并提交测试报告进行反馈。2018 年 12 月，Aleph 系统最终实现 RDA 本地化实施的切换。此次 Aleph 系统切换主要是针对 MARC 21 书目数据格式新增及修订的相关字段、子字段在 Aleph 系统中的校验、检索等功能进行了更新。Aleph 系统 RDA 本地化实施切换有利于读者更好地获取、检索和浏览书目信息，有利于 RDA 规则编目在国家图书馆的进一步开展以及展现 RDA 实施的成果。

【开发缩微胶片库管理及数转模流程控制系统】

为加强质量监管，提高生产效率，确保文献存藏安全，国家图书馆自 2016 年开始研发胶片库管理及数转模流程控制系统，2018 年底完成框架搭建和初步测试。该系统整合 Excel、Word、TD-1000 丹诚等软件系统（含数据库内核及内务管理）以及数转模加工数据，通过对工作流程进行跟踪、控制及管理，提高库房自动化和精细化管理程度，实现库房文献流通的电子化以及缩微文献母片及拷底片库房在架文献的盘点和查询、流通管理及文献接收、报表统计等，使数转模和库房管理达到标准性、规范性、合理性。

【中国记忆项目启动中国人口较少民族口头传统典藏计划】

8 月 27 日，中国人口较少民族口头传统典藏计划启动实地调研，随后分别在云南和北京开展对普米族口头传统的录制典藏工作。9 至 12 月，在云南省兰坪白族普米族自治县、宁蒗彝族自治县等地累计开展 30 天调研记录工作，邀请音乐学、人类学、语言学等相关学科专家及作曲家、歌唱家等艺术家参加调研，对普米族学者和民歌传承人进行口述史访问，记录了普米族民间故事

普米族民歌传承人和春秀在中国唱片总公司录音棚录制普米族传统民歌

传承人讲述的《洪水朝天》《周游世界》等传说故事，民歌传承人在原生人文环境中演唱的《丰收调》《牧羊调》等传统民歌，祭三脚、吾昔节祈福等民俗仪式；完整采集普米族传统婚礼的影像资料，重点记录其中所包含的古歌及祭祀仪式。邀请7位普米族民歌传承人到北京，在中央人民广播电台录音棚和中国唱片总公司录音棚录制近百首普米族古歌及传统民歌。

【温飚女士捐赠钱来苏、温济泽手稿金石文献】

2018年9月，温飚女士向国家图书馆无偿捐赠其外祖父钱来苏诗文家书手稿、父亲温济泽自传手稿、李锐书《温济泽挽联》等手稿、金石文献共计185种275册/件。此次捐赠文献主要有：20世纪40—60年代钱来苏撰写的《初喜集》等诗作文稿，给其子彭尔宁、其女钱家楣等人的家书等珍贵手迹；温济泽自传《沉思录》手稿，温济泽在中国社会科学院任职时撰写的各类采访发言纲要、书信手稿；清末鲁一同作《墨梅图》《米芾手札》《道因法师碑》拓本；钱来苏、温济泽收藏及自用印章25方；陆定一、周而复、谢冰岩、王璞章、龙潜等人书法作品；以及温济泽去世后，李锐、于光远、谢冰岩等各界名人为其题写的挽联。

钱来苏（1884—1968），革命活动家、诗人、书法家。原名拯，字来苏，又字太微，浙江杭县人，20岁赴日本留学，日俄战争爆发后回国创办辅华中学、《吉林日报》等。1910年加入中国同盟会，辛亥革命时参加辽阳立山屯起义被捕入狱，中华民国成立后获释，加入中国国民党。此后任东三省特别行政长官公署参议、山西第二战区司令长官部少将参事等职。1943年3月赴延安，任陕甘宁边区政府参议，并参加怀安诗社，与谢觉哉、董必武、吴玉章等唱和往还，以旧体诗的形式抒发其对国家民族的真挚情感。1947年加入中国共产党。中华人民共和国成立后，任中央文史馆馆员。著有《孤愤草初喜集合稿》《十老诗选》等。

温济泽（1914—1999），新闻学家。广东梅县人。1929年参加革命，1936年加入中国共产党，抗日战争初期到延安，先后任陕北公学教员，中央宣传部干事，中央研究院研究员，《解放日报》副刊部秘书、编辑、主编，陕北新华广播电台编辑部主任等职。1949年后，先后任中央广播事业管理处联络部长、中央人民广播电台副总编辑、中央广播事业局副局长、中华全国新闻工作者协会副秘书长，其间还担任过国际广播组织1956年度和1957年度副主席。1960年后，在北京广播学院新闻系从事广播业务和广播史的教学研究工作。1978年后历任中国社会科学院科研组织局副局长，研究生院副院长、院长、教授、学位委员会委员，中华全国新闻工作者协会理事及新闻干部教育委员会主任、中国新闻教育学会会长，中国广播电视学会顾问，中国科普创作协会理事长等职。

【杨凡、吴素霞伉俪革命历史文献入藏国家图书馆】

9月20日上午，杨凡、吴素霞伉俪革命历史文献捐赠仪式暨座谈会在国家图书馆举行。杨凡、吴素霞子女杨缮禧、杨静妮、杨珍妮和杨华光向国家图书馆捐赠杨凡译著手稿、历史照片、图书文献等共计295种1157册/件。此外，杨荫盛、杨静妮夫妇向国家图书馆捐赠杨铨纪念相册2种2册。捐赠仪式上，副馆长李虹霖代表国图接受捐赠并颁发捐赠证书。李虹霖和杨珍妮女士分别讲话。捐赠仪式后的座谈会上，杨缮禧、杨静妮、柯汉琳、胡莉娜、连子、郭平英等与会嘉宾以杨凡、吴素霞等先辈的革命奋斗历程、相濡以沫的革命情谊，及革命文献史料的社会价值为主题，进行讨论交流。

杨凡、吴素霞伉俪革命历史文献入藏国家图书馆

此次捐赠文献主要为杨凡不同历史时期的著译手稿，杨凡、吴素霞夫妇20世纪30年代留学日本时期的历史照片，杨凡毕生收藏使用的革命书籍、外语工具书等。其中杨凡20世纪30年代给郭沫若等友人的书信手稿、杨凡与留日好友为早逝友人编印的《冰川追怀录》、吴素霞女士1938年在印尼为支持祖国抗战筹款印行的《梭罗平民学校梭光体育会联合演剧筹赈特刊》、杨凡在20世纪50至80年代翻译的大量日本外交档案等文献，尤其集中反映了中华儿女坚持革命信仰、心怀祖国人民，并为此奋斗终生不求回报的崇高精神风貌，也记录了中国现代以来各个特殊历史时期的时代面貌，兼具史料价值与文献价值。

杨凡（1909—2002），广东省梅县人。1925年参加革命，1930年加入中国共产党。1933年就读于日本早稻田大学经济系，积极组织参与留日学生革命活动。1936年回国后，长期在国民党宋哲元、吴奇伟等部从事党的地下工作，并成功策动国民党广东省保安十二团起义。1956年后任职于北京师范大学，后任北京师范大学史学研究所副译审，从事日本史研究。杨铨（1898—1967），广东省鹤山人，香港著名爱国人士、文物鉴藏家。其于20世纪50至60年代将其毕生搜集的珍贵文物全部无偿捐献给国家。

【举办“入木三分——田家青著作和作品手稿展”】

11月22日—12月21日，国家图书馆主办，文物出版社、人民文学出版社、三联书店（香港）有限公司协办的“入木三分——田家青著作和作品手稿展”在国家图书馆总馆北区稽古厅、右文厅开展。此次展览以田家青《清代家具》《明韵：田家青设计家具作品集》（以下简称《明韵》）著作手稿、手绘设计图和多种研究著作为主，辅以其设计制作的大画案、亲手打造使用的传统木工工具、收藏的样式雷器物烫样等多件重量级展品，展现出田家青在古典家具研究道路上推陈出新的历程。王世襄先生曾为田家青工作室题名“三分室”，此次展览以“入木三分”为题，不仅能够传达田家青对传统木工制作工艺理解的精髓，以及其为人处世所达到的境界，更展现出中国传统文化独特的理念、智慧、气度与神韵。

田家青是中国古典家具领域著名专家，开创了清代家具研究的新领域与新范式，其设计制作的具有时代风格的传统家具，被誉为当代经典。田家青积十年之功所著的《清代家具》是第一部关于清代家具的学术专著，王世襄先生对该书给予极大肯定，视该书为其《明式家具珍赏》的姊妹篇。除了学术研究，田家青对明清家具的工艺技法和艺术境界有极深入的体悟，以此为基础设计的“明韵”及“家青制器”系列家具，融旧于新，具有极高的艺术价值，《明韵》收录了“明韵”家具的精美图片及设计图纸，兼具艺术性与学术价值。《清代家具》与《明韵》承上启下，对中国明清家具及其工艺的研究、继承和发展具有重要的学术和历史价值。2018 年，国家图书馆有幸向田家青征集著述手稿，获得惠赠《清代家具》《明韵》书稿及部分手绘设计图纸，典藏于国家图书馆名家手稿文库。

服务工作

- 立法决策服务
- 重点教育科研和生产单位的信息服务
- 社会公众服务
- 业界服务
- 年度掠影

服务工作

一、立法决策服务

（一）基础业务建设

1. 专藏文献建设

法律参考阅览室完成室藏文献的接收工作，全年共接收中文图书761种761册，中文期刊523册，外文图书3763种3842册，外文期刊2073册，光盘17张。完成中文图书（共计1272种1272册）的下架、退库、数据报文修改工作。完成室藏2012—2014年度西文期刊（共计4473册）的下架、退库、数据报文修改工作。完成室藏2015年度日文图书（共计1218册含光盘12张）的下架、退库、数据报文修改工作。

海外中国问题研究资料中心（中国学阅览室）全年共接收中文图书245种245册，外文图书1832种2161册，外文期刊547册，光盘14张。截至2018年12月31日，室藏中文图书2604种2639册，外文图书40290种42392册，外文期刊168种3695册。室藏文献总量为43062种48726册。全年中文图书流通290册次，外文图书流通4461册次，外文期刊流通186册次，合计4937册次；接待读者2675人，4112次。

2. 专题数字资源建设

完成国家图书馆立法决策服务平台、国家图书馆部委分馆内网平台、国家图书馆人民法院分馆平台、国家图书馆立法舆情监控平台、部级领导干部历史文化讲座视频网站、中华人民共和国法律法规信息服务系统、海外中国问题研究资料中心网站、全国省级公共图书馆决策咨询服务协作平台等专题数字平台的维护与更新建设。

完成各国议会数据库、国际组织数据库、民国法律法规数据库、世界遗产数据库、省情概况数据库、国情概况数据库、国际关系史图文库、新书推荐、部级领导干部历史文化讲座视频库、海外智库报告专题数据库、军事专题数据库、海洋专题数据库等专题库的维护与更新建设。

3. 基础业务应用系统建设

继续推动立法决策服务机构知识库建设，根据业务需求，对机构知识库的运行服务情况进行追踪调研，维护系统的正常运行。

（二）重点服务项目

1. 国家立法决策服务

2018年，国家图书馆继续为党和国家领导人、全国人大、国务院所属部委、全国政协、最高法、最高检，以及中央军委所属机构提供立法与决策咨询服务。全年累计完成各类咨询1651件，编制经济、文化、外交、国防、民政、海外智库、综合等领域的各类专报10余种，共计824期。

2.“两会”服务

2018年“两会”期间，编制“两会”热点专题资料，共32个专题、1515篇文章；编制6个专题的“两会”专题文献信息专报，近5万字；提供《“两会”境外媒体信息专报》，总计报送41期；提供《新媒体舆情跟踪》，总计报送40期。

“两会”期间为政协委员提供住地服务

面向全国政协委员推出“政协委员卡”。通过在各个委员住地特设服务点等渠道，向政协委员发放阅览卡。共计发放委员卡1241张，向住地工作人员发放普通读者卡246张。

升级个性化平台。继续打造和升级人大代表服务平台与政协委员服务平台，“两会”期间2个平台点击量分别为2037次、4176次，相比2017年有较大增长。

“两会”咨询服务处共接到电话咨询21人次，代表办理贵宾卡10人次，接待到馆人大代表4人次、政协委员1人次，承接专题咨询6单、3人次。

3. 重点用户咨询服务

2018年度继续推进基础咨询与深度咨询并重、保持传统与创新研究并存、维护合作与拓展用户并举的工作模式，完成来自中央和国家机关等重要用户的咨询任务。在咨询类型方面，不仅有为领导人出访及国务活动提供的35个整合故事资料集并获得领导批示，还有为中办某处室定期推送的《热点报送》以及《专题报告》，全年总计报送《热点报送》28期，涉及140个专题；不仅有翔实的“人工智能的发展与对策”参阅资料编入全国政协双周会会议资料，有为全国人大图书馆每2个月提供1次的“四个全面”相关专题资料，还有受国务院参事室、国务院法制办等机构委托的专题报告。在用户建设方面，不仅认真维护与中办、国办等已有用户的合作，还积极拓展与全国人大、全国政协、发改委、国家广电总局以及地方纪委等重点用户的深入服务。

4. 项目工作

中办数字图书服务平台项目。根据中央某机构“三服务”工作指示，2018年国家图书馆继续组织实施中办数字图书服务平台项目，根据用户要求，完成平台的资源加工及发布工作。截至2018年底，共更新上线扫描图书1464册，集成人民出版社图书957册，并实现统一检索。完成平台栏目“每月新书目”的更新，截止到2018年12月，共推荐书目信息5682条。

全国人大法律法规库建设。受全国人大信息中心及图书馆委托，完成国家法律数据库（一期）的数据加工工作，全年累计加工数据2600条。

中国边疆文献总库建设专项任务。截至2018年底，完成相关文献的加工，并完成500条数据的上传工作。

5. 部级领导干部历史文化讲座

全年共举办讲座12场，参加讲座的部级领导达1885人次，讲座累计举办267场。对出席2017年讲座达6次以上的153名领导干部颁发“勤学奖”。在党和国家机构改革后，更改讲座请柬、参考资料及各类讲座纸质用品材料。为提升服务质量，全年为相关领导及授课老师递送图书、U盘、讲座资料等共计129次，约1229册/件。组织举办“部级领导干部历史文化讲座”2019年专家咨询会，邀请相关领域专家进行座谈并对选题发表意见，积极实现“精心选人、精心选题、精心服务”的工作目标。在时间紧、任务重的情况下，圆满完成部长讲座场地施工升级改造。

6. 部委分馆建设

2018年，在“发改书吧”项目的基础上继续开展后期的图书更新、数字资源维护等工作。“发改书吧”的建设与运行，形成良好的“书吧”效应，成为宣传、展示国家图书馆工作的有力标杆，也为部委分馆服务提供了新思维、新路径。

为最高司法机关提供个性化立法决策服务。自2018年3月起，协助最高人民法院完成图书馆的策划、开馆、维护管理等工作，在人员培训、馆舍建设、文献梳理、制度制定等方面为其提供重要保障。

除对现有16家部委分馆持续服务外，为突出不同分馆的特色资源，形成“一馆一平台，馆馆有特色”的细化目标，对平台用户进行需求调研，并与军事科学院和海关总署两家单位进行多次磨合，确定开设分馆意向。

7. 立法决策服务平台的推广与服务

加强系统运维，根据现有用户服务需求，提供用户特色服务。2018年，人大代表服务平台、政协委员服务平台点击量合计达6213次，是过去“两会”服务平台5年点击量的3倍。

通过整合现有系统平台资源，重点做好中办数字图书服务平台、人民法院分馆平台、中央社会主义学院平台等的建设与升级，加强系统建设的顶层设计和统筹规划，加强与用户的有效信息沟通，健全日常联系机制，提高服务效能。

以中国学网站升级改版为契机，建设中国学文献资源平台。对该网站前后台做出整体改版设计，减少数据库数量，采用标准的著录规范，增强文献数据之间关联性，为用户打造“一站式”中国学文献检索平台，同期网站访问量为50878人次，比改版之前增加10494人次，平均每月访问量为1749人次。

二、重点教育科研和生产单位的信息服务

2018年，完成社科类一般性咨询492件，同比减少25.68%；完成代检索课题132件，同比减少45.68%；完成馆藏复制证明和专题检索证明2580件，同比增长9.41%。完成科技咨询辅导性咨询892件，同比减少21.41%；完成科技查新230件，同比持平；专题检索和事实查询75件，

同比减少 15.73%；完成论文收引查证业务 4160 件，同比增加 21.57%。

完成竞争情报类咨询共 1736 件次。其中，中央国家机关 794 件次，重点生产、科研教育单位 933 件次，一般读者 9 件次。全年合作用户数量 19 个，其中中央国家机关 3 个，重点科研教育生产单位用户 16 个。编制二、三次文献咨询件次占全年咨询件次比例为 75%，全年共完成《每日舆情摘报》《国家图书馆舆情专报》《国家博物馆媒体传播效果评估报告》《工作研判参考资料》等三次文献编制 558 件次，字数达 61 万余字。配合文化和旅游部深入推进"两学一做"学习教育常态化、制度化，编辑《习近平关于文化和旅游工作重要论述摘编》（2018 年版），协助文化和旅游部办公厅完成"文化领域舆情监测与分析"服务，为文化和旅游部政策法规司提供文化和旅游工作议题研判会的参考资料。

馆际互借与文献传递系统共接收文献传递、馆际互借、国际互借（含借进借出）请求 43110 件，同比增长 9.59%；接收 BALIS 文献传递请求 2119 件，同比增长 13.56%；接收 BALIS 馆际互借请求 7625 件，同比增长 1.74%。满足 OCLC 借进请求 302 件，同比下降 30.25%；满足 OCLC 借出请求 557 件，同比下降 43.39%；接受特殊专题委托服务 1 件。

三、社会公众服务

（一）到馆读者服务

2018 年全年共接待到馆读者 5458540 人次，较 2017 年减少 6.52%。全馆流通书刊 25499468 册次，较 2017 年减少 0.23%。各类咨询 112.57 万件，较 2017 年增长 7.28%。其中一般咨询 111.49 万件，较 2017 年增长 7.24%。访问国家图书馆网站 78536.4 万次，较 2017 年减少 13.99%，月平均访问量为 6544.70 万次，日平均访问量为 215.17 万次。

（二）参考咨询服务

1. 证卡办理

办证处总馆南区、北区服务台及古籍馆办证处共接待读者约 317067 人次，较 2017 年减少 8.07%。人工服务台办理读者卡 30796 个，较 2017 年减少 4.76%；办理加功能业务 6441 件，较 2017 年增长 27.34%；办理减功能业务 15891 件，较 2017 年减少 12.18%。自助办证充值机受理读者自助办理新卡 151311 个，较 2017 年减少 16.79%。

2. 日常咨询服务

各服务点累计口头咨询 226918 人次，较 2017 年增长 9.52%。OPAC 机检 66752 人次，较 2017 年增长 11.72%；现场代查 10890 人次，较 2017 年减少 8.50%。呼叫中心接待读者总计 27525 人次，较 2017 年减少 34.83%。处理有效邮件 1214 封，较 2017 年增长 8.98%，其中对 498 封有效邮件进行直接作答，对 716 封有效邮件转发其他相关部门进行处理。虚拟咨询接收表单咨询 1198 人次，较 2017 年增长 5.36%；接收实时咨询 1815 人次，较 2017 年减少

11.68%。

3. 统一用户管理系统

截至 2018 年底，统一用户管理系统总注册人数为 5617016 人，其中实体卡注册读者 2657038 人，网络实名注册读者 1394602 人，非实名注册读者 1565376 人。继续做好读者权限管理工作，进一步梳理业务流程，规范资源管理模式。截至 2018 年 12 月底，实体卡用户远程可访问资源 184 个，网络实名注册用户远程可访问资源 68 个，非实名注册用户可访问资源 47 个。

（三）文献阅览服务

2018 年，各阅览服务点累计接待阅览读者 3662712 人次，外借读者 371578 人次，复制读者 47605 人次。与 2017 年相比，阅览读者增长 2.82%，外借读者减少 6.18%，复制读者减少 25.58%。

1. 中文图书阅览区

截至 2018 年底，中文图书阅览区室藏文献总量为 357149 册 / 件，其中中文图书 345422 册、经典图书 1684 册、盲文图书 3098 册、光盘 6945 册 / 件。全年共接待读者 1860170 人次，较 2017 年增长 2%；解答读者咨询 607121 次；流通图书 16741530 册次。全年接收新书 177813 种 181482 册，种数较 2017 年增长 4.9%；剔除图书 189357 册。

2. 中文报刊阅览区和学位论文阅览室

截至 2018 年底，中文报刊阅览区室藏文献总量为 332791 册，其中中文期刊 8885 种 325769 册、中文报纸 250 种 7022 册。全年共接待读者 208253 人次，其中中文期刊区 124502 人次、中文报纸区 83751 人次。全年文献流通总量为 3704520 册次，其中期刊开架流通 3003600 册次、闭架流通 16244 册次；报纸开架流通 676960 册次、闭架流通 7716 册次。全年接收文献总量 89150 册，其中期刊 8885 种 87348 册、中文报纸 250 种 1802 册，另外接收现报累计 52688 期。

学位论文阅览室全年共接待读者 45218 人次，学位论文流通量 14692 册次。

3. 台港澳文献阅览室

截至 2018 年底，台港澳文献阅览室室藏文献总量为 58607 册 / 件，其中图书 31555 册、期刊 24139 册、光盘 2913 册 / 件，另有最近一年的台港澳报纸 100 种。全年共接待读者 28315 人次。全年文献流通总量 21925 册 / 件次，稳中有升，其中图书 20377 册次、期刊 824 册次、报纸 634 册次、光盘 90 册 / 件次。在做好读者服务的基础上，完成室藏文献接收与下架工作。全年接收文献 16926 种 26036 册 / 件，其中图书 16366 册、期刊 7559 册、报纸 1507 册 / 件、光盘 604 册 / 件；939 册 / 件。此外，全年制作完成台港澳新书刊网页推介及阅览室展板 12 期。

4. 中文图书借阅区

截至 2018 年底，中文图书借阅区室藏文献总量为 400800 册 / 件，其中图书 385451 册、光盘 15349 册 / 件。全年共接待读者 301753 人次，较 2017 年减少 8.6%；图书流通 451831 册次、光盘流通 4628 册 / 件次。2 台 24 小时室外还书机更新后文献室外归还量成倍增长，全年共归还图书

31022 册次、光盘 130 册 / 件次。全年共接收文献 104093 种 106409 册 / 件，剔除文献 114220 种 114220 册 / 件。此外，继续承担首都图书馆联盟还书业务，全年共接收通还文献 1486 册 / 件，较 2017 年有所减少。

5. 综合阅览室

截至 2018 年底，综合阅览室室藏文献总量为 48007 册 / 件，其中中文工具书 19204 册、外文工具书 28496 册、工具书光盘 307 册 / 件。综合阅览室提供保存本图书、基藏本图书闭架阅览和工具书的开架阅览。全年共接待读者 230664 人次，图书流通 299041 册次，一般性咨询 418780 件次。与 2017 年相比，接待读者人数增长 7%，文献流通量增长 8%。全年共接收中外文工具书 581 种 1221 册。

6. 外文文献阅览室

截至 2018 年底，外文文献第一阅览室室藏文献总量 45759 册 / 件，其中西文社科图书 45023 册、西文工具书 609 册、光盘 127 册 / 件；外文文献第二阅览室室藏文献总量 178851 册 / 件，其中西文科技图书 23636 册、西文期刊 154716 册、光盘 499 册 / 件；外文文献第三阅览室（国际赠书阅览室 / 日本出版物文库阅览室）室藏文献总量 159503 册 / 件，其中东文图书 30392 册、东文期刊 104524 册、光盘 1235 册 / 件、国际赠书 6057 册、日本出版物文库图书 17295 册。

外文文献阅览室所辖外文文献第一阅览室、外文文献第二阅览室、外文文献第三阅览室（国际赠书阅览室 / 日本出版物文库阅览室）及基藏外文图书外借出纳台 4 个服务点全年共接待读者 110042 人次。读者开架阅览各语种文献 84685 册次，闭架阅览 44783 册次，复制 21632 册次；基藏外文图书外借出纳台外借 8129 人次、14004 册次，还书 6110 人次、12040 册次。全年接待读者咨询共计 26378 件次。

外文文献阅览室全年接收外文图书 52888 册（其中西文社科图书 21909 册、西文科技图书 13038 册、日文自采图书 4429 册、俄文图书 3830 册、小语种图书 3777 册、日贩图书 5545 册、国际赠书 360 册）；剔除外文图书 54062 册（其中西文社科图书 22378 册、西文科技图书 10283 册、国际赠书 2043 册、日贩图书 5359 册、日文自采图书 6620 册、俄文图书 4390 册、东文小语种图书 2989 册）。接收外文期刊 44985 册（其中日俄文期刊 15711 册、小语种期刊 64 册、西文期刊 29210 册）；剔除外文期刊 36757 册（其中西文期刊 36694 册、日俄文期刊 63 册）。接收外文报纸 199 种。接收各类文献的附带光盘 223 张，剔除各类文献的附带光盘 256 张。

7. 数字共享空间

截至 2018 年底，数字共享空间共接待读者 250746 人次，解答各类读者咨询约计 123766 条，答复读者信件及馆长信箱信件计 25 封，为读者提供打印 20592 页，较 2017 年增长 31.2%。进行服务宣传展示，接待各界参观来访与承担业务讲解 48 次。

8. 视听服务空间

截至 2018 年底，视听服务空间室藏文献总量为 15556 种 31075 册 / 件，其中中文黑胶唱片 117 种 210 张、西文黑胶唱片 6226 种 8495 张、磁带 212 种 354 盒、CD 光盘 2263 种 5586 张、VCD 光盘 560 种 959 张、DVD 光盘 3719 种 9180 张、MP3 光盘 468 种 762 张、EOD 光盘 1930

种5074张、中文期刊29种322册、外文期刊32种133册。

全年共接待读者83561人次，开架阅览图书、期刊流通4200册次；为读者提供光盘、黑胶的闭架阅览服务4592张，含CD光盘379张、VCD光盘524张、DVD光盘3661张、MP3光盘42张、EOD光盘266张、黑胶唱片80张；提供专架文献阅览406张；提供数字资源用机2162人次；接待领导及各界人士参观访问65次。在读者服务中，注重征询读者建议，不断优化服务流程，提升服务质量。

9. 年鉴新方志阅览室

截至2018年底，年鉴新方志阅览室室藏文献总量共计56040册/件，其中年鉴33036册、地方志18778册、光盘4226册/件。全年共接待读者14273人次。2018年由于年鉴文献服务政策的改变，文献借阅量有明显增加，其中开架文献借阅量为20394册次，闭架文献借阅量为1784册次，较2017年分别增长56.64%和98.22%。年内共接收上架新文献2908种5167册，下架剔除文献1059种6573册。

10. 缩微文献阅览室

截至2018年底，缩微文献阅览室室藏文献总量共计592898册/件，其中中文期刊6811册/件、中文报纸14788册/件、中文资料1912册/件、特藏文献569387册/件。全年共接待读者8385人次，较2017年增长11.19%；流通文献23592册/件次，较2017年增长22.77%。全年上架文献11400种11450卷件。由于缩微文献阅览室文献只更换不剔除，故文献总量逐年增加，读者量及文献流通量也随之逐年递增，通过持续地库房管理与调整，缩微文献库存与流通情况得以保证。同时做好涉密文献保管工作，全年共接受局级单位及以上介绍信7封。

11. 善本特藏阅览室

截至2018年底，善本特藏阅览室室藏再造善本共计13407册。全年共接待读者4875人次，借阅胶卷2807卷、原件1683册/件，胶卷还原291种27603拍，原书复制38种741拍。

12. 普通古籍阅览室

截至2018年底，普通古籍阅览室室藏开架工具书共计85368册/件。全年共接待读者10646人次，提供开架阅览512册次、闭架阅览58372册次。其中，闭架阅览流通包括普通古籍原件11467种53210册次，家谱353种2342册次，方志439种2538册次，普通古籍胶卷149种224卷次，外文善本54种58册次。此外，全年为读者扫描649人次31178拍，复印385页。

（四）新媒体服务

1. 国家图书馆网站建设

2018年，国家图书馆官方网站中英文主站共更新数据911次6200条，发布页面31750个，网站访问量7.85亿次。配合馆方宣传活动及各部门重点工作，制作“走进新时代的图书馆——国家图书馆年俗资源专题”“激活经典　熔古铸今——《中华传统文化百部经典》首批图书出版”等专题网站16个。

同时，全力做好国家图书馆网站数据库访问服务工作。定期对读者机软硬件系统进行日常维护和更新 135 次。严格做好所属 29 台镜像服务器管理和 103 个镜像数据库管理与维护工作，全年共完成数据库更新约 108.2G，对数据库定期巡检和维护，解决知网、阿帕比等多个数据库访问故障，并依据馆内要求做好相应的备份盘管理工作，保障数字阅览零障碍。

2. 互联网电视服务

2018 年，通过中国国际广播电台的 CIBN 互联网电视平台，以“国图公开课”专区的形式向海内外广大用户提供一站式文化资源服务，为海内外读者提供更加便捷、优质、高效的公共服务。发布公开课视频资源 275 场，服务国内 26 个省市的 1.1 亿用户，海外 190 个国家地区的 600 万用户，国内用户数量较 2017 年增长 28%。

3. 国家图书馆微博、微信服务

继续开展国家图书馆官方微博、官方微信服务，整合国家图书馆各类业务发布需求，拓展内容层次，加强读者互动，扩大国家图书馆微服务辐射面及影响力。

截至 2018 年底，国家图书馆官方微博用户总数超过 28 万人，年新增用户 6.4 万人，较 2017 年增长 28%；发布微博 2076 条，解答读者咨询 632 条。开设并主持“每日经典诵读”“国图开讲”“国图公开课”“馆藏品鉴”“我心中的经典”等微博话题，话题总阅读量达 1.9 亿人次，讨论 6.9 万次。配合开展“馆长拜年”“世界读书日”等活动图文直播，获媒体转发和社会各界关注，活动累计阅读 70.9 万人次，讨论 289 次。

国家图书馆官方微信订阅号用户总数 29 万余人，年新增用户 9 万人，较 2017 年增长 45%，发布信息内容 309 条，回复读者咨询 2323 条，与用户互动 1053 次，全年文章阅读量达 94 万人次。

官方微博、官方微信联动开展互动活动，配合“4·23”世界读书日，组织实施“春光里的读书人”“寻找最美阅读笔记”活动，征集摄影照片 167 组 249 幅、阅读笔记 36 篇；配合 12 月读书周，组织实施“# 我心中的经典 # 阅读分享”活动，收到读书分享 223 份，活动累计阅读量 14 万人次；配合开展《中华人民共和国公共图书馆法》普法宣传，实施“公共图书馆法有奖互动问答”，共计 595 人次参与答题。通过官方微博、微信平台发布《公共图书馆我们在行动》《永乐皇帝爱聊天——永乐大典的前世今生》动画，利用多媒体手段推进图书馆资源与服务宣传，其中《永乐皇帝爱聊天——永乐大典的前世今生》同步在新华社平台发布，点击量达 58 万次。

各业务部门运营微博、微信也取得丰硕成果。社会教育部运营的“文津阅读”微信公众号合计发稿 94 篇，关注读者 14000 人；“国家图书馆培训中心”微博账号、微信公众号累计发布课程及活动信息 69 篇，累计阅读量 243702 人次，累计净增用户 828 人；“中国记忆项目”微博账号、“中国记忆”微信公众号同步发布文章 60 篇，累计阅读量 31070 人次，净增用户 2505 人。展览部运营的“典籍博物馆”微信公众号全年发布微信 137 条，用户增加 3408 人，累计达到 24319 人，较 2017 年增长 16%。

4. 移动服务

国家图书馆手机门户以中国各个传统节日为入手点，设计并更换首页界面 24 版风格。2018

年发布新闻94条，公告67条，讲座预告190条，推介热点书刊320本；完成移动端馆藏资源导读推荐任务以及4个专题的资源建设和发布。

国家数字图书馆APP全年在苹果商店和安卓商店更新版本3次，实现生成二维码读者卡、扫码登录功能；与国家图书馆手机门户同步更新新闻、公告、讲座预告。移动阅读平台制作图书专题28期；全年完成新增分站的信息整理、分站建设及账号下发工作，加入平台建设的公共馆累计达103家。全年通过短彩信系统发送短信1864552条，其中文津诵读1356706条。为文化报扫码读书专栏提供48册图书封面和专属链接，并统计图书访问量。通过电话、邮件等方式，回复并解决移动端各平台资源和服务相关读者问题2026次。

联合文化和旅游部全国公共文化发展中心共同打造的“文旅之声”账号在喜马拉雅电台正式上线，为公众提供服务。

5. 国家数字图书馆体验区

2018年，国家数字图书馆体验区（以下简称体验区）先后举办“读书·最好的时代”“文化自信　赏古阅今”等多个新媒体阅读及文化科技体验活动。其中，“读书·最好的时代”世界读书日读者活动通过丰富多样的方式，介绍“文津图书奖”获奖图书；推荐国图与阅读相关的电子资源；通过微课堂介绍数字图书馆数字资源服务方式和渠道；用新颖的互动体验推广《中华人民共和国公共图书馆法》。“文化自信　赏古阅今”读者活动通过展板展示、新技术互动体验等方式，将国图的数字图书馆资源，如“地方馆非物质文化遗产资源”等优秀资源库推介给公众，利用VR技术呈现“梨园京韵”戏剧虚拟现实体验，利用光影互动墙向公众宣传介绍传统文化；设置“国家级非物质文化遗产代表性传承人抢救性记录工作成果展映”专区，用数字影像方式对非遗传承人进行传承与记录；还展出《庆赏昇平》图谱赏析。

体验区日均接待读者2600余人次，最高日接待量10712人次。完成个人与团体参观接待准备及讲解工作27次。

6. 触摸屏展示服务

2018年，加强触摸屏新媒体资源建设与服务模式创新，在充分调研的基础上，依托国家图书馆丰富的文化素材制作独具特色的自有版权多媒体资源，完成触摸屏设备的升级换代，构建触摸屏资源管理后台系统，实现对资源和服务的有序管理及发布。新部署的触摸屏终端色域更广、画面细节展现更充分，触屏操作更流畅，极大提升了触摸屏使用体验。触摸屏展示服务项目致力挖掘馆藏优秀资源，制作适配触摸屏展示的资源和应用，为读者提供新媒体服务。其中电子期刊、电子报纸和电子图书栏目增加二维码借阅功能，可实现触摸屏阅读与手机移动阅读相结合的新形式，使阅读更灵活便捷，突破空间限制，有效拓展服务半径。新增“图书鉴赏”和“百部经典”2个栏目，为读者普及典籍知识，弘扬中华优秀传统文化。持续为塔里木油田提供每日更新电子报纸和电子期刊资源服务，为塔里木数字图书馆的建设提供坚实、有力的支撑。

全年完成触摸屏维护20台次，按月完成报纸数据的长期保存和在线备份工作，保证数字共享空间及国家数字图书馆体验区常用触摸屏的使用和服务。

（五）少儿服务

1. 国家图书馆少年儿童馆

2018 年，国家图书馆少年儿童馆共接收新到室文献 35732 册 / 件，接待到馆读者 372289 人次，文献提供量为 2599576 册，文献下架量为 46531 册，接待集体参观 45 场 1904 人，接待个人参观 14 场 177 人；暑假期间（7 月 15 日—8 月 31 日）调整工作安排，延时开馆服务至 19 点，累计延长服务时间 70 小时，获得到馆读者的普遍关注与好评。全年开展丰富的儿童阅读推广活动，举办文津少儿讲坛 5 场，参与活动读者 490 人次；举办各类故事会 86 场，讲读故事 170 余个，参与活动读者 2409 人次；举办儿童读物与影展活动 7 场，观影读者 300 余人次；开展“阅读推广进校园”活动，年内走进 4 所校园，开展主题阅读讲座 4 场，1230 名师生参与活动；举办大型童书展览 2 场，分别为“童心与传统——国画大家杨永青少儿故事插画展”和“中国连环画百年历史展”，展览以严谨的史料为依托，以儿童的趣味为审美导向，为到馆读者奉上传统文化盛宴。

2. 国家典籍博物馆青少年服务

北京市阳春小学五年级学生参观国家典籍博物馆

国家典籍博物馆依托展览及展品资源，深入挖掘典籍内涵，持续打造典籍博物馆优质服务品牌，进一步向社会大众普及典籍文化，扩大社会影响力，入选教育部“全国中小学研学实践教育基地”，并成功申报中央专项彩票公益金支持未成年人校外教育项目资金。接待包括中国人民大学、北京外国语大学、北京舞蹈学院等多所国内外高校师生参观；为北京大学附中、中关村外国语学校、北京理工大学附小等中小学及贫困山区学生提供学生团体讲解服务 529 场，接待 7121 名中小学生到馆参观、学习；为包括东城区教委、北京大学附中古籍特长班等在内的教育单位提供个性化订制活动，以多种多样的形式，提供青少年群体与优秀典籍文化亲密接触的渠道，建立起学生利用博物馆学习的长效机制，最大限度地发挥典籍博物馆的教育职能。

继续开展“走进典籍博物馆大课堂”系列活动，包括“我是小小讲解员”冬令营、“典籍文化之旅”基础班、“典籍文化之旅”进阶班之“小小考古工作者”及“印一本自己的书”等典籍课堂系列课程；配合节日及展览，推出丰富多样的主题活动，如春节期间的“名家带你写春联”活动，“国际博物馆日”与“文化和自然遗产日”期间的经典诵读、雕版印刷、手工抄纸等主题体验活动；结合“旷世宏编　文献大成——国家图书馆藏《永乐大典》文献展”等展览，开展“《永乐大典》知识竞赛”“门内门外阅古今”等活动，充分利用丰富特色的展览文化资源，融参观讲解、主题学习与互动体验于一体，让参与的青少年从不同角度更好地了解传统文化。

开展“文旅·融合·创新——首届海淀区研学旅游季”系列活动，探索研学旅游新模式。策划并开展“《诗三百》里草木馨——读诗经、识植物”“游走于传统与科技之间——从甲骨文到人工智能”“赏红楼旧梦　走曹公小道”与“观《永乐大典》　赏明代石刻”4条研学旅行线路，把博物馆学习和景区参观结合，让青少年在线路行走中体验优秀传统文化的魅力。

“文旅·融合·创新——首届海淀区研学旅游季线路体验”活动

（六）弱势群体服务

1. 残障人士服务

2018年，继续做好面向残障人士的数字图书馆服务工作，完成中国盲人数字图书馆的内容建设及数据发布工作，发布电子图书300册；完成下一年度电子图书资源筛选工作，遴选图书350册。

数字共享空间是中国盲人数字图书馆、中国残疾人信息无障碍技术支撑体系的示范应用基地。为优化到馆残障读者数字阅览服务，全年指导并辅助残障读者上机3412人次，开展相应的服务调研和软硬件设备调研，为残障读者提供更加优质的服务。

2. 老年读者服务

2018年，在“关爱夕阳”老年课堂微信群的基础上，先后开设“关爱夕阳”老年课堂知识星球和“关爱夕阳”老年课堂千聊直播间。全年共开展千聊直播课堂12次，每日回复知识星球咨询10余条，为老年读者享受国图服务提供便利。

在常规培训之余，精心策划“说出我的故事”等系列活动，参与读者200余人次。为弘扬中华传统美德，倡导图书馆界的尊老爱老，在重阳节之际策划举办国家图书馆“情满重阳”老年文化节。

数字共享空间通过线上直播课堂、线下培训和丰富多彩的活动等多种形式提升老年读者服务质量，得到《国图通讯》和《中国文化报》报道，立足国家图书馆老年读者服务阵地，在“文化养老”与提升老年文化服务方面得到社会的广泛关注。

（七）全民阅读推广活动

1. 文津经典诵读

2018 年，文津经典诵读项目进一步提高音频等原创数字资源的质量，创新线下推广活动的形式，增强公众参与度，借助新媒体的强大传播力提高文津经典诵读的项目影响力和覆盖面，通过数字阅读与诗词经典结合进行优秀传统文化的多样化传承。全年通过国家图书馆网站和手机门户发布经典诗词、格言共计 365 条，制作音频 365 首。策划推出线上线下融合的系列推广活动，其中“文津经典诵读古诗词原创作品征集活动”社会反响热烈，共收到全国各地读者提交的原创诗词作品 500 余首。图书馆服务宣传周期间，评选出的优秀诗词作品经书法名家誊写后在“翰墨诗韵——文津经典诵读拟古诗优秀作品选展”中展出，并在《诗词家》杂志刊登。参与策划 2018 年全国少儿诗词在线诵读活动。加强项目资源推广力度，与新华社等媒体机构推进合作。继续举办文津经典诵读系列讲座，邀请著名词人蔡世平、中华诗词学会常务副会长兼中华诗词杂志社社长范诗银等嘉宾对古典诗词的创作鉴赏进行分享互动。

2. M 地铁・图书馆项目

创新 M 地铁・图书馆项目合作模式，进一步提升 M 地铁・图书馆用户阅读体验，建设完成 M 地铁・图书馆手机网站，使其能够使用独立域名进行访问。完成“狗年・故事”“致敬经典・听见童年”专题制作工作，推荐高质量的童书音频资源和精选与主题相关的优质电子图书制作移动阅读平台的阅读专题。制作的专题和遴选的优质图书资源在地铁列车车厢内进行推荐，地铁乘客可以用手机扫一扫阅读。

“致敬经典・听见童年”地铁四号线平安里站展览厅

全年共策划推出 2 场主题活动。2 月 8 日春节前夕，推出“狗年・故事”主题活动，向公众推送与春节、年俗相关的电子图书 10 册；6 月 1 日国际儿童节之际，推出“致敬经典・听见童年”主题活动，推送 61 个经典儿童故事音频，共 141 集。这 2 场活动都通过地铁四号线沿线灯箱和平安里站的展览厅向公众展示相关海报，并提供线上阅读的二维码入口。截至 12 月 31 日，2

场活动累计登录读者 13264 人次。

3. 非物质文化遗产纪录片展映月活动

在完成 2015 年国家级非物质文化遗产代表性传承人抢救性记录工作验收的基础上，6 月 9 日—7 月 8 日，举办“年华易老　技·忆永存——国家级非物质文化遗产代表性传承人抢救性记录工作成果展映月”系列活动，包括每周末在国图影院面向公众免费放映优秀成果影片，举行首批优秀成果推介会、“和时间赛跑”专题研讨会，以及“谁在讲述中国故事”“多彩贵州”“快乐非遗，健康生活”“刻刀·剪刀·砌砖刀——手艺人的故事”等单元活动。同时，分别在“流动的文化——大运河文化带非遗大展暨第四届京津冀非遗联展”及总馆北区国家数字图书馆体验区设置展映专区。7 月 1 日，同名主题展览开幕，在线展示专区上线。新浪、网易、北京时间等媒体对首场单元活动进行在线直播，60 余万人观看，30 多家媒体对活动进行报道和深度采访。国图影院累计放映影片 55 场次，累计观众约 2200 人次。

“年华易老　技·忆永存——国家级非物质文化遗产代表性传承人抢救性记录工作首批优秀成果推介会”

4. 举办第五个“非物质文化遗产保护讲座月”

为纪念“文化和自然遗产日”，发挥图书馆在传承、弘扬中华优秀传统文化中的作用，促使社会公众深入了解我国非物质文化遗产的知识，国图讲坛自 2014 年起，于每年“文化和自然遗产日”当天推出特别策划——“非物质文化遗产保护讲座月”（以下简称“非遗讲座月”）项目，在为期 1 个月的时间里陆续开展非遗主题的讲座、展演等活动。2018 年 6 月 9 日，国图讲坛推出第五个“非遗讲座月”，围绕“多彩非遗，美好生活”的主题，向社会公众推出 8 场主题鲜明、内容生动、形式多样的主题活动，努力阐述非遗与普通人日常生活的关系，呼吁大家关注非遗、喜爱非遗。

首日 2 场活动以“谁在讲述中国故事”为主题，邀请中国艺术研究院研究员王馗、国家级非物质文化遗产古渔雁民间故事项目代表性传承人刘则亭、汉川善书项目代表性传承人徐忠德、邵阳布袋戏项目代表性传承人刘永安，以及参与国家级非遗代表性传承人抢救性记录工作的主创人员等担任活动嘉宾，通过讲座、访谈、展演等形式，向公众深入浅出地介绍了中国戏曲以及各类故事的传统讲述方式，让读者深刻了解到它们的存在意义、历史、现状与未来。当天活动共持续 8 个小时，接待读者逾 800 人。

为让读者“亲眼看见”传统服饰的魅力，本年度“非遗讲座月”联手恭王府“锦绣中华——2018 年中国非物质文化遗产服饰秀”项目，邀请孙冬宁研究员、多位服饰设计师及模特担任活动嘉宾，向读者推出 1 场“图书馆里的服饰秀”，该活动以“讲秀结合”的方式，向读者全面介绍传统服饰文化以及现代设计理念，读者反响强烈，表示“既精彩又惊艳”。

继 2017 年“非遗讲座月”特别活动——“老北京非遗趴”获得强烈社会反响后，本年度“非遗讲座月”收官之作——第二届“‘老北京非遗趴’——燕京有八绝”特别活动在继承前一年优秀经验的基础上，以“燕京八绝”非遗项目为展示对象，通过访谈、互动、技艺展示、老北京曲艺会等形式，为读者营造一个轻松欢乐的氛围，让他们全方位、近距离地了解和体验非遗项目，深受现场近千名读者的喜爱。活动还通过光明网、新浪网等多个互联网平台开展直播，当日网络播放量 800 余万次。

2018 年“非遗讲座月”特别活动——第二届“‘老北京非遗趴’——燕京有八绝”

此外，2018 年“非遗讲座月”还围绕节日遗产、传统建筑、传统设计、民俗文化与乡村振兴等重要主题开展一系列讲座活动。

5. 参与承办 2018 年文化和自然遗产日特别节目——“非遗公开课”

6 月 8 日晚间黄金时段，中央广播电视总台综合频道首次播出 2018 年文化和自然遗产日特别节目——“非遗公开课”，该节目由国家图书馆与文化和旅游部非物质文化遗产司、中央广播电视总台综艺频道联合承办。节目播出后，不仅收获同时段的最高收视量，还引发一系列良好的社会反响，唤醒一部分国人对于非物质文化遗产的情感共鸣和文化认同。

此次承办工作由中宣部文艺局统一部署，国家图书馆主要负责该节目的创意、策划和撰稿工作。在时间紧、任务重的情况下，工作团队努力发掘自身优势，充分发挥长期开办“国图公开课”的经验，从过往策划推出的多个非遗专题课程中吸取思路和养分，通过认真梳理我国非物质文化遗产宝库，最终形成这一堂“非遗公开课”。公开课立足生活，开宗明义，既说清楚“非遗是什么”，也让大家切实感受到“非遗让我们的生活更美好”，并以此为主题分解为“非遗点亮智慧”“非遗引领时尚”“非遗传递情感”“非遗凝聚力量”4个版块，分别阐述非遗之于个人、家庭、社会的意义与价值，让观众在收获非遗系统认知的同时，内生出高度的文化认同和民族自豪感。此外，工作团队还在节目的嘉宾遴选、环节编排、台本文案等多方面发挥了作用。在这台电视节目中，图书馆人的工作经验和智慧成果得到集中整合与体现，而图书馆服务也通过电视传播实现升级与拓展。

“非遗公开课”宣传海报

6. 其他互动活动

全国科技活动周期间，国家图书馆联合全国18家公共图书馆共同发起以“科技创新　强国富民”为主题的活动，面向全国读者开展移动端的专题阅读推广活动，以大众最关心的科技话题为中心，精选精品科普类图书，普及科学知识。

举办“我们为什么纪录？——司徒兆敦教授纪录片分享交流”“美国纪录片大师弗雷德里克·怀斯曼《书缘：纽约公共图书馆》纪录片放映交流”等读者线下交流活动，邀请北京电影学院教授司徒兆敦、北京大学教授张久珍等相关领域专家，在放映纪录片后，专家们为读者讲解相关背景知识，并就纪录片所涉及的学术及社会问题与读者展开深入交流。

（八）讲座、培训、展览、演出

2018年，培训、讲座、参观、展览、演出等各项社会教育活动共接待读者129.90万人次，与

2017 年相比减少 25.58%；其中举办展览 24 场，79.78 万人次；开办公益性讲座 506 场，6.29 万人次；组织培训 1748 批，27.57 万人次；接待参观 3894 批，8.80 万人次；举办演出 128 场，7.46 万人次。

1. 讲座

（1）文津讲坛

全年共举办讲座 50 场，接待读者 11740 人次。讲座主讲人以国内知名高校、科研机构、学术团体等学识渊博、德艺双馨的学者为主，讲座内容侧重文史哲，讲座形式有系列专题和单个主题讲座，其中，系列专题有中国古代物质文化系列讲座 4 讲、蒙元史系列讲座 4 讲、丝绸之路系列讲座 7 讲。

（2）国图讲坛

全年共举办各系列讲座 99 场，接待读者约 31000 人次。配合全国科技活动周、“文化和自然遗产日”、端午节等大型专题活动及节假日举办相关活动。策划推出“让文物活起来——中国古代物质文化”“全民健身计划”“世界杯里的文化”“东西方古代文明比较”等多个新的讲座系列。策划推出“开学第一课”等深受好评的特别活动。继续举办“院士讲科普”“非物质文化遗产保护讲座月”“外交官亲历”“文津经典诵读”“二十四史研读”等深受读者喜爱的讲座系列。讲座品牌效果凸显，2018 年“非物质文化遗产保护讲座月”受到文化和旅游部非物质文化遗产司的全国通报表扬。加强讲座组织管理的科学化和服务的精细化，业务基础得到夯实。讲座形式不断创新，综合运用主题演讲、非遗项目展演、互动体验、嘉宾访谈等多种形式，构建立体讲座新样态。注重讲座传播形式的拓展，丰富讲座资源形式，适应读者多元化的需求，构建由图书、音频、完整视频、微视频等多种形式组成的讲座资源体系。实施国图讲坛微讲座开发项目，精加工制作微讲座视频 750 场。“匠意营造”“古今经典小说研究”等精品系列讲座音频在北京人民广播电台定期播出。

（3）国图公开课

继续开展“传统艺术公开课”系列课程策划制作，录制完成“中国书法：从书写中生长的民族精神”“中国古代建筑文化与艺术”“盲人摸象戏曲谈”“诗经二十讲”4 门课的全部课程；继续推进“人类太空探索与中国航天之路”“世界古代史（上古部分）”“舞蹈与生命的交响”“丹青传世美”4 门课的录制工作。全年共录制完成各类专题课程 38 讲，网站发布 41 期节目。拍摄制作业界公开课“《中华人民共和国公共图书馆法》解读”，网站发布 3 期节目。拍摄制作“中国三十大发明”等读书推荐节目 15 期，网站发布 25 期节目。策划开展“4·23”世界读书日“第十三届文津图书奖发布暨国图公开课三周年特别活动”。完成 4 期线下活动，通过网络直播，共有 68.86 万人次观看。

国图公开课之“传统艺术公开课”邱振中主讲“中国书法：从书写中生长的民族精神”录制现场

（4）国家典籍博物馆讲座

2018年，国家典籍博物馆尝试讲座预约的方式，并通过调查问卷了解听众需求，使讲座进一步贴合听众文化诉求，提升听“讲”体验和效果。全年举办讲座15场，邀请薛永年、孙立军、潘建国、郑万耕等专家授课，围绕本年度举办的各项展览及馆藏资源进行详细解读和深度挖掘，主题涉及《永乐大典》等重要馆藏，古典文学、姓氏文化、典籍传播等多个方面，有“讲”有“体验”（讲座后老师带领听众去展厅参观体验），把直观感受与理性分析结合起来，融专业性与通俗性于一体，面向大众深入浅出解读。

（5）国图艺术中心公益讲座

2018年，国图艺术中心公益讲座愈加成体系，全年举办公益讲座56场，除继续在全国科技活动周期间邀请刘达等中国电影科技研究所教授主讲电影科技系列讲座，邀请陈长林、裴金宝等国家级和省级非物质文化遗产（古琴艺术）代表性传承人举办古琴系列讲座外，还新开设由天坛神乐署雅乐中心王玲主讲的宫廷音乐类系列讲座。

此外，还举办了“致敬经典之走近四大名著”系列公益讲座活动，邀请评书艺术家田连元、昆曲表演艺术家侯少奎、作曲家王立平、表演艺术家六小龄童（章金莱）带来4场有关四大名著的精彩讲座。作为该系列公益活动的组成部分，开展“集票活动”，集齐4场公益讲座活动票上标有“致”“敬”“经”“典”（每场1张）字样的观众可领取艺术中心准备的书籍、邮票、演出票等礼品。“我与四大名著的故事——校园征文活动”面向全国中小学生，让更多青少年读者体会蕴含在古典名著中的精神内涵，真正将阅读经典融入学生的学习和生活中，共同分享对四大名著的理解和感悟，提高文化素养，提升文化自信。

国图艺术中心还与北方昆曲剧院联合推出荣庆学堂昆曲系列公益讲座，邀请著名昆曲表演艺术家、国家级非物质文化遗产传承人蔡正仁、侯少奎、沈世华、梁谷音、丛兆桓等大家为广大读者观众带来讲演结合的公益讲座，详细介绍了昆曲小生、旦角、红净等行当表演艺术的特点，普及昆曲知识，弘扬优秀传统文化。

荣庆学堂昆曲系列公益讲座现场

（6）中国典籍与文化系列讲座

中国典籍与文化系列讲座共举办 14 讲，听众 2022 人次。2018 年，在讲座策划时注重专题选择，举办童蒙文化系列讲座 4 讲、“孔子 · 儒学 · 儒藏——儒家思想与儒家经典名家”系列讲座 4 场。

2. 培训

2018 年，国家图书馆培训中心举办馆内员工继续教育培训 1 场，培训员工 101 人次；举办面向全国图书馆界的业务辅导培训 13 场，培训学员 800 人次；举办面向社会公众的培训班 10 期，培训学员 141 人次。全年承担文化和旅游部老年大学西区分校的教学教务管理工作，服务文化和旅游部系统离退休人员 230 余人。

数字共享空间深入贯彻《中华人民共和国公共图书馆法》中关于老年读者服务的要求，依托精准的老年读者培训需求调研，坚持线上培训与线下培训相结合、馆内师资与馆外师资相结合、新媒体培训与传统文化培训相结合的“三结合原则”，开设多元化、多层次的培训课程，创新培训活动，打造全新的网络课堂。全年共设计5个专题、12个系列、24讲课程，累计培训读者3000余人次。

国图艺术中心全年推出优秀纪录片公益展映38场，展映《毛坦厂的日与夜》《黄河尕谣》《绝境求生》《寻爱》《大三儿》等优秀纪录片，并邀请相关主创与读者进行现场交流。“京剧电影工程”系列影片展映落地国图艺术中心，在世界读书日、国家图书馆读书周期间，分别展映“京剧电影工程”首批影片《龙凤呈祥》、《霸王别姬》（3D版）、《状元媒》等，为传播和普及民族优秀传统文化做出贡献，受到广大读者的热烈欢迎。此外，国图艺术中心不断完善并拓展社会培训项目，在继续举办“童声合唱团”“马头琴培训”基础上，新开设“古琴基础培训”“古筝基础培训”以及“国画基础培训课”，并应读者需求增开“古琴提高培训班”。广大读者踊跃报名并给予一致好评。同时，与西区爱乐（北京）文化发展有限公司合作经营品牌项目“首席猫音乐教室”，开展少年儿童小提琴社会艺术培训；与四海同声国际文化传播（北京）有限公司合作开展少儿语言表演培训，面向全市幼儿园及中小学生招募学员。

3. 展览

（1）国家典籍博物馆展览

2018年共举办展览44场，其中举办馆区展览21场、馆外交流展9场、大中小学巡展14场，策展能力和陈展设计水平得到广泛认可。

自办展览11场，包括“明春节礼俗　树文化自信——2018年国家图书馆年俗文化展”“第十三届文津图书奖获奖图书展”“书卷为媒　友谊长青——日本永青文库捐赠汉籍入藏中国国家图书馆展”“天禄惟新　绍熙文脉——刘季平与中国图书馆事业改革发展”“旷世宏编　文献大成——国家图书馆藏《永乐大典》文献展”“问祖寻根——姓氏文化主题展”“高文有典　美行如圭——郑振铎诞辰一百二十周年纪念展”“出相入胜——中国古代书籍插图展”“文心风雅——董平沙画展”“‘屏’阅古今　对‘画’时间——‘古桥印象’少年儿童画展”“册府千华——纳格拉洞藏经修复成果展”，均获得良好的社会效果。其中，“国家图书馆藏《永乐大典》文献展”为社会各界瞩目，10月6日中央广播电视总台《新闻联播》进行了头条报道；“日本永青文库捐赠汉籍入藏中国国家图书馆展”纳入《中日和平友好条约》缔结40周年纪念活动，获得文化和旅游部领导的充分肯定与社会的广泛关注，开展2个月，接待观众5.27万人次。

观众在“动漫原画特展——一支铅笔诞生的世界”展厅拍照

联合举办展览10场，包括“不忘初心　牢记使命——中国书法家协会第七届理事作品展”“永远的怀念——纪念周恩来诞辰120周年美术作品巡展”“动漫原画特展——一支铅笔诞生的世界”“‘一带一路’非中艺术交流展”“品读北京·皇家建筑与府邸宅院图片展”“以古为镜——张宇书法作品展”“开藤化纸　书写美好生活——庆祝改革开放40周年浙江开化农民草书展”“书写新时代——全国新文艺群体书法作品汇报展”“全国第二届大学生书法篆刻作品展”“哲匠世家　营造经典——京津冀地区园林样式雷图档展”，社会反响良好。其中，“一带一路”非中艺术交流展是首个由外国政府部门牵头主办，境外社会团体发起组织，在我国境内举行的“一带一路”文化交流活动，共有近50家境内外媒体进行了采访报道，活动开幕式直播吸引160余万人观看。

举办交流展9场，包括联合山东省潍坊市博物馆共同主办“清官板桥　三绝传世——郑板桥专题展”；分别在鲁迅博物馆、上海南汇博物馆、东莞市博物馆举办“炫彩童年——中国百年童书展”；鲁迅博物馆还引进“赤子的世界——傅雷诞辰一百一十周年纪念展”，农业部图书馆引进作为世界读书日重要活动的“从《诗经》到《红楼梦》——那些年我们读过的经典”展，潍坊市博物馆引进“不忘初心　传承经典——国家典籍博物馆藏当代知名书法家临摹作品展”，温岭博物馆引进“甲骨文记忆”展，天津常青藤美术馆引进“动漫原画特展——一支铅笔诞生的世界”等。这些展览均在当地反响良好，得到公众的广泛认可和关注，扩大了国家典籍博物馆的社会影响。

此外，还遴选“从《诗经》到《红楼梦》——那些年我们读过的经典”展在北京5所高校、9所小学进行巡展，传播弘扬优秀传统文化。

（2）其他部门举办的展览

7月1—20日，“年华易老　技·忆永存——国家级非物质文化遗产代表性传承人抢救性记录成果展”在国家图书馆北区一层学津厅举办。展览以时间顺序回顾抢救性记录工作的历程，以图文、影像、装置艺术等形式，对国家级非物质文化遗产代表性传承人抢救性记录工作的首批成果，以及抢救性记录的理念、方法、流程与实践等方面进行详尽展示。展览设置观影区，播放抢救性记录工作宣传短片。展览还原了传承人抢救性记录工作中口述史采访的典型场景，设计了由227位国家级代表性传承人的肖像组成的装置作品“技·忆不随年华老”，共同呈现出影像记录与时光流转的交织意象，体现文化情怀和人文关切。

“年华易老　技·忆永存——国家级非物质文化遗产代表性传承人抢救性记录工作成果展”现场

为国家典籍博物馆的“郑板桥专题展”、国家古籍保护中心的“走近四库全书”“书卷为媒　友谊长青——日本永青文库捐赠汉籍入藏中国国家图书馆展”等各类展览提供相关文献的布展、撤换展品、日常维护监护等工作；完成多场相关机构借展工作，尤其配合完成深圳市宝安区图书馆“文脉深圳　数典问祖”展览展品护送、布展、撤展及宣传工作，社会反响强烈。11 月 22 日—12 月 21 日，在总馆稽古厅、右文厅举办“入木三分——田家青著作和作品手稿展”。

4. 公益演出

2018 年，国图艺术中心加大开展公益服务的力度，共举办各类艺术演出 128 场，其中大型公益演出 13 场。

（1）“书香筑梦　科技兴国——2018 国家图书馆科技创新音乐会”。在全国科技活动周期间，策划主办此次音乐会，用艺术形式讲述科技发展对社会和人民群众生活产生的作用。丰富多彩的活动引起广泛关注，在线观看人数近 4 万人，开辟了国图公益活动的传播新方式，北京卫视等媒体对活动进行了深入报道。

（2）“弘国之琴魂　弹人之常琴”公益专场音乐会。作为国图艺术中心古琴系列讲座的拓展，探索新的普及推广模式，在国家图书馆视听服务中心重新对社会开放一周年之际，与弘琴艺术团共同主办“弘国之琴魂　弹人之常琴”公益专场音乐会，让古琴艺术走进广大群众的视野，普及推广优秀传统文化，有效提升古琴艺术的影响力及传播普及率。

（3）中德手风琴公益音乐会。为服务社会大众，提升市民艺术素养，首次邀请国外乐团——德国巴登符腾堡州青年手风琴乐团参与公共文化公益演出，不仅丰富了国图艺术中心视听服务的种类，更使其多元化，具有“国际范儿”，产生良好的社会影响。

中德手风琴公益音乐会

（4）“永远的怀念——纪念周恩来同志诞辰 120 周年交响音乐会”。与满天星业余交响乐团联合主办此次交响音乐会，用深情和心声，表达对老一辈无产阶级革命家衷心的礼赞和深切的缅怀。

此外，举办“致敬经典”春节公益晚会，向读者拜年；与中国音乐学院研究生院达成战略合作协议，推出“国韵——中国音乐学院研究生精品系列公益音乐会”，用音乐诠释民族文化与诗词歌赋的风采；举办“赞美新时代　颂歌献给党——首届中国（北京）优秀中老年合唱团展演”，来自社会各界的中老年合唱团公益演唱主旋律音乐作品；举办“八一礼赞音乐会——慰问退休退役军人及家属公益演出”，部队歌唱家为观众带来大家耳熟能详的歌曲，表达对祖国最真挚的热爱。

（九）文创产品开发

2018 年，在国家图书馆文创工作领导小组的带领下，国家典籍博物馆通过自主开发、联合开发、授权合作等方式，开发“永乐大典”“从诗经到红楼梦”“敦煌”“百花诗笺谱”等主题类产品 60 余种。对接国家话剧院、甘肃省图书馆、中央广播电视塔等单位，从素材挖掘、创意设计、打样生产、平台销售等方面进行链条式合作，提高对接市场能力。积极参与 2018（北京·海淀）比利时布鲁塞尔国际葡萄酒大奖赛中海淀礼物 + 专题推介，受邀参加第十届中国国际旅游商品博览会并获“博物馆文创系列产品推介奖”，参加 2018 第十五届“北京礼物”旅游商品大赛并获“经典系列主题类优秀奖”；参加“2018 年中国图书馆年会——中国图书馆学会年会·中国图书馆展览会”并获评优秀参展单位；参加第八届中国博物馆及相关产品与技术博览会并获“弘博奖·最佳展示奖”。

古籍馆本年度文创工作主要有两个方面：一是古籍特藏元素授权，将馆藏资源中的一部分授权给出版社、文化公司设计制作经营，签署正式合同，产出书籍或产品由出版社或文化公司经销，部分产品或通过代销方式实行共同销售。二是由部门统筹并设计制作新产品。全年共完成自主设计产品 55 种，其中 37 种已转化为商品。以书写类文创为年度特色产品，包括“行走的书房”书盒版、方缇版文房套装，以及《四库全书》《永乐大典》《敦煌遗书·心经》抄书套装等。此外，升级产品整体包装方案，加强产品信息的规范化，进一步提升“文津街七号”文创品牌形象。

四、业界服务

（一）业界业务指导与合作

1. 全国图书馆联合编目中心

全国图书馆联合编目中心（以下简称“中心”）坚持公益性原则，为全国各级图书馆免费提供书目数据服务。2018 年，新增成员馆 140 家，成员馆总数达到 2832 家，累计数据用户 3493 家。年内增加书目数据 63.7 万余条，增加馆藏数据 74.3 万余条，增加规范数据 6.83 万条。中心充分发挥书目数据核心的地位，全年为用户提供下载数据近 1200 万条，较 2017 年增长 11.7%；月最高下载量出现在 12 月，超过 134 万条。

（1）召开全国图书馆联合编目中心 2018 年工作会议

9 月 18—19 日，全国图书馆联合编目中心 2018 年工作会议在陕西西安举行。来自全国各省、自治区和直辖市 38 个单位的 50 名代表参加此次会议。国家图书馆副馆长陈樱、陕西省图书馆常务副馆长李振杰、天津市少年儿童图书馆馆长马忠庚、陕西省图书馆馆长助理解虹等出席大会开幕式。会上，陈樱指出，随着《中华人民共和国公共图书馆法》于 2018 年 1 月 1 日起正式实施，“联合目录”工作被写入公共图书馆法法条，联合编目工作重要性更加凸显，希望中心各成员能够更加同心协力，做好联合目录的组织和编制工作。会议总结 2017—2018 年度中心的工作成果，介绍目前全国图书馆实体资源馆藏系统、上传资格培训题库建设工作的进展，就下一年度的具体任务进行商议和分工，并向表现突出的分中心、成员馆和个人颁发荣誉证书。在业务交流环节，上海图书馆采编中心分享上海地区西文联合目录建设的成功经验，吉林省图书馆介绍如何通过筛选重点出版社来提升整体馆藏建设质量，内蒙古自治区图书馆展示彩云服务业务拓展项目。此外，会议还安排“国家图书馆外文文献 RDA 本地化工作”“基层图书馆推荐目录的编制”两个专题报告。

全国图书馆联合编目中心 2018 年工作会议

（2）举办 2018 年全国图书馆联合编目中心上传资格培训班

6 月 26—29 日，全国图书馆联合编目中心 2018 年上传资格培训班在辽宁大连举办，来自全国各省、市、区、县的公共图书馆、高校图书馆及相关单位 100 余人参加此次培训。培训内容包含全国图书馆联合编目中心数据制作细则和数据上传的要求及操作方法、名称规范数据制作规则及实例分析。参与培训人员都通过测试，其中 6 人获得资深数据编目员资格。

（3）举办全国图书馆联合编目中心业务培训

10月17—18日，全国图书馆联合编目中心业务培训在宁夏银川举办。来自全国36个公共图书馆的64名学员参加此次培训。国家图书馆自2010年开始采集全国公共图书馆的馆藏数据，现已搭建起一套比较完善的全国馆藏体系，已经收割实体资源馆藏逾7500万条，涉及图书馆超过400家。此次培训重点展示数字图书馆推广工程全国实体资源馆藏管理与服务平台的整体概况和实施成果，讲解该平台的建设和服务方法；介绍地方实体资源馆藏体系建设，并以首都图书馆为例介绍地方实体资源馆藏体系的建设思路；从实体资源馆藏体系的角度，探讨加强全国范围元数据规范控制的可行性和整体思路。此外，还就实体资源馆藏建设、考试平台以及题库考点范围及各知识点、书目数据规范控制等方面进行培训。

2.ISSN 中国国家中心

2018年，ISSN中国国家中心完成国内外电子邮件咨询170件、电话咨询2017件。审核ISSN申请材料575份；办理ISSN120个、ISSN证书157个。核对刊物215种；新建和更新CNMARC数据314条；新建和更新罗马化数据308条，并按月度向国际中心提交新数据。借助国家图书馆网站ISSN中心网页，按季度发布ISSN分配数据。

加强与国家新闻出版署、连续性资源出版单位的联系与沟通，紧密围绕ISSN展开各项工作。中心参与起草的国家标准《中国标准连续出版物号　第2部分：ISSN》（GB/T 9999.2—2018）于3月发布，2019年4月1日实施；参与ISO 3297（信息与文献——国际标准连续出版物号ISSN）相关修订工作；参加9月18日在美国华盛顿召开的第43届ISSN国家中心主任会议，及时了解ISSN的最新动态，依据国际中心发展动态及相关规则，加强数据制作标准化建设，不断提升ISSN中心业务工作。

第43届ISSN国家中心主任会议

3. 全国公共图书馆讲座联盟

2018年，完成全国公共图书馆讲座联盟常设机构的相关工作，联盟成员馆数量不断扩大，数量达到218家。以第十三届文津图书奖评选推广、国家艺术基金传播交流推广项目“传统艺术公开课”等项目为龙头，带动讲座联盟工作发展，组织全国各省（区、市）179家各级图书馆参与第十三届文津图书奖获奖图书展览巡展。开展讲座策划咨询委托项目，与福建省图书馆、辽宁省图书馆等图书馆建立长期合作，为业界讲座业务提供服务。

4. 参考咨询协作网和决策咨询服务平台

（1）全国图书馆参考咨询协作网

①召开2018年全国省级及副省级市公共图书馆参考咨询工作培训

3月20—23日，2018年全国省级及副省级市公共图书馆参考咨询工作培训在重庆图书馆召开。来自全国40家省级及副省级市图书馆的80余名学员参加此次培训。重庆图书馆馆长任竞出席开幕式并致辞。培训邀请南开大学教授柯平、上海社会科学院信息研究所研究员王世伟围绕公共图书馆评估定级工作和新型智库做主题报告。延续历次工作培训的常规环节，相关负责人对全国图书馆参考咨询协作网、全国省级公共图书馆决策咨询服务协作平台2017年工作情况、2018年工作规划做汇报和展望。结合以上报告主题与重点工作，与会代表分别围绕《中华人民共和国公共图书馆法》的颁布实施、全国县以上公共图书馆第六次评估定级工作以及各馆“十三五”期间参考咨询业务发展等要点分小组进行讨论，就各馆的参考咨询业务现状进行介绍，并对参考咨询未来的方向及协作网未来的工作重点达成共识。重庆图书馆研究咨询中心副主任唐伯友、国家图书馆出版社副社长葛艳聪通过具体案例，分享各自在参考咨询领域及文献出版领域的服务经验。

2018年全国省级及副省级市公共图书馆参考咨询工作培训

②与公共图书馆合作开展参考咨询业务培训

7月9—12日，国家图书馆与甘肃省图书馆在兰州合作举办全国图书馆参考咨询协作网业务培训班，来自全国28家省馆及10家副省级市馆的近90名学员参加此次业务培训。甘肃省图书馆书记魏孔俊出席开幕式并致辞。培训邀请中国图书馆学会副理事长刘小琴以“政府文化机构信息需求特点与公共图书馆决策咨询服务”为题，向培训代表阐述公共图书馆立法决策工作的发展环境、政府文化机构决策信息需求特点，总结公共图书馆决策咨询服务的特点与经验启示。此次业务培训班围绕“面向文化领域的参考咨询服务”这一主题，来自国家图书馆的多名业务骨干分别就“面向文化领域媒体监测与舆情分析服务设计”“面向文化系统的高层论述摘编”“面向文化领域的专题咨询服务”“个人知识管理工具在参考咨询工作中的应用”等题目展开阐述，分享参考咨询工作中的服务经验。广东省立中山图书馆、福建省图书馆、湖南图书馆的3位老师通过具体案例，介绍并分享各自在决策信息服务及参考咨询领域的工作经验。

全国图书馆参考咨询协作网业务培训班（甘肃）

③创新馆员研修培训，加强业务骨干队伍建设

9—10月，在之前几年研修培训工作经验的基础上，举办数字图书馆推广工程馆员研修培训班，采用邀请式研修培训模式，根据研修的特定主题，结合各地方馆的业务特点，邀请有经验的公共馆来参与研修实习。学员通过全脱产集中授课的形式，切实参与课题设计、检索、数据分析和报告撰写等环节，最终出具成型的课题报告，学习掌握参考咨询服务的全流程。

（2）全国省级公共图书馆决策咨询服务协作平台

2018年，全国省级公共图书馆决策咨询服务协作平台（以下简称“协作平台”）继续完善协作平台管理制度，面向全国公共图书馆咨询馆员开展业务培训，打造面向从中央到地方各级领导机关的决策咨询服务协作网络。继续进行协作平台建设及运维工作，维护系统正常运行，解答成员馆相关问题。

11月1—2日，在山西太原举办全国副省级以上公共图书馆决策咨询服务培训班，来自全国公共图书馆的150多名主管参考咨询或决策咨询业务的馆长、业务骨干参与此次培训。培训班主题为“新时代的图书馆决策咨询服务”，邀请来自中国科学院、中国社科院、军事科学院、南京大学的专家学者进行授课，内容以党的十八大以来中国特色新型智库建设为背景，聚焦图书馆如何参与智库建设，并探讨图书馆决策咨询工作的实践与发展。

5. 全国图书馆文献缩微复制中心

（1）继续推进全国公共图书馆数字缩微建设工作

2018 年，全国图书馆文献缩微复制中心自查并上报了《全国图书馆文献缩微工作“十三五”时期规划纲要中期评估报告》，报告全面评估了“十三五”以来全国图书馆文献缩微工作取得的成绩和各项目进展，针对在规划实施中遇到的各项问题提出解决方案，对今后的工做方向做出指导。继续推进全国公共图书馆数字缩微建设工作，全力支持成员馆开展缩微文献资源建设、存藏与服务。依托各重点文化工程，完成民国书胶卷数字化 180 万页、善本缩微胶片数字化 43.6 万页、民国期刊缩微胶片数字化 27.5 万页，整理策划文献开发选题 6 项。

（2）召开 2018 年全国公共图书馆技术部主任会议

6 月 3—5 日，由全国图书馆文献缩微复制中心主办的 2018 年全国公共图书馆技术部主任会议在北京召开，来自 20 多个省、自治区、直辖市公共图书馆的近 50 位缩微工作负责人参加会议。国家图书馆常务副馆长陈力出席会议开幕式并讲话，对全国图书馆文献缩微复制中心 30 余年来带领下全国图书馆开展文献缩微工作取得的成绩给予充分肯定，并指出要深入研究《中华人民共和国公共图书馆法》对文献缩微工作产生的影响，要加大成员馆新中国成立初中文报纸、地方文献的调研及抢救，推进文献缩微事业可持续发展。国家图书馆研究院副院长申晓娟就《中华人民共和国公共图书馆法》做专题报告，回顾该法的立法过程，并对立法宗旨、调整对象、发展理念和基本制度等内容进行解读。全国图书馆文献缩微复制中心副主任张阳对 2017 年全国缩微工作进行总结，并对 2018 年重点工作做部署；全国图书馆文献缩微复制中心樊亚宁、宋晶晶、陈月婷、宁波等分别对 2017 年国家图书馆传统拍摄、数字缩微、缩微胶片库房管理及各馆缩微设备运行情况进行汇报。会议表彰奖励了 2017 年度缩微领域表现突出的成员馆及个人。

2018 年全国公共图书馆技术部主任会议

（3）举办2018年全国公共图书馆缩微技术培训班

9月17—20日，由全国图书馆文献缩微复制中心主办，中国文献影像技术协会、吉林省图书馆和延边朝鲜族自治州图书馆联合承办的2018年全国公共图书馆缩微技术培训班在延吉市举办。来自全国20多家省级公共图书馆的40余名缩微工作者参加培训。北京电影学院教授李铭以及全国图书馆文献缩微复制中心的4名工作人员，分别从缩微技术标准、设备维护、数字缩微等多个方面做专题讲座。

6. 全国图书馆文化创意产品开发联盟

全国图书馆文化创意产品开发联盟（以下简称“联盟”）是由文化和旅游部推动并指导，全国图书馆文创试点单位自愿参加组成的非营利性行业联盟。文化和旅游部作为联盟的上级指导单位，对联盟开展的各项工作进行指导，并对其从政策、财政等方面提供支持；国家图书馆是联盟成员之一，设有联盟秘书处。

（1）开展全国公共图书馆文化创意产品开发联合调研

4月28日，组织部分发起馆赴南京图书馆、先锋书店、上海图书馆、上海自贸区国际文化投资发展有限公司、阿里巴巴等文博机构、特色文创区域及相关文创优秀企业进行调研考察，深入文创工作实地，开阔图书馆文创工作人员眼界，拓展开发思路，为各馆下一步的文化创意工作提供有益借鉴。在此次调研基础上，完成文化文物单位文创产品开发情况调研和公共图书馆与阿里巴巴合作可行性调研报告。

（2）举办全国图书馆文化创意产品开发联盟文创精品展

5月30日，在2018年中国图书馆年会——中国图书馆学会年会·中国图书馆展览会上，组织筹办全国图书馆文化创意产品开发联盟文创精品展。这是联盟第一次大规模集中展示各成员馆的文创成果，展区面积逾200平方米，展示饱含文化内涵、新颖实用的图书馆文创产品500余种。国家图书馆的《芥子园画传》《庆赏昇平》系列、福建省图书馆的“闽南意趣”系列、河北省图书馆的“百花诗笺谱”系列等产品，受到观众喜爱。现场还设有孔子行教像等雕版印刷体验以及融合甲骨文元素的软陶工艺制作等有趣的互动活动，观众可以将自己亲手制作的纪念品带回家。此次展览吸引不少地级图书馆同人、相关文化企业的目光，不时有参会代表来到展区咨询联盟文创相关事宜，以及加入联盟的方法等。此次精品展进一步加强联盟成员馆之间的交流合作，为公众搭建了一个了解图书馆文创的平台。

模特在全国图书馆文化创意产品开发联盟文创精品展上展示《庆赏昇平》系列文创产品

（3）举办全国图书馆文化创意产品开发联盟首届年会暨图书馆文化创意产品开发培训班（参见“特别记载”之“全国图书馆文化创意产品开发联盟举办首届年会”）。

7. 其他工作

（1）编制少儿图书书目

①《全国少年儿童图书馆（室）基本藏书目录》书目

2018年，国家图书馆少年儿童馆在延续之前工作的基础上，对《全国少年儿童图书馆（室）基本藏书目录》进行修订和更新。项目组通过馆藏数据、新书项目推荐数据、出版机构、社会大众及图书馆推荐书目数据、少儿类基本奖项和网络排行榜榜单等途径搜集初始数据1万余条，并根据全国各地少年儿童图书馆、儿童阅读机构以及家长等的使用情况对目录进行删减。经过数据筛查和标准化处理，共增补必备书目500册、扩展书目800册，新增少儿阅读指导用书50册，撰写优秀图书导赏40篇。

12月，国家图书馆少年儿童馆邀请卢秋勤、林红宣、徐双定、潘兵、张皖、张慧丽、康瑜等7名图书馆界、教育界等领域专家进行书目的评审工作。专家们一致认为书目具有较强的科学性和系统性，结构合理，重点突出，特色鲜明。入选的出版物统筹兼顾，突出思想性、易读性和普及性并重的原则，能够适应当前我国未成年人在阅读上的现实需求，有利于促进我国儿童阅读推广工作的组织和开展。国家图书馆少年儿童馆根据专家提出的意见和建议对书目进行修改，圆满完成《全国少年儿童图书馆（室）基本藏书目录》的修订和更新工作。

②《少儿阅读指导书目》

在全民阅读和构建书香社会的环境下，为激发少年儿童的阅读兴趣，提高其阅读能力，国家图书馆少年儿童馆积极开展少年儿童的阅读指导工作，与中国图书馆学会合作，于2017年启动《少儿阅读指导书目》专项工作，根据少儿阅读的发展特点与需求，客观推荐编制适合不同年龄阶段的少儿阅读指导书目。2018年，完成推荐书目包含0—3岁（100册）、4—6岁（100册）、7—12岁（1—6年级，50册/年级）三部分指导内容，总量共计500册。

书目入选文献的信息数据经过教育界、图书馆界等相关权威专家认定、推荐及审定。同时，采取分级分类的编制方法，入选书目在年龄、学科、类型等方面统筹兼顾，可供性强。项目组聘请领域专家从《少儿阅读指导书目》中分年龄挑选一定比例图书编写教案，项目组将书目结合教案向学龄前儿童家长、小学教师开展阅读指导推广工作，对进一步加强少儿分级读物的推荐和宣传，开展少年儿童的阅读指导，有效提高少年儿童阅读效率和质量，培养良好阅读习惯起到先锋带头作用。

（2）强化基础业界培训工作

2018年，国家图书馆培训中心举办各类型业务培训班13期，培训学员800人次。其中：举办10期分类法与编目理论和技能业务培训，占全年培训班的76.92%，培训学员579人次，占学员总数的72.37%；举办2期“中国机读目录编目员上岗资格证书培训班”，培训学员182人次，占学员总数的22.75%。

（3）中国记忆项目中心

6月1日，举办2018年中国图书馆年会分会场——第二届中国记忆项目资源共建共享研讨会暨“中国图书馆界重要人物专题”交流会。会上，北京大学资深教授吴慰慈做主题报告“中国记忆项目与特藏文献建设”。中国图书馆学会副理事长程焕文、湖南图书馆副馆长雷树德分别致辞。会议介绍了本专题资源共建的新进展，已完成第一批项目的南京图书馆、武汉大学图书馆、北京大学图书馆等分享各自的建设经验。其后，国家图书馆出版社、《图书馆报》等单位专家就口述史资源的传播与推广进行专题研讨。会议为共建单位提供了资源建设与推广的有效交流平台，将专题资源共建共享推向更加成熟的新阶段。

第二届中国记忆项目资源共建共享研讨会暨“中国图书馆界重要人物专题”交流会

（二）行业组织引领

1. 中国图书馆学会秘书处

（1）网络书香·数字图书馆建设与服务宣传推广项目

2018年，分别在内蒙古、西藏和贵州三地组织开展“网络书香·数字图书馆建设与服务宣传推广项目”系列活动，主要包括启动仪式、高级研讨班、数字图书馆展览体验区等内容。活动由文化和旅游部公共服务司指导，中国图书馆学会、国家图书馆和各省（区、市）文化厅（局）主办，各省图书馆和省图书馆学会承办。各级公共图书馆、部分高校图书馆馆长及业务骨干370人参加此次活动。

活动专门设立数字图书馆展览体验区，重点凸显数字图书馆的高新技术元素，对数字图书馆推广工程近年来成果进行集中展示。体验区既有“动静结合”的新媒体展示，又有各种多媒体终端设备互动体验，将数字资源挂接多样化媒体终端，竭力打造新媒体环境下的体验式数字图书馆智慧服务站。社会公众可以多位一体地了解国家数字图书馆建设情况，零距离访问海量的特色数字资源。期间，共接待社会公众参观8000余人次。

（2）民国时期文献保护计划宣传推广活动

7—11月，国家图书馆和中国图书馆学会联合在山西、山东和福建三地举办民国时期文献保护计划宣传推广活动。推广活动以讲座、展览、培训班等多种形式开展，并以省为单位进行面向全省图书馆的巡展和巡讲，将推广活动深入基层。共培训业务骨干407人（参见“重点文化工程及项目”之“革命文献与民国时期文献保护计划”相关条目）。

（3）2018全国图书馆未成年人服务提升计划

为发展与繁荣我国图书馆事业，更好地发挥图书馆引导未成年人阅读的独特作用，宣传图书馆未成年人服务新理念，介绍图书馆未成年人服务工作新方法，启迪新思维，开阔图书馆服务未成年人工作者的新视野，提高图书馆未成年人工作者专业理论水平和业务工作能力，2018年，在文化和旅游部公共服务司指导下，中国图书馆学会以“面向省级区域”和“面向全国，以省为基地”两种模式分别在江西南昌和陕西西安举办全国图书馆未成年人服务提升计划巡讲活动，共培训未成年人图书馆工作者366人。

全国图书馆未成年人服务提升计划陕西站巡讲活动

（4）全国数字图书馆建设与服务联席会议第十九次会议

12月18日，全国数字图书馆建设与服务联席会议第十九次会议在安徽省委党校（安徽行政学院）召开，主题为“数字图书馆建设与服务联席会议十年：回顾与展望”。本次会议由中央党校（国家行政学院）图书和文化馆承办。来自国家图书馆、文化和旅游部全国公共文化发展中心、上海图书馆、中国科学院文献情报中心、CALIS管理中心、CADAL管理中心、中央党校（国家行政学院）图书和文化馆等联席会议各成员单位及中国图书馆学会、安徽省委党校（安徽行政学院）图书馆等单位的代表近30人出席会议。应联席会议邀请，中国社会科学院图书馆作为新的成员

全国数字图书馆建设与服务联席会议第十九次会议

单位参加本次会议。会上，各成员单位代表围绕主题做专题发言，对《数字图书馆资源管理指南》初稿进行了热烈讨论，提出若干建议，如应进一步界定资源管理的相关概念、明晰指南条款逻辑、对资源长期保存和绩效评估等内容进行补充等。

（5）“同筑中国梦　共度书香年”图书馆春节主题活动

2018 年春节前夕，国家图书馆与中国图书馆学会联合举办“同筑中国梦　共度书香年”图书馆春节主题活动。活动旨在加强文化传承和社会服务，将国家图书馆优质资源惠及全国图书馆和读者，发挥我国图书馆在文化惠民工作上的重要作用。活动期间，国家图书馆委托中国图书馆学会推送新春文化“大礼包”，丰富全国图书馆春节活动资源。活动吸引省级图书馆学会和各级各类图书馆参与。据不完全统计，全国有 1397 家图书馆及有关单位承办此次活动，惠及公众 600 余万人次，受到社会公众的普遍欢迎和新闻媒体的广泛关注。

2. 全国图书馆标准化技术委员会秘书处

（1）标准化工作项目征集与立项工作

2018 年 1 月，全国图书馆标准化技术委员会（以下简称“图标委”）秘书处正式发布通知，围绕国家公共文化服务体系建设和我国图书馆事业发展需求，重点围绕图书馆服务体系建设、公共数字文化建设、特殊群体服务、阅读推广、图书馆绩效评价、文献保存与保护、人才队伍建设 7 个方面，公开征集 2018 年度图书馆领域国家标准制修订计划项目、文化行业标准制修订计划项目及文化行业标准化研究项目。经统计，本年度项目征集共收到业界提交的 9 项建议项目。根据原文化部文件要求，图标委秘书处于 4 月 26 日在东莞图书馆邀请业界专家召开 2018 年度标准化工作项目立项论证会。经业界专家讨论、秘书处征求相关技术委员会意见、全体委员投票、主任委员审批，最终向原文化部文化科技司申报 7 个标准化建议项目，其中：国家标准制定计划项目 1 项，文化行业标准制定计划项目 2 项，文化行业标准化研究项目 4 项。9 月，根据《国家标准化管理委员会关于下达 2018 年第三批国家标准制修订计划的通知》（国标委综合〔2018〕60 号），由图标委上报归口管理的《公共图书馆业务规范　第 1 部分：省级公共图书馆》等 3 项立项为 2018 年度推荐性国家标准制定计划项目。11 月，根据《文化和旅游部科技教育司关于 2018 年度行业标准制修订计划项目和行业标准化研究项目立项通知》，图标委申报的《网络资源元数据规范　应用指南：政府信息》获批为当年行业标准制定计划项目，《图书馆古籍脱酸技术规范与质量要求》等 4 项立项为行业标准化研究项目。

截至 2018 年 12 月底，图标委共归口管理国家标准项目 31 项、文化行业标准项目 50 项、文化行业标准化研究项目 21 项。本年度派员参加国家标准化管理委员会组织的国家标准立项评估答辩会 1 次。

（2）标准项目管理

2018 年，图标委秘书处在总结上一年度国家标准化管理委员会对全国专业标准化技术委员会考核评估工作的要求基础上，进一步加强对标准项目工作进度和编制质量的过程管理，重点对延期的行业标准项目进行清理，取得一定效果。

①标准制修订项目管理

国家标准制定计划项目：完成《中国机读规范格式》（原立项名称《图书馆机读规范》）等 3 项征求意见工作。其中，《中国机读规范格式》因体例复杂且图书馆业界目前实际操作中执行细则存在较多差异，起草过程中分歧较大。本年度该标准一方面在图标委官网上公开征求意见，另一方面也同时向国内重点图书馆专家专门发函征求意见，收到业界专家反馈的多条修改意见和建议。此外，《乡镇（街道）综合文化站图书室规范　第 1 部分：管理》（原立项名称：《乡镇图书馆管理规范》）和《乡镇（街道）综合文化站图书室规范　第 2 部分：服务》（原立项名称：《乡镇图书馆服务规范》）。该系列标准分别于 2015 年和 2017 年通过专家审查会审查，根据主管部门意见，本年度由图标委秘书处结合近期发布的公共文化服务相关政策进行统稿。统稿后的文本通过业务主管部门审核后于 2018 年 10 月进行第二轮公开征求意见，并在第二轮征求意见后再次提交审查。

文化行业标准制定计划项目：图标委现有 19 项行业标准在研项目，本年度共组织召开 7 次专家审查会，完成《信息与文献　公共图书馆影响力评估的方法和流程》等 4 项行业标准的报批，先后完成《古籍文献虫霉防治指南》等 7 项行业标准公开征求意见（其中 3 项已经召开审查会，通过专家审查），目前有 8 项标准在起草中。

②标准化研究项目鉴定

本年度秘书处通过组织召开专家会，完成《公共图书馆阅读服务标准化研究》《图书馆阅读推广标准调研及标准体系框架研究》《文献修复用纸选配标准研究》《汉语文古籍语料数据标准化研究》4 项文化行业标准化研究项目鉴定工作。此外，“文化行业标准化工作体系建设研究”因项目工作跨行业差别较大，经主管部门同意，以子课题分别组织审查鉴定的方式向主管部门提交结项报批申请。截至 2018 年底，本年度上报结项申请的 5 个项目均通过主管部门的审核，顺利结项。

③在研项目管理

7—8 月，图标委秘书处依惯例对图标委归口管理的 12 项未结项标准化工作项目进行中期检查，并向其中 6 项标准制修订延期项目发送限期清理通知。通过中期检查方式，秘书处及时了解各项目进展情况，有效地督促了各项目的工作进程。

（3）标准化工作宣贯及标准文本出版

2018 年，秘书处及时对图标委网站上关于标准制定工作阶段进展及相关成果信息进行更新，为公开制定标准程序、公开征求意见提供了平台；为国家标准化管理委员会在 10 月 14 日“世界标准化日”推广活动撰写国家标准《公共图书馆少年儿童服务规范》《图书馆视障人士服务规范》

宣传材料；为《文化报》组织文化标准化宣传专栏提供稿件；2018 年 1 月 1 日修订后的《中华人民共和国标准化法》正式实施，图标委及时策划相关主题的培训等工作，为委员了解我国标准化改革进展及《标准化法》修订内容等提供便利；专门购置《〈中华人民共和国标准化法〉释义》配发至全体委员；在图标委 2018 年度工作会议上邀请标准化专家就该法的修订及标准化改革做专题讲座。

《图书馆业务工作相关标准规范概览》作为图标委秘书处提出的工作项目，得到图书馆业务主管部门的大力支持，被列为第 2 批基层图书馆员培训教材之一。2018 年，秘书处组织人员在原有收集标准信息的基础上，补充 2017—2018 年度新发布标准的概览信息 10 余条，并配合出版社完成稿件校对等工作，现已提交出版。

（4）组织召开图标委工作年会

11 月 9 日，图标委 2018 年度工作会议在国家图书馆召开。国家图书馆馆长饶权以及 34 位来自全国各级各类图书馆的图标委委员参加本次会议，文化和旅游部公共服务司副司长陈彬斌、科技教育司副巡视员赵一红，国家标准化管理委员会标准技术管理司服务业标准处副调研员李涵等主管部门领导莅临会议并发表讲话。

会上，饶权做“全国图书馆标准化技术委员会 2018 年度工作报告”，总结图标委一年来在图书馆标准体系研究、重点领域标准研制、标准化科研、图标委内部管理、标准化工作影响力等方面开展的工作和取得的成绩，以及当前图书馆标准化工作面临的一些突出问题，并对下一步工作提出要求。图标委秘书长申晓娟、副秘书长李东来分别围绕 2017 年 10 月—2018 年 10 月秘书处工作以及《全国图书馆标准化工作“十三五”规划纲要》实施的中期评估做汇报。中国标准化研究院标准化理论与战略研究所副所长逄征虎就《中华人民共和国标准化法》修订做专场解读。上海市嘉定区图书馆馆长黄莺对国家标准委第三批社会管理和公共服务综合标准化试点项目“嘉定区基本公共文化服务标准化”做专场经验介绍。最后，与会委员围绕图标委工作报告、秘书处工作报告以及图标委 2019 年主要工作等议题展开热烈的讨论，委员们在加强标准宣贯、深化标准制修订工作、促进标准国际化转化等方面提出许多好的意见和建议。

全国图书馆标准化技术委员会 2018 年度工作会议

3. 中国文献影像技术协会与全国文献影像技术标准化技术委员会

（1）中国文献影像技术协会

①召开中国文献影像技术协会、全国文献影像技术标准化技术委员会2017年年会

1月31日，中国文献影像技术协会（以下简称“中国文影协”）、全国文献影像技术标准化技术委员会（以下简称“全国文影标”）2017年年会在国家图书馆召开。国家图书馆副馆长、中国文影协理事长、全国文影标主任委员魏大威出席会议并做年度工作报告。中国文影协、全国文影标秘书长李晓明主持会议。来自全国各地的理事、会员单位代表、委员等40余人参加此次会议。中国文影协年会上，魏大威总结2017年工作；副理事长杨成斌通报协会换届筹备具体进程；李晓明通报协会收支、年检和税审完成情况；秘书处杨晓微就海峡两岸学术交流活动的开展情况做汇报。全国文影标年会上，魏大威总结了委员会在标准制修订、标准宣贯与培训、国际标准化工作等方面的具体工作；副秘书长张阳做国际标准化组织第171技术委员会文件管理应用技术委员会年会参会报告；李晓明做《全国专业标准化技术委员会管理办法》的宣传和解读。

中国文献影像技术协会、全国文献影像技术标准化委员会2017年年会

②参加2018年海峡两岸档案暨缩微学术交流会

5月26—31日，应台湾“中华档案暨微缩资讯管理学会”邀请，中国文影协与中国档案学会共同组团赴台湾参加2018年海峡两岸档案暨缩微学术交流会。中国档案学会名誉理事长、国家档案局副局长付华担任团长，中国文影协常务理事、湖南图书馆副馆长雷树德担任副团长并在开幕式上致辞。此次交流会主题为“新技术环境下的社会记忆”，交流学术论文17篇。中国文影协选派湖南图书馆副馆长雷树德，国家图书馆田苗、孙莹莹分别在会上做交流发言。

（2）全国文献影像技术标准化技术委员会

国际标准化组织第171技术委员会（ISO/TC 171 Document Management Applications）文件管理应用技术委员会2018年年会于4月23—27日在中国杭州召开。来自美国、英国、中国、法国、德国、日本、韩国等国的专家代表约40余人参加此次会议，全国文影标作为国内对口单位，选派聂曼影等9名中方代表参会。ISO/TC171 2018年年会的主要议题是第一、第二分技术委员会分别讨论相关标准草案和更新工作计划。两个分技术委员会首先分别召开会议，对各自负责的相关标准和工作计划进行深入细致的讨论。随后召开SC1、SC2和TC171全体人员总结大会，形成ISO/

TC171/SC 1 决议 14 项、ISO/TC171/SC 2 决议 67 项、ISO/TC171 委员会决议 6 项。中方代表除参加全体大会之外，主要参与了第一、第二分委员会的会议和相关标准的讨论。

ISO/TC171 2018 年年会

4.《中国图书馆分类法》编委会

2018 年,《中国图书馆分类法》(以下简称“《中图法》”)编委会继续进行《中图法》第五版电子版研发工作，实现辅助复分功能；组织开发基于互联网环境的《中图法》与《中国分类主题词表》(以下简称“《中分表》”)修订维护系统；配合国家图书馆关联数据注册与服务平台建设，完成《中分表》SKOS 数据转换处理；组织开展《中分表》新增主题词工作；整理发布《中分表》第三版（含 Web2.1 版）修订信息和《中图法》第五版（含 Web 版）修订信息各 1 期，涉及 46 个主题款目和 21 个分类款目的修改。

12 月 3—4 日,《中图法》第八届编委会 2018 年工作会议在广州召开。来自全国各地的 30 多位《中图法》编委会委员、顾问、特邀专家参加会议。会上，国家图书馆副馆长兼《中图法》编委会主编汪东波、常务副主编卜书庆、委员曹树金等就信息组织标准化进展、《中图法》发展历程与发展方向、大数据环境的知识组织等做专题报告。会议还讨论了“习近平新时代中国特色社会主义思想”在《中图法》中如何设类与《中图法》第五版修订问题；审定《中图法》第五版电子版；编委会办公室就“基于互联网环境的《中图法》与《中分表》修订维护系统”开发情况与“《中分表》新增主题词”任务开展情况向与会委员汇报并征询意见。此次会议对知识组织领域的新技术、新方法在《中图法》《中分表》中的实践应用与发展起到推动作用。

《中图法》编委会 2018 年工作会议

5. 中国古籍保护协会

中国古籍保护协会履行动员社会力量参与古籍保护事业职能，持续组织高校志愿者开展古籍普查工作。2018 年，在辽宁、山西、上海、安徽、江西、山东、湖北、四川、云南、西藏等 10 个省（区、市）以及中国科学院自然史科学研究所和中央民族大学 2 个中央单位与高等院校开展活动。在原文化部公共文化司支持下，西藏和云南 2 个边疆省区的志愿服务被再次列入“春雨工程——全国文化志愿者边疆行”重点需求项目。来自全国 37 所高校的 220 名大学生文化志愿者经过培训，与近百名公共图书馆业务骨干一起，分赴 45 个基层受援单位，帮助整理、编目古籍约 25 万册 / 件（含少量民国时期编印古籍及 200 余函藏文古籍），并校对整合一批编目数据。活动结束后，协会于 10 月 18 日在山东省图书馆召开总结座谈会。全国省（自治区、直辖市）古籍保护中心负责人、古籍保护专家、大学生志愿者和指导老师代表 50 人出席会议，与会代表分享本单位古籍普查的经验和成效，并就普查收官和古籍保护的深化与拓展建言献策。

2018 年的古籍普查文化志愿服务具有新特点。首先，克服专业人员少、路途艰险等困难，首次在西藏地区开展古籍普查文化志愿服务。其次，普查重点从公共图书馆逐渐转向跨界单位。受援单位中，高校、科研院所、文博单位等占 40%，与上年度占 14.5% 相比，有较大提升。再次，多措并举，方法灵活，各界联手开展志愿服务，形成学生、专家、企业法人协力古籍保护的局面。“中华古籍普查文化志愿服务行动”调动各省古籍存藏单位工作积极性，激发以大学生志愿者为代表的社会力量对古代典籍和中华优秀传统文化的了解和热爱。

“中华古籍普查文化志愿服务行动”项目 2018 年初荣获中央宣传部、中央文明办等评选的全国学雷锋志愿服务“四个 100”先进典型的“最佳志愿服务项目”；天津师范大学副教授石祥获“最美志愿者”称号。3 月，该项目获 2017 年度国家图书馆“创新奖”。

志愿者在西藏江孜县帕拉庄园进行古籍登记

年度掠影

【召开国家图书馆部委分馆馆长联席会议暨国家图书馆立法决策服务平台服务年会】

2 月 1 日，国家图书馆部委分馆馆长联席会议暨国家图书馆立法决策服务平台服务年会在国家图书馆文会堂召开。国家图书馆副馆长孙一钢主持会议，国家图书馆馆长、党委书记韩永进、副馆长陈樱出席会议并致辞，来自中办秘书局档案图书资料室、全国人大机关图书馆等机构的 31 位分馆馆长及平台用户应邀出席。

韩永进在致辞中指出，党的十八大以来，特别是十九大胜利召开、《中华人民共和国公共图书馆法》颁布实施以后，图书馆事业面临的挑战和机遇，充分肯定了多年来国家图书馆和与会各单位竭诚合作所取得的成绩，特别是“发改书吧”的建设，强调要在深化合作领域、创新工作模式等方面下功夫，加强与专业性国家级智库间的合作交流，为党和国家提供专业化文献信息服务。国家图书馆立法决策服务部主任李春明汇报 2017 年立法决策服务工作情况和未来工作设想。国务院法制办公室信息中心资料处郝艳做题为“借助国图资源，提供精准立法服务”的发言。国家发展和改革委员会办公厅电子政务处李莉介绍“发改书吧”建设情况。国家图书馆立法决策服务部尹汉超做题为“加强新型智库建设，推动决策服务新进程”的发言。与会各单位代表就立法决策服务工作的未来发展进行讨论发言，陈樱做总结讲话。

国家图书馆部委分馆馆长联席会议暨国家图书馆立法决策服务平台服务年会

【举办全国副省级以上公共图书馆决策咨询服务培训班】

11 月 1—2 日，全国副省级以上公共图书馆决策咨询服务培训班在山西太原召开。此次培训班由国家图书馆主办，太原市图书馆承办，150 多名来自全国公共图书馆主管参考咨询或决策咨询业务的馆长、业务骨干参与此次培训。国家图书馆副馆长陈樱，山西省文化和旅游厅副厅长张健，太原市副市长王爱琴，太原市文化局党组书记、局长姚晓蓉，山西省图书馆学会理事长、省图书馆馆长王建军出席培训班开班仪式并分别致辞。

此次培训班主题为“新时代的图书馆决策咨询服务”，内容以党的十八大以来中国特色新型智库建设为背景，聚焦图书馆如何参与智库建设，并探讨图书馆决策咨询工作的实践与发展，旨在加强各馆在决策咨询服务工作方面的业务交流与沟通协作，提升全国公共图书馆决策咨询服务水平和文献信息保障能力。培训班邀请多名专家进行授课。如中国科学院文献情报中心副主任张智雄、军事科学院军事科学信息研究中心数据资源与技术研究室主任罗威分别介绍大数据时代下的战略情报研究和国防科技信息工作；中国科学院科研局智库处处长田侃、南京大学信息管理学院教授沈固朝分别就新型智库政策分析与规划评价以及图书馆服务智库需要具备哪些素养进行授课；福建省图书馆馆长郑智明、辽宁省图书馆副馆长卢丹、湖北省图书馆副馆长王涛、国家图书馆立法决策服务部副研究馆员徐燕，依次分享本馆或本部门在决策咨询服务工作方面的成果与经验。为推广“共享书吧”理念，创新立法决策服务形式，本次培训班还特别邀请国家发改委办公厅调研员李莉介绍“发改书吧”的建设情况。此外，作为东道主，太原市图书馆馆长郭欣萍以该馆新馆建设为例，分享代建制之下的馆方作用与实践经验。培训期间，各省级公共图书馆还就地方图书馆资源建设问题展开讨论，商讨如何发挥馆藏特色，整合地区资源，共建主题明确、特色鲜明的优秀数字资源库并将成果有效运用到决策咨询服务工作中。

【开展喜迎新春佳节系列活动】

2018 年春节期间，为配合国家图书馆开展“致敬中国传统文化”活动，中文图书阅览区在二层北区阅览室和“闲话中阅”微博上同步开展“灯谜过大年”活动。此次活动从 500 道备选题目中经过两轮筛选最终确定题目 200 道，内容囊括传统灯谜、民俗文化、楹联文化、历史常识、国图知识五类。其中，阅览室活动从正月初一至初三，每天发布 40 道题，读者答对后即可兑换精美礼品；微博网络答题从初一至初七以及正月十五，共发布 80 道题，为不能到馆的读者提供方便。活动期间，读者踊跃参加，开展过程井然有序，阅览室内呈现一片欢乐祥和的气氛。

综合阅览室通过“品书香，贺新春”春节传统民俗专题书目展示推荐和图书馆趣味知识有奖问答两项活动，向读者推荐馆藏资源，介绍文献利用方式。其中，专题书目展板展示馆藏文献资源中与传统节日民俗相关的代表性中文图书，将其直观生动地呈现在读者面前，引起许多到馆读者的阅读兴趣并将其预约出来阅览，品新春年味；趣味知识问答题目内容丰富、形式轻松，不仅有效地宣传了国家图书馆的文献资源与服务政策，也拉近了馆员与读者之间的距离，约 60 名读者参与此次活动。

中文图书借阅区根据服务内容与读者特点，在正月初一至初三以及正月十五开展“猜灯谜”

活动，以轻松的答题形式将中国传统文化知识、民俗常识，以及国家图书馆馆藏、馆情、服务政策等各类知识普及给读者。4 天活动共设置谜题 180 道，约 230 名读者参与答题并获得小礼品，反响热烈。

外文文献第一阅览室在除夕至正月初六期间，举办“狗年送福·书香新春”——经典图书阅读推广系列活动。设立阅读推广专区，选取馆藏中以“狗”为主题的外文经典小说推荐读者阅读。同时，为活动期间每日到室的前三名读者准备了春节礼物。此次活动同时在“国图外文文献服务”新浪微博平台上进行推介与互动，阅读量突破上万次。

视听服务空间开展“乐来悦动听——名曲闹新春”读者互动活动，精选馆藏视听资源经典作品，准备了与音乐及影视相关内容的题库，到馆读者答对即可领取小礼品。此外，还策划了“声音地图”新春巡展活动，遴选馆藏（京剧、昆曲）精品盘片及书籍共 50 张 / 本，在视听服务空间展览区进行展示。同时准备 5 台读者机，精选 5 张相关盘片，在读者机上循环播放，读者可随时免费观看。活动得到读者的认可与好评，许多新老读者积极参与，现场气氛热烈。

“狗年送福·书香新春”——经典图书阅读推广系列活动

【设置专题书刊展示　营造学习氛围】

2018 年是全面贯彻党的十九大精神的开局之年。中文图书阅览区特设置《习近平谈治国理政》专题展示台，除展示本书外，还收集并同时展示阅览区内包括党的十九大报告、十九大文件汇编、党史党章等重点读物以及宣传阐释习近平总书记系列重要讲话精神和治国理政新理念、新思想、新战略的优秀出版物。展台自设立以来，受到读者的广泛欢迎，馆员与读者共同学习、共同进步，在阅览区内掀起学习热潮。

“纪念马克思诞辰 200 周年”专题图书展示

元旦期间，外文文献第一阅览室设置《习近平谈治国理政》外文版本专题展架，精选馆藏中的英语、俄语、法语、西班牙语、阿拉伯语、德语、日语、葡萄牙语版本《习近平谈治国理政》第一卷进行集中展示，同时展示多个副本的中文版《习近平谈治国理政》第一卷和第二卷，推荐读者进行中外文版本对照阅读，吸引外籍读者的关注。

5 月 4 日，中文图书阅览区设置“纪念马克思诞辰 200 周年”专题展示台，展示《共产党宣言》《资本论》《关于费尔巴哈的提纲》等马克思著作，以及《马克思主义研究资料》《马克思主义史学思想史》《马克思主义的主要流派》等各类马克思主义研究书籍。展台吸引大批读者驻足观看，通过书籍深入了解马克思的生平以及马克思主义的原理与发展。

【挖掘外文馆藏信息　讲述藏在期刊中的科研故事】

5 月 19—25 日，为配合国家图书馆科技活动周“科技创新·富国强民”主题活动，在总馆北区数字共享空间举办“外刊故事之 *Nature* 封面故事展”主题展览。展览选取最近两年在《自然》（*Nature*）期刊封面发表的与大众生活密切相关、广受关注的 18 篇封面文章制作成展板，以“封面图片 + 对应科研成果中英文简介”的形式，图文并茂地展示了刊登在《自然》主刊上的重大科研成果。读者不仅可以现场阅读展板内容，还可以扫描展板上的二维码，阅读文章原文，进一步了解成果内容，参与留言抽奖等互动活动。《自然》期刊是国际知名的科技期刊，有着百余年的出版历史，也是国家图书馆外文期刊的重要馆藏之一。此次展览活动不仅对读者进行了一次很好的科普教育，亦对国家图书馆外文期刊馆藏起到一定的宣传推广作用。

6 月 10 日起，为纪念我国第二个“文化和自然遗产日”，综合阅览室通过举办“多彩非遗　美好生活”专题图书展示和读者互动剪纸活动，向读者推介馆藏文献资源，宣传非物质文化遗产保护与传承。其中，专题图书展示从馆藏中精选第一批至第三批《国家级非物质文化遗产名录图典》和《中国木板年画》《中国传统民俗节日系列》等 20 余本既有代表性又有趣味性的书籍，力求从点到面、从理论到实际地向读者展示我国以及世界各地丰富多彩的非物质文化遗产。展台还设有视频及音频播放处，精选《中国非物质文化遗产记录档案》等视频资料供读者观看；音频播放区既提供《阿诗玛》《格萨尔王》等大家耳熟能详的经典作品，同时也提供《西安古乐》《海南八音》等小众非遗传承经典作品，受到读者的一致认可。此外，还准备了《剪纸入门》《旬邑彩贴剪纸》等图书及剪纸素材供读者参与互动活动，得到读者的积极响应。

“习近平新时代中国特色社会主义思想”专题图书展示

7 月，中文图书阅览区设置“习近平新时代中国特色社会主义思想”专题图书展示台（架），将《习近平新时代中国特色社会主义思想三十讲》一书作为核心读物集中展示，同时收集阅览区内自十九大和十九届一中、二中、三中全会后陆续出版的重点读物供读者与馆员共同阅读学习。展示台的设置，让更多民众深入领会、理解习近平新时代中国特色社会主义思想，增强“四个自信”，特别是文化自信，加强民族自豪感与自信心，同时让馆员用新思想武装头脑，指导实践，更好地推动读者服务工作。

【开展“少年馆员培养计划”活动】

为给少年读者们提供更多深入了解图书馆的机会，同时全面推动公共机构工作提质增效，国家图书馆少年儿童馆于 2018 年寒、暑假期间，面向 10—15 周岁的少年儿童开展“少年馆员培养计划”社会实践活动。通过选拔，共计 236 位小朋友参加了此次社会实践。在指导老师的帮助下，小馆员要完成前台读者的接待工作，帮助馆内读者开展阅读，参与杂志书籍的日常管理，直观地认识并熟悉图书馆的排架方式，了解馆内书籍维护的工作流程，从而充分体验图书馆工作人员的日常工作并全方面地了解图书馆的管理及运行方式。工作期间，每位小馆员都饱含热情，尽职尽责，工作态度认真严谨，服务水平不断提升，使读者获得满意的服务。而通过课程培训、岗位实习、考核奖励这一系列环节，也有效锻炼了小馆员的组织能力、沟通能力和协调能力，培养了责任感，增强了孩子们对图书馆员的角色认知。此项活动得到读者、儿童、家长的广泛认可，是少儿馆阅读延伸工作的特色举措。

【开展志愿服务活动】

周末、法定节假日及寒、暑假是中文图书借阅区的读者高峰期。2018 年，为了更好地服务读者、辅导借还，中文图书借阅区在“志愿北京”网络平台招募青年志愿者开展“一对一”志愿服务活动。每位志愿者在上岗前都接受了包括图书借阅规则、读者服务技巧以及文献检索和借还方法的培训，保证读者服务质量。服务期间，志愿者一对一辅导自助借还机的使用，一对一帮助读者查书、找书，积极主动的服务态度得到广大读者的认可，让每一个到馆读者特别是老年读者倍感亲切。全年累计招募志愿者 564 人，实际培训上岗志愿者 540 人。今后，中文图书借阅区还将加强志愿者服务工作的反馈和激励机制，使之成为一项持久开展的读者活动。

青年志愿者辅导读者使用自助借还机

【开展世界读书日“文津阅读分享”活动】

中文图书阅览区在4月23日世界读书日期间开展“文津阅读分享”活动。此次活动分为专题图书展示和阅读分享两部分。在阅览区设立展台，将历届文津图书奖获奖图书进行集中展示，与第十三届文津图书奖发布形成联动，同时设立留言箱，方便读者与馆员沟通交流。此外，还制作图书分享单向读者发放。参与活动的读者不仅年龄范围广，而且来自各行各业，包括学生、教师、心理医生、科研技术人员、公司职员等。此次活动共回收图书分享单31份，含有效书单26份，其中21人获得第十三届文津图书奖获奖图书，5人获得图书馆特色书签。此次活动使读者进一步了解文津图书奖，激发读者的阅读热情。

【开展馆藏音像资源专架服务】

为了让读者对馆藏资源有直观的了解，同时更省时便捷地进行阅览，视听服务空间于2018年5月起，在馆藏视听文献闭架阅览服务的基础上，配合重点事件、馆内活动，推出馆藏音像资源专架服务。精选相应主题的馆藏闭架音像文献资源，放置于阅览室入口处醒目位置进行集中展示，读者可通过读者卡免预约借阅欣赏。至2018年底共推出专题展示活动11次，包括“二胡”“古琴”“音乐之声”“献礼国庆”“金庸作品影视剧”“馆藏音像制品装帧设计展”“四大名著”等资源专架，遴选展出影音光盘200余种。作为传统馆藏文献流通服务的有力补充，专架服务自推出以来就以其“便捷”“直观”的特点得到读者的喜爱。从最开始的配合读者活动，到紧贴热点事件，再到结合重大节庆，音像专架服务一直都在有所创新、有所突破，为读者精选、推荐、解读更多、更优质的音视频内容资源。

馆藏音像资源专架展示

【举办“光影音阅汇”读者沙龙活动】

2018年，视听服务空间举办多次“光影音阅汇”读者沙龙活动。5月20日，举办“光影音阅汇”之“弓吟弦唱话喜凉——二胡之美及其高保真再现”主题活动，邀请青年二胡演奏家张晶晶女士以及在通信等领域拥有深厚专业技术背景的高峰先生，向读者介绍二胡的发展历史，并现场示范演奏多首风格迥异的曲目，读者反响热烈。同时设置二胡音像资源专架，精选 12 张经典馆藏二胡专辑供读者免预约试听。

6 月 3 日，举办“知采 · 知藏 · 知音——当古琴遇见图书馆”主题活动。此次活动以《古曲觅新知，天禄传佳音》开场短片拉开帷幕，短片分别从古琴演奏家、图书馆员和读者的角度出发，以一种诗意的方式将国家图书馆资源采、编、典、阅的流程展示出来。随后，古琴名家吴寒先生以古琴与书为出发点，介绍古琴艺术在中国传统文化中的渊源、地位和象征意义，现场分段演奏并解读《流水》这一经典古琴曲目，与读者现场交流，解答读者问题。活动现场还围绕古琴与国家图书馆读者服务设计了趣味题目，邀请读者竞猜。

“经典传唱 · 音乐之声——从文本阅读到音乐剧赏析”主题活动

8 月 18 日，举办“经典传唱 · 音乐之声——从文本阅读到音乐剧赏析”主题活动。此次活动包括文本赏析和现场教唱两部分，在视听服务空间和少儿馆同时举办，以覆盖更多读者群体。在视听服务空间，邀请素有中国音乐剧译配第一人之称的程何老师，从原著向音乐剧，再到电影的艺术处理层层引申，与读者共同挖掘文字、影像与现场表演之间的精妙关联。随后，观众们纷纷提问，与老师交流关于音乐剧表演的个人感受，并建立了“音乐之声”读者微信互动群，使交流由现场向线上延伸，也为“光影音阅汇”培养稳定的读者群体做出有益尝试。同时，30 多组家庭欢聚少儿馆，在党韫葳老师的带领下，现场学唱《音乐之声》中的经典曲目《哆来咪》，共同体验音乐剧表演的神奇魅力。

【开展读者满意度调查】

根据中文图书阅览区前期开展的读者调查相关研究成果，结合国家图书馆读者实际阅览情况，在 5 月 28 日—6 月 3 日读者服务宣传周期间，编制 2018 年读者服务满意度调查问卷并在阅览区二层南区设立问卷发放处，由专人负责宣传并解答读者疑问。现场共发放问卷 540 份，回收有效问卷 502 份；同时，利用“问卷星”网络平台发布此次调查问卷，共计 64 人参与。此次活动旨在通过调查探究读者对国家图书馆服务工作的满意程度，了解读者阅读行为，通过科学的方式对读者服务工作开展评价，明确工作改进方向，提升图书馆的服务效能。

【举办国家图书馆“情满重阳”老年文化节】

2018 年 10 月重阳节来临之际，为更好地关爱老年人，丰富老年群体文化服务内容，提升老年读者文化服务体验，典藏阅览部举办了国家图书馆“情满重阳”老年文化节活动。活动内容主要包括“为您读诗”“与您共享”“情满重阳”等环节，重温经典的传统诗词和传统重阳文化，并向老年读者推荐国家图书馆的展览、讲座和图书、数字资源，以及适合老年群体的手机APP。老年读者代表分享了参加“关爱夕阳”老年课堂的感触，并且结合老年群体的特点和需求提出意见、建议。最后工作人员以诗歌朗诵《载这世界的恩惠》表达对老年读者的重阳祝福和人生感恩。活动现场热烈而温馨，10余位读者在国家图书馆度过了一个特殊的重阳节。

国家图书馆“情满重阳”老年文化节

【典藏阅览部开展读者服务工作系列培训】

为落实国家图书馆警示教育月及馆领导对提升读者服务工作的要求，提高部门员工的业务能力和综合素质，以应对读者服务工作中不断出现的新变化、新问题，典藏阅览部于2018年12月开展读者服务工作系列培训。此次系列培训以“加强基础建设，推动服务工作稳步发展”为目标，紧紧围绕“学习业务知识，提高业务技能，苦练内功”的思路，主要内容包括：读者服务礼仪与规范、读者服务常见问题处理、读者服务相关政策串讲、读者服务应知应会串讲、版权法相关知识培训、读者服务政策的解读与解释等。一阶段培训共330人次参加。国家图书馆副馆长汪东波出席培训班并发表讲话。会后，员工通过填写“读者服务工作系列培训情况反馈表”，对培训内容、培训需求、时间安排、培训满意度等问题进行反馈，作为后续培训内容调整完善的参考依据。

【举办2018年国家图书馆读书周系列宣传活动】

2018年国家图书馆读书周（12月24—30日）期间，综合阅览室以“记忆中永恒的经典”为主题，采用专题展示、手抄经典等方式开展馆藏文献资源与服务宣传推介活动。在阅览室内为读者精心布置了“时光书桌”展示区域，遴选众多经典著作放置于书桌之上供读者取阅。展台布置为20世纪80年代书房的形式，除了书桌与图书外，还同时展出

“记忆中永恒的经典”主题活动之“时光书桌”

老式文具及生活用品。此外，书桌上还提供经典作品的誊写纸供读者临摹抄写。此次活动内容丰富、形式新颖，不仅有效地宣传了国家图书馆的文献资源，也拉近了馆员与读者之间的距离，让读者重温过去的美好时光，在抄写作品的同时体味经典带来的感动。

12 月 27 日，以“畅享阅读——读者眼中的图书馆服务与个性化阅读”为主题的 2018 年典藏阅览部读者座谈会在馆内召开。业务管理处、典藏阅览部相关负责人出席座谈会并讲话。参会的 8 位读者代表来自不同年龄、不同职业，从 90 后到耄耋老人，从在校大学生、公司职员到退休干部，他们分别从到馆阅读体验、个性化服务需求、图书馆服务质量满意度、对国家图书馆服务的期望等各个方面分享自己的体会，对国家图书馆读者服务工作给予充分肯定，同时针对服务工作及软硬件设施等提出各种提升建议。会后，典藏阅览部根据读者提出的合理化建议进行了分类梳理，撰写读者座谈会报告，进一步加强精细化管理，全面提升读者服务效能。

“爱书说”阅读分享会首期活动

12 月 29 日，视听服务空间“光影音阅汇”读书沙龙推出谈话类特别活动——“爱书说”阅读分享会首期活动。此次活动以“假如你有 100 块，买光盘还是买会员？”为主题，设置“爱书脱口秀”“爱书群英汇”“爱书大家谈”等参与感较强的环节。脱口秀展示了光盘爱好者真实的收藏故事和音像出版工作者多年的从业经历，通过故事性的讲述让读者感同身受。在馆员和出版工作者抛出话题之后，专家对双方的观点进行论证和补充，同时读者需要对自己支持的观点进行动态举牌表决，让他们摆脱旁观者的身份，自己也可以带着问题积极主动参与到话题的讨论中。由国家图书馆馆员自编、自导、自演的开场主题形象片《圆》，则展示了一个小小的光盘爱好者从对光盘收藏的初识到狂热再到馆员职业选择的心路历程。为配合此次活动，视听服务空间对专架服务进行相应的主题升级，选择音像制品装帧设计这个切入点，从更多元的角度展示音像制品的魅力。

【国家图书馆荣获“两微一端”百佳评选“微信贡献力十佳账号”“APP 用户服务十佳账号”】

“微信贡献力十佳账号”“APP 用户服务十佳账号”获奖证书

2018 年 2 月 6 日，由国家互联网信息办公室、教育部、工业和信息化部、文化部、国家新闻出版广电总局指导，中国互联网发展基金会主办的 2017 年度“两微一端”百佳评选榜单揭晓仪式在人民日报社举行。此次评选活动覆盖政务、媒体、文化、科教、健康、公益等门类，旨在弘扬社会主义核心价值观，发挥先进典型的标杆示范作用和行业引领作用，促进互联网用户拥有更多的获得感与满足感。国家图书馆的“国家图书馆”微信公众号和“国家数字图书馆”APP分别荣获“微信贡献力十佳账号”与“APP用户服务十佳账号”。

【为地方和军队图书馆服务】

2018年，国家图书馆继续加强保障地方和军队图书馆的资源服务工作，为最高人民法院分馆、塔里木油田数字图书馆、政法委数字图书馆、解放军总后勤部数字图书馆、解放军第二炮兵数字图书馆等提供技术支持和资源更新服务，累计提供10余次远程支持，为塔里木油田更新第八届和十二届文津图书奖250余册图书、60余册少儿图书、92个视频等资源。

【运行管理中国海外文化中心数字图书馆】

2018年，继续做好中国海外文化中心数字图书馆的运行管理工作。加强对该中心数字图书馆系统的管理，做好应用系统的备份，解决系统使用过程中出现的问题，保证系统稳定运行，及时解答海外各个文化中心咨询的问题。完成二期网站的整体设计开发工作，实现图书、期刊、图片、视频、公开课、展览、网络资源等资源展示、统一检索、在线阅读、个性化推荐等，完善用户登录注册、后台资源发布管理及统计等功能。

【“学习强国”平台建设】

2018年，为配合中宣部“学习强国”平台，建设“学习强国”平台国图版，提供数字方志、年画撷英、前尘旧影、数字善本、西夏碎金、宋人文集、文津图书奖、碑帖菁华、敦煌遗珍、中国记忆、国家典籍博物馆在线展览等11个特色资源库的在线阅读、资源检索，并实现中宣部“学习强国”APP的用户扫码登录。

【“致敬经典·翰墨诗韵——‘文津经典诵读’五周年拟古诗优秀作品选展”开展】

2017年12月，“致敬经典·古韵弥新”古体诗原创作品征集活动拉开“文津经典诵读”五周年系列活动的序幕。活动得到读者的积极响应和热情参与，共收到500余首原创诗词作品，其中不乏佳词妙句。经过专业评审和大众评审的两轮投票，最终

“致敬经典·翰墨诗韵——‘文津经典诵读’五周年拟古诗优秀作品选展”

评选出20首优秀诗词作品。2018年5月28日，作为“文津经典诵读”五周年系列活动的压轴之作，“致敬经典·翰墨诗韵——‘文津经典诵读’五周年拟古诗优秀作品选展”在国家图书馆北区学津厅正式开展。此次展览邀请欧阳江河、蔡世平、刘克宁、沈克恒、翟德年、郭倩倩、戴晓云、王建民8位书法家撰写墨宝，将这20首读者优秀作品与6位评委和书法家的诗作以诗书联璧形式呈现给广大读者，让读者领略诗词与书法相融相生的独特艺术魅力，并通过这一展览传达“文津经典诵读”弘扬传统文化的价值追求和文化坚守，致敬经典，凝铸诗魂。

【文津读书沙龙推出特别活动——2018年“开学第一课”】

9月1日，国家图书馆文津读书沙龙首次推出特别活动——“开学第一课”。清华大学思想文化研究所原所长、研究员，《中华传统文化百部经典·论语》解读人钱逊应邀莅临国家图书馆，主讲“读《论语》，学做人”。《论语》是我国儒家经典著作，较为集中地体现了孔子的政治主张、教育原则和伦理观念，内容博大精深，语言洗练，富有深意。自20世纪80年代始，钱逊先生便开始读《论语》、讲《论语》。钱逊先生认为《论语》的中心思想讲的是做人的道理，熟读《论语》，便可在人生道路上不走错方向。通过爱国将士文天祥和普通佣人丁龙的故事，钱逊先生表示正是《论语》塑造了中华民族的性格，凝结了民族精神。讲座现场座无虚席，500余位读者聆听。国图讲坛特意开辟第二现场，让未能进入现场的读者亦可通过电视同步观看。

文津读书沙龙特别活动——钱逊先生主讲“开学第一课”

【国图讲坛举办“让文物活起来：中国古代物质文化”系列讲座】

文物是民族历史的重要见证，记载着十分珍贵的历史信息。我国是文物大国，保护历史文物是国家法律赋予每个人的责任，同时也是传承中华优秀文化的必然要求。2018年，国图讲坛推出“让文物活起来：中国古代物质文化”系列讲座。1月7日，该系列讲座举办第一讲“敦煌石窟艺术的观看之道——以莫高窟254窟为例”，由敦煌研究院文化创意研究中心副主任、研究员陈海涛主讲。随后，中国国家博物馆研究馆员霍宏伟，中国民族博物馆展览部主任、研究馆员覃代伦，故宫博物院文保科技部研究馆员、钟表研究所副所长王津，甘肃黄河彩陶文化研究院常务副院长高润民等应邀前来，分别主讲“各美其美，美美与共——中国博物馆藏民族服饰文物美学特征探析”“故宫古钟表的修复与保护”“陶出东方——中国史前陶器”等。该系列讲座不仅从多方面向公众科普文物的价值作用和科学研究，还从更高的角度让公众了解到文物背后的人文精神以及文物保护的重要性，深受读者好评。

【国图讲坛举办“科学与中国——院士专家巡讲”系列讲座】

陈润生院士主讲“基因组、大数据、精准医学和人工智能”

2018年，为提升公众科学素养，打造公众与科学家面对面交流的开放平台，国家图书馆与中国科学院学部工作局合作，策划组织“科学与中国——院士专家巡讲”系列讲座。相继邀请数学家席南华、生物信息学家陈润生、矿床学与区域成矿学家翟裕生等多位中国科学院院士做客国图讲坛，分别就“数学的意义”“基因组、大数据、精准医学和人工智能”“走近绿水青山和金山银山”等话题和读者进行分享。院士们娓娓道来，深入浅出，并与现场读者进行交流互动，对提出的各种问题做详细解答，为大家奉上了一堂堂精彩的科学普及课。

【国图讲坛举办“全民健身计划”系列讲座】

2018年4月起，国图讲坛策划举办8场“全民健身计划”系列讲座，邀请运动医学领域的知名专家根据不同人群的特点分层分类地指导大众科学健身。活动先后邀请国家体育总局运动医学研究所主任医师、首都保健营养美食学会副会长黄光民主讲“运动与健康”，著名中医临床与中医药养生保健专家、主任医师王凤岐主讲“春季话养生”，北京体育大学运动康复系副主任矫玮主讲“糖尿病人群的健康管理”，北京体育大学教授李晓慧主讲“国民体质检测与大众科学健身”，国家体育总局运动医学研究所体育医院骨科主任医师解强主讲“运动与膝关节健康”，国家一级公共营养师、健康管理师刘久平主讲“营养、运动与健康”，北京体育大学教授、博士生导师王正珍主讲“健身新理念：运动是良医”，国家体育总局运动医学研究所运动员医疗中心副主任兼内科主任李璟主讲“慢性病患者如何科学运动？”。该系列讲座受到读者朋友的热切关注，场场爆满，现场互动热烈。

【国图讲坛举办“世界杯里的文化”系列讲座】

2018年夏季，第21届国际足联世界杯在俄罗斯举行。赛事期间，国图讲坛特别策划推出4场“世界杯里的文化”系列讲座，旨在弘扬体育精神，探索足球比赛背后的文化和力量，介绍主办国家的民族文化。6月8日，北京社科院体育文化研究中心原主任金汕以“世界杯与中国足球”为题拉开系列讲座序幕。其后，中国体育报社高级记者周继明和中国驻俄罗斯使馆大使馆原公使周晓沛先后做题为“世界杯：浓缩的政治经济文化大舞台”和“聚焦世界杯中的俄罗斯文化”的讲座。7月21日，知名足球节目评论员张路作为压轴嘉宾，从俄罗斯世界杯决赛双方战略战术角度出发做“世界杯杂谈”讲座。该系列主讲老师涉及学者、媒体人和外交官，多方位、多角度地分析讨论世界杯赛场轶事、赛事背后的政治文化力量、举办国俄罗斯的民族精神底色以及中国足球发展和出路等话题，得到现场读者的广泛好评和热情参与。

【国图讲坛举办“外交官亲历”系列讲座】

2018年，国图讲坛继续与外交部老干部笔会合作，邀请4位外交官来到国家图书馆主讲“外交官亲历”系列讲座，满足广大读者对文化多样性的需求，帮助公众全方位了解外国文化及中国外交事务。其中：前任驻爱尔兰使馆参赞樊剑主讲“爱尔兰我之印象”，前任驻纳米比亚大使廉正保主讲“纳米比亚——非洲最后一个独立国家”，前任驻墨西哥大使曾钢主讲“美洲文明古国墨西哥”，前任驻斯洛文尼亚共和国首任大使鲁培新主讲“外交无小事，礼仪须先行”。该系列讲座从主讲嘉宾自身外交生涯亲历见闻出发，结合热点事件进行分析讨论，得到学界专家与广大读者的好评。

鲁培新大使主讲“外交无小事，礼仪须先行”

【国图讲坛举办“燕京梦华录”北京古都风物系列讲座】

“燕京梦华录”北京古都风物系列讲座通过对史料的考证和研究，探寻古都北京的辉煌历史和文脉变迁，再现京城文化的独特韵味。该系列讲座自2017年开办以来深受读者喜爱。2018年，继续策划举办5场专题讲座，清华大学建筑学院教授贾珺、北京师范大学社会学院副研究员鞠熙、长城研究专家董耀会、北京市社会科学院历史所二级研究员孙冬虎、北京市社科院历史所副研究员吴文涛等应邀做客国图讲坛，分别以“宣南陈迹今犹在——北京安徽会馆的前世今生”“盛世北京的胡同”“长城文化与人类命运共同体”“北京地名的国都气派与历史文化价值”“古都北京的水脉与文脉”为题，从不同的切入点带领读者感受古都北京的人文风情和珍贵遗迹。

【国图讲坛举办“美学与生活”系列讲座】

2018年底，国图讲坛策划推出“美学与生活”系列讲座，从生活美学的角度，邀请美学界知名专家学者展开对美的探讨、研究与灼见，提升大众对美的感知度和审美能力。11月25日，首都师范大学教授、中国人生美育研究会副会长史红老师作为首场嘉宾主讲“如何发现生活之美？”，揭示生活美的本质，把生活美拉近到衣、食、住、行，唤醒听众的审美感官和对精神文化的追求。12月2日，北京理工大学人文社会科学学院编导贾金莉以“‘比兴神合’——当代艺术综合性思考”为题，分析当代艺术作品的艺术价值和审美趣味，通过先锋艺术形式和超越性的艺术语言，力图让读者感受到比兴神合之韵味，获得新的审美体验和认知，从而学习创造优雅格调的艺术生活。妙趣横生的讲座，为听众们打开美学世界的大门，激发大家以审美的态度看待生活。

【国图流动讲坛举办系列讲座】

2018 年，国图讲坛继续与地方图书馆合作，策划组织国图流动讲坛系列讲座 18 场，将优秀的讲座资源推送到全国，受到业界和公众的广泛好评。邀请韩田鹿、韩昇、袁岚峰、孟宪实、吴子林、隋丽娟、许结、王津、商震、解秀清、董平、徐焰、李胜洪、傅小凡、张路等来自全国的众多学者，分别到福建省图书馆、辽宁省图书馆、辽宁省营口市图书馆等各级图书馆，与当地读者进行分享互动。讲座选题非常多元，有对《西游记》、古典诗歌、《曾国藩家书》、家训等传统文化经典的解读阐释，有对历史、书法、古代哲学、当代文学、阅读价值意义的分享，还有科学的意义、国际安全、足球文化、故宫钟表修复等热门话题的互动交流。讲座形式丰富多样，内容精彩新颖，读者给予高度评价。

【国家图书馆培训中心承担文化和旅游部老年大学西区分校教学教务管理工作】

2018 年，由文化和旅游部主办、国家图书馆承办的文化和旅游部老年大学西区分校（以下简称“西区分校”）在国家图书馆继续开展教学工作，国家图书馆培训中心负责教学场地的落实、教学计划的执行、教学设备设施的补充、教务管理和教学活动组织以及安全保障对接工作。根据文化和旅游部离退休干部局安排，西区分校共开设书法、装裱、电脑、摄影、舞蹈、合唱等 6 门共 8 个班次的课程，每周服务文化和旅游部系统离退休学员 230 余人。任课教师由文化和旅游部离退休干部局指派教师与国家图书馆部分在职专业人员共同组成。西区分校的运行，为图书馆老龄群体的公共文化服务开辟新的发展空间。

2018 年度老年大学书法班结业作品展示

【"京剧电影工程"系列影片展映落地国图艺术中心】

"京剧电影工程"领导小组向国家图书馆赠送首批10部影片光盘和系列丛书

4月22日，由国家图书馆与首都京胡艺术研究会共同主办的"京剧电影工程"系列影片公益展映启动仪式在国图艺术中心举办。北京市人大常委会原副主任、"京剧电影工程"领导小组副组长刘晓晨，国家图书馆馆长、党委书记韩永进，中央文史馆馆员、国家京剧院原院长吴江，中国古籍保护协会会长、国家图书馆原党委副书记、原副馆长刘惠平，国家京剧院党委书记宋晨，中影集团北京电影制片分公司总经理许建海，首都京胡艺术研究会副会长、国家京剧院原副院长赵书成，首都京胡艺术研究会监事长、中信国安集团原党委副书记、监事会主席孙延及读者等近千人出席活动，国家图书馆副馆长陈樱主持启动仪式。刘晓晨代表"京剧电影工程"领导小组向国家图书馆捐赠"京剧电影工程"首批10部影片的光盘和系列丛书，韩永进代表国家图书馆接受捐赠。参加《龙凤呈祥》拍摄的著名京剧表演艺术家李维康、冯志孝、耿其昌、叶少兰、赵葆秀、寇春华及著名京胡演奏家李祖铭，《龙凤呈祥》舞台导演荀皓等来到活动现场并与广大读者见面。仪式结束后，近千名读者观看"京剧电影工程"首部影片《龙凤呈祥》。

此后，国图艺术中心在世界读书日、国家图书馆读书周期间，分别展映"京剧电影工程"首批影片《霸王别姬》(3D版)、《状元媒》、《秦香莲》、《萧何月下追韩信》、《穆桂英挂帅》、《谢瑶环》、《赵氏孤儿》、《乾坤福寿镜》、《勘玉钏》，受到广大读者的热烈欢迎。

【国图艺术中心与满天星业余交响乐团联合举办公益音乐会】

2018年是老一辈无产阶级革命家周恩来同志诞辰120周年。5月15日，国图艺术中心与满天星业余交响乐团联合举办"永远的怀念——纪念周恩来同志诞辰120周年交响音乐会"，演奏舞剧《白毛女》选段、《鸿雁》、《梁祝》选段、《山丹丹开花红艳艳》等曲目。

12月5日，满天星业余交响乐团带来的"满天星业余交响乐团国家艺术基金结项汇报演出音乐会"在国图艺术中心举办。中共中央政治局原常委、国务院原副总理李岚清，原国务委员、第十一届全国人大常委会副委员长陈至立，中共中央宣传部原副部长、原文化部部长蔡武，中国外文出版发行事业局原局长周明伟，国家图书馆馆长饶权，民政部直属机关党委常务副书记杨岳，国家艺术基金管理中心主任雷喜宁，国家图书馆副馆长陈樱等领导出席并观看演出。乐团现场演奏《雷电波尔卡》《我爱你，中国》《鸿雁》等多首经典曲目。

【举办“书香筑梦　科技兴国”2018国家图书馆科技周专场音乐会】

5月22日，由国家图书馆主办、国图艺术中心承办的“书香筑梦　科技兴国”2018国家图书馆科技周专场音乐会在国图艺术中心音乐厅举行。音乐会首次将科技与艺术相结合，向读者集中展示一批创新乐器。同时，还围绕“国图的文献修复”“高铁列车的基石”“三元桥一天之内旧貌变新颜”和“国图古籍航天故事”4个故事，讲述科技创新对改善人民群众生活和图书馆事业的巨大推动作用。此次音乐会在线观看人数近4万人次，开辟了国图公益活动的传播新方式，北京卫视等媒体对活动进行深入报道。

王立平主讲“一朝入梦，终身不醒——从87版《红楼梦》的音乐说起”

【举办“致敬经典之走进四大名著”系列活动】

5—12月，结合国家图书馆“致敬经典”主题，国图艺术中心举办“致敬经典之走进四大名著”系列活动，包括举办名家讲坛、四大名著专题展区、四大名著明清刻本展、四大名著邮票展览、“我与四大名著的故事——校园征文活动”等。名家讲坛邀请评书艺术家田连元、昆曲表演艺术家侯少奎、作曲家王立平、表演艺术家六小龄童（章金莱），分别在5月27日、7月15日、8月18日、9月8日举办“读书与说书”“铁板铜琶大江东——昆曲侯派武生红净表演艺术”“一朝入梦，终身不醒——从87版《红楼梦》的音乐说起”“苦练七十二变，笑对八十一难”公益讲座。其中作曲家王立平的讲座通过数字图书馆向全国图书馆系统直播，《人民日报》微博直播观众突破200万人次。在9月8日讲座当天启动的“我与四大名著的故事——校园征文活动”共收到来自全国中小学的3000余篇投稿作品，经专家评审及网络投票，共评出个人优秀奖5名、个人佳作奖25名、团体优秀奖1个。

【举办中德手风琴公益音乐会】

8月5日，来自德国巴登符腾堡州青年手风琴乐团、首都师范大学音乐学院与北京乐海振声艺术中心的演奏家和少儿手风琴爱好者们一起在国图艺术中心举办中德手风琴公益音乐会。本场音乐会是国图艺术中心多场视听阅览服务中第一次邀请到国外乐团参与其中的活动，为观众演奏贝多芬的《第一交响曲》、歌剧《图兰朵》经典选段《今夜无人入睡》、《威廉退尔》序曲、《来吧，五月》变奏曲等西方经典曲目，以及经典歌曲《在水一方》《烟花易冷》《马刀舞曲》《我爱你，中国》等，此外，中德艺术家还联袂演奏了《维瓦尔第 a 小调协奏曲》和中国乐曲《花儿与少年》。现年 83 岁的手风琴演奏家任士荣先生演奏了《铁道游击队随想曲》。演出现场高潮迭起，为推广和普及手风琴艺术，增进中德文化交流做出积极贡献。

【举办“永远的信天游”演唱会】

12 月 10 日，具有浓郁陕北风韵的“永远的信天游”演唱会在国图艺术中心音乐厅举办。本场演唱会是陕北民歌博物馆为答谢国家图书馆对其筹建工作给予的大力支持并传播陕北民俗文化而举办的演出活动。在弘扬中华优秀传统文化的同时，增进革命老区与首都北京的文化交流，推动陕北文化和陕北民间艺术的传承与发展。来自陕北民歌博物馆艺术团的艺术家们为在场观众表演了《陕北大秧歌》《山丹丹开花红艳艳》《黄河船夫曲》《三十里铺》和具有地方特色的腰鼓，充分展现了陕北粗犷豪放的原生态民俗艺术。

“永远的信天游”演唱会

【国图艺术中心推出“荣庆学堂——北方昆曲传统折子戏专场演出”推广活动】

在北京市文化艺术基金资助下，2018 年，国图艺术中心与北方昆曲剧院联合推出“荣庆学堂——北方昆曲传统折子戏专场演出”推广活动。活动邀请丛兆桓、蔡正仁、侯少奎、沈世华、梁谷音、秦肖玉、周万江、侯广有、周世琮等昆曲名家，分别从昆曲历史、昆曲剧目赏析以及昆曲的各类行当等角度举办公益讲座"追根溯源话传承——北方昆曲的往昔和今天"，全方位介绍昆曲艺术，特别是以昆弋为标志的北昆传统昆曲艺术。在讲座基础上，国图艺术中心还推出4场北方昆曲传统折子戏展演，共演出《牧羊记·望乡》《寿荣华·夜巡》《西厢记·佳期》《白蛇传·盗仙草》等12场传统北方昆曲折子戏。

【中国古籍保护协会组织第二届全国古籍保护技术与装备展示活动】

5月30日—6月1日，在河北廊坊举办的"2018年中国图书馆年会——中国图书馆展览会"上，中国古籍保护协会设置"中华古籍保护计划·第二届全国古籍保护技术与装备展区"。这是协会第二次组织此类展示活动。在国家古籍保护中心支持下，郑州枫华实业有限公司、汉王科技、天津森罗科技等23家企业28个展位参展，产品涵盖文献修复、环境保护、古籍装具、脱酸技术、古籍出版、古籍数字化等多个领域。中国古籍保护协会在总结之前办展经验的基础上，认真组织，缜密策划，精心实施，使展示活动取得预期的成效。本次展示区活动是深入学习贯彻党的十九大精神、落实《"十三五"时期全国古籍保护工作规划》的具体举措，为古籍保护行业搭建服务推广和信息共享平台，促进业界交流与合作，推动中华优秀传统文化创造性转化和创新性发展。年会期间，中国古籍保护协会还与国家古籍保护中心联合举办"古籍保护：科技引领未来"分会场学术研讨活动。研讨会特邀中国文物保护基金会副理事长詹长法、武汉大学教授刘家真、中华古籍保护研究院常务副院长杨光辉等国内古籍保护专家做主题演讲。与会代表表示，本次研讨活动专业性强、信息量大，通过学术报告得知古籍保护技术发展的前沿动态，开阔了眼界、拓展了思路。

第二届全国古籍保护技术与装备展区展示活动

国家数字图书馆建设与服务

- 硬件设施建设
- 数字资源建设与发布
- 应用系统和平台建设
- 数字图书馆服务
- 信息安全建设
- 年度掠影

国家数字图书馆建设与服务

一、硬件设施建设

（一）机房

国家图书馆机房设置有总馆南区机房、总馆北区机房、古籍馆灾备机房三处，总面积2350平方米，UPS系统总容量为1940KVA，共安置服务器1200余台。

（二）网络

国家图书馆网络覆盖全馆28万平方米馆区，分布在国家图书馆总馆南区、总馆北区及古籍馆。截至2018年底，已形成拥有1万多个信息点、600多台网络及安全设备的超大规模网络，为1000多台服务器、2000多台终端提供网络通信、资源共享、信息交换和数据传输，实现无线全覆盖，无线接入点400余个。与互联网、教育网、科技网、国家数字图书馆专网、虚拟网等多条单位专线相连。

调试无线网

2018年，国家图书馆积极推动一期网络优化调整项目，完成网络设备的选型和购置，开展网络策略调整的规划与设计，对网络结构和业务网络划分进行整体规划，调整国家图书馆网络结构，优化网络资源，提高网络带宽利用率，提升网络速度，实现国家图书馆网络全年顺畅、安全、平稳、可控地运行。完成联通、电信两条链路升级，互联网出口带宽达2GB。

（三）存储系统建设与服务

存储系统平稳运行，通过定期巡检和后台监控，实时关注存储数据安全，及时解决软硬件故障，保障全馆业务系统的数据安全。全年共为10个业务系统实施集中存储管理工作。截至2018年底，国家图书馆存储系统共为55个业务系统提供存储服务，涉及服务器85台。实施存储系统扩容，在线/近线存储扩容692TB，离线存储扩容600TB，扩容后在线/近线存储总容量

2652TB，离线存储总容量 3581TB，国家图书馆存储系统总容量达到 6233TB。

二、数字资源建设与发布

（一）数字资源建设

截至 2018 年底，国家图书馆数字资源总量达 1960.91TB，较 2017 年增加 357.04TB，主要来源为馆藏特色数字化资源 1390.41TB、外购数据库 191.60TB、网络导航和网络采集资源 209.98TB、征集数字资源 162.44TB、电子报纸交存 6.48TB。资源内容主要包括：电子图书 1998182 种 2478926 册，电子期刊 56882 种，电子报纸 3184 种，学位论文 7731871 篇，会议论文 7073228 篇，音频资料 1179391 首，视频资料 173531 小时。

1. 馆藏特色数字化资源

国家图书馆特色数字化资源全文超过 3 亿页，资源存储量计 1390.41TB。主要包括：现代文献电子图书 679026 种 685026 册 218256296 页；博士论文 276910 种 38328436 页；音频资料 628162 首；视频资料 57708 小时。民国时期文献：民国时期文献图书 101433 种 106312 册 19272100 页；民国时期文献期刊 4515 种 5050000 页；民国时期文献报纸 121 种 129891 期 704439 版；民国时期文献法律 11118 件 37199 页；地方民国时期文献 15000 册 2659988 页；海外民国时期文献数字化 34901 种 266917 页。古籍文献甲骨实物 6575 种 11732 幅；甲骨拓片 9775 种 11120 幅；敦煌写卷 1.6 万种 5034 卷 181774 拍；石刻拓片 23995 种 29472 幅；地方志全文影像 6868 种 3340000 页；地方志全文文本 3181 种 2031400 页；地方志类书和工具书 76 种 206154 页；西夏文献 124 种 4909 页；西夏论著 1202 种 9793 页；善本老照片 7264 种 7328 幅；年画 5278 种 5834 幅；新善本 101 种 6987 页；手稿 92 种 16473 拍；古籍信札 182 种 39000 页；大藏经 202 种 48000 拍；永乐大典 38 种 14930 页；宋人文集 513 种 162237 页；家谱 5741 种 4616025 页；舆图 62 种 332 拍；样式雷 6006 种 8421 拍；古籍善本 28738 种 208878 册 13780483 页；海外中华古籍数字化回归资源 13692 种 1291832 页；中国古代典籍 1084 种，约 1 亿字。

2018 年全年数字化资源建设量 256509GB，同比增长 496.8%，是 2017 年资源建设量的近 6 倍，其中购买自天津图书馆的普通古籍数字化资源体量最大，占建设总量的 77.4%。从资源类型上看，善本古籍资源建设量增效明显，同比增长 94.9%，音视频资源、现代文献和其他资源的建设量也有不同程度的增长，民国时期文献的资源建设量有所下降。各数字化项目的建设情况如下：

现代文献：中文现代文献资源建设量总计 13690GB，较 2017 年增长 34.2%。具体包括“第十三届文津图书奖”获奖图书扫描及文字识别 111 册 3.9 万页；少儿数字图书馆图书数字化 2007 册 31.7 万页；博士学位论文数字化 7441 种 109.7 万页；中法关系文献数字化 279 种 338 篇 16.9 万页。

民国时期文献：民国时期文献资源建设量总计 2617GB，其中：民国时期报纸缩微胶卷数字化转换 20 种 19648 期 10.3 万版；基于海外民国时期文献数字化回归成果完成日本战争罪行史料整理 1411 种 1.2 万页；日本战犯审判文献征集整理与数据库建设 11296 种 19.8 万页。

善本古籍：善本古籍资源建设量总计 25052GB，是 2017 年建设量的 1.95 倍，涉及善本、古籍、年画、样式雷图档、敦煌文献等多类特藏资源。其中完成馆藏普通古籍数字化 790 种 3647 册 24.6 万页，馆藏木版年画数据库建设 4671 种 5100 拍，馆藏清代样式雷图档数据库建设 2001 种 2402 拍，馆藏敦煌写卷全文影像扫描 136 卷 2.1 万拍，馆藏善本缩微胶卷数字化转换 930 种 7435 册 43.5 万页，世界数字图书馆项目善本古籍资源加工 20 种 2834 页，法国国家图书馆藏敦煌遗书数字资源回归 5320 种 3.1 万页。

音视频资源：音视频资源建设量总计 16145GB，较 2017 年增长 65.5%。近三年来，资源建设量持续增加。2018 年，完成馆藏密纹唱片数字化 220 种 241.35 小时，馆藏 CD 光盘数字化 3408 种 3620.13 小时，馆藏录像带数字化 556 种 886.18 小时，中国记忆项目收集录音带数字化 60 种 660.8 小时，原生音视频资源创建方面，文津经典诵读音频录制 365 种 3.78 小时，学术讲座摄像编辑制作 100 场 159.2 小时，文津讲坛摄像编辑制作 50 场 85.17 小时，每日课堂视频课件制作 30 场 5.92 小时，典籍博物馆学术讲座建设 15 场 23.5 小时，馆内重大活动摄像编辑制作 44 场 60 小时，图书馆公开课讲座视频资源加工 981 场、馆员课堂摄编及资料数字化制作 2 场、读书推荐特别活动视频 59 场、专题课程制作 6 场。

外购资源：采选来自天津图书馆文献价值较高的古籍数字化资源，经质检加工并整理后共计 5834 种 42221 册 300 万页，资源建设量 198428GB，有效补充实体馆藏缺藏。

其他资源：资源建设量总计 577GB，较 2017 年略有增加。包括“掌上国图”资源建设视频讲座 300 场、学位论文摘要 6867 种；“新媒体自有版权资源”图说百科内容加工与制作 970 条，书刊推荐内容加工与制作 640 条，图书鉴赏内容加工与制作图文 200 条、视频 100 场；“触摸屏展示”资源建设电子期刊 300 种、古籍珍品动画 8 种、文津图书奖宣传图片 310 张；政府公开信息整合采集 7 万条；国家图书馆网站专题和多媒体动画制作 8 种。

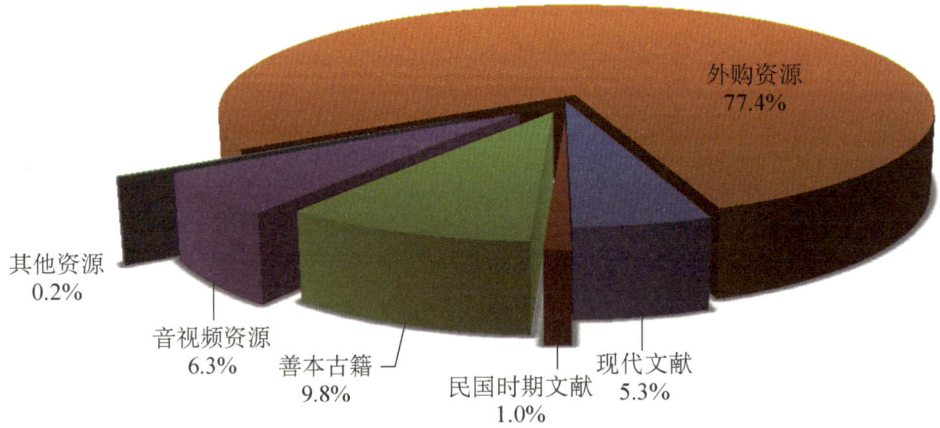

国家图书馆 2018 年数字化资源建设量分布

国家图书馆数字化资源建设量两年对比（2017—2018 年）

资源类型	2017 年资源建设量（GB）	2018 年资源建设量（GB）	资源建设量变化情况
现代文献	10202	13690	34.2%
民国时期文献	8590	2617	-69.5%
善本古籍	12857	25052	94.9%
音视频资源	9756	16145	65.5%
征集资源	1126	0	—
外购资源	0	198428	—
其他资源	448	577	28.8%
建设总量	42979	256509	496.8%

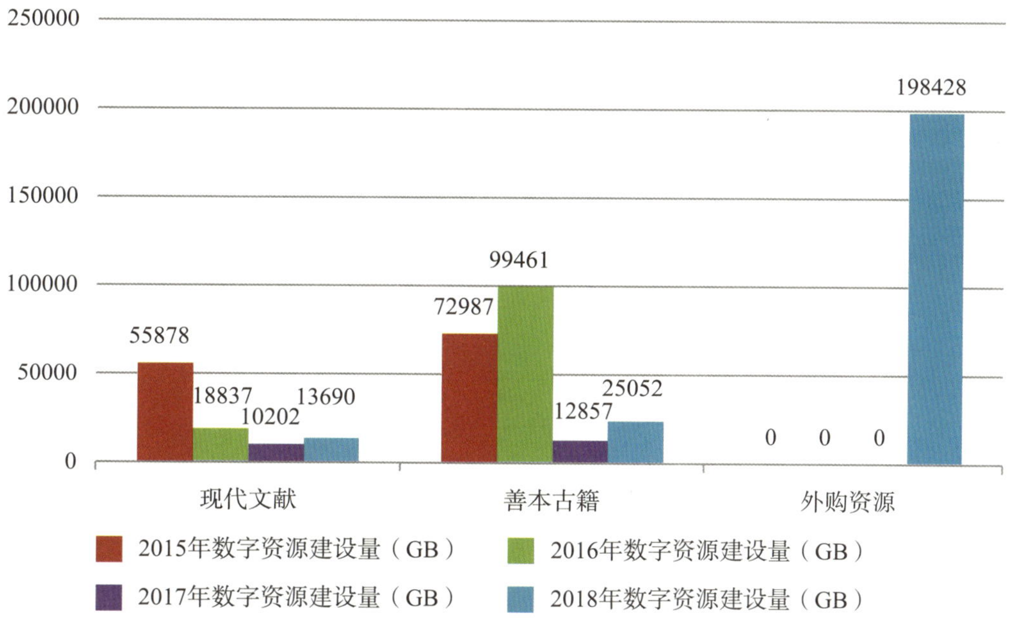

国家图书馆 2015—2018 年数字化资源建设量（一）

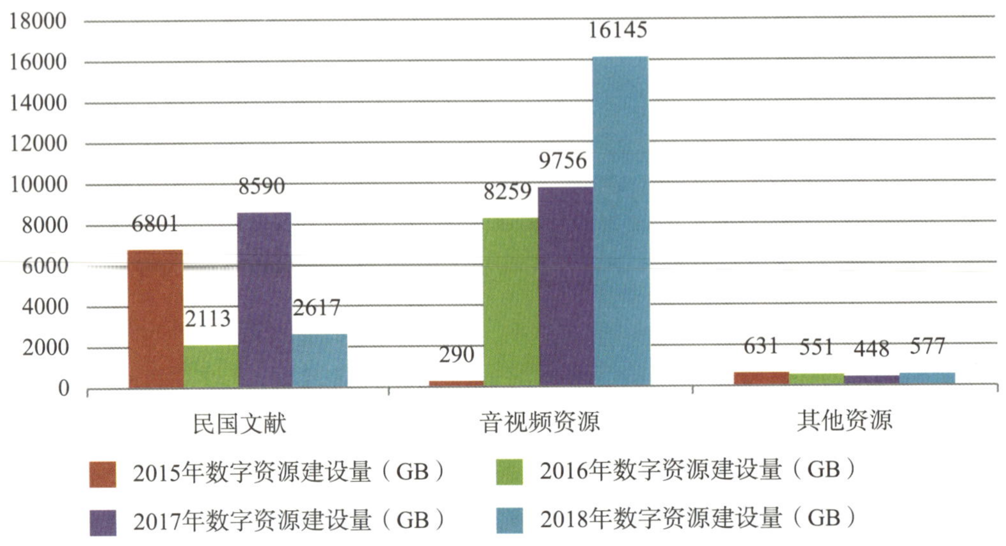

国家图书馆2015—2018年数字化资源建设量（二）

2.“掌上国图”资源建设

2018年，国家图书馆移动服务继续加大“掌上国图”资源建设量，丰富资源服务形式。完成视频数据加工300场，MP4格式转码399小时，转换标准为360P视频标准，刻盘数量96张。完成6867条学位论文摘要数据的整理、格式转换，元数据6867条，中文摘要6855条，英文摘要6855条。完成国家图书馆手机门户“科技创新 强国富民”“致敬经典·听见童年”“非遗中的丝绸”“书卷为媒 友谊长青——日本永青文库捐赠汉籍入藏中国国家图书馆展”4个专题资源的建设和发布，共39452字，图片158张。完成移动阅读平台28期阅读专题建设。

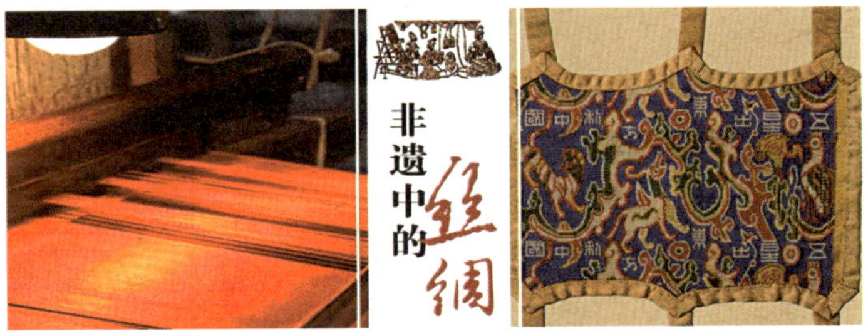

国家图书馆手机门户“非遗中的丝绸”专题

外购资源方面，继续购入“手机知网”“读览天下”两种商用移动资源，其中“手机知网”包括4个数据库：“中国学术期刊网络出版总库”（手机版）、“中国重要会议论文全文数据库”（手机版）、“中国重要报纸全文数据库”（手机版）、“中国工具书网络出版总库”（手机版）。续购“读览天下”各类期刊300种，并实时更新。引入万方数据电子图书、期刊和视频资源。完成诚品读库2886册、中数图公司110册、中版集团4655册EPUB格式图书验收和发布工作，丰富了国家图书馆移动端资源种类和数量，满足读者的阅读需求。

3. 外购数据库

国家图书馆外购数据库共计254个，包括中文数据库128个、外文数据库126个。其中，已完成本地镜像数据库102个（包含子库），占用本地存储约191.6TB。中文数据库包含的文献主要为：中文图书 698858 种 1179602 册，中文期刊 22000 种，中文报纸 1389 种，中文学位论文 6748200 篇，中文会议论文 6660000 篇，国家标准 64149 条、行业标准 29695 条，工具书 103914 册（未去重），年鉴 2180 种 34333 册（未去重），实物影像 4000 副，语言 51229 集，音乐 500000 首，专题节目 22800 小时，学术性报告 76540 场，多媒体课程 15996 学时，少儿教学课件 58362 个，舞台艺术 1100 部 3000 小时。外文数据库包含的文献主要为：图书 512367 种，英文期刊 30364 种，英文报纸 1159 种、俄文报纸 2 种，学位论文拥有 24120 篇、访问 682641 篇，会议论文 413228 篇，报告 19146 篇，标准 3669 项，档案 665.47 万页，行政法规 9656 条，案例 207817 件，手稿 11100 件，工具书 767 种。

外购数据库所含主要内容

文献类型	中文数量	外文数量	合计
电子图书	698858 种 1179602 册	512367 种 512367 册	1211225 种 1691969 册
电子期刊	22000 种	30364 种	52364 种
电子报纸	1389 种	1161 种	2550 种
学位论文	6748200 篇	706761 篇	7454961 篇
会议论文	6660000 篇	413228 篇	7073228 篇
音频资料	551229 首	0 首	551229 首
视频资料	118336 小时	0 小时	118336 小时

4. 网络导航和网络资源采集与保存

国家图书馆网络导航资源主要包括国内外图书馆导航、电子报刊导航、新农村建设专题导航、农林导航等，总计 18644 项。网络采集资源已保存我国 5 万余个政府网站、732 个人大网站、2103 个其他国内网站、5581 个国外网站，315 种中文电子报纸以及中国学、开放存取、奥运会、航空航天等 284 个专题信息。网络采集资源存储量共计 209.98TB。

2018 年，继续在原有工作基础上深入进行网络资源采集与保存工作。围绕数字馆藏发展规划，根据具体业务需求制订网络资源保存与服务工作方案，并据此开展资源建设工作，全年共采集网站 186 个，数据量 1.44TB。截至 2018 年底，共建设网络资源专题 55 个，包括采集资源 8319 条，数据量 24.72TB。网络资源保存与服务是国家图书馆较早开展的延续性资源建设项目，在十余年的发展历程中积累了大量的不同种类资源数据和元数据，为总结历年网络资源建设情况，为下一步工作提供参考依据，本年度对历年网络资源建设情况开展深入梳理工作，目前已经梳理完 2014—2017 年所有历史数据及其对应的存储路径，其他年份的数据梳理工作正在有序进行中。

为保证资源建设有据可依，提高工作的规范性，本年度完成资源建设相关的标准规范和规章制度等的撰写和修订，修改《国家图书馆文献采选条例》中关于“网络信息资源采选”部分的内容，完成网络资源采集系统和数字图书馆推广工程（以下简称“推广工程”）网络资源保存系统的信息系统安全等级保护备案表和定级报告的撰写等。

5. 公共图书馆文化播报整合与服务资源

为推动我国公共图书馆规模化服务能力和扩大社会影响力，提升业界资源联建和利用水平，满足各地民众对文化资讯和知识信息获取需求，2018 年在深入调研的基础上，对原有“文化播报”项目的资源建设模式和服务机制进行创新，旨在依托推广工程，充分利用网络采集技术对国内地市级以上公共图书馆发布的讲座、培训、展览等文化信息进行整合与拓展，为民众提供线上线下、知识丰富、形式新颖、渠道多样的综合性文化信息服务，提高民众精神文化生活品质，促进“互联网 +”文化行业新业态的形成。

围绕全年建设方案，对全国地市级以上公共图书馆文化信息源进行了广泛调研，梳理信息源 558 个，并据此通过增量的方式对图书馆文化信息的关键内容进行自动批量获取。为满足进一步的资源管理需求，构建图书馆文化信息采集数据管理后台，实现采集数据的查看、检索、审核、编辑、管理、批量导出等功能。为了增加文化信息的知识性和可读性，提高资源聚合与组织关联，基于文化信息内容，对其涵盖的知识点进行介绍和扩展，充分利用国家图书馆数字资源和推广工程资源联建成果，对文化信息重要名词术语添加国家图书馆馆藏和地方馆联建资源链接，为读者在线拓展阅读和查找相关资源提供便利。本年度完成信息发布网站的设计和开发工作，实现资源文化信息内容的发布和展示以及资源的检索与排序等功能。

6.“数字图书馆推广工程 2018 年新媒体资源建设讲坛精品化”资源

2018 年，为进一步丰富国图公开课资源内容，依托“数字图书馆推广工程 2018 年新媒体资源建设讲坛精品化”项目，完成适合公开课在线播放的 98 场（200 集）中文讲坛视频资源的加工制作。

7. 自有版权新媒体资源

遴选 150 种珍贵馆藏典籍，涵盖中文善本、外文善本、少数民族语文珍本等古代珍贵典籍以及革命文献、名家手稿、舆图等近现代精品文献，以专题片的形式进行视频化加工与制作，共制作专题片 150 种。在视频数据管理方面，确定视频制作的元数据、对象数据的规范要求，制作元数据及发布级和保存级的对象数据，提升视频资源的规范化管理程度，也为多终端发布、多平台兼容提供资源保障。

8. 触摸屏资源

本年度对触摸屏设备进行更换升级，在完成触摸屏历年数据迁移的基础上，实现 200 种电子报纸、100 种电子期刊以及少儿馆触摸屏 50 种少儿期刊的采集、展示和保存；更新电子图书 1200 册；更新学术讲座视频 50 场、古籍鉴赏视频 25 场；以主题分类的形式揭示年画资源，展示年画 50 张；更新民国书刊 2 册；制作第十三届文津图书奖的展示程序；更新国务院公开信息和政府公报数据；制作“百部经典”栏目，以图文展的形式呈现第一批《中华传统文化百部经典》图书的编纂过程，梳理传统文化经典传承发展脉络，引导大众阅读经典。

9. 政府公开信息整合服务平台国图分站资源

中国政府公开信息整合服务平台国图分站主要负责全面采集加工中央级政府机构网站上发布

的政府公开信息，信息类型包括政府文件和动态信息。2018 年完成 70218 条政府信息采集与加工工作，包括国务院、民政部、水利部、环保部、科技部、文化和旅游部、教育部、国土资源部、外交部、交通运输部、工业和信息部、发改委、农业部等机构政府文件和动态信息数据 66818 条；国务院公报、农业部公报、财政部文告、教育部公报、水利部公报、农业部兽医公报、国家外汇管理局文告等政府公报 3400 条。共计 37.6GB。全部数据按照规范要求进行元数据加工，资源进行多个维度的准确分类，包括题材分类、主题分类和文种分类等，并按不同类型资源、不同维度对政府信息进行类聚和展示；结合 2017—2018 年社会热点，汇集“十九大”“美丽中国”“精准扶贫”“教育改革”4 个热点专题，并补充“一带一路”“中国梦”“双创”等热点专题内容；审核发布全部数据，完成数据备份并提交数字化存档验收。

2018 年 3 月，国务院进行新的机构调整。为全面了解中央政府各部门政府公开信息发布情况，及时跟踪国务院最新政府机构网站发布情况，全面更新中国政府信息整合平台 65 个中央政府机构职能、机构网址和政府信息公开栏目地址信息，及时整理完成 65 个中央政府机构信息公开栏目采集列表。

10. 国图公开课多语种资源

为促进优秀传统文化海外传播，2018 年对精加工的国图公开课视频资源制作英文、法文、西班牙文、阿拉伯文字幕，共加工英文字幕视频资源 50 集，加工法文、西班牙文、阿拉伯文字幕视频资源各 20 集。

为中国文化中心的在线服务提供视频资源。包括国图公开课中文字幕视频资源 15 种，国图公开课阿拉伯文、法文、西班牙文字幕视频资源各 9 种，图书鉴赏类英文字幕视频资源 20 种。

11. 公有领域版权筛查和甄别工作

2018 年，国家图书馆继续开展“公有领域版权筛查和甄别”项目，完善操作办法，优化项目流程，共筛查和甄别 26023 条相关数据，包括制作名称规范数据 148 条、筛查公有领域图书书目数据 16174 条和甄别数字化民国图书版权数据 9701 条，明确馆藏资源的版权状态，持续增加可利用的版权资源。梳理已进入公有领域的馆藏书目数据清单与数字化情况，提交 2008—2018 年共 10 期项目成果，制作已甄别馆藏民国图书数字资源清单。注重加强建设成果服务利用，提供 1 万余条著作者名称规范数据作为中文采编相关工作参考，提交《公有领域图书版权筛查与甄别数据利用方案》。

12. 征集数字资源

国家图书馆征集数字资源存储量共计 162.44TB，主要包括地方志、民国时期文献、老照片、家谱、专题视频和馆藏特色资源等。2018 年，通过多途径开展数字资源版权征集，提升数字资源版权征集成果的使用效益。对北京地区 74 家出版社和中国版本图书馆开展调研，梳理馆内各项重点工作拟征集资源需求，提交《国家图书馆 2018—2020 年数字资源版权征集工作规划》。

着力推进电子图书公益阅读工作，创新资源征集模式，引进优质资源数字版权，面向出版单位征集现当代中文图书数字资源版权，提交《国家图书馆电子图书公益阅读栏目建设方案》，开展 14 家出版单位的资源版权审查、整理验收和书单遴选工作。围绕国家发展大局，积极储备文化扶贫资源，开展“国家图书馆向农村地区提供电子图书服务”项目的版权征集工作，遴选并征集3500册种植养殖、防病治病、防灾减灾类电子图书版权，完成项目公告在国家图书馆官网、《中国文化报》和《新华书目报》的公示及公证；以局域网、互联网、移动网三种方式，通过数字图书馆推广工程“网络书香基层图书馆帮扶计划”，在全国57个帮扶点提供数字免费阅览服务，有效推动数字资源文化扶贫质量提升。

13. 电子报纸交存

国家图书馆接受电子报纸交存142种，存储量6.48TB。

14. 唯一标识符注册

全年完成国家图书馆数字资源唯一标识注册159637条。其中：民国时期图书10731条、中华古籍资源库89117条、馆藏音像26571条、征集民国文献32136条、甲骨拓片1082条。完成13219条唯一标识符的下架工作。实现国家图书馆自建数字资源的统一编号和规范管理。

（二）数字资源发布

截至2018年底，国家图书馆已发布数字资源的内容单元主要包括：电子图书1888032种，发布率94.5%；电子期刊56719种，发布率99.7%；电子报纸2869种，发布率90.1%；学位论文7725604篇，发布率99.9%；会议论文7073228篇，发布率100%；音频资料703114首，发布率59.6%；视频资料122518小时，发布率70.6%。

1. 馆藏特色数字化资源

国家图书馆已发布馆藏特色数字化资源中，现代文献主要实现局域网发布，发布率61.7%；民国时期文献基本实现互联网发布，发布率61.5%；古籍文献基本实现互联网发布，发布率77.4%。

2. 外购数据库

254个外购数据库均已在馆域网发布。其中，129个数据库授权许可馆域网服务，占全部外购数据库的50.79%；125个数据库授权许可互联网远程访问，占全部外购数据库的49.21%。

3. 网络导航和网络采集资源

网络导航数据采取建设即发布的方式，并保持定期更新维护，全部实现互联网服务。网络采集资源发布资源的存储量为129.74TB，占全部网络资源采集存储量的61.79%。

4. 征集数字资源

征集数字资源已发布资源的存量约为162TB，占全部征集资源存储量的99.9%。

5. 电子报纸交存

国家图书馆接受交存的142种电子报纸资源未发布，因与外购资源内容重复，主要用于备份保存。

6. 自建特色资源

完成11批自建数字资源24181种75251册的发布工作（包括必要的对象数据格式转换）。包括7批中华古籍资源14343种65295册，2批甲骨拓片1000种1082个，1批博士论文6867种

6867册，1批少儿图书1971种2007册。自建数字资源发布的对象数据共占空间为1.85TB。

7. 国图公开课资源发布

全年新发布课程167场（312节），包括典籍鉴赏50场，读书推荐15场，非遗漫谈和音乐之声各11场，专题课程、名著品读和父母课堂各4场，走进名城2场，抗战风云、名人故事和养生智慧各1场，未分类课程63场。至2018年底，国图公开课已累计发布课程15个专题，共1516场（4431节），累计时长约1538小时。

8. 国图公开课专题制作

为配合《中华传统文化百部经典》首批10种图书正式出版暨国图公开课新版网站上线，开展基于互联网和移动终端策划的《百部经典》有奖阅读线上宣传活动。活动历时1个月，读者踊跃参与，首批10种图书点击量超过5000余次。

为迎接2018年春节，在腊月三十至正月十五举办“看《永乐大典》迎戊戌新年”专题活动，专题页面、“《永乐大典》视频讲解”、“专家解读《永乐大典》”的页面点击总量10.23万次，电子文献阅读总量9044次。5月19—27日，举办以“科技创新　强国富民”为主题的科技周专题活动，选择不同科技领域的“中国大发明”“星际穿越”“中国载人航天及其发展”等8门课程为读者呈现，页面点击总量2.55万次。国庆节前夕，配合典籍博物馆线下展览，制作“旷世宏编　文献大成——国家图书馆藏《永乐大典》文献展”线上专题。该专题分“观展必看”“精彩看点”“前世今生”“大典延展”“有奖问答”5个部分，通过文字、图片、文献、视频等多种形式向读者介绍《永乐大典》。截至为读者发放礼品之日，该专题点击总量9.60万次，共有60名读者参加有奖问答，29人获得90分以上的好成绩，其中16人获得满分。

9. 文津图书奖资源发布

完成第十三届文津图书奖的相关工作，包括：网站系统改造，实现与历届网站系统的整合；网站页面的设计与制作；颁奖活动所需的获奖及推荐图书页面的设计制作；获奖及推荐图书数字化加工，共完成111册图书的39500页图像扫描，4815条目录标引，获奖及推荐图书16742千字文本OCR识别加工；获奖及推荐图书数据的整理和网站发布。文津图书奖网站作为颁奖活动和获奖推荐图书宣传推广的重要阵地，在扩大文津图书奖品牌影响力的同时，为传播中华优秀文化、助力全民阅读做出重要贡献。

10. 政府公开信息整合服务平台国图分站数据发布

在平台及分站建设过程中，不断规范工作流程，在数据采集、校验、审核、发布等环节明确人员分工，定期汇总错误数据，及时反馈修改信息。根据政府信息数据采集情况，不断完善平台功能，新建国务院公报子栏目45个、农业部公报子栏目12个、教育部公报子栏目11个、财政部文告子栏目15个、环境保护部公报子栏目85个、国家税务总局公报子栏目56个、国家卫计委公报子栏目52个、外汇管理局文告子栏目8个、水利部公报子栏目5个，并逐个设置视图、数据发布模板及同步规则；全面掌握国图分站后台工作状况及数据导入发布情况，出现问题及时与相关技术人员进行沟通。同时关注前台发布数据情况，对平台的高级检索问题、发布模板问题及资源列表问题等及时反馈相关技术人员处理；做好意识形态领域敏感数据筛查，删除无效数据1106

条。截至 2018 年 12 月，国图分站已发布数据 79 万余条。

三、应用系统和平台建设

（一）图书馆业务自动化管理系统

2018 年，完成 Aleph 系统相关业务报文 35 个，全年数据处理量达 7800 万条，其中包括 28 批次正式馆藏数据批修改工作和 16 批次数据提取工作。完成 251 个 Aleph 系统账号的新增和修改操作。完成在正式机上的 RDA 本地化实施，调整 20 个系统参数表，修改近 200 个 html 标签页面文件。完成磁盘空间扩容，增加磁盘空间短信预警，实施信息系统安全升级。

（二）联机公共目录检索系统

2018 年，规范 OPAC 运行管理机制，通过技术手段方式监控系统负载和服务运行定期监测机制，采用网络查封 IP、设置系统防火墙、增加硬件资源、测试 Web 应用防护系统（WAF）、限制应用访问、清理缓存、重启服务等措施来处置 OPAC 服务异常。此外完成通知发布、页面优化、业务答疑、读者意见回复、用户访问量统计、应用日志备份、系统安全检查等基础业务工作。

（三）统一用户管理系统

系统于 2017 年完成升级，2018 年继续做好统一用户管理系统定期监控，做到故障及时处理，确保系统运行稳定。针对系统所集成的各个外购数据库进行监测，完成数据库资源的新增与变更，及时配合解决业务部门及读者在使用外购数据库中发现的各类问题。系统与国家图书馆 APP、微信服务号、推广工程基层图书馆系统、新版寻根网、新版运行管理平台等系统进行功能对接；综合考虑技术革新和读者体验反馈，同时配合其他应用或服务功能调整，对系统进行完善优化，为馆内业务和读者服务提供技术支持。

（四）文津搜索系统

2018 年，文津搜索系统扩容项目正式部署上线。完成系统功能和性能测试，在保证系统亚秒级响应性能的同时，使系统的资源库数量翻一番，元数据总量达到 3.6 亿条。开展文津搜索系统优化项目。实现文津搜索系统多来源资源库相同资源的合并展示，扩充、改善系统的馆藏揭示，优化文津搜索系统各级页面，并开发通用接口，拓展资源揭示的深度和广度，提升系统的易用性。截至 12 月底，已完成全部功能的开发，正在进行功能测试和完善。实施文津搜索系统整合与揭示项目。对新数据进行梳理和分析，确定整合与揭示的数据范围，进行数据映射规则整理和数据预处理，已完成 5500 万条新数据的灌装与整合，即将进行项目验收。进行文津搜索系统 400 台服务器硬件设备和操作系统、中间件等系统软件的运行管理。监控设备运行状况，定期到机房巡检，发现硬件故障及时进行处理，截至 12 月底，处理文津搜索系统服务器各类故障 21 次 29 台次，并清点和补充不足的备品备件。

（五）办公自动化系统

日常运维管理及定期巡检系统服务器，确保服务器及应用正常运行，及时处理日常出现的各种故障；对员工在使用过程中遇到的问题提供支持和帮助解决。

OA 账号变动方面，配合国家图书馆各部门人事调整，全年调整人员账号 504 人次。公文处理方面，解答疑问并处理公文、合同等流程方面的问题，全年办理完毕的公文 4073 份、合同 1008 份。

完成办公自动化系统升级。本次系统升级实现产品版本的升级，对系统存在的问题进行修改。增加和强化必要的功能模块，新增部处主任周报、邮件导出和接收外部邮件及企业微信。对原有功能优化，优化公文起草、保存、跟踪、增加 PDF 转换、公文作废、转阅、关联流程、在线预览等。合并整合档案系统与 OA 系统，优化合同执行、变更、付款、插入水印等。同时更改页面布局，加强浏览器兼容性和外网访问的安全性。

（六）档案管理系统

解决用户使用中遇到的各类问题，保证系统平稳运行，档案归档管理和档案借阅利用工作顺利进行。

完成办公自动化系统中 2018 年度公文类文件向档案系统的归档和检查工作，共导入 4000 多条档案目录数据和 8000 多条相关原文数据，包括办文、发文、收文、领导日报周报、刊物、会议纪要等文件类别。配合参考工作历史资料档案整理归档工作，提供数字化加工和批量上传挂接到档案系统的技术支持。

（七）多媒体信息展示系统

多媒体信息展示系统平台以日常更新和专题制作相结合的方式，定期向读者推送读者指南、服务调整、活动预告、展览讲座、新闻通告等内容，同时配合各项活动进行专题制作，完成春节、清明节、劳动节、端午节、国庆节、读书周、公开课、甲骨文、社会主义核心价值观和十九大等活动宣传展示。

全年更新展览讲座 41 批次、新闻通告 27 批次、少儿活动预告 11 批次、典籍博物馆展讯 31 批次、国图艺术中心海报 8 批次；节目内容更新 1300 余次。

（八）运行管理平台

2018 年初，为带动全国公共图书馆开展推广工程大数据整合，启动推广工程运行管理平台升级项目，采集全国范围内省、市、县公共图书馆业务、服务和保障等方面的数据，进行组织分析并提供可视化展示和调用服务。该平台已完成推广工程总站建设，客观地反映推广工程建设与服务的成果；同时收集国家图书馆以及全国 2900 多家省、市、县级公共图书馆的统计数据，从而反映在推广工程带动下全国范围内各级公共图书馆数字图书馆的建设现状。

未来该平台将在有特色、有条件的公共图书馆进行复用，建立不同的省级分站，收集地方图书馆个性化、特色化的实时数据，形成一个超大、全面的数据池，在此基础上可以进行大数据整理和分析，从而准确实时了解我国各地区、各层次公共图书馆线上线下的发展现状，全面反映图书馆行业的发展历史和发展趋势，为优化公共图书馆服务布局、提高公共图书馆的服务效能、提升公共图书馆服务水平、助力新时代的精准公共文化服务体系建设提供数据支持和决策依据。

（九）国图公开课网络直播平台

2018 年，持续推进“国图公开课”直播平台服务工作，全年共完成直播 48 场。其中：国家图书馆 12 场，安徽省图书馆、宁夏图书馆、上海图书馆、天津图书馆、河北省图书馆各 1 场，吉林省图书馆、江西省图书馆、山东省图书馆、陕西省图书馆、重庆图书馆、广西桂林图书馆各 2 场，河南省图书馆、湖南图书馆各 3 场，海南省图书馆、黑龙江省图书馆各 4 场，广西壮族自治区图书馆 5 场。

（十）移动阅读平台

为进一步加强国家图书馆新媒体服务能力，扩大移动阅读覆盖范围，推动公共文化服务均等化，信息技术部以移动阅读平台为依托开展移动阅读应用程序建设。通过移动阅读资源离线阅读功能，为国家图书馆落实文化精准扶贫，提高边远贫困地区、民族地区、革命老区文化服务水平，提供技术及资源支撑。2018 年，加入移动阅读平台建设的公共图书馆增加 81 家，累计达到 403 家。

数字文化帮扶平台

（十一）国家数字图书馆 APP

为提高国家图书馆服务质量，让读者感受高效、便捷的国家图书馆服务，国家图书馆将智能化技术与国家图书馆服务结合，继续对国家数字图书馆 APP 进行升级改版，全年在苹果商店和安卓商店各更新版本 3 次，实现与读者门户联动的扫码登录功能及与门禁感应系统联动的读者卡二维码功能；与手机门户同步更新新闻、公告、讲座预告。

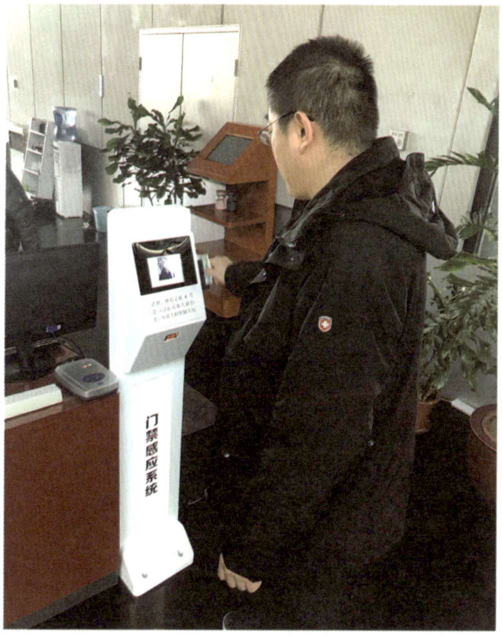

国家数字图书馆 APP 与门禁感应系统联动

（十二）文献数字化中心

2018 年，文献数字化中心进入运营阶段。根据业务需求对文献数字化中心整体情况进行梳理，完成场地踏勘、设备设施统计核查等工作，优化调整中心空间布局，划分工作示范区、业务加工区、设备存储区三个功能区域，并完成相应的设备设施搬迁安装，完成文献数字化中心网络端口配置及电力增容工作，组织并协调 4 家公司的驻场加工工作。强化制度建设，制定文献数字化中心安全管理规定，明确安全责任，监管驻场公司开展业务加工。“馆藏音像资料数字化”“中文图书数字化”“少儿图书数字化”“博士论文数字化”等多个项目在文献数字化中心开展加工，同时中心还承接“人大图书数字化”“红色文献展览数字化”“文化行业标准数字化”等多项数字化加工工作。强化日常运维管理，组织完成大型扫描设备以及常用扫描设备的日常维护保养及故障排除工作，建立完备的设备使用及维护保养记录，及时解决设备突发故障与加工流程运行不畅等问题，严格执行加工规范，协调加班报备工作。全年共接待 12 批 170 余人次国际、国内同业人士参观访问。

（十三）版权信息管理系统

2018 年，国家图书馆启动版权信息管理系统升级改造，加强版权跟踪等功能，为继续丰富馆藏资源版权信息数据奠定基础。

（十四）信息化建设项目验收

全年完成“基于政府公开信息的开放数据平台实验系统”“中央政法委数字图书服务平台”“实体资源馆藏管理与服务平台项目”“民国文献缩微胶片目次数据管理系统”“部级领导干部历史文化讲座音像出版软件”“数字图书馆推广工程政府公开信息整合服务平台升级项目”“移动服务资源综合管理平台”“特殊群体帮教阅读平台”“领导人论人大数据库”“日本战争罪行史料专题服务平台项目”“关联数据注册与服务平台项目”“数字图书馆推广工程网络资源保存与服务系统”“中国记忆项目口述史采访应用程序”“电子签章系统”“文津搜索系统优化项目”“制作新版‘两会’服务平台项目”16 个信息化项目的验收工作。在验收过程中，实施规范化管理，严格审核验收材料，并对相关文档进行收集、整理和保存。此外，为了对馆内信息化项目实现规范化管理，对馆内信息化项目验收现状进行梳理，起草“国家图书馆信息化项目验收工作流程”。

四、数字图书馆服务

（一）互联网服务

1. 读者门户

读者门户系统作为国家图书馆数字资源服务的主要阵地，为读者提供180余个外购数据库和自建资源数据库的检索、阅读服务。继续加强读者门户系统的管理，与新版统一用户管理系统进行对接，实现手机快速注册、QQ第三方登录等功能，进一步提升服务质量。

2. 发布与服务

国家图书馆数字资源发布与服务系统为读者提供包括中文图书、博士论文、民国专栏、古籍特藏、音视频、中国学、海外资源、革命历史文献、征集资源库在内的近50个专题库的馆藏特色资源库，资源总量约35TB。该系统集成读者门户、特色资源门户、统一检索等多项功能为一体，推出资源排行榜、基于读者行为的智能化推荐/检索、我的数字图书馆和基于flex技术的全文阅读与媒体播放等应用，不但在浏览器端实现防打印、防拷贝，增强了安全性，而且为读者提供了翻页流畅、随意缩放、任意跳转等较好的阅览感受。

（二）新媒体服务

1.“掌上国图”微信公众号

“掌上国图”微信服务是国家图书馆拓展移动服务形式的新尝试，通过自定义菜单的形式，将移动服务业务整合在“掌上国图”微信服务公众号内，方便读者获取和使用；通过图文消息推送的形式，将国家图书馆的优质移动资源定期推送给读者，提升移动服务的能力和范围。“掌上国图”微信公众号2018年新增关注人数12271人。

国家图书馆微信公众平台全年正常运行，完成2018年平台年审工作。官方微信平台用户数达29万余人，其中活跃用户12万人，官方微信读者卡绑定人数达2.6万人。

2.“国家图书馆服务号”微信公众号

“国家图书馆服务号”以切实服务读者为宗旨，致力于打造专业化、创新化的移动服务平台。通过自定义菜单的形式，为读者展示国家图书馆通知公告、讲座预告等最新资讯；通过“书目查询”功能可在公共馆藏目录检索系统中检索书籍，并显示查询结果和架位信息。“国家图书馆服务号”支持绑定实体读者卡，读者在服务号内绑定实体读者卡后将自动生成二维码虚拟读者卡，通过虚拟读者卡，读者无须携带实体卡或身份证，就可以在馆区内实现扫码入馆等服务。同时，服务号支持微信卡包服务，读者可将二维码虚拟读者卡添加至微信卡包，点击微信卡包内的虚拟卡可以直接使用。读者在服务号内绑定实体读者卡后通过“读者服务”内“我的借阅”功能可查看读者个人的在借信息、历史借阅信息、预约信息，并提供续借功能。此外，在服务号内绑定实体读者卡后可以实现一键登录移动阅读平台等系统。

3. 短彩信服务

短彩信平台是国家图书馆重要的服务支撑系统，协助馆内各部门完成各种活动的短信通知及公众信息推送工作。2018 年全年共发送短信 1864552 条，同比增长 7%，其中向公众发送“文津经典诵读”短信 1356706 条，同比增长 14%。

4. 移动阅读平台专题

移动阅读平台定位于移动阅读，集合国家图书馆总站和全国各地图书馆分站的优质特色数字资源，为用户免费提供随时、随地、随身的阅读。移动阅读平台专题按照馆内重要活动的安排和社会热点话题共同讨论专题主题，进行信息筛选，在移动阅读平台版权有效期内挑选图书，深度挖掘馆藏资源并制作专题。全年制作完成“中外文明的瑰宝——戏剧”“从阅读开始——让书香伴我们成长”“天宫一号：完美谢幕　辉煌永驻”“科技创新　强国富民”“传承民俗文化　感受传统魅力”“红色记忆　爱我中华”“重温经典——庆祝改革开放 40 周年特辑”“向改革先锋致敬”等 28 个专题。

（三）国家数字图书馆体验区

2018 年，国家数字图书馆体验区（以下简称“体验区”）加强对体验区大厅设备和三个机房的安全管理，发现并解决安全隐患 8 次。对体验区所有软硬件设备情况进行梳理，针对体验区目前设备老化和故障多发情况，优化运维管理机制，建立区域负责制。响应并处理解决相关软硬件运行问题 200 余次，其中更换或维修展墙展板、地面灯、墙面灯、警戒线、投影、触摸屏、透明屏、VR 服务器、光影流苏雷达、键盘鼠标、耳机等硬件 26 次。

体验区日均接待读者 2600 余人次，最高日接待量 10721 人次。接待上级领导、图书馆业界及社会公众到体验区参观，完成个人与团体参观接待准备及讲解工作 27 次，如接待国务院副总理孙春兰到馆调研，接待财政部工作组、中共中央办公厅秘书局到馆调研，接待伊春市人大 / 政协工作组、宜春市文化广电新闻出版局代表团、县级数字图书馆建设培训班到馆参观学习，接待日本前首相细川护熙一行到馆参观等。

开展体验区主题活动。围绕“宣传数字图书馆在实现中华优秀传统文化传承中的重要作用”主题，在体验区策划“读书 · 最好的时代”“文化自信　赏古阅今”等重大活动，将传统文化与新兴科技相结合，向读者推介国家图书馆馆藏文献、特色资源库和服务。

通过对新技术展示手段如 AR 技术、VR 技术、光影技术、全息投影互动技术、大屏联动技术的多方面应用，完成 2018 年展项更新。为提升“印象数图”数字图书馆体验区推广工程区域建设成果展示的内容承载力和数据时效性，增强该展示区域的科技感和互动感，开展国家数字图书馆体验区推广工程展项设计与优化工作。

（四）读者咨询服务

国家数字图书馆通过多种渠道为读者提供咨询和意见反馈等服务。

读者门户系统通过线上体验反馈和咨询台电话转接等服务模式，为读者解答疑问。全年回复与自建数字资源服务相关的邮件193封，与用户注册、登录相关的邮件376封，转发给其他部门处理的关于外购资源库使用相关的邮件332封，合计邮件数901封。在及时、完整地回复读者邮件疑问的同时，也注重读者意见的采纳与应用，已经在发布与服务系统中逐步进行修改和完善。

统一用户管理系统通过邮件回复和电话为读者解答疑问。全年回复读者邮件457封、读者电话近500个。

国家图书馆为读者提供手机门户、国家数字图书馆APP、移动阅读平台及官方微信公众号4个移动端意见反馈的渠道。全年回复解决各类读者意见和问题2026条，提升读者使用体验。

（五）数字图书馆推广工程网络及系统建设与服务

1. 推广工程网络体系建设

截至2018年，国家图书馆已完成与38个省级图书馆和计划单列市图书馆的专网直连及与54家省市图书馆的虚拟网直连。协助解决各地方馆专网、虚拟网连接故障，监控数字图书馆专网和虚拟网，处理各网络结点出现的网络故障，协助广西等多家地方馆完成专网线路迁移。努力解决公共文化服务“最后一公里”的问题，加大力度开展面向县级图书馆的基层互联互通，实现27个省市自治区145家基层图书馆连入数字图书馆网络体系，平均带宽10M以上。

2. 资源联合建设唯一标识符项目验收

2018年，唯一标识符系统注册机构达到42家，实现全国省级/副省级图书馆的全覆盖。为地方馆用户提供技术支持和系统培训，解答数据注册、审核、解析等各类技术问题咨询40余次。进行资源联合建设唯一标识符项目的验收工作，完成厦门市馆、湖北省馆、许昌市馆等13家图书馆提交的14个批次数据质检。

3. 唯一标识符聚类升级改造

2018年，升级改造唯一标识符系统的聚类功能，对现有唯一标识符数据进行聚类处理，完成国家图书馆100万余条数据和地方馆4万余条数据的聚类处理，实现60万余条数据的聚类。设计数据关联规则，进行统一规范整理，以解决唯一标识符数据的离散化带来的服务不完整性。通过聚类分析，未来可以为文津搜索系统、发布与服务系统以及大数据分析平台等提供数据支撑，进而较好地实现资源推荐，便于读者使用。

4. 数字资源云发布系统建设

完成数字资源云发布系统需求调研，开发资源管理、发布管理、权限管理、日志监控等后台功能程序，实现各类数据样本实例采集、数据发布流程设计和实验、WebPDF的接口对接等；按照服务器的配置要求，完成14台服务器的系统安装，调通机房服务器放置机柜的网络配置；完成32TB数字资源的数据迁移工作；完成前台展示页面的设计。

5. 数字资源云门户系统建设

数字资源云门户系统通过前期需求调研，完成两版首页面的设计。

6. 技术服务

负责解决各地方图书馆专网、虚拟网连接故障问题以及基层网络搭建、统一用户升级部署、大数据整合、基层图书馆互联互通、运行管理平台升级、唯一标识符等问题，及时为各省馆省域内专网建设规划提供技术支持，全年共答复电话、邮件等形式的咨询1012件。

（六）社会化合作项目

为响应文化和旅游部公共服务司"要进一步拓宽社会力量参与公共文化建设的渠道，以数字文化建设为突破口，大幅提升公共文化服务效能，促进公共文化事业发展"的要求，国家图书馆联合文化和旅游部全国公共文化发展中心共同打造的"文旅之声"账号在经过前期充分调研、明确建设方案后，于2018年12月28日在喜马拉雅平台正式上线，为公众提供音频资源服务。在"文旅之声"账号上线初期，国家图书馆提供"每天一首古诗词""如果典籍会说话·散文篇""如果典籍会说话·史学篇""国图大师课"4个音频专辑的资源更新服务。

五、信息安全建设

2018年，面对严峻的网络安全形势，国家图书馆采用多种措施和技术手段，加强网络安全工作，拦截互联网攻击713万次，消除108台服务器的高危漏洞；加强在重要时间点和重大网络安全事件中的安全防护力度并增加防护措施，确保在春节、"两会"、博鳌亚洲论坛等重要活动期间零事件发生；提升网络安全应急响应能力，有效应对DHCP客户端命令执行漏洞、Apache Struts2-057漏洞以及挖矿蠕虫传播对信息系统的危害；开展网络安全技能培训，整体提高网络安全防护能力。

开展计算机网络和网络安全检查，采用现场访谈、远程测试等多种手段，对全馆37个部处及馆属企业网络安全进行摸底检查并督促整改，进一步做好国家图书馆计算机网络管理和网络安全管理工作。

开展信息系统等级保护定级工作，这既是国家图书馆严格执行《中华人民共和国网络安全法》的具体措施，也对进一步明确国家图书馆各个信息系统的网络安全责任、加强信息系统的安全保护和监督管理、提高信息系统的信息安全防护能力具有重要作用。2018年，国家图书馆完成信息系统定级工作，共有5个信息系统定为二级，其余信息系统定为一级。

从网络、网络安全两方面入手，守好意识形态领域阵地，坚决维护意识形态领域安全。做好馆藏文献意识形态筛查和数据处理，及时屏蔽各类敏感问题文献，确保正确政治方向。

开展网络安全检查

年度掠影

【开展国家图书馆数字资源保存管理调研】

为进一步做好国家图书馆数字资源保存管理工作，于2018年开展数字资源保存管理调研，撰写《国家图书馆数字资源保存管理调研分析报告》。该报告在全面梳理和分析国家图书馆数字资源保存现状的基础上，对各类存储介质及技术路线优缺点、国内图书馆界及相关机构数字资源保存情况进行广泛的调研分析，提出对国家图书馆数字资源保存管理工作的相关建议，为全面进一步提高国家图书馆数字资源保存管理的科学性、有效性，确保数字资源安全，并为国家文献战略储备库的建设提供参考。

【加强自建数字资源建设增效管理】

2018年，着力优化自建数字资源建设流程，设计并推动在全馆范围内实施覆盖全流程的14项规范性管理文档，切实增强数字资源管理与应用的规范化及可控性。夯实建设基础，实现规范工作前置，强化项目数据加工规范的完整性、一致性与协调性，重点改进以往无规范或规范不完善的项目，制定与完善全馆47个自建项目数据加工规范，同比递增283%，有效提升项目数据质量。不断改善项目管理手段，对民国时期报纸缩微胶片数字化等项目新增加工方数据质检工序要求，引入样本质检、阶段性抽检、分散质检等质量检查方式，及时发现问题并校正数据。全年共开展57项自建数字资源质检工作，同比递增约90%，新增入库各类型自建资源约14万种（条）。

【全面整理自建数字资源典藏】

开展自建数字资源典藏的全面整理工作，2018年完成开展自建数字资源建设以来的各项资源建设、服务和保存情况的盘点、核查以及深度分析。主要开展3方面工作：一是核查和整理12大类286万余条数字资源元数据，按项目形成序时管理与分类管理元数据清单，对6400余万条条目信息内容进行筛查，完成敏感信息元数据集中管理，形成《自建数字资源元数据整理报告》；二是完成自建数字资源典藏整理，针对82项129.90万种1378.21TB自建数字资源的存藏情况开展详尽分析，明确历年来的建设成果并查找现存问题，形成《数字化资源存藏情况调研报告》；三是完成自建数字资源临时存储库房架位和馆藏核查，共计清点和整理902个架位及64万张光盘，绘制架位图，并制作数字资源馆藏陈列明细清单。

【开展版权宣传与新技术研究，有效提升数字资源服务版权管理】

2018年，国家图书馆积极开展版权政策及版权管理宣传，赴河南省、山西省为推广工程馆员研修班讲授“图书馆数字资源建设中的版权管理”，面向山西省县级以上图书馆进行视频直播；维护国家图书馆网站数字资源征集网页，收集并更新版权动态信息，编发内部刊物《数字版权传真》；答复版权捐赠咨询120余次，接受4种图书版权捐赠。加强图书馆知识产权相关理论及前沿技术研究，完成《基于区块链的知识产权应用研究》《国内外版权管理系统概况》等调研报告，推进图书版权侵权调研及案例搜集。为“数字图书馆推广工程2018年新媒体资源建设讲坛精品化”改造、接受中共江苏省委党史工作办公室影音资源捐赠、“文津图书奖”栏目电子图书阅览服务、清代至民国契约文书数字化服务等提供版权咨询或版权支持；配合国际交流项目，为新加坡国家图书馆管理局遴选247种数字资源。

重点文化工程及项目

- 中华古籍保护计划
- 革命文献与民国时期文献保护计划
- 数字图书馆推广工程
- 《中华传统文化百部经典》编纂项目
- 《鲁迅手稿全集》编辑出版项目
- 国家传统文化典籍整理工程
- 年度掠影

重点文化工程及项目

一、中华古籍保护计划

2018 年，国家古籍保护中心以习近平新时代中国特色社会主义思想为指导，深入贯彻落实党的十九大精神，按照《“十三五”时期全国古籍保护规划》要求，结合全国古籍保护工作实际，有序推进各项工作。

（一）推进“十三五”古籍保护工作规划落实

4 月 26 日，组织召开 2018 年全国省级古籍保护中心工作会议。文化和旅游部公共文化司副司长陈彬斌参会并讲话，要求以《“十三五”时期全国古籍保护工作规划》为时间表、路线图推动古籍保护事业发展。国家古籍保护中心副主任张志清部署 2018 年全国古籍保护重点工作。云南、江苏、广州等省古籍保护中心负责人做专题经验交流发言。

文化和旅游部公共文化司副司长陈彬斌在 2018 年全国省级古籍保护中心工作会议上讲话

根据上级领导要求，完成中华古籍保护计划实施进展情况的有关材料和报告。包括：2018 年“两会”期间为人大代表提供北京、山西等省市古籍保护进展情况；配合文化和旅游部及中宣部提交有关国家古籍保护工程、中华古籍保护计划“十三五”中期考核相关情况报告。

（二）全国古籍普查登记工作

截至 12 月底，全国古籍普查工作全年完成 10 万条，累计完成 260 余万条 14500 函（含部分少数民族古籍数据、个别省份上报数据含民国数据），占预计总量的 80% 以上，24 个省份基本完成普查；全年新增 130 家古籍收藏单位完成古籍普查登记工作，累计完成 2315 家，占预计总量的 78%以上。2018 年，“全国古籍普查登记基本数据库”发布 29 家单位数据 122425 条 1160700 册 / 件，累计发布 169 家单位数据 672467 条 6541261 册 / 件，并在微信公众平台发布。全年出版《全国古籍普查登记目录》19 部 22 册，收录 65 家单位 114397 条目录，累计出版 68 部 111 册，收录 225 家单位 779220 条目录（待更新出版目录数量）。2018—2020 年“中华历代古籍书目数据库”建设项目招标工作加工约 10 万条（含子目）。11 月 12 日，在天津图书馆举办《中华古籍总目·分省卷》编纂研修班，各省业务骨干参与培训。

开展第六批《国家珍贵古籍名录》和“全国古籍重点保护单位”申报工作。1月，开展《国家珍贵古籍名录》、“全国古籍重点保护单位”和省级名录调研摸底，全国20个省（区、市）（以下简称“省”）建立《省级珍贵古籍名录》，收录古籍24790部，19个省命名243家“省级古籍重点保护单位”。5月，正式开展第六批《国家珍贵古籍名录》和“全国古籍重点保护单位”申报工作，全国共有31个省253家收藏单位和个人申报名录，并按类整理完毕；16个省27家单位申报“全国古籍重点保护单位”。7—8月，组织专家分10条路线进行现场考察。

（三）古籍保护人才培养工作

加强“国家古籍保护人才培训基地”建设。全年举办各类培训班24期，培训学员851人次，累计举办培训班199期，培训学员9737人次。以培训带动古籍修复和普查审校工作，完成一批普查目录审校和一批馆藏珍贵古籍、拓片、民族古籍的修复工作。

推动古籍修复技艺传习工作。新设北京师范大学、孔子博物馆2家传习所；江苏传习所新增南京图书馆1家单位，新收徒16人。截至12月底，国家级古籍修复技艺传习中心全国附设25家传习所，传习导师19位，收徒223人。国家图书馆、山西、山东、云南等传习所通过修复项目带动技艺传承，完成一批珍贵古籍的修复。

国家图书馆副馆长张志清和北京师范大学校长助理何伟全为国家级古籍修复技艺传习中心北京师范大学传习所揭牌

推动古籍保护学科体系建设，联合高校做好古籍保护专业硕士培养工作。截至12月底，中国社科院研究生院、中山大学、复旦大学、天津师范大学等总计招收古籍保护专业硕士126人，其中2018年新增31人；支持天津师范大学成立古籍保护研究院；9月13日，在中山大学召开第三届古籍保护学科建设研讨会。与南京艺术学院、辽宁大学、沈阳师范大学合作开展古籍保护专业讲座。

协助中国古籍保护协会举办“中华古籍保护志愿服务行动”。在辽宁、山西、上海、安徽、江西、山东、湖北、四川、云南、西藏等10个省（区、市）以及中国科学院自然史科学研究所、中央民族大学2个在京中央单位和高等院校，帮助整理、编目古籍约25万册/件（含少量民国时期编印古籍及200余函藏文古籍）。

（四）古籍数字化建设

继续开展馆藏善本缩微胶片数字化。完成2017—2018年善本缩微胶片数字化项目数据加工

930 种 7435 册 435720 页；完成 2018—2019 年善本缩微胶片数字化项目扫描 120 卷，接收前整理数据 79324 页。

推进馆藏普通古籍和少数民族文字古籍数字化工作。开展 2016 年度馆藏普通古籍数字化项目验收工作，启动 2018 年度普通古籍数字化项目；累计完成 2017 年度馆藏少数民族文字古籍数字化图像扫描 19 万拍。

征集馆外古籍数字资源，启动古籍再生性保护项目。古籍再生性保护项目成为实现影印出版和数字化有效结合的重要手段；开展哈佛燕京图书馆所赠古籍数字资源加工验收和日本永青文库捐赠汉籍数字化项目；推动购买河南石刻拓片数字资源，这是田野石刻文献抢救保护的重要成果。

推动古籍数字资源发布共享工作。3 月 5 日，海外中华古籍回归重大成果——法藏敦煌遗书 5300 号数字资源正式发布；9 月 28 日，举办全国性联合发布活动，全国 15 家图书馆共同在线发布古籍数字资源 1 万余部，“中华古籍资源库”发布古籍总量超过 2.8 万部（参见“特别记载”之“国家图书馆联合 14 家单位在线发布古籍数字资源”）。

（五）古籍影印再造与保护研究工作

推进《国学基本典籍丛刊》编纂出版工作，全年出版 35 种 175 册，累计出版 63 种 313 册。继续开展《中国珍贵典籍史话丛书》和《国家珍贵古籍名录》题跋整理项目，其中：《中国珍贵典籍史话丛书》出版《福建舆图》《孙子兵法》2 种，累计出版 20 种；《国家珍贵古籍名录》题跋整理项目辑录第四批名录 980 条、第五批名录 553 条，累计辑录约 3500 条。《书志》第二辑收稿 17 篇 32 万余字，并交稿出版社。《书目题跋丛书》第一辑 9 册完成收稿，5 种年内付印；第二辑收稿 4 种。《孔子博物馆藏孔府档案汇编·明代卷》正式出版。

配合文化和旅游部推进《中华医藏》项目，与国家中医药管理局多次沟通，配合成立《中华医藏》实施工作协调组与提要编纂专家工作组，稳步推进出版洽商工作。

配合文化和旅游部推进《中华续道藏》项目，参加项目讨论并参与修订编撰方案。12 月 20 日，中国道教协会在北京举行《中华续道藏》启动仪式。

（六）海外中华古籍调查与合作保护工作

在文化和旅游部指导下，6 月 26 日，日本永青文库捐赠汉籍 4175 册入藏中国国家图书馆，书写新时代中日友好交往新的佳话（参见“特别记载”之“日本永青文库捐赠汉籍入藏中国国家图书馆”）。

继续推进海外中华古籍书目数据库建设，完成 2018—2020 年度建设项目招标工作，加工数据约 17.6 万条（含子目），累计加工数据 72.6 万条（含子目）。推进“日本藏中国古籍总目”项目，完成“韩国藏中国古籍总目”项目的招标签约工作，积极筹备《北美善本联合目录》项目。

继续开展海外藏《永乐大典》等珍贵文献数字化出版工作，与日本京都大学等存藏机构签约，获取高清数字版本，截至 12 月底，累积出版海外藏《永乐大典》57 册。继续开展《海外中华古籍珍本丛刊》《海外中华古籍书志书目丛刊》项目，出版《哈佛燕京图书馆藏古籍珍本丛刊·史部》。

配合文化和旅游部做好山东大学“全球汉籍合璧工程”的规划、立项、推进和协调等工作。落实国家古籍保护中心相关职责，配合文化和旅游部，于7月18日组织专家评估组召开实施方案评估会，共同推进海外中华古籍调查与回归；12月11日，文化和旅游部、教育部联合发函，正式将“全球汉籍合璧工程”作为国家重点文化工程列入中华古籍保护计划，通过《“全球汉籍合璧工程”实施方案》。

（七）少数民族文字古籍保护工作

贯彻落实中央领导批示精神，开展藏文古籍保护调研，分别召开藏文古籍保护专家研讨会和工作调研会，起草《藏文古籍保护专项实施方案》。推进和指导新疆、西藏、云南、贵州等少数民族地区开展古籍普查和古籍数字化工作。与中国古籍保护协会合作，组织志愿者赴西藏开展古籍普查登记工作；选派民族地区学员参加各类培训班；积极宣传党和政府的宗教文化政策，带动新疆吐鲁番博物馆在“文化和自然遗产日”期间开展“古籍修复技艺进校园”系列活动。全年在新疆、云南等地举办少数民族古籍修复培训班4期。水文古籍书影采集项目正式结项，采集书影99895张1.42TB。

藏文古籍保护工作调研会在云南昆明召开

（八）古籍保护法律法规和标准规范建设工作

在《中华人民共和国公共图书馆法》框架下，按照文化和旅游部要求继续做好《古籍保护条例》的立法调研、资料收集等工作。加强古籍保护相关制度建设，修订并完善国家珍贵古籍、全国古籍重点保护单位、国家级古籍修复中心、中华优秀传统文化实践基地、国家级古籍修复技艺传习所、国家古籍保护人才培训基地等管理办法。国家标准《少数民族文字古籍定级标准》（GB/T 36748—2018）正式发布。

（九）古籍修复和原生性保护工作

5月18日在山西举办山西省国家级珍贵古籍修复项目成果展，9月2日在云南举办“册府千华——纳格拉洞藏经修复成果展”，标志着山西21件珍贵佛经和云南香格里拉纳格拉洞2285页藏经修复成果正式公布。5月18日，在山西太原召开古籍修复工作研讨会，业界围绕古籍修复项目开展和人才培养等问题进行研讨。国家图书馆“天禄琳琅”专项修复项目全年完成修复50册，累计修复192册。

开展古籍修复和科研项目摸底工作，累计收到各地申报项目85项，8月23日召开古籍整理研究项目专家评审会。

继续与中国运载火箭技术研究院合作研制古籍保护装备，完成试用装备交接工作；6月29日与浙江大学合作召开微纳等离子体纸张脱酸技术鉴定研讨会；积极推进“古籍保护系列教材”之《水与纸质藏品的清洁修护》的出版工作。

支持古籍馆古籍保护科技文化和旅游部重点实验室建设，配置采样泵、拉力机、纸张柔软度测定仪等实验设备及相关耗材。完成古籍馆舆图柜配置项目结项，为古籍馆配置善本古籍装具1339个、普通古籍函套1602个，民语东巴文献函套100个、金石裱本善拓函套69个。

（十）古籍保护宣传推广工作

全年举办各类专题展览12场，弘扬优秀典籍文化。“册府千华——学习贯彻党的十九大精神系列展”先后在内蒙古、山西、山东、云南、宁夏、浙江、江苏、北京、广西等地举办9场。5月31日，在河北廊坊举办的2018年中国图书馆年会——中国图书馆学会年会·中国图书馆展览会上设立中华古籍保护计划展示体验区。6月26日，举办日本永青文库捐赠汉籍入藏中国国家图书馆展（参见“特别记载”之“日本永青文库捐赠汉籍入藏中国国家图书馆”）。12月19日，举办郑振铎诞辰120周年纪念展等。

国家图书馆馆长饶权与广西壮族自治区文化和旅游厅厅长甘霖共同为“册府千华——广西壮族自治区藏国家珍贵古籍特展”揭幕

全年举办特色讲座27期，提

升文化传播惠民效应。与北京大学《儒藏》编纂与研究中心合作举办儒学讲座5场；与中国科学院自然科学史所合作举办“格致·考工·源流——中国古代重要科技发明创造名家讲座”12场。以讲座为平台，在第十四届公众科学日期间，举办科普展览与指南针制作互动体验。与北京大学历史学系合作举办“稽古·贯通·启新——北京大学中国古代史名家讲座”15场。

举办多场弘扬传统文化活动。春节期间，在国家典籍博物馆举办“新时代 新春联——名家带你写春联”活动；“文化和自然遗产日”期间，号召全国组织开展近50场“古籍修复技艺进校园”活动；10月开始，配合《四库全书》申报世界记忆遗产，在国家图书馆、北京师范大学、首都师范大学等地举办“走近四库全书”系列活动；10月22日，梁启超先生145周年诞辰之际，国家图书馆受赠梁启超铜像；12月底，号召全国开展“书香盈岁月，新桃换旧符”新春推广活动。

河南大学学生在“古籍修复技艺进校园”活动中体验传拓技艺

加大中华优秀传统文化的开发力度，整理出版《书卷多情似故人：“中华古籍保护计划”十周年纪事文集》《赵万里先生纪念文集》《圣贤的足迹 智者的启迪：孔府珍藏文献展图录》《书香联萃》等。

依托传统和新媒体平台，建立古籍保护宣传阵地。截至12月31日，与《藏书报》合作刊发《古籍保护专刊》25期100版，《人民日报》《光明日报》《中国文化报》等传统媒体多次刊发专版报道；“国家古籍保护中心”微信公众号2018年发布图文信息350篇，比上年增长45.8%，累计发布图文信息近600篇；新增关注用户5000余人，比上年增长45.5%，累计关注用户近18000人。在“书卷为媒 友谊长青——日本永青文库捐赠汉籍入藏中国国家图书馆展”展览期间，在微信公众号中推出语音导览，使公众可在线“听”展，受到各界广泛好评。依托光明网等新媒体平台直播各项宣传活动20余次，累计观看百万次以上。

推进“中华优秀传统文化实践基地”建设。9月16日，绍兴图书馆、绍兴鲁迅纪念馆、绍兴博物馆、绍兴市第一中学等4家单位授牌“中华优秀传统文化实践基地”，授牌单位已累计9家；10月16日，在山东尼山书院举办第三期中华优秀传统文化培训班。

设立中华古籍保护计划成果整理项目。配合国家图书馆完成天竺库房的搬迁工作，基本完成200余箱古籍保护相关资料成果和百万余张古籍修复用纸的分类、整理和上架工作，启动“中华古籍保护成果库”建设。

二、革命文献与民国时期文献保护计划

2018年是实施“十三五”规划的重要一年，民国时期文献保护工作办公室认真学习习近平新时代中国特色社会主义思想和党的十九大精神，切实增强政治意识、大局意识、核心意识、看齐意识，提高政治敏锐性和鉴别力，在大局下思考，在大局下行动，坚定道路自信、制度自信、理论自信、文化自信，坚决维护习近平主席在党中央的核心地位，坚决维护党中央集中统一领导，自觉与党中央在思想上政治上行动上保持高度一致，落实意识形态工作责任制，围绕全馆重点工作，认真履行革命文献与民国时期文献保护工作职责，各项工作有序推进。

（一）做好统筹规划

按照《中华人民共和国国民经济和社会发展第十三个五年规划纲要》《国家“十三五”时期文化发展改革规划纲要》《文化部“十三五”时期文化发展改革规划》《国家图书馆“十三五”规划纲要》相关部署，在扎实调查研究和广泛征求意见基础上，结合国家图书馆2018年工作要点，制订《2018年民国时期文献保护工作方案》与年度预算计划，做好项目规划，推进各项工作稳妥实施。

（二）加强与业界交流合作

3月29日，民国时期文献保护工作座谈会在国家图书馆举行。会议旨在进一步加强与国内各级各类革命文献与民国时期文献收藏机构的沟通及交流，并就《民国时期连续出版物普查数据标准（征求意见稿）》和《图书馆民国时期文献书库建设标准（征求意见稿）》等业务标准征求业界意见。会议由国家图书馆常务副馆长陈力主持，来自全国省级图书馆的代表，部分档案馆、高校以及研究机构的专家学者近50人参加会议。此次会议进一步明确“十三五”期间革命文献与民国时期文献保护工作思路和工作重点，总结交流了近年来各项工作的主要进展和工作经验，群策群力共同推进革命文献与民国时期文献保护各项工作顺利开展，对于推动文献保护工作向更高水平发展具有重要意义。

民国时期文献保护工作座谈会

（三）深入开展文献普查

文献普查是开展文献保护和文献整理出版的基础性工作，以馆藏核查为抓手，促进各收藏单位对革命文献与民国时期文献的整理编目工作，从而有针对性地进行文献保护、整理和利用，方便社会各界使用。2018年，完成宁夏回族自治区图书馆、内蒙古自治区图书馆、西南大学图书馆、辽东学院图书馆、重庆北碚图书馆、云南大理白族自治州图书馆6家普查成员馆合作协议签署和书目数据联机上载培训工作，不断拓展普查单位范围。完成《民国时期连续出版物普查著录标准》论证评估，启动民国时期连续出版物普查工作，进一步拓展普查文献类型和收藏范围。筛选革命历史文献书目数据约3000条。完成16家连续出版物普查试点申报单位的数据质量评估。完成馆藏民国时期期刊书目数据和馆藏数据1万余条的整理与质检工作。截至2018年底，“民国时期文献联合目录”系统已收录28家革命文献与民国时期文献普查成员馆的民国时期图书书目数据31万条、馆藏数据60余万条，其中2万余条书目包含目次与全文。

（四）推进《民国时期图书总目》编纂

为及时将民国时期图书普查工作的阶段性成果尽快提供各界使用，国家图书馆于2015年2月启动《民国时期图书总目》的编撰工作。为推动工作扎实有序进行，民国时期文献保护工作办公室多次组织召开工作研讨会、业务交流会和专家咨询会，在充分考虑各方意见和可行性基础上确定出版标准，推动工作标准化、规范化实施。《民国时期图书总目》共设18个分卷，第一卷《民国时期图书总目・哲学》于2018年6月面世，并在上海召开的“回眸与展望：2018民国时期文献整理与研究国际研讨会”上首发。该书共收录图书4830种，涉及馆藏单位49家。其他各卷编纂出版工作正在有序推进。此次出版的总目在收藏单位的代表性、书目数据的完整性、著录内容的准确性等方面和以往同类型目录相比都有较大提升，为进一步开展相关研究提供重要文献保障。

（五）继续开展海外文献征集

不断拓展国内外革命文献与民国时期文献征集范围，分专题、分步骤挖掘文献，积极开展海外重要文献征集工作，服务学界研究利用。完成《国家图书馆海外民国时期文献数字化项目数据加工及质检工作要求（2018年）》修订工作。在扎实调研基础上，制定2018年度海外民国时期文献征集工作方案，并从美国国家档案馆征集抗战时期涉华军事档案以及外国政府对华调查档案数字化副本2.5万页，填补国内一手资料空白，为学术研究与交流提供文献保障。

（六）推进民国时期文献整理

依据文献的资料类型、濒危状况、珍稀程度和社会需求，有计划、分步骤、成规模地整理革命文献与民国时期文献。在既有6大文献整理系列基础上，进一步整合专题资源，加强选题策划，重点调研革命历史文献、近代日本对华调查文献、地方小报文献等专题文献的存藏与整理情况，新增民国时期小报系列、“满铁”对华调查资料丛编系列两大系列，不断提升文献使用与服务价值。在全国范围内组织2018年文献整理项目申报工作，召开民国时期文献整理出版项目专家评审会，本着公开、公平、公正的原则，对30家单位申报的51个项目逐一进行评审、遴选，挑出符合要求的优秀申报项目，确定立项37项。全年共完成整理出版15项，出版图书1639册，累计立项200项，完成95项，出版图书6232册。文献内容涉及民国时期政治、经济、文化、教育等多个领域，语言涉及中、英、日、德、俄等语种，汇集了图书、档案、期刊等多种载体文献。推出的专题文献、目录整理以及独家档案资料，在一定程度上满足科研单位、社会公众对民国时期文献的需求，民国时期文献保护和整理工作得到不断加强。

（七）开展文献数字化和专题数据库建设

启动2018—2019年民国时期图书缩微胶片数字化加工工作。2018—2019年民国图书缩微胶片数字化加工项目完成民国图书扫描和接收180万页，民国图书前整理180万页，民国图书质检40万页。按照馆内数字资源发布相关要求，该项目数字化成品全部上传至国家图书馆“民国图书”专题资源库免费向公众开放，极大提高了馆藏文献利用率和服务效能。

继续贯彻落实“让历史说话，用史实发言”指示精神，充分发挥文献资源在开展爱国主义教育和弘扬社会主义核心价值观方面的独特作用，对征集到馆的专题特色资源进行系统整合、深度揭示、联合发布。完成“日本细菌战资源库”的元数据制作、对象数据加工、提要撰写、史料内容深度标引等数据库建设相关工作，计元数据1411条、对象数据12815页，考据、整理档案高频人名109个、地名73个、机构名145个、疾病名17个，共计专有名词349个，并形成中外对照名称规范词表，以此为依据完成对象数据级名词标引12356项，形成日本细菌战档案、相关报告、基本知识等9个子库。

（八）加强原生性保护工作

继续委托古籍馆实施“民国时期文献脱酸研究与脱酸设备研制”二期项目，获得“一种纸张脱酸剂及其纸张脱酸系统和方法”“一种纸张脱酸液及其制备方法”两项国家发明专利。召开民国时期文献脱酸研究与脱酸设备研制二期项目验收评审会，邀请国家档案局档案科学技术研究所、中山大学、武汉大学、首都图书馆和故宫博物院等多家单位的专家担任评委，项目经专家评审后通过验收。

继续加强对文献的原生性保护工作。起草完成《图书馆民国时期文献书库建设标准》，并在民国时期文献保护工作座谈会上征求意见。委托古籍馆对革命文献与民国时期文献库房进行维修，定制民国时期文献装具，配置原生性保护装具和设备，包括坚固性书籍插套、外缘凸出的百年保存盒、不添加缓冲剂的无酸棉纸等，以改善文献存藏环境，延长文献使用寿命。

（九）宣传推广及人才培养

围绕重大历史题材和国家重要纪念日做好文献展陈及宣传教育工作，充分发挥文献的爱国主义教育价值。牵头组织举办的“不忘初心，砥砺奋进——国家图书馆藏革命历史文献精品展”继续在国家图书馆展出，从文献史料角度重温党走过的近一个世纪的伟大历程，激励后人铭记历史，不忘初心，把握现在，面向未来，继续沿着正确道路砥砺前行。

举办培训和展览，做好人才培养和宣传推广。2018 年，民国时期文献保护计划宣传推广项目分别于 7 月 4—5 日、8 月 29—30 日、10 月 31 日—11 月 1 日在山西太原、山东烟台、福建福州三地举办，共培训来自全国各级各类图书馆民国文献工作的主管领导和业务骨干 400 余人，同时举办民国时期文献保护计划成果展览 3 场，向读者发放《民国时期文献保护计划》手册，进一步扩大革命文献与民国时期文献保护计划的社会影响力。培训着眼于革命文献与民国时期文献保护工作大局，立足于文献的保存与保护，重点对文献著录、编目数据的整理、上传、共享等工作规范进行解读，统一标准，对各地区、各单位进一步摸清各自馆藏革命文献与民国时期文献家底，进而开展文献原生性和再生性保护工作打下良好基础。

2018 年，革命文献与民国时期文献保护计划各项工作得到媒体广泛报道和社会各界关注，收集到与此相关的媒体原发报道 62 篇，其中广电媒体报道 2 篇、平面媒体报道 25 篇、网络媒体报道 34 篇、通讯社发文 1 篇，为进一步开展文献保护工作营造良好氛围。编撰发布《国图简报 · 民国时期文献保护专报》2 期。

三、数字图书馆推广工程

2018 年，数字图书馆推广工程（以下简称“推广工程”）深入学习贯彻党的十九大精神和习近平总书记重要讲话精神，认真落实《公共图书馆法》，紧密围绕《文化部“十三五”时期公共数字文化建设规划》，大力推进公共数字文化工程融合发展，提升公共数字文化服务效能。全年围绕应用系统平台建设、数字资源建设、数字图书馆服务等开展工作。

（一）加强统筹管理，推进公共数字文化工程融合发展

制定并严格执行工程全年整体计划及各项目工作方案。向文化和旅游部及国家图书馆上级部门提供推广工程材料 30 余篇。开展工程建设系统评价，组织全国 32 个省级图书馆开展工程建设自评，形成《关于深入实施文化惠民工程改革的工作方案》推广工程自评报告。

推进公共数字文化工程融合发展。与文化和旅游部全国公共文化发展中心探讨公共数字文化工程融合发展思路，拟定工程各建设内容的 2019 年工作计划，统筹规划 2019 年中央转移支付经费支持的建设任务。

开展经费编报与管理，保障工程建设有序实施。开展国家图书馆本级建设经费编报和执行统计。组织开展 2018 年第二批及 2019 年中央补助地方建设项目经费申报、汇总、评审及测算工作，明确各地建设任务。

开展工程考核，督促各地数字文化建设。组织开展 2018 年推广工程建设协调推进工作，检查和交流各地图书馆推广工程 2017 年度工作完成情况，完成 10 个省（自治区、直辖市）的协调推进工作，并撰写工作报告。

（二）开展数字资源建设，强化公共图书馆数字资源保障

加强联建统筹管理。完成2018年度资源联合建设项目第二批申报、首批项目中期检查与2013—2017年度建设任务清查工作。持续开展联建资源催收与终验，分项目出具年度结项报告，完善联建资料科学存档与管理。强化资源建设业务指导，全面开展针对地方图书馆的业务咨询与技术支持。截至2018年12月，完成资源系统维护升级与部署近40次，建设政府公开信息整合服务平台地方分站40个。在资源联合建设项目的带动下，我国公共图书馆数字资源建设规模日益扩大，累计完成政府信息数据1800万余条、元数据仓储数据68万余条、唯一标识符数据38万余条，采集网站2.57万个，数字化图书719万页、报纸107.7万版、公开课15951节、专题资源20个。

进一步提升普适性数字资源服务利用。新订易趣动画资源库、中版数字有声图书馆、老年课堂、MET全民英语学习资源库（少儿版）等4个商购资源库。续订畅想之星电子书、中文期刊、悦读汇、库客数字音乐、ArtBase中国艺术图片库、世界历史连环画、中邮少儿期刊、援藏期刊等8个商购资源库。截至2018年12月，推广工程通过数字图书馆专用网络，向全国各级公共图书馆提供的资源内容包括16万种中文图书、1.23万种中文期刊、48万张图片、15万首音频音乐、5000个英语微视频、1800集视频、100种工具书、1470种连环画、4000集少儿动画、1600余集少儿绘本、370集少儿手工视频和2800余集有声图书等。借助统一用户管理系统，实现超过80%商购数据库资源的馆外访问。

重点推进推广工程数字资源整合服务。继续开展网络书香资源检索平台二期建设，增加元数据总量，丰富平台功能，为地方图书馆提供模块化部署与分布式管理。加强调研，广泛合作，深入开展网络书香资源检索平台部署。截至2018年12月，共有37家图书馆完成API对接，85家图书馆完成定制站点部署，1家完成网站发布部署，4家完成功能模块部署。

（三）举办品牌服务活动，提升基层群众文化获得感

举办面向全国的“网络书香”线上线下主题活动。春节期间，联合全国700多家公共图书馆开展“网络书香过大年”活动，线上活动访问量超过37万次。“六一”儿童节期间，联合全国437家省、市、县级图书馆共同开展2018年“童音诵古韵·经典有新声”全国少儿诗词在线诵读活动，共收到作品2.1万余首，线上参与量超过145万人次。联合全国省、市、县级图书馆开展图书馆公开课网络直播，全年累计完成39期48场，其中“4·23”世界读书日直播活动吸引126家图书馆参加。在2018年中国图书馆年会——中国图书馆学会年会·中国图书馆展览会上设立数字图书馆推广工程体验区，完成布展、服务等工作，并荣获“优秀参展单位”称号。开展面向湖南、四川、重庆等8地的推广工程建设成果相关内容巡展。

加大贫困地区和特殊群体服务力度。在山西省隰县、江西省兴国县开展元旦、春节期间“文艺小分队下基层”活动。分别在黑龙江省大庆市、甘肃省甘南藏族自治州、广西壮族自治区百色市举办2018年“春雨工程·网络书香”阅读推广活动。开展“网络书香基层图书馆帮扶计划”，组织召开2018年数字图书馆推广工程文化扶贫工作会议，确认2018年帮扶对象为57家基层图书

馆。完成“基层数字图书馆”服务平台改版与资源更新，面向帮扶图书馆推送平台和资源，开展面向东、中、西部地区共3次文化帮扶活动。面向全国开展“基层图书馆数字资源提升活动”，更新4TB资源。与中国图书馆学会合作开展“2018年网络书香·数字图书馆建设与服务宣传推广”项目，完成西藏站、内蒙古站、贵州站3次活动。

国家图书馆“文艺小分队下基层”活动走进江西兴国

多渠道开展媒体宣传。持续开展微信公众号运营，全年累计推送原创文章48期126条，总阅读量超过17万人次，优质用户已达55811人。全年在《中国文化报》刊登专栏1篇，在文化部网站发布专题2个，报送国图简报1期、《国家图书馆通讯》5篇，在国图网站上编发新闻6篇，在推广工程网站上编发各地新闻46篇，新闻报道被10余家主流媒体报道和转载。在《中国文化报》上开设“扫码读书”专栏，推送移动阅读平台资源，全年累计发布53期。

（四）深入开展培训工作，加强数字图书馆人才队伍建设

积极开展人才培训组织工作。截至2018年12月，举办数字图书馆创新服务、县级数字图书馆建设、数字资源建设、少儿阅读推广、系统平台建设、馆员研修、参考咨询服务、数字图书馆服务推广等培训16期，培训约1500人次。开展推广工程网络书香讲坛在线培训6期，在线观看近12万人次。继续推进推广工程教材编撰。加强推广工程培训平台服务与利用。为地方馆开展培训提供国图师资近54人次。

四、《中华传统文化百部经典》编纂项目

2018年，《中华传统文化百部经典》（以下简称“《百部经典》”）编纂项目以党的十九大精神和习近平新时代中国特色社会主义思想为指引，深入学习贯彻落实习近平总书记关于传承和弘扬中华优秀传统文化的重要指示精神，在中宣部、文化和旅游部的支持指导下，继续秉持“激活经典、熔古铸今、立足学术、面向大众”的编纂目标，总结首批图书编纂工作经验，进一步完善工作机制，优化合作方式，紧密团结各方力量，高质量地推进后续图书的编纂工作，同时积极开展多方位的宣传推广工作。

（一）主要工作进展

2018年，《百部经典》编纂项目共召开各类型会议15次，其中编纂委员会会议6次，分主题编纂工作会议3次，书稿审订工作会议4次，书稿编纂研讨工作会议2次；编报工作简报7期，会议纪要9期。全年共收书稿23部，是2017年收到书稿数量的近2倍。2018年底，第二批图书《左传》《墨子》《韩非子》《吕氏春秋》《传习录》5种出版发行。

（二）重要工作会议

1.《百部经典》编纂委员会第十四次会议

3月14日，《百部经典》编纂委员会第十四次会议在国家图书馆召开。《百部经典》编纂委员会主任委员、中央文史研究馆馆长袁行霈，部分编委，《百部经典》编纂工作办公室主任张洁，国家图书馆出版社编辑代表和相关同志参加会议。

会上，张洁代表编纂工作办公室向编委会汇报相关部门、部分顾问、编委、主流媒体和读者对首批图书的反馈情况。袁行霈表示，首批图书虽然得到各方面的好评，但距目标还有差距，还有改进空间，要找差距、提出改进的方法。与会编委就首批图书编纂工作的经验和教训进行总结，并部署后续图书编纂工作。为进一步加强编委会与解读者、审订专家之间的沟通交流，编委会决定召集相近主题的典籍解读者和审订专家召开系列编纂工作会议，对编纂工作中遇到的问题展开讨论，进一步统一编纂思想。

《中华传统文化百部经典》编纂委员会第十四次会议

2.《百部经典》宗教类典籍编纂工作会议

3月28日，《百部经典》宗教类典籍编纂工作会议在国家图书馆召开。编委、《坛经》解读人、南京大学哲学系·宗教学系教授洪修平，编委、北京大学佛学教育研究中心主任、教授李四龙，《太平经》解读人、湖北大学哲学系教授罗炽，《大唐西域记》解读人、北京大学东方文学研究中心教授王邦维，《百部经典》编纂工作办公室工作人员参加会议。

会上，洪修平、李四龙两位编委向与会宗教类典籍解读人介绍《百部经典》编纂工作情况、相关工作制度及首批图书编纂工作经验。与会人员就宗教类典籍解读事宜进行深入交流讨论，并达成共识：第一，严格遵守《百部经典》既定体例。大部头典籍选篇也可进行节选，以控制书稿字数。注释方面，简单的可以不注，但容易引起歧义的词语、偏僻的词语和典故必须要注，必要时穿插串讲。旁批是《百部经典》体例的亮点，应简明扼要，同时避免长篇大论和多页连续无旁批的现象。第二，宗教类典籍的解读要把握好角度。首先，《百部经典》没有严格意义的学科划分，宗教类典籍的解读不强化宗教色彩，不能仅从宗教的角度，而是应从中华文化的角度对宗教类典籍进行解读。其次，《百部经典》不是政策性书籍，宗教类典籍的解读要与党和国家宗教政策深度契合。第三，宗教类典籍的解读要把握好尺度，要尊重读者感情。不能借文化名义传播宗教，要客观讲述经典，客观面对文献和历史，要用学界公认的说法进行解读。既要尊重信教群众的感情，也要尊重不信教群众的感情。做到既不过分拔高，又不过分诋毁和贬低，避免使用“宗教迷信”“荒谬落后”等词语。对宗教修行方法、境界等要淡化处理，点到即可。第四，宗教类典籍的解读要体现当代人的思想，要与时俱进。如关于“一带一路”的说法，应该用“‘一带一路’倡议”，而不用“‘一带一路’战略”。第五，《坛经》《大唐西域记》等典籍体现中华文化是一个开放的文明体系，此类典籍的解读对人们提升文化自信、理解中亚和新疆的历史及中外文化的交流具有重要意义，点评中可贯穿体现中华文化的创造力、文化交流、文明互鉴的思想。

3.《百部经典》先秦两汉诸子类典籍编纂工作会议

4 月 10 日，《百部经典》先秦两汉诸子类典籍编纂工作会议在国家图书馆召开。编委、《孟子》解读人、中国人民大学国学院教授梁涛，编委、中国艺术研究院原常务副院长、研究员王能宪，《吕氏春秋》解读人、北京大学中文系教授张双棣，《韩非子》解读人、上海财经大学人文学院教授张觉，《淮南子》解读人、中国社会科学院哲学研究所研究员陈静，《荀子》解读人、清华大学历史系暨思想文化所教授廖名春，《春秋繁露》解读人周桂钿先生助手、中国人民大学国学院博士何大海，《荀子》审订组组长、贵州民族大学教授王天海，《韩非子》审订组组长、北京师范大学历史学院教授蒋重跃及《百部经典》编纂工作办公室工作人员参加会议。

会上，梁涛、王能宪两位编委分别向与会学者介绍《百部经典》编纂工作情况、相关工作制度及首批图书编纂工作经验，并对编纂体例和书写格式做详细说明，强调撰稿过程中应注意三个问题：第一，导读是全书的精华，解读人应充分理解编纂思想的基础上，着力挖掘经典的思想内涵和当代价值。第二，有些经典原文较难理解，应多加串讲，减少读者阅读障碍。第三，旁批是这套书的亮点之一，应言简意赅、语言生动、画龙点睛。与会人员分别就各自承担的解读工作和审订工作开展讨论。

4.《百部经典》科学技术类典籍编纂工作会议

4 月 13 日，《百部经典》科学技术类典籍编纂工作会议在国家图书馆召开。编委会副主任委员、国家图书馆馆长韩永进，编委、中华书局编审许逸民，编委、北京大学中文系教授廖可斌，《九章算术》解读人、中国科学院自然科学史所研究员郭书春，《本草纲目》解读人、中国中医科学院研究员张瑞贤，《伤寒杂病论》解读人、广西中医药大学基础医学院教授刘力红，《齐民要术》解读人、南京农业大学人文社会科学学院教授惠富平，《水经注》解读人、复旦大学中国历史地理研究所教授李晓杰，《王祯农书》解读人、中国科学院自然科学史研究所副研究员孙显斌，《九章算术》审订组组长、清华大学科技史暨古文献研究所教授冯立昇，出版社编辑代表及《百部经典》编纂工作办公室工作人员参加会议。

会上，许逸民代表编委会介绍《百部经典》基本情况，指出，《百部经典》作为一项国家文化工程，有几项基本要求，即政治正确、学术上居于领先地位、雅俗共赏。首批图书出版之后，各方面的反响较好，但也有一些需要改进的地方，尤其是雅俗共赏方面做得还不够。要让广大人民群众能够看懂所选经典典籍，并能领略其中精华，对于古代科学技术典籍来说，还需要将高深的专业知识讲得尽可能通俗、平实。如何充分利用体例各部分的功能与特点达到这一目标，是本次会议主要需要讨论的问题。韩永进指出，将科学技术类典籍纳入《百部经典》，显示出鲜明的时代精神。《百部经典》有两大任务，一是选出一百部古代经典；一是对它们加以解读，集学界之大成，激活经典。古代典籍作为可移动的文物，蕴含着极为丰富的内涵，如何实现创造性转化，需要各位专家贡献智慧。廖可斌表示，《百部经典》反映出我国构建一个新的经典文化体系的意图，收入科技著作，是很值得瞩目的事情。对于专业研究者，将专业著作转化为通俗读物，实现深入浅出，具有相当的难度，需要学界同仁共同努力。

与会解读人、审订专家、出版社代表围绕各自工作中发现的问题进行交流，并形成共识：第一，对古代科学技术典籍的解读，不仅是专门学科研究成果的转化，更需从古代思想文化的角度加以思考和萃取。第二，对于所参考他人成果，重要的、有独创性的见解应依照书写条例标注，而一般性的观点则不必一一交代，放入参考文献即可。第三，对于历代有不同看法的问题，可遵循可回避者回避，不可回避者实事求是、保留解读者倾向性意见的原则。第四，科学技术类典籍可根据需要配以插图，宜精不宜多，一般只在必不可少处使用。

5.《百部经典》编纂委员会第十五次会议

5 月 22 日，《百部经典》编纂委员会第十五次会议在国家图书馆召开。《百部经典》编纂委员会主任委员、中央文史研究馆馆长袁行霈，部分编委，《百部经典》编纂工作办公室主任张洁，国家图书馆出版社编辑代表和相关同志参加会议。

会上，与会编委听取张洁关于 2018—2019 年上半年计划出版图书进展情况汇报，并讨论确定部分书稿审订专家人选。同时，会议讨论确定第六批书目。按照编委会前期规划，第六批书目仍以文学类典籍为主，与会编委对书目进行逐一讨论，最终确定第六批书目 10 种。

6.《百部经典》编纂委员会第十六次会议

7 月 13 日，《百部经典》编纂委员会第十六次会议在国家图书馆召开。《百部经典》编纂委员会副主任委员、国家图书馆馆长韩永进，部分编委，国家图书馆出版社编辑代表及相关同志参加会议。

会上，韩永进传达中宣部部长黄坤明关于编纂《百部经典》的重要指示精神，鼓励大家继续做好此项工作，在精益求精上下功夫。与会人员认为，黄坤明同志的重要指示，是对《百部经典》首批图书编纂工作的充分肯定，是对《百部经典》在新时代的殷切期望和嘱托，为今后工作指明了方向、提供了遵循，与会人员备受鼓舞。会议听取编委兼《日知录》书稿审订组组长陈祖武关于《日知录》书稿审订情况的说明。经讨论，与会编委对《日知录》书稿取得共识：初稿不符合《百部经典》编纂定位和要求，同意审订组意见，予以退稿。同时，会议进一步总结经验和教训，要求坚决贯彻落实“精益求精”的工作准则，坚持高标准、严要求，编纂进度服从书稿质量，完善工作流程，积极稳妥做好下半年书稿编纂工作。

7.《百部经典》编纂委员会第十七次会议

9 月 6 日，《百部经典》编纂委员第十七次会议在国家图书馆召开。《百部经典》编纂委员会主任委员、中央文史研究馆馆长袁行霈，副主任委员、国家图书馆馆长韩永进，部分编委，国家图书馆出版社编辑代表和相关同志参加会议。

与会编委结合当前工作进展，就图书出版事宜进行讨论并达成共识：一是图书出版节奏以 5 种或 10 种为一批适时灵活出版；二是对已出版图书进行持续性的宣传推广，如在《中华读书报》《光明日报》等媒体平台开设专栏等。编委会还讨论确定第六批图书解读人。

8.《百部经典·本草纲目》编纂研讨会

10 月 10 日，《百部经典·本草纲目》编纂研讨会在国家图书馆召开。编委、中华书局编审许逸民，《本草纲目》解读人、中国中医科学院研究员张瑞贤，北京中医药大学教授钱超尘，北京中医药大学教授王育林，国家图书馆出版社编辑代表和相关同志参加会议。

会议主要就《本草纲目》的定位、体例、选篇等进行讨论，形成共识，以推动编纂进程。许逸民指出：《百部经典》作为一项国家文化工程，其定位是面向普通读者；内容要依托原著；方法则以学术研究为前提，表述学术共识；目的是达到“雅俗共赏”，以利于向大众推广。钱超尘认为《百部经典》项目是继承和传扬中华优秀传统文化的重要学术举措；入选的《黄帝内经》《伤寒杂病论》《本草纲目》是支撑起当今中医文献大厦的三大擎柱；就编纂《本草纲目》解读来看，做到了“三好”，即书好（选书方面）、人好（选人方面）、版本好（解读版本）。王育林从整体编纂角度进行了阐述：为什么读此书，即书的价值和对当今的作用；怎么读此书，即要讲清体例、说明方法；如何选篇，既能体现全貌、又要重点突出。张瑞贤表示本次会议很有必要，助于理清思路，分清主次，找到下笔点。

9.《百部经典》编纂委员会第十八次会议

11 月 20 日，《百部经典》编纂委员会第十八次会议在国家图书馆召开。《百部经典》编纂委员会主任委员、中央文史研究馆馆长袁行霈，副主任委员、国家图书馆原馆长韩永进，国家图书馆馆长饶权，部分编委，国家图书馆出版社编辑代表和相关同志参加会议。与会编委从时代分布、部类划分等角度对既定书目进行深入分析、讨论，形成 100 种建议书目，待进一步研究后确定百部书目。

会上，韩永进介绍了近期职务变动情况，并表示将一如既往地支持、参与《百部经典》编纂工作。饶权祝贺《百部经典》前期工作取得成果，表示国家图书馆将继续全力做好编纂服务工作，建议在出版数量累积到一定程度时，组织开展系列宣传推广。

会议建议增补饶权为《百部经典》编纂委员会副主任委员。

10.《百部经典》编纂委员会第十九次会议

12 月 11 日，《百部经典》编纂委员会第十九次会议在国家图书馆召开。《百部经典》编纂委员会主任委员、中央文史研究馆馆长袁行霈，《百部经典》编纂委员会副主任委员、国家图书馆原馆长韩永进，《百部经典》编纂委员会副主任委员、国家图书馆馆长饶权及部分编委，国家图书馆出版社编辑代表及相关同志参加会议。

《中华传统文化百部经典》编纂委员会第十九次会议

袁行霈根据第十八次编委会的讨论意见，对《百部经典》书目提出六点建议：第一，凡入选书目必是经典著作。所谓“经典”要着眼于整个传统文化，不一定是古人所谓的“精”，也不限于一家一派、一个领域、一个学科。第二，凡入选著作应当在当时是重要的、对后世有长远影响、对当今文化建设有重要意义。因此，现实性是入选著作的一个重要标准。第三，有一类作者重要、文章影响力大，但没有适合的著作或文集可以入选的情况，对待此类情况建议放弃。第四，对待存有争议的著作，编委会拥有决定权。若入选著作有不妥之处，再版时可作调整。第五，《百部经典》书目不必拘泥于100这个数字。第六，对《百部经典》编纂办公室提出调整次序、规范书名等具体要求。与会编委在以上六点建议的基础上，对建议书目再次进行分析、讨论，最终选出98种书目。会议一致决议当前选定的书目在征求顾问的意见后，再做分析、讨论。

11.《中华传统文化百部经典·淮南子》编纂研讨会

12月21日，《中华传统文化百部经典·淮南子》编纂研讨会在国家图书馆召开。编委、中国人民大学国学院副院长、教授梁涛，《淮南子》解读人、中国社会科学院研究员陈静，审订专家、贵州民族大学教授王天海，审订专家、清华大学出版社编审马庆洲，国家图书馆出版社编辑于春媚，《百部经典》编纂工作办公室主任张洁及工作人员参加会议。

此次会议主要就《淮南子》的体例、注释规范和点评重点等内容进行讨论，形成共识，以推动编纂进程。梁涛作为编委主持会议，并提出关于审订稿件的意见。王天海作为审订组组长综合了审订组成员意见，从立场把握、体例、学术性和普及性等方面，对书稿中存在的问题进行详细阐发。马庆洲强调稿件应遵循古籍整理规范。陈静表示此次会议很有必要，尤其在训诂、古籍整理方面受益很大，有助于下一步修订稿件。

（三）《百部经典》第二批图书出版

2018年底，《百部经典》第二批图书出版。第二批图书包括《左传》《墨子》《韩非子》《吕氏春秋》和《传习录》5种。2017年首批10种图书《周易》《尚书》《诗经》《论语》《孟子》《老子》《庄子》《管子》《孙子兵法》《史记》出版后，图书在编纂思想、体例设计、解读人遴选、学术性与普及性相结合等方面得到社会各界广泛好评。2018年，编纂委员会继续秉持“激活经典、熔古铸今、立足学术、面向大众”的编纂目标，在总结首批图书编纂工作经验基础上，完善编纂工作机制，优化编纂合作方式，继续团结各方力量，尊重图书编辑出版规律，以质量为中心，精益求精，继续高质量地推进后续图书编纂工作。

《百部经典》的编纂工作汇聚全国思想界、文化界500余位专家学者参与其中，举全国学术界之力，倾力编纂，铸造经典之作。此次第二批图书《左传》解读人郭丹、《墨子》解读人姜宝昌、《韩非子》解读人张觉、《吕氏春秋》解读人张双棣、《传习录》解读人吴震，分别来自福建师范大学、山东大学、上海财经大学、北京大学和复旦大学。为保证图书编纂质量，从书目选择到体例制定，从解读人遴选到审订专家确定，从图书装帧设计到书稿编辑出版，编纂委员会和参与项目的专家们层层把关，一切以图书质量为中心，时间服从质量，希望将经典之作呈现给广大读者。其他已收书稿及后续书稿将于2019年陆续审订出版与读者见面。

《中华传统文化百部经典》第二批图书出版

五、《鲁迅手稿全集》编辑出版项目

《鲁迅手稿全集》编辑出版项目自2017年6月正式启动以来，在中宣部、文化和旅游部等部门的支持指导下，项目按照实施进度有序推进。

（一）项目主要进展

按照项目计划，完成鲁迅手稿存藏情况统计与手稿图像收集工作。各存藏单位依照《鲁迅手稿图像采集流程与要求》和《鲁迅手稿存藏情况统计与著录要求》提交手稿图像与出版页数统计。经统计，国家图书馆手稿图像7350拍，北京鲁迅博物馆手稿图像8184拍，上海鲁迅纪念馆手稿图像1568拍，绍兴鲁迅纪念馆手稿图像576拍，广州鲁迅纪念馆藏手稿图像76拍，国家博物馆手稿图像12拍，共计手稿图像17766拍，约出版27922页。根据《〈鲁迅手稿全集〉编辑出版实施方案》，《鲁迅手稿全集》分为文稿编、译稿编、书信编、日记编、辑校古籍手稿编、辑校石刻手稿编、附录编等7编，已基本编辑完成文稿编（附诗稿）、译稿编、书信编、日记编等4编。

（二）项目调研

2018年5—6月，受专家委员会主任韩永进委托，由编辑委员会办公室主任、专家委员会委员、国家图书馆常务副馆长陈力与专家委员会副主任、北京鲁迅博物馆常务副馆长黄乔生带队，组织专家委员会委员及国家图书馆、北京鲁迅博物馆、国家图书馆出版社、文物出版社相关工作人员，前往绍兴鲁迅纪念馆、广州鲁迅纪念馆、上海鲁迅纪念馆就鲁迅手稿的存藏情况、存藏特色、出版整理意见与建议等工作进行调研交流和研讨。在实地调研过程中，专家委员会委员及相关工作人员考察了各鲁迅纪念馆藏品实物与研究成果，并邀请当地专家就出版工作召开专家座谈会。

经与各地专家交流、讨论，了解到各存藏单位存在的主要问题及其建议。一是信封收录问题。之前已出版的手稿全集均未收入信封，但信封上的很多信息也是广大研究者参考的重要资料，与会专家一致建议将信封收入新版《鲁迅手稿全集》中，为更多学者研究提供方便。二是批校本收录问题。目前各存藏单位仅完成了批校页的图像采集工作，与会专家对批校本是只收批校页还是全书整本收录未能形成一致意见，需要结合印刷本出版与图片数据库建议统筹考虑，专门召开专家委员会再行商议。三是手稿定名问题。已出版的手稿全集中手稿名称与手稿实际名称存在不相符的问题，需要具体问题具体分析，分别给出手稿定名，必要时专门召开专家委员会再行商议。四是著录文字的内容结构及叙述顺序问题。目前各存藏单位提交的著录文字内容结构与叙述顺序存在不一致问题，需要进一步规范化，必要时专门召开专家委员会再行商议。同时，还有专家提供了手稿可能存藏在其他单位或个人的相关线索。经过多方努力，在征集新线索的工作上取得一定成效。

《鲁迅手稿全集》专家委员会委员在上海鲁迅纪念馆调研

通过调研，专家委员会进一步了解了鲁迅手稿的存藏分布和实际问题，发现新的鲁迅手稿资料线索。同时，通过座谈与交流，统一各存藏单位的认识，加强相互间的沟通与联系，为进一步做好编辑出版工作奠定坚实的基础。

六、国家传统文化典籍整理工程

2018 年，国家传统文化典籍整理工程（以下简称“工程”）继续推进，充分发挥国家图书馆的馆藏资源优势和文献整理专业能力，联合全国相关典籍收藏机构和研究机构，共同开展全国传统文化典籍的整理工作。

（一）管理机制进一步完善

为规范国家传统文化典籍整理工程成果出版管理，进一步严格工程预算执行，提高工程经费使用效能，根据国家相关法律法规及国家图书馆有关规定，结合工程实际，制定并发布《国家传统文化典籍整理工程成果出版规范》，对出版管理、出版体例与出版方式、版权归属及成果署名形式、出版经费管理等内容做详细规定，进一步完善管理机制。

（二）文献征集整理工作稳步推进

工程首批启动 4 个子项目：“中国海疆珍贵历史文献整理与研究”（立法决策服务部承担），“辛亥革命武昌起义文献整理与研究”（研究院承担），“中国石刻资料征集、整理与研究”和“‘一带一路’文献整理与研究”（古籍馆承担）。2018 年，4 个子项目根据专家论证会通过的实施方案，全面开展相关文献资源的调查、征集、整理工作。

1.“中国海疆珍贵历史文献整理与研究”子项目

在对中国海疆历史文献进行认真整理和版本研究的基础之上，初拟了《中国海疆珍贵历史文献丛刊》影印目录，并就书目征求业界专家意见，获得专家充分肯定。2018 年共征集馆内存藏海疆相关古籍 51 种 10903 拍；同时，赴天津图书馆、广东省立中山图书馆、中山大学图书馆和复旦大学图书馆调研馆外海疆历史文献存藏情况，共征集馆外海疆相关古籍 10 种 4232 拍。

2.“辛亥革命武昌起义文献整理与研究”子项目

项目对全国主要图书馆、档案馆、纪念馆、博物馆藏辛亥革命武昌起义文献进行调研，初步整理相关文献目录数据 1 万余条，并从武昌起义前后国内出版的数百种中文报刊中，选择较为全面客观、影响力较大的政治时事类报刊 19 种，搜集整理其中登载的武昌起义相关资料 8400 余条，包括专电、通电、奏折、上谕、内阁文书、通告、新闻、评论、照

“辛亥革命武昌起义文献整理与研究”项目专家咨询会

片、图片等。在 11 月 23 日召开的项目专家咨询会上，与会专家充分肯定项目的重要意义，指出项目征集整理的相关报刊资料具有文献学与史学的双重价值。

3.“中国石刻资料征集、整理与研究”子项目

征集山西省石刻数据共计 9 批，对摸清当地石刻文献，保护当地石刻资源提供了难得的资料；整理馆藏周绍良旧藏石刻拓片 700 余种，完成拓片扫描、编目，整合成相对完备的馆藏周绍良旧藏石刻拓片目录，可满足社会大众对名家专藏文献阅览的需要。

4.“‘一带一路’文献整理与研究”子项目

完成《丝绸之路研究论著叙录》《丝绸之路研究论文目录》两部目录提要的资料征集、数据整理工作，其中：《丝绸之路研究论著叙录》收录近 20 年来有关丝绸之路的政治、文化、经济等领域的相关著作 2000 余种，《丝绸之路研究论文目录》收录近 40 年来以丝绸之路为研究对象的研究论文 13442 条。此外，“汉文敦煌遗书题名索引”“敦煌遗书书法资料”“西域文献藏文部分·国图卷”“丝绸之路文献·甘肃卷”“宁波海上丝绸之路文献”等资料的征集与整理研究工作也在积极推进中。

（三）文献整理成果陆续推出

在文献征集整理基础上，2018 年度工程形成 4 种成果并交付出版，包括《中国海疆珍贵历史文献丛刊·第一卷》《辛亥革命武昌起义报刊资料选编·初编》《丝绸之路研究论文目录》《丝绸之路研究论著提要》等。

（四）积极策划新选题

2018 年 6 月，工程策划了“全国图书馆藏新民主主义革命时期中共党史文献整理与研究”子项目，后续将根据已有文献积累及其整理情况，结合现实需求，陆续启动新选题。

年度掠影

【国家古籍保护中心举办“格致·考工·源流——中国古代重要科技发明创造名家讲座”】

4 月 13 日—6 月 29 日每周五下午，国家图书馆（国家古籍保护中心）与中国科学院自然科学史所合作举办“格致·考工·源流——中国古代重要科技发明创造名家讲座”，延请全国科技史领域 12 名专家学者，在国家图书馆文会堂面向社会公众开讲。首讲嘉宾、中国科学院自然科学史所所长张柏春以“关于中国古代重要科技发明创造的思考”为题，对中国古代科技史研究的重大问题、主要线索进行总括性综述，使观众整体了解中国古代科技发展的成就与特点。随后，王渝生、关晓武、冯立昇、江晓原、黄兴、李延祥、韩健平、罗桂环、赵丰、陈巍、陈晓珊等 11 位科技史学者先后登台授课，就古代数学、琢玉、天文历法、指南针、法医学、冶金、农作物栽培、丝织、航海造船、中西交流与技术传播等诸多问题进行讲解。系列讲座采取传统媒体与新媒体相结合、资讯速递与深度挖掘相结合、新闻报道与展览展示相结合的形式进行连续不断的全方位宣传。

2018 年公众科学日互动活动

5 月 18 日，恰逢 2018 年公众科学日，结合当日讲座，组织开展中国古代重要科技发明创造展、学术大师的治学之道展与有奖知识竞赛等一系列活动，活动当日到场观众 200 余人，现场参与十分踊跃，各大媒体争相报道。

【国家古籍保护中心召开古籍修复工作研讨会】

5 月 18 日，国家古籍保护中心在山西太原召开古籍修复工作研讨会。国家图书馆副馆长、国家古籍保护中心副主任张志清参加会议并讲话，来自全国 12 家国家级古籍修复中心、国家级古籍修复技艺传习中心附设传习所的古籍修复传习导师及各省古籍保护中心的领导、主要业务人员共 40 余人参加会议，会议由国家古籍保护中心办公室主任林世田主持。会议回顾了中华古籍保护计划实施以来古籍修复工作所取得的成果，明确下一阶段的重点工作任务。参会代表介绍本单位推动古籍修复工作取得的进展和成效，并积极建言献策，就国家级古籍修复中心和古籍修复技艺传

古籍修复专家胡玉清在古籍修复工作研讨会现场介绍文献修复情况

习所今后的发展方向和如何做好古籍修复技艺传习工作进行深入探讨。张志清充分肯定古籍修复工作所取得的成绩，并提出下一步工作思路和建议。山西省图书馆馆长王建军介绍山西古籍修复工作成果，山西省古籍保护中心主任范月珍介绍国家图书馆古籍修复专家胡玉清带领省图书馆古籍修复团队圆满完成21件宋辽金元珍贵文献的修复情况。与会专家对现场展示的古籍修复成果进行鉴定并给予高度评价。

当天上午，由国家图书馆（国家古籍保护中心）、山西省文化厅主办，山西省图书馆承办的“册府千华　妙手匠心——山西省古籍保护成果展”在省图书馆开幕。

【中华古籍保护计划展示体验区亮相2018年中国图书馆年会】

5月31日—6月1日，由国家古籍保护中心设计并搭建的中华古籍保护计划展示体验区（以下简称“体验区”）亮相在河北廊坊举办的“2018年中国图书馆年会——中国图书馆学会年会·中国图书馆展览会”。文化和旅游部党组成员、副部长项兆伦等领导和嘉宾莅临体验区，充分肯定中华古籍保护计划的实施成效。体验区位于展览馆显著位置，采用展板图表、实物展示、多媒体播放和现场互动体验等多种形式，展示传统典籍文化，可谓融汇古今，真正“让书写在古籍里的文字活起来”，受到观众和业界同行的一致好评。展板从中华古籍保护计划的主要内容、最新工作成果数据、古籍保护政策法规、西藏古籍保护工作、国家级古籍修复技艺传习中心现况、古籍整理出版及海外中华古籍调查暨数字化回归项目重要成果等几大方面，通过文字以及大量数据、图片等形式，全面、系统地介绍中华古籍保护计划的主要成果。体验区还集中展示《全国古籍普查登记目录》《国学基本典籍丛刊》《中国古籍珍本丛刊》《海外中华古籍书志书目丛刊》《中华传统文化百部经典》等各系列古籍整理出版成果，体现中华古籍保护计划“保护古籍、传承文明、服务社会”的根本宗旨。

中国运载火箭技术研究院和国家图书馆共同研制的古籍保护箱首次在中国图书馆年会上展示；国家古籍保护中心还现场发放中华经典活页文选，受到观众的欢迎。体验区特设“观古籍抄经典”古籍抄写工作坊、古籍文创产品、传统西文古籍现场制作演示等内容丰富、形式新颖的观众互动专区，南京市莫愁中等专业学校（南京非物质文化遗产专业学院）古籍修复专业在校学生现场演示雕版印刷、古籍修复、篆刻等非物质文化遗产技艺。

中华古籍保护计划展示体验区亮相2018年中国图书馆年会

【“古籍修复技艺进校园”系列活动在全国开展】

5—6月，在第十三个“文化和自然遗产日”期间，国家古籍保护中心联合各省级古籍保护中心、国家级古籍修复技艺传习中心及附设传习所、国家级古籍修复中心等单位，在全国开展“古籍修复技艺进校园”系列活动。活动采用现场演示、互动体验、展览讲座等多种形式，展示古籍修复、雕版刷印、金石传拓、古籍装帧制作等传统技艺。系列活动在全国50余所大、中、小学展开，各具特色。在北京师范大学图书馆和孔子博物馆，国家级古籍修复技艺传习所正式挂牌；孔子博物馆的传拓高手来到曲阜师范大学，现场展示独特的擦拓技法；吐鲁番市博物馆的工作人员带着馆藏的出土文书、古钱币来到市职业技术学院，开展“吐鲁番出土文书的保护与修复”专家讲座、文书抄写和古钱币拓制等活动；吉林省古籍保护中心的修复师们走进长春中医药大学，特邀吉林省孤儿学校和东北师范大学附中等校的300余名师生共同参加体验活动；复旦大学古籍保护研究院2017级古籍保护与修复方向研究生进行现场修复技艺比拼；江苏省古籍保护中心联合省内各市县级图书馆，将古籍修复技艺带入南京大学、南京艺术学院、盐城师范学院、常熟市报慈小学等7所学校。在此期间，“册府千华　妙手匠心——山西省古籍保护成果展”“册府千华　守望文明：泰山·黄河·孔子——山东珍贵古籍展”分别在太原、济南举办，展览和系列互动活动吸引大量学生参观体验。

此次活动以网络新媒体为主要宣传渠道，光明网通过多批次、系统性的网络直播，对各地、各活动现场进行全方位报道。此外，国家图书馆和参与活动的图书馆、博物馆、各类院校，都通过本单位的新媒体窗口，图文结合地及时进行报道，带动起一波非遗传承的热潮。学生们通过活动，近距离感受中华优秀传统文化的独特魅力，更多地了解、关注并参与到古籍保护中来，推动形成人人传承、弘扬中华优秀传统文化的生动局面。

【“册府千华——纳格拉洞藏经修复成果展”在云南、北京展出】

历时4年的云南迪庆“纳格拉洞藏经”修复项目于2018年全部完成，共修复藏经2285页。9月2日，由国家图书馆（国家古籍保护中心）、云南省文化厅、迪庆藏族自治州人民政府主办，云南省图书馆（云南省古籍保护中心）、迪庆州文体广电和新闻出版版权局、迪庆州图书馆（迪庆州古籍保护中心）承办的“册府千华——纳格拉洞藏经修复成果展”在迪庆州图书馆开幕。国家图书馆副馆长、国家古籍保护中心副主任张志清在开幕式致辞中，将纳格拉洞藏经的发掘、修复和保护成果概括为以下几点：一是在全国首先取得藏文古籍修复经验；二是圆满完成全国首次藏文珍贵典籍的抢救性修复工作，是“中华古籍保护计划”的一次代表性成果；三是借由纳格拉洞藏经的修复，培养了一批云南省古籍修复的骨干力量。

“纳格拉洞藏经”是藏文古籍普查的重大发现。据专家初步考证，纳格拉洞所藏藏文文献中，除一小部分为藏传佛教宁玛派僧人常用的法事用书和账目记录外，其余均是藏传佛教《甘珠尔》的内容，包括《大般若经》《妙法莲花经》《般若五部经》等。此次展览主要从发掘、技艺、成果、传承等方面，通过图文、视频、活态演示等方式全方位展示“纳格拉洞藏经”的发现、修复和保护历程，广泛宣传藏文古籍保护理念，让珍贵古籍走近大众，让大众欣赏古籍珍本，进一步深化藏文古籍保护工作，提倡民众用行动修复文物、保存经典。该展览在云南迪庆展期为9月2日—11月2日，11月19日—12月19日在国家图书馆继续展出。

国家级古籍修复技艺传习中心云南传习所导师杨利群为学员示范藏文古籍修复

【第三届古籍保护学科建设研讨会在中山大学举行】

9月13日，由国家古籍保护中心主办，中山大学资讯管理学院、中山大学国家文化遗产与文化发展研究院、广州文化遗产与文化发展研究基地、中山大学图书馆承办的第三届古籍保护学科建设研讨会在中山大学举行。来自复旦大学、武汉大学、南开大学、山东大学、天津师范大学、南京艺术学院、中国文化遗产研究院等高等院校、科研院所，国家图书馆、天津图书馆、上海图书馆等国家古籍保护人才培训基地及古籍保护相关专业机构30余家单位的负责人、专家学者约60余人出席会议。中山大学校长助理、文献与文化遗产管理部党委书记宋珊萍，中国古籍保护协会会长刘惠平在开幕式上致辞，中山大学资讯管理学院党委书记王琤主持开幕式。此次会议分为

第三届古籍保护学科建设研讨会之古籍保护学科建设及教材编制研讨

主题发言和古籍保护学科建设及教材编制研讨两个环节。10位专家学者围绕古籍保护学科建设、人才培养和课程设置等议题做主题发言。在国家实施中华优秀传统文化传承发展工程的背景下，此次研讨会围绕古籍保护学科建设的关键问题展开，特别是在古籍保护教材的编写、学科建设路径的探索方面达成共识。

【国家古籍保护中心举办“走近四库全书”活动】

10月9日，国家图书馆（国家古籍保护中心）在国家图书馆总馆北区稽古厅举办为期一周的“走近四库全书”活动。此次活动通过展板展示、互动体验、讲座、现场抄四库等多种形式，向校园师生、社会公众介绍《四库全书》，述说编纂风云，细数多舛命运，展示现存唯一一部原函原架原书一体存放的《四库全书》，再现这部体现盛世华光的宏章巨制，彰显中华民族在保护世界文化遗产上的不懈努力。活动首日，“走近四库全书”成为首都师范大学附中400余名师生“博识课”的教学现场，以“博闻广见、卓有通识、内外兼修、知行合一”的基本理念，提高青年学子对中华优秀传统文化和古籍保护工作的参与感、获得感与归属感。《四库全书》申遗将有利于中国优秀传统文化走出国门，为中国文化自信的树立，文化软实力的提升搭建世界平台。

10月20—28日，国家图书馆（国家古籍保护中心）与首都师范大学图书馆、首都师范大学历史学院、文学院联合举办“走近四库全书”系列活动。在首师大北一区图书馆报告厅，“四库学”研究专家陈晓华教授为近百名读者做题为“《四库全书》与世界记忆遗产”的讲座。10月29日—11月9日，国家图书馆（国家古籍保护中心）与北京师范大学图书馆在北师大图书馆一层大厅联合举办“走近四库全书”系列活动，“四库学”专家黄爱平教授以“《四库全书》讲论”为题为师生们做讲座。

国家图书馆馆员为首都师范大学附中学生讲解《四库全书》源流

【国家古籍保护中心举办“稽古·贯通·启新——北京大学中国古代史名家讲座”】

10月10日，国家图书馆（国家古籍保护中心）与北京大学历史学系合作举办“稽古·贯通·启新——北京大学中国古代史名家讲座”开幕式在国家图书馆文会堂举行。开幕式由国家图书馆副馆长张志清主持。北京大学历史学系主任、著名元史学者张帆以“中国古代历史的分期和特征”为题做首场讲座，并代表北京大学历史学系向国家图书馆捐赠著名先秦、秦汉史专家吴荣曾先生和著名隋唐史专家吴宗国先生的珍贵手稿。

此次系列讲座自2018年10月10日起，每个周五下午在文会堂开讲，共15场，一直持续到2019年1月18日。先后延请北京大学考古文博学院刘绪，历史学系朱凤瀚、韩巍、陈苏镇、叶炜、陆扬、邓小南、党宝海、李新峰、郭润涛等11位知名学者，系统勾勒出史前与夏、商与西周、春秋战国、秦汉、魏晋南北朝、隋唐、宋辽金西夏、元、明、清等不同历史时期的时代风貌。这些主讲人均为中国史学界知名学者，其中多位是本学科领域内最重要学者或资深学术带头人。来自北京大学的高水平学科团队集体亮相国家图书馆，为社会公众系统讲述中国古代史的前沿研究，迄今尚属首次，吸引大量观众来到现场聆听。拥有200多个座席的国家图书馆文会堂场场爆满，累计到场听众近5000人次。

北京大学中国古代史名家讲座现场

系列讲座采取现场讲座与远程推送、传统媒体与新媒体相结合、资讯速递与深度挖掘相结合的形式进行连续不断的全方位多视角宣传。其中，国家图书馆（国家古籍保护中心）所管理的“两微一端”新媒体平台及时、准确做好讲座信息的审核、发布工作，力求在内容、形式上贴近民众。光明网对其中5场讲座进行全程网络直播，对4场讲座进行录播，9场讲座点击总数超过200万次，社会反响极为热烈。《藏书报》针对系列讲座进行2次专版报道，刊发多篇来自国家图书馆馆员和普通观众的学习心得。

【“弘扬中华优秀传统文化和启超家风——纪念梁启超诞辰145周年”系列活动在国家图书馆举行】

10月20日，为纪念中国近代著名思想家、政治家、教育家、史学家、文学家梁启超先生诞辰145周年，以“弘扬中华优秀传统文化和启超家风”为主题的系列活动在国家图书馆举行。此次活动由国家图书馆（国家古籍保护中心）、广东省江门市新会区人民政府共同主办，国家古籍保护中心办公室、国家图书馆出版社和国家图书馆古籍馆共同承办。梁启超先生与国家图书馆渊源深厚，先生曾担任过国家图书馆前身——京师图书馆的馆长，其大量手稿和所藏书籍珍藏在国家图书馆。在先生诞辰 145 周年之际，国家图书馆与新会区委区政府共同主办此次系列纪念活动，目的是更好地纪念梁启超先生和弘扬中华优秀传统文化，具有十分重要的意义。系列活动中，新会区政府代表梁启超先生故里向国家图书馆捐赠梁启超先生铜像，意在遵循先生遗志，延续与国家图书馆的百年深缘，同时也为纪念先生的伟大精神和温文敦厚的家教家风，推动新时代优秀传统文化的传承。此次活动同时发布新书《梁启超：永远的少年》《梁启超手稿精粹》，并举办“弘扬中华优秀传统文化和启超家风——纪念梁启超诞辰 145 周年”研讨会。

“弘扬中华优秀传统文化和启超家风——纪念梁启超诞辰 145 周年”研讨会

【“册府千华——广西壮族自治区藏国家珍贵古籍特展”在广西南宁开幕】

12 月 5 日，“册府千华——广西壮族自治区藏国家珍贵古籍特展”开幕式在广西壮族自治区图书馆举行。该展览是为促进中华优秀传统文化的继承与弘扬，向社会展示广西古籍保护工作取得的代表性成果，为庆祝广西壮族自治区成立六十周年而举办的。展览由国家图书馆（国家古籍保护中心）、广西壮族自治区文化和旅游厅联合主办，自治区图书馆（自治区古籍保护中心）承办，国家图书馆馆长、国家古籍保护中心主任饶权，国家图书馆副馆长、国家古籍保护中心副主任张志清，自治区文化和旅游厅厅长甘霖、副厅长严霜出席开幕式。来自全区 40 家古籍收藏单位的领导、古籍保护工作业务骨干共 80 人参加此次活动。开幕式由严霜主持。饶权、甘霖分别致辞，并共同为“册府千华——广西壮族自治区藏国家珍贵古籍特展”揭幕。此次展览以展板介绍和古籍展示为主，分 4 批次展出汉文古籍、少数民族古籍共计 150 部。展览特别设立“平语典故”

专题展区，展出习近平总书记重要讲话和文章中引用的部分典籍文献。配合展览举办的还有古籍保护专题讲座、古籍修复、雕版印刷、碑石传拓、VR 体验等多项活动。展览展期为 2018 年 12 月 5 日—2019 年 1 月 4 日。

【民国时期文献整理出版项目专家评审会在国家图书馆召开】

3 月 28 日，2018 年民国时期文献整理出版项目专家评审会在国家图书馆召开。中国社会科学院中国边疆研究所研究员马大正，中国社会科学院近代史研究所所长王建朗，北京大学历史学系教授王晓秋，中国人民解放军军事科学院副院长曲爱国，南开大学日本研究院教授宋志勇，四川大学、北京大学历史学系教授罗志田，中共中央党史研究室研究员黄小同，北京大学历史学系教授臧运祜，中国社会科学院近代史研究所副所长金以林共 9 位专家参加评审。国家图书馆馆长韩永进出席会议并致辞，常务副馆长陈力主持会议。评审会上，国家图书馆民国时期文献保护工作办公室主任马静介绍民国时期文献整理出版项目的整体策划、阶段性成果和各单位申报情况。与会专家本着公开、公平、公正的原则，对各申报项目逐一进行评审，遴选出符合要求的优秀申报项目，并积极建言献策，对民国时期文献以及档案资料的整理工作提出许多建设性意见和建议。

民国时期文献整理出版项目专家评审会

【民国时期文献保护工作座谈会在国家图书馆举行】

3 月 29 日，民国时期文献保护工作座谈会在国家图书馆举行。会议由国家图书馆常务副馆长陈力主持，来自全国省级图书馆的代表，档案馆、高校以及各研究机构的专家学者近 50 人参加会议。国家图书馆民国时期文献保护工作办公室主任马静对民国时期文献保护计划项目的实施情况和 2018 年主要工作计划进行介绍。上海图书馆副馆长周德明、中国第二历史档案馆调研员周宁、南京图书馆副馆长全勤、重庆图书馆副馆长王宁远、上海师范大学图书馆副馆长蔡迎春先后做特邀发言。与会人员对《民国时期连续出版物普查数据标准（征求意见稿）》和《图书馆民国时期文献书库建设标准（征求意见稿）》展开讨论，并就促进民国时期文献保护工作深入开展、建立相关工作机制建言献策。此次会议进一步明确“十三五”期间民国时期文献保护工作思路和工作重点，总结交流近年来各项工作的主要进展和工作经验，为群策群力共同推进民国时期文献保护各项工作顺利开展打下坚实基础。

【民国时期文献保护计划宣传推广活动在太原举办】

7月4日，由文化和旅游部公共文化司指导，国家图书馆、中国图书馆学会和山西省文化厅联合主办，山西省图书馆学会、太原市图书馆承办的“2018年民国时期文献保护计划宣传推广活动——太原站”系列活动在太原市图书馆拉开帷幕。国家图书馆常务副馆长、中国图书馆学会副理事长陈力，山西省文化厅副厅长张健，太原市人民政府副秘书长常跃平等领导和嘉宾出席启动仪式并致辞。仪式由山西省图书馆学会理事长、省图书馆馆长王建军主持，来自全国各地170余名民国文献相关工作人员参加此次活动。此次宣传推广活动由民国时期文献保护计划系列展览和民国时期文献保护工作高级研修班两个主板块组成。展览主要介绍民国时期文献保护计划目前取得的成果和进展；同时以视频方式展示远东国际军事法庭庭审记录，还原历史真相，受到观众一致好评。之后，展览在山西省内巡展。研修班由国家图书馆常务副馆长陈力讲授“民国时期文献保护计划概况”，山西大学近代中国研究所副教授柳德军讲授“从民国文献读民国文化”，国家图书馆研究馆员刘小玲讲授“民国图书著录”，国家图书馆副研究馆员杨静和延卫平分别讲授“民国连续出版物的著录”和“全国联合编目系统民国时期图书联机上载与馆藏编制”。

【民国时期文献保护计划宣传推广活动在烟台举办】

8月28日，由文化和旅游部公共文化司指导，国家图书馆、中国图书馆学会和山东省文化厅联合主办，山东省图书馆、省图书馆学会、烟台图书馆承办的“2018年民国时期文献保护计划宣传推广活动——烟台站”系列活动在烟台图书馆拉开帷幕。国家图书馆副馆长、国家古籍保护中心副主任张志清，山东省图书馆党委书记、馆长刘显世，烟台市文化广电新闻出版局副局长于仁山等领导和嘉宾出席活动启动仪式并致辞，仪式由山东省图书馆学会副理事长、省图书馆副馆长周玉山主持，来自全国各级各类文献收藏机构的主管领导、业务骨干、专业人员共120余人参加此次活动。研修班上，国家图书馆民国时期文献保护工作办公室主任马静讲授“民国时期文献保护计划概况”；鲁东大学历史与文化学院副教授高贤栋讲授“漫谈民国历史与文化”；国家图书馆副研究馆员王彦侨、研究馆员贺燕、副研究馆员索晶先后讲授“民国图书著录”“民国连续出版物的著录”和“全国联合编目系统民国时期图书联机上载与馆藏编制”。授课结束后，与会者就民国时期文献普查等相关工作进行业务交流。

“2018 年民国时期文献保护计划宣传推广活动——烟台站”系列活动

【民国时期文献保护计划宣传推广活动在福州举办】

10 月 31 日，由文化和旅游部公共服务司（原公共文化司）指导，国家图书馆、中国图书馆学会、福建省文化和旅游厅联合主办，福建省图书馆学会、福州市文化广电新闻出版局承办，福州市图书馆承担执行工作的“2018 年民国时期文献保护计划宣传推广活动——福州站”系列活动在福州市图书馆拉开帷幕。中国图书馆学会副理事长刘小琴，福建省文化和旅游厅副厅长林守钦，福州市文广新局党组书记、局长孙晓岚，福州市图书馆馆长宋姬芳等领导和嘉宾出席启动仪式。福建省图书馆学会理事长、省图书馆馆长郑智明主持仪式。孙晓岚、林守钦、刘小琴先后致辞。来自全国各地 120 余名民国文献整理与保护相关工作人员参加此次活动。其中，研修班主要面向全国各级各类图书馆民国时期文献保护工作的主管领导、业务骨干、专业人员开展。国家图书馆民国时期文献保护工作办公室副主任雷亮介绍“民国时期文献保护计划概况”；福建师范大学闽台区域研究中心教授、博士生导师方宝川讲授“民国文献的转型、递藏及其历史影响”；国家图书馆研究馆员刘小玲、朱芊和副研究馆员延卫平分别讲授“民国图书著录”“民国文献的标引”“全国联合编目系统民国时期图书联机上载与馆藏编制”。此次活动进一步普及民国时期文献保护与保存的理念，并就文献保护工作存在的问题及今后相关工作开展进行深入研讨，对今后不断加强全国民国时期文献保护专业人才队伍建设、推动全国民国时期文献保护工作更加深入开展起到积极作用。

【民国时期文献脱酸研究与脱酸设备研制二期项目通过验收】

12 月 4 日，国家图书馆在古籍馆临琼楼召开民国时期文献脱酸研究与脱酸设备研制二期项目验收会。国家档案局档案科学技术研究所研究馆员王建库、荆秀昆，中山大学图书馆研究馆员林明，武汉大学教授刘家真，故宫博物院研究馆员雷勇，首都图书馆研究馆员刘乃英、国家图书馆原常务副馆长陈力担任评审专家。国家图书馆副馆长张志清出席会议。国家图书馆民国时期文献保护工作办公室主任马静主持会议。国家图书馆古籍馆文献保护组组长田周玲代表项目组做总结汇报，详细介绍项目的实施过程和完成情况。评审专家通过审阅项目相关资料，就项目中的一些数据、方法、论断等提出质询并进行现场考察，项目组成员做了解释与说明。经专家集体讨论，认为该项目达到任务书要求，同意通过验收。

【国家图书馆文艺小分队下基层】

2018 年 1 月，为贯彻党的十九大精神和习近平新时代中国特色社会主义思想，以实际行动践行新时代文化工作者的职责使命，国家图书馆派出两队文艺小分队，深入江西省兴国县、山西省隰县开展“文艺小分队下基层”活动，实施一系列惠民、为民、乐民的文化服务项目，进一步丰富群众的精神文化生活，为广大农村和基层群众送去欢乐和文明，传递党的声音和关怀。活动期间，国家图书馆为两县图书馆定制的基层数字图书馆平台和移动数字图书馆平台正式开通。2 个平台整合 5 万余册优质电子图书、300 余种电子期刊、1.8 万余集听书资源，资源针对性强，可满足少儿、农民、外出务工人员等不同群体的学习、技能提升以及致富理财等方面的阅读需求。与此同时，为充实基层馆藏，国家图书馆遴选 1 万册图书与《中华传统文化百部经典》2 套，分别赠予两县图书馆，使其能够更快更好地为基层群众提供服务。此外，国家图书馆还搭建“新时代·新数图”体验展，融合多媒体终端、交互设备体验等手段，通过互动游戏、生动活泼的图文内容引导读者了解、利用数字图书馆开展阅读、获取信息与知识，培养公众阅读习惯。同期，国家图书馆还邀请阅读推广领域的资深专家开展讲座，鼓励公众享受数字阅读。

【数字图书馆推广工程开展“网络书香过大年”活动】

2018 年春节期间，数字图书馆推广工程联合全国各级公共图书馆继续开展“网络书香过大年”品牌活动，内容包括线上摄影征集、有声电子贺卡、趣味闯关答题；线下戏曲文化主题展、虚拟现实体验活动等。据统计，此次活动全国共有 34 家省级馆、247 家市级馆和 424 家县级馆参与，线上活动访问量超过 37 万次。全国各馆发布活动相关微信微博的阅读总量超过 117 万次，读者留言 2.5 万余条。线下活动在各馆的积极筹备下火热开展，全国线上线下活动参与量总计达 334 万余人次，比上年增长 157%。

全国各级公共图书馆在推广工程的带动下策划了一系列丰富多彩的活动：浙江图书馆开展“阅读·阅自己——浙江省数字图书馆送年货”系列活动，其中“助力阅读”“21 天阅读计划”吸引全省数十万人参与；重庆图书馆联合市内各级图书馆开展“常青 e 学习计划——重庆市中老年人移动数字阅读推广系列培训”活动，培训老年群体学习使用数字阅读平台；济南市图书馆积极开展移动APP数字阅读推广活动，免费赠送“书香泉城·手机图书馆”阅读卡，并指导读者安装和使用数字图书馆，让知识触手可及；合肥市图书馆举办“数字阅读跟我学”培训活动，针对不同年龄层次的读者，开展适合其不同特点的数字资源阅读培训。各地图书馆开展的这些精彩活动，既丰富了“网络书香过大年”的文化内涵，也让更多公众享受到数字图书馆的优质服务。

数字图书馆推广工程2018年“网络书香过大年”线下活动

【数字图书馆推广工程举办“童音诵古韵·经典有新声”2018年全国少儿在线诗词诵读活动】

2018年“六一”儿童节之际，由数字图书馆推广工程主办、全国各级公共图书馆协办的第三届“童音诵古韵·经典有新声”全国少儿诗词在线诵读活动正式启动，面向全国6—12岁小朋友在线征集优秀的古典诗词诵读作品。活动依托推广工程优质数字资源，旨在通过诵读形式让广大少年儿童感受中国古典诗词的魅力，强化其对中华优秀传统文化的理解与学习，提升少年儿童的人文与信息素养，共同推动全民阅读和书香社会的建设。国家图书馆通过“数字图书馆推广工程”微信公众号，联合全国437家省、市、县级图书馆共同开展在线诵读活动，共收到作品2.1万余首，线上参与量超过145万人次。借助活动热度，推广工程面向活动关注对象每周针对性推介工程精品资源，通过微信推文介绍“国图公开课”“移动数字图书馆”、推广工程音乐资源库和“掌上国图”等栏目的图书与音频资源，内容涉及亲子沟通、家庭教育、古典诗词鉴赏、诵读技巧等主题。全国各地图书馆围绕线上诵读活动，纷纷开展线下进校园的实地活动。

【数字图书馆推广工程体验区亮相2018年中国图书馆年会】

5月31日—6月1日，“2018年中国图书馆年会——中国图书馆学会年会·中国图书馆展览会”在河北廊坊举行。国家图书馆在此次展览会上设立数字图书馆推广工程体验区，以展板形式向公众重点展示推广工程已有建设成果和未来发展方向。展板共分为“加强技术驱动，创新服务模式”“加强互联互通，实现融合发展”“对接群众需求，提升服务效能”“不断继承发展，实现自我超越”4个部分。互动体验区运用增强现实体验、虚拟现实体验、人机交互体验、视频展播互动等形式，为观众提供公共图书馆法、移动阅读、国图公开课、网络书香资源检索平台等主题活动互动体验。增强现实体验为观众带来内容更为丰富、交互更佳的观展感受；虚拟现实体验让观众走进“文津经典诵读”古诗词等传统文化活动中；游戏互动和有奖答题吸引观众走近并了解公共图书馆法；智能书单推荐根据观众兴趣和阅读偏好精准推荐个性化书单；微信照片打印为观众留下美好的观展记录。数字图书馆推广工程阅读推广服务的照片墙也吸引众多观众驻足观看。内容丰富的展板和形式多样的体验活动，充分展现国家图书馆组织全国各级公共图书馆通力开展推广工程，在网络互联互通、统一用户认证、资源共建共享、图书馆云平台应用和服务模式创新等方面取得的建设成果。

【数字图书馆创新服务培训班在重庆举办】

6 月 20—23 日，由国家图书馆主办、重庆图书馆协办、重庆文化艺术职业学院承办的数字图书馆创新服务培训班在重庆举办。国家图书馆、重庆图书馆相关领导出席开班仪式并讲话。来自全国 50 家副省级以上公共图书馆的 90 位数字图书馆服务相关工作人员参加此次培训。培训以创新服务为主题，围绕数字服务、智慧图书馆等一系列新兴服务理念组织课程，邀请国家图书馆、华东师范大学、上海社会科学院信息研究所等单位的业界知名专家讲授推广工程融合服务、图书馆服务创新、智慧图书馆未来发展专题讲座。在案例教学上，国家图书馆联合江苏、浙江、辽宁、广州 4 家省、市级图书馆，结合各馆在图书馆创新服务上的思考与实践进行分享。在课程讲授之外还设置分组讨论环节，学员们在短短 2 个小时的时间里畅所欲言，碰撞出思想的火花。培训班课程既有理论支撑，又有实践经验，不仅丰富了学员的理论知识，更提高了学员的实践能力。

【县级数字图书馆建设培训班在北京举办】

6 月 24—30 日，由国家图书馆主办的县级数字图书馆建设培训班在北京举办，来自全国 29 个省（自治区、直辖市）的 50 余位县级图书馆馆长及相关工作人员参加此次培训。培训班主要围绕推广工程在“十三五”时期整体发展理念及在技术平台、资源建设及服务推广等方面设计课程，邀请国家图书馆多位专家、讲师授课。培训课程包括推广工程建设和发展介绍、推广工程文化帮扶工作进展及基层数字图书馆服务平台介绍、推广工程网络体系、推广工程资源介绍及整合服务平台等。在经验分享环节，邀请苏州图书馆、厦门市翔安区图书馆、海宁市图书馆、佛山市图书馆就基层图书馆创新服务经验展开分享，来自陕西、四川、河北的第一批推广工程文化帮扶试点图书馆馆长做经验分享。此次课程既有理论支撑，也有实践分享。培训班还安排了现场教学活动和交流讨论环节，学员畅所欲言，共商发展思路，积极为推广工程文化帮扶工作建言献策。

县级数字图书馆建设培训班

推广工程首批在全国确定11个扶贫试点，围绕试点图书馆对数字文化的实际需求，通过网络搭建、资源推送、人才培养、服务活动等多种途径，全方位地开展精准帮扶工作。此次培训班是推广工程在前期扶贫试点工作的基础上，落实《“十三五”时期贫困地区公共文化服务体系建设规划纲要》文件精神，提升欠发达地区县级数字图书馆服务能力的具体举措。培训班的举办在全国图书馆界引起热烈反响，也受到参训学员的广泛好评。

【数字图书馆推广工程资源建设培训班在成都举办】

8月14—17日，由国家图书馆主办、四川省图书馆承办的数字图书馆推广工程资源建设培训班在成都举办。国家图书馆、四川省图书馆相关领导出席开班仪式并讲话。来自全国170余家省市级公共图书馆近200位数字图书馆资源建设相关工作人员参加此次培训。培训以资源建设为主题，课程主要围绕图书馆数字资源建设与整合展开，邀请国家图书馆、南京图书馆、武汉大学等单位的业界知名专家讲授图书馆数字资源建设与整合、专题资源库的规划与建设、推广工程资源建设项目的申报与管理等专题讲座。在案例教学上，国家图书馆和贵州、湖北、四川、山东4家省级图书馆分别结合各馆在图书馆数字资源建设与整合方面的实践经验进行分享。培训班课程理论与实践并重，通过两天充实的培训学习，增强了学员做好本馆数字资源建设的理论知识和实践能力。此次培训班的举办，充分贯彻落实文化和旅游部《“十三五”时期公共数字文化建设规划》，指导各级公共图书馆深入挖掘地方特色文化，打造分级分布式数字文化资源库群。

【数字图书馆推广工程馆员研修培训班在北京举办】

9—10月，由国家图书馆主办的三期数字图书馆推广工程馆员研修培训班在馆内举办。其中第一期、第三期由参考咨询部具体承办，主题分别为“科学评价服务”与“京津冀科技协同创新”；第二期由数字资源部具体承办，主题为“推广工程数字资源建设与管理”“数字图书馆基础知识与技能”和“新媒体技术与图书馆服务”。2018年研修培训通过差额报名、择优遴选的方式，最终来自全国省级图书馆、副省级图书馆和民族自治州图书馆的55名学员参与此次培训。馆员研修是推广工程人才培训的一项创新工作，已经连续开展5年，受到培训学员的普遍欢迎，也对各馆开展业务工作带来切实帮助。每期研修培训班为时1—2周，将地方数字图书馆从业人员请进国家图书馆，分成若干研习小组，通过业务实操、理论探讨、实地教学等方式进行专题学习，力求在短时间内让学员学习到推广工程相关业务理论，破解业务难题，交流业务心得，厚植自身优势，全面构建我国基层数字图书馆人才梯队。

【数字图书馆推广工程技术支撑平台培训班在长沙举办】

10月9—12日，国家图书馆在湖南长沙举办数字图书馆推广工程技术支撑平台培训班。来自全国44家公共图书馆的82名学员参加培训。此次培训班由国家图书馆主办，湖南艺术职业学院承办。在课程设计上主要围绕推广工程技术支撑平台这条主线，除专题讲座外，还安排了现场教学。培训班邀请上海图书馆副馆长刘炜探讨下一代智慧图书馆的系统建设，湖南图书馆党委书记伍艺分享湖南省图书馆推广工程的部署与实施情况。针对推广工程网络体系建设、数字图书馆移动阅读与新媒体服务、数字资源云发布系统建设、统一用户系统和运行管理平台等项目，邀请国家图书馆相关项目负责人介绍项目建设情况，为与会人员提供案例参考，通过培训使学员对数字图书馆信息技术应用有更清晰的把握。

【数字图书馆推广工程网络资源保存与服务业务专题培训班在广州举办】

12 月 12—14 日，由国家图书馆主办、广东省立中山图书馆承办的数字图书馆推广工程网络资源保存与服务业务专题培训班在广州举办。国家图书馆和广东省立中山图书馆相关领导出席开班仪式并讲话。来自全国 41 家省市级公共图书馆近 50 位数字图书馆相关工作人员参加此次培训。培训班邀请中国人民大学信息资源管理学院等单位的专家就数字资源长期保存策略和图书馆业务实践等内容进行专题讲授；国家图书馆从事网络资源长期保存工作的一线业务人员分享网络资源采集与保存的标准规范和工作实践，并详细介绍“推广工程网络资源保存与服务系统”的相关功能和部署流程。此次培训为进一步提升公共图书馆网络信息资源保存能力与服务水平，强化相关业务人员的专业技术能力，全面部署推广工程网络资源保存与服务系统奠定坚实基础。

推广工程自实施以来，一直十分关注和重视网络信息资源长期保存工作，并依托推广工程“网事典藏”项目联合全国公共图书馆共同开展网络资源的保存和服务。截至 2018 年 11 月，全国各级公共图书馆累计采集网站 23000 余个。与此同时，国家图书馆始终跟踪网络资源采集技术的发展和应用，充分利用分布式云存储技术，研发了推广工程网络资源保存与服务系统，进而有助于提升我国公共图书馆网络资源保存与服务业务工作的流程规范和工作效率。

数字图书馆推广工程网络资源保存与服务业务专题培训班

【“网络书香·基层图书馆帮扶计划”深入基层开展活动】

2018年，国家图书馆依托公共数字文化工程“网络书香·基层图书馆帮扶计划”，共帮扶57家贫困地区县级图书馆，提升其公共数字文化服务和保障能力。整合优质数字资源定向推送，遴选3000册数字图书、200种普及型期刊、2000集各类视频，共约1.5TB数字资源为各基层用户提供服务；为其搭建基层数字图书馆服务平台，借助电脑端、移动端面向基层用户提供统一浏览与检索服务。采用线上线下相结合的方式开展阅读推广活动，在湖北阳新、广东乳源、贵州正安3地开展文化帮扶活动，提高当地群众数字资源使用技能。此外，各省馆积极借助国家图书馆设计的统一展览、易拉宝、宣传折页、宣传片等宣传素材，自主开展在线游戏、进社区、进学校等各具特色的活动，提高群众数字资源使用技能，辅助提升贫困地区图书馆公共文化服务水平。服务推广活动的举办，一方面促进优质资源与服务在贫困地区的快速推广和普及，另一方面也在当地公众中更新了理念，吸引公众将图书馆作为获取知识和技能的信息来源，也在一定程度上推动当地形成阅读和自我提升的学习氛围，为当地民众的脱贫致富提供知识和智力支持。

【数字图书馆推广工程举办“春雨工程·网络书香”数字图书馆阅读推广系列活动】

为响应文旅部、中央文明办开展的“春雨工程”号召，加强对边疆民族地区数字文化服务的援助力度，2018年下半年，数字图书馆推广工程先后在黑龙江省大庆市、甘肃省甘南藏族自治州、广西壮族自治区百色市举办“春雨工程·网络书香”数字图书馆阅读推广活动，为边疆民族地区公众带去丰富多彩的资源与活动，让当地读者更好地体验数字阅读的便捷和乐趣。系列活动包括“新时代·新数图”体验区展览、读者及图书馆员培训、赠送实体及数字资源等内容。“新时代·新数图”体验区展览融合多媒体终端、交互设备体验等手段，全面展示全国可共享的数字资源与服务平台。展览现场，志愿者们用通俗易懂、生动活泼的讲解，引导读者学习利用工程各类服务平台。读者积极参与扫码答题互动，进一步了解和熟悉工程可利用的数字资源。培训活动邀请业务专家为当地图书馆的数字图书馆从业人员授课，从建设理念与专业技能上切实提高当地图书馆从业人员数字图书馆业务水平，进而提高边疆民族地区基层图书馆的服务能力。此外，国家图书馆专门遴选3万册图书赠予3地基层图书馆，使其能够更快、更好地为基层群众提供服务。

“春雨工程·网络书香”数字图书馆阅读推广活动大庆站展览现场

文献整理与编辑出版

- 古籍整理出版
- 民国時期文献整理出版
- 文献数字化
- 学术期刊编辑出版
- 年鉴编辑出版
- 专业文献编辑出版
- 年度掠影

文献整理与编辑出版

一、古籍整理出版

（一）善本古籍

2018 年，国家图书馆与贵阳市人民政府合作开展的王阳明文献典籍普查、复制和研究项目稳步开展，交付高仿古籍 120 种 799 册、碑帖 45 种 54 册件；汇总修订篇目索引表格，65 部书约 24100 条；撰写普查目录、篇目索引说明，调整分类；制作相关附录 4 种（王阳明相关碑帖目录、谱传资料目录、方志辑录诗文目录、传承人物著述目录）；进行王阳明数据库校对，抽检 10 种 270 页；撰写书目提要以及录入序跋文字。9 月，《王阳明珍本文献丛刊（明刻本）》（全 15 册）由社会科学文献出版社出版，汇集 7 种阳明文献：①七卷《王阳明遗书》（明刻本），②十三卷《阳明先生别录》（明刻本），③五卷外集九卷别录十四卷《阳明先生文录》（明嘉靖刻本），④五卷外集九卷《阳明先生文录》（明刻本），⑤三卷续录二卷《传习录》（明刻本），⑥八卷《王文成公文选》（明崇祯六年刻本），⑦四卷《阳明先生文选》（明万历赵友琴刻本）。所选版本均为首次出版，具有文献学、版本学价值和阳明学研究价值。

与北京出版集团有限责任公司签署有关北京舆图、与浙江玄珠致文化艺术发展有限公司等机构签署有关《赵城金藏》等的开发合同，系 2018 年规模较大的文献开发项目。

（二）普通古籍

2018 年，馆藏普通古籍的整理开发涵盖史籍史料、书目版本、文学艺术、方志地理、哲学宗教、金石文献、综合文献等方面。

史籍史料方面：①《中国古籍珍本丛刊·复旦大学图书馆卷》（全 52 册）。该书是“十二五”国家重点规划图书出版项目——《中国古籍珍本丛刊》系列之一种，收录复旦大学图书馆收藏的珍本古籍 80 种，其中经部文献 10 种，包括《晦庵先生校正伊川易传》《安定先生周易系辞》等；史部文献 23 种，包括《东莱校正晋书详节》《五代史记》等；子部文献 18 种，包括《冲虚至德真经》《录异记》等；集部文献 29 种，包括《楚辞后语》《唐贾浪仙长江集》等。②《集部辑佚文献汇编》（全 100 册）。在充分利用前人丰富辑佚成果的基础上，该书依据《四库全书》的排序方式，参考孙启治、陈建华二位先生《古佚书辑本目录（附考证）》的搜辑成果，将自宋代以来特别是明清文人学者辑佚整理的先秦及汉魏六朝时期的别集、诗文评文献汇编为一帙，努力做到有章可循，搜辑力求完备。同时，对所据文献底本仅作搜辑分类，影印出版，并制作书目索引，既保持文献的文本原貌，又便于翻检使用，为研究先秦汉魏六朝的历史、文学、语言、哲学等提供丰富的资料。③《子部辑佚文献汇编》（全 24 册）。该书是《历代辑佚文献分类汇刊》之一种，此前已陆续出版《经学辑佚文献汇编》（2010）、《史学辑佚文献汇编》（2016）和《集部辑佚文献汇编》

（2018）。该书收录先秦诸子类、儒家类、兵书类、农家类、医家类、历算类、术数类、艺术类、杂学类、典故类、小说类、道家类等内容，这些资料是搜集前人已有的辑佚成果，将增加子部文献的基础建设，推进中国学术史的研究。

书目版本方面：《加拿大多伦多大学慕氏藏书目（外1种）》（全5册）。该书为影印加拿大多伦多大学东亚图书馆藏慕氏藏书目而成。此次编辑时特将慕学勋自编、自刊《蓬莱慕氏藏书目》附于书后，并编制书名索引。"慕氏藏书"的原收藏者为山东蓬莱人慕学勋（1880—1929），涉及经、史、子、集各部。慕学勋去世后，其子将图书出售给加拿大英国圣公会河南教区主教怀履光（Bishop William C. White 1873—1960）。慕氏藏书购买成交后，在北京的美国公使馆退休的海军武官义理寿（Irvin Van Gillis 1875—1948）招募10名中国助手为慕氏藏书编目。与中国传统的编目信息相比，义理寿的书目更加注重对内容的分析，并通过索引号串联起相关书籍。该书即是义理寿以"多伦多大学中文图书馆"（The University of Toronto Chinese Library）的名义编纂的《慕氏藏书目》。

文学艺术方面：①《清代家集丛刊续编》（全201册）。家集是家族性文学总集，有时也收录少量集部以外的著述，在目录著录中通常收入集部的总集类，或者收入单列的丛书类。清人自编及民国时期编辑的清人家集，总数1234种，其中已经收录1006种，见于著录及未能查访的有228种。2015年推出《清代家集丛刊》200册，得到学界的重视和肯定，为满足广大学者的研究需要，此次又选辑清代重要家集近179种，遂成"续编"。②《古本戏曲丛刊七集》（14函170册）。该书在内容上承接《古本戏曲丛刊六集》，收录清康熙至乾隆时期传奇杂剧92种，绝大多数为海内外藏书机构收藏的孤本或珍本，如哈佛燕京图书馆藏《文渊殿》、国家图书馆藏《情中幻》和《雷峰塔》、中国艺术研究院藏《双金牌》等，均为从未影印出版过的孤本。③《国家图书馆藏〈牡丹亭〉珍本丛刊》（全16册）。《牡丹亭》与《紫钗记》、《邯郸记》、《南柯记》合称"玉茗堂四梦"，是明代戏曲家汤显祖的代表作。该书选录国家图书馆收藏的10多种明清珍贵版本《牡丹亭》，将明代的《牡丹亭》善本囊括其中，为戏曲研究者和爱好者提供《牡丹亭》版本流传、演变的珍贵资料。

方志地理方面：①《中国国家博物馆藏稀见方志丛刊》（全14册）。该书收录明、清及民国时期的方志29种。这批方志在版本特征上包括刻本、钞本、稿本、活字本、铅印本等，在内容上有省志、府志、县志、山水志、寺院志、舆图等，尽管规模不大，但涵盖面较广，此次整理是国家博物馆所藏古籍首次大规模集中亮相。②《湖北省图书馆藏稀见方志丛刊》（全100册）。该书是"著名图书馆藏稀见方志丛刊"第27种。湖北省图书馆方志收藏数量大、质量高，很有特点，除湖北地区方志较为全面，在全国各地的旧志收藏也名列前茅。此次从其所藏5000多种方志中遴选出在全国收藏单位5家以内的90多种，其中稿抄本近半，堪称孤本，范围覆盖20多个省区，是一批质量非常高的旧方志汇编。

哲学宗教方面：《老子道德经二卷》（1函2册）。河上公注《老子道德经》始见于《隋书·经籍志》，道家类载《老子道德经》2卷，汉文帝时河上公注。《老子道德经》历世治之者众也，其著作版本可谓多矣。然是本，查《中国古籍善本书目》等书，诸明本中无此左右双边者，且刊印甚精，似为嘉靖间刊者。

金石文献方面：《秦晋豫新出土墓志蒐佚三编》（全4册）。该书收录东汉到民国间碑志900余种，皆为近年新出土或以前出土未曾著录的墓志，极具文史及书法价值。每种墓志从墓志名称、首题、墓志尺寸、志盖文字及尺寸、卒葬年月及撰书镌者、出土时地等六个方面为读者提供精确的描述，使这些碑志文献真正起到“校史书之谬误、补典籍之缺失”的作用。

综合文献方面：《永乐大典》（全164册）。举世闻名的《永乐大典》是世界文化遗产中的珍品。全书凡22877卷、目录60卷，分装10095册，存有永乐正本、嘉靖副本2部。但正本的下落，虽有种种猜测，至今未见片纸只字，所谈《永乐大典》，皆是指嘉靖副本。清乾隆间修纂《四库全书》，曾对《大典》做过清点，已缺2000余卷，尚存十分之九，大体完备，故清王朝修《四库全书》《全唐文》等都利用过《大典》。1900年，八国联军入侵北京，《永乐大典》惨遭厄运，绝大部分被焚毁，少数幸存，亦遭侵略军糟蹋、抢夺。传世至今的嘉靖副本残卷约820卷，仅及原书的百分之四，而且散藏在十余个国家和地区的数十个公私收藏机构。

二、民国时期文献整理出版

2018年，持续加大民国时期文献开发力度，开发的图书包括“民国文献资料丛编”“名人日记信札”“抗战及对日战犯审判文献”等。

民国文献资料丛编方面：①《民国文献类编续编》（全1000册，另总目1册）。该书为《民国文献类编》的续编，分社会卷、政治卷、法律卷、军事卷、经济卷、教育卷、文化艺术卷、历史地理卷、医药卫生卷、科学技术卷共10卷，每类下分若干子类，收录文献约3000种，全1000册，另总目1册。所收文献的时间跨度为1911—1949年，文献类型以图书为主，包括平装、线装，兼收手稿、档案等，有铅印本、石印本、油印本、稿本等。文献以存世较少、较为珍稀的官方、机构和相关团体的出版物、内部资料和地方文献为主，选目兼顾内容的重要性和版本的稀见性，是研究近代史、民国史的大型基础文献。②《民国时期县政史料汇编》（全30册）。该书收录民国时期县政资料若干种，包括：县政体系建设，主要为中央部门有关县政的制度、讨论、计划、决议、历年颁行法律法规等；县政建设言论，包括民国时人有关县政诸问题的讨论和县政改革的建议；县政建设实践，包括各地方县政档案、统计资料、县政报告、县政概况以及县长统计、考试、选用、考核奖惩等，还收录部分县长从政回忆录及笔记。本资料的出版可为研究者深化民国时期县政研究提供丰富的资料支撑。③《河北省政府公报（附1种）》（全160册）。该书收集民国十七年（1918年）八月至民国三十七年（1948年）十一月间出版的河北省政府公报达8万页以上。公报刊载其时河北省政府及其办事机构在从事公务活动过程中形成的各类文书，如法律条例、规章制度、办事细则、宣言声明、布告令示、条约协定、施政计划、工作报告、会议记录、会统报表、任免调令、铨叙奖惩、文牍函电等，记录当时当地历史风貌和政务活动。其规模之巨，在民国时期各类公报当中亦十分罕见。《公报》卷帙浩繁，各大图书馆均无完备收藏，比较分散，且数量不多，严重影响学者对其的利用。有鉴于此，国家图书馆出版社以国图馆藏为基础，加以多方补配，将全部公报分辑影印出版，为读者利用和研究这一大型史料提供便利。

名人日记信札方面：①《清华大学图书馆藏稿钞本日记丛刊》（全24册）。日记之史料价值，向为前人所重。此次与清华大学图书馆合作整理馆藏日记，遴选珍稀稿钞本日记15种，涉及历代各界名人要员，从不同角度、不同侧面反映当时的时代背景、政治局势、社会生活、友朋往来以及私人生活等，内容极为丰富。②《黄体润日记：一九三三——一九三九》（全6册）。该书为国家重点档案，共50卷40余万字。黄体润（1896—1996），字玉山，江苏丰县人，是民国时期国民党丰县地方党、政、军首脑人物之一。该书主要记述1933—1939年黄体润在丰县活动的状况，内容涉及个人起居生活、亲友交往、读书笔记、随感，还包含这一历史阶段中政治、经济、军事、文化、教育及自然灾害、水利、地理气象等诸多方面的变革、事件和活动，内容翔实丰富，特别是抗战、军队布防等内容为研究淮河流域抗战历史提供大量第一手资料，是抗战背景下全国的缩影和体现。

抗战及对日战犯审判文献方面：①《抗日战争史料丛编：第四辑》（全50册）。该丛编以影印的方式，汇辑抗战时期政治、经济、军事等方面的重要文献数千种，其中第一辑于2014年出版，主要收录军事方面的文献500余种，精装100册；第二辑于2015年出版，主要收录军事方面的文献300余种，精装50册；第三辑于2016年出版，主要收录前二辑中未曾收录的部分军事、政治类文献。此次出版的第四辑内容为战时经济专辑，包括经济动员、经济建设，以及战时经济理论方面的著述。②《建川博物馆藏侵华日军家书》（全八册）。建川博物馆藏侵华日军家书共计3000余件，已被认定为国家一级文物。在这些士兵的书信中记录了他们在中国的生活起居、各地见闻、军事训练、作战情况、战争感受、思乡之情等诸种情形，是真实的、原始的、基础的战争证物，具有很高的历史价值、文献价值。此次将其影印刊出，以期对国内的抗日战争史研究有所裨益。

其他方面：①《刘咸炘著述手稿汇编》（全18册）。刘咸炘是近代四川著名学者，他的作品内容涉猎宽、学术价值高，于中国古代文学、历史、哲学、校雠、版本、目录、民俗、宗教、方志学、文字学、语言学、佛学、道学的研究均有建树，尤精于史学、校雠学。本书为四川省图书馆所藏的部分刘咸炘稿本文献，均系首次对外公开，对促进相关文史领域研究及刘咸炘学术思想的研究，具有较为重要的价值。②《宁夏民国日报》（全5册）。《宁夏民国日报》初期每日出版四开报一张，后改为对开报。除登载国民党中央通讯社等的电讯稿外，也登载不少宁夏当地的新闻事件等，具有较明显的地方特点。该日报在当时发行量不过千份，大都为党政机关、部队所订阅，广大群众较少接触到。此次将其影印出版，以便利学林和一般读者。

三、文献数字化

（一）国家社科基金“抗日战争研究专项工程”有关项目

2018年，“抗日战争研究专项工程”之“日本对华调查档案资料整理和数字化”项目推进数据库建设。完成日本所藏东亚同文书院调查资料30万页的数字化工作；赴南京等地调研相关文献收藏情况，并撰写调研报告，同时撰写项目中期验收材料。该项目已通过年度中期审核并获得第三期滚动资助。

（二）数字出版项目

“《中华传统文化百部经典》网络出版工程”入选2018年新闻出版改革发展项目库；“国家图书馆藏清代样式雷图档——中国传统建筑图档复合应用平台”入选2018年度中央文化产业发展专项资金项目；“珍贵古籍的全面整理与开发”（预算支出方向：弘扬中华优秀传统文化）入选2018年度中央文化企业国有资本经营预算支出项目；“北京皇家园林建筑图档资源库”入选2018年北京典籍与经典老唱片数字化出版项目。

“民国图书数据库”完成4期3万种图书上线，实现全部18万种图书全文数字化（参见“年度掠影”之“‘中国历史文献总库·民国图书数据库’实现重大升级”）；“近代报纸数据库”完成一、二期上线，实现16万篇文章全文数字化；“国家古籍资源库”完成平台搭建工作，入库古籍8万种。积极开展数字资源个性化服务：为广州大典办公室提供“已整理出版的民国文献中广东文献析出项目”数字支持；建设“广东地方历史文献数据库”，提供涉及广东专题文献1万种；为吉林省图书馆等开展数字资源项目建设服务；完成文化产业发展专项资金项目“抗战及中日关系史料平台”和“协同编辑及复合出版工程”的结项工作。

四、学术期刊编辑出版

（一）《中国图书馆学报》

2018年，学报编辑部完成中文刊1—6期编辑出版发行工作，审稿1065篇，发文50篇；完成英文年刊的组稿、翻译、审校、编辑和出版工作。完成《中国图书馆学报创刊六十周年文选》和《图书馆员论文撰写与投稿指南》的编辑、校对和出版工作。

会议方面，举办主题为“合作，开放，共赢：国际图情出版的未来”的图书馆学期刊与年鉴编辑出版专业委员会会议，重点讨论“图情学术成果的国际传播与共享”，与会期刊共同发布“共同推进图书馆学情报学期刊开放获取联合倡议”。网站建设方面，继续完善图书情报学学术资源库，回溯1979年以前的旧刊，以及民国时期的相关资源，查缺补漏，完成后拟发布到网站上供读者查阅；启动“图书情报学学术资源库”模块，海外部分资源已经整理完成并上传网站，定期更新补充，以摘要的形式推介海外图情领域重要著作，供学界参考交流。

《中国图书馆学报》连续多年被评为全国优秀图书馆学期刊。在北京大学《中文核心期刊要目总览（2014年版）》、南京大学《中文社会科学引文索引来源期刊目录（2014—2015年）》、中国社会科学院《中国人文社会科学核心期刊要览（2013年版）》及武汉大学《中国学术期刊评价研究报告（2015—2016年）》中均居图书馆、情报与文献学类期刊第一位。还被国际上许多著名的检索期刊如《乌利希国际期刊指南》《图书馆文献》和《最新连续出版物题录》等收录。2012 年成为首批获得国家社科基金资助期刊之一。2014 年 11 月，中国社会科学院中国人文社会科学评价中心发布的《中国人文社会科学期刊评价报告（2014 年）》中，《中国图书馆学报》入选全国人文社科顶级期刊，并在所有人文社会科学顶级期刊中排名第五。2015 年 3 月，《中国图书馆学报》在第四届《中国学术期刊评价研究报告（武大版）（2015—2016）》中，被中国科教评价网、武汉大学中国科学评价研究中心、武汉大学图书馆评为“RCCSE 中国权威学术期刊（A+）”。《中国图书馆学报》被《中国学术期刊（光盘版）》电子杂志社有限公司、清华大学图书馆、中国学术文献国际评价研究中心评为“2015 中国国际影响力优秀学术期刊”。

《中国图书馆学报》2018 年全 6 期

（二）《国家图书馆学刊》

《国家图书馆学刊》是由文化和旅游部主管、国家图书馆主办，国内外公开发行的图书情报专业学术刊物，主要面向国内外图书馆、高等院校及科研单位的广大图书情报专业工作者。是《中文社会科学引文索引》（CSSCI）来源期刊、《中文核心期刊要目总览》收录期刊，入选《中国人文社会科学核心期刊要览》《“中国人文社会科学综合评价 AMI”核心期刊》《复印报刊资料重要转载来源期刊》。

《国家图书馆学刊》2018 年全 6 期

2018 年，《国家图书馆学刊》全年来稿量 1400 多篇，刊发 77 篇，另刊登“业界动态”17 条。主要栏目有“专家视点”“专题研究”“政策与法规研究”“管理与服务”“资源建设”“信息组织”“技术应用”“文献保护”“图书馆史研究”等。为充分反映图书馆学研究与图书馆事业发展重点，本年度围绕“公共图书馆法”“公共图书馆文献信息处置制度”“移动图书馆用户体验”“图书馆空间建设”“地方志资源的数字化建设与应用”等进行探讨和研究。

（三）《文献》

《文献》杂志创刊于1979年，是由文化和旅游部主管、国家图书馆主办的学术刊物。内容以披露国家图书馆的丰富馆藏和其他公私家典藏的、国内外新近发现的、具有重要价值的各种古、近代文献资料及其研究成果为主。着重发表古文献学、训诂学、校勘学、目录学、版本学、辨伪学、辑佚学等选题的研究论文，同时重视报道海外汉学研究进展。刊物从文献学的角度，为促进和繁荣我国传统文化及其研究事业服务。2018年共出版6期，刊发各类稿件110篇。本年度继续利用“国家古籍保护中心”“古代小说网”“古文献学微刊”“精一文献”等多个较为成熟的微信公众号刊布各期目录和内容摘要，成效显著，有更多学者对已刊发文章给予高度关注。另外，2019年是国家图书馆建馆110周年，同时也是《文献》创刊40周年，为此编辑部策划多项纪念活动，并于2018年开始着手前期筹备工作。

《文献》2018年全6期

五、年鉴编辑出版

（一）《中国图书馆年鉴》

《中国图书馆年鉴2018》全面反映2017年中国图书馆事业的发展状况。正文采用分类编辑法。设立特载、纪事、图书馆事业、学术研究与活动、法律法规与政策性文件、专业文献、统计资料、年度大事记、图书馆活动图辑、综合索引10个栏目。其中“特载”栏目重点反映《中华人民共和国公共图书馆法》正式发布，“纪事”栏目重点反映《“十三五”时期全国公共图书馆事业发展规划》印发、《“十三五”时期全国古籍保护工作规划》发布、举办“中华古籍保护计划”实施十周年纪念活动、开展第六次全国县级以上公共图书馆评估定级工作等年度内在全国图书馆界产生较大影响的事件。

2018 卷共收到原始稿件 165 万字，图片 358 幅；最终定稿 135.6 万字，图片 185 幅。12 月交付国家图书馆出版社出版。

《中国图书馆年鉴 2018》

（二）《国家图书馆年鉴》

《国家图书馆年鉴 2018》全面记录国家图书馆在 2017 年的工作全貌，系统、准确地反映国家图书馆 2017 年各项事业的发展情况，为读者了解和研究国家图书馆提供基础数据和资料。全书共分为综述、特别记载、基础业务工作、服务工作、国家数字图书馆建设与服务、重点文化工程及项目、文献整理与编辑出版、学术与科研、对外交流与合作、机构与人事管理、设施建设与安全保卫、党建与群团活动、统计资料、重要文件选编、媒体报道、年度大事记、综合索引 17 个栏目。其中，有 3 个栏目的名称根据实际工作进行调整："国家数字图书馆建设"更名为"国家数字图书馆建设与服务"；整合往年"文献整理与开发"和"编辑与出版"2 个栏目，组成新的栏目"文献整理与编辑出版"；"机构与人员"更名为"机构与人事管理"。

《国家图书馆年鉴 2018》

《国家图书馆年鉴 2018》于 2018 年 12 月由国家图书馆出版社出版，全书共计 62 万字，图片 156 幅，统计表 29 个。

六、专业文献编辑出版

国家图书馆出版社 2018 年度出版图书 359 种，比去年同期减少 3.23%。其中新版书 284 种，比去年同期增加 13.15%；重印书 75 种，比去年同期减少 37.5%。全年销售额收入稳步增长，发货码洋 2.29 亿元，比去年同期增长 34%。

（一）重点图书的出版

2018年，《中华传统文化百部经典》出版《吕氏春秋》《韩非子》《墨子》《传习录》《左传》5种图书（参见“重点文化工程及项目”之《中华传统文化百部经典》）；《鲁迅手稿全集》完成各收藏单位手稿的图像采集和著录，开始初步编纂（参见“重点文化工程及项目”之《鲁迅手稿全集》）；中华古籍保护计划之《全国古籍普查登记目录》出版《临海市图书馆古籍普查登记目录》《吉林省图书馆古籍普查登记目录》等19种目录，《国学基本典籍丛刊》出版《宋本十一家注孙子》等35种175册，《孔子博物馆藏孔府档案汇编》出版《明代卷》（参见“年度掠影”之“《孔子博物馆藏孔府档案汇编·明代卷》在山东曲阜发布”），《梁启超：永远的少年》《梁启超手稿精粹》完成出版；民国时期文献保护计划出版《民国时期图书总目·哲学》（参见“年度掠影”之“民国时期文献整理与研究国际研讨会在上海师范大学召开”），另出版《抗日战争史料丛编：第四辑》《民国时期西康资料汇编》等18种1592册；“中国珍贵典籍史话丛书”出版《〈福建舆图〉史话》等2种。

出版“十一五”国家重点图书出版规划项目“著名图书馆藏稀见方志丛刊”2种（吉林省图书馆卷、湖北省图书馆卷）；“十二五”国家重点图书出版规划项目《中国古籍珍本丛刊》2种（复旦大学图书馆卷、暨南大学图书馆卷）、《集部辑佚文献汇编》、《子部辑佚文献汇编》、《哈佛燕京图书馆藏古籍珍本丛刊·史部》；“十三五”国家重点图书出版规划项目《中国书院文献丛刊（第一辑）》［参见“年度掠影”之“《中国书院文献丛刊（第一辑）》出版”］；2011—2020年国家古籍整理出版规划项目《国家图书馆藏样式雷图档·颐和园卷》（参见“年度掠影”之“《国家图书馆藏样式雷图档·颐和园卷》新书发布会在颐和园举行”）、《古本戏曲丛刊七集》（国家古籍整理出版资助项目）；国家出版基金项目《中国社会科学院近代史研究所藏“满铁剪报”类编》；国家古籍整理出版资助项目《上海图书馆藏稿钞本日记丛刊提要》《清代家集丛刊续编》；国家社科基金后期资助项目《纳博科夫文学思想与当代西方文论》《互联网时代媒体平台经济发展的理论与实践》《传播侵权研究》。

（二）申报项目和参评奖项

1. 申报“十三五”国家重点图书出版规划增补项目

获得批准6项：《中国远征军档案汇编》《和刻本中医古籍珍本丛刊》《大英图书馆藏中国古籍目录》《韩国藏中国古籍总目》《美国芝加哥大学图书馆藏中文古籍善本书志》《中国书院文献丛刊（第一辑）》（参见“年度掠影”之“国家图书馆出版社6个项目增补入选“十三五”国家重点出版物出版规划”）。《清代灾赈档案史料汇编》出版单位变更为国家图书馆出版社。

2. 申报各类重点项目

申报2018年度国家出版基金项目，获得批准2项：《中国历史编纂学史》《东亚同文书院中国调查手稿丛刊续编》。另获批国家出版基金2018年主题出版项目1项：《中国京剧百部经典外译系列（第五辑、第六辑典藏版）》。

获得2018年度国家古籍整理出版资助8项：《汉魏六朝集部珍本丛刊》《国家图书馆藏样式

雷图档·颐和园卷》《孙诒让稿本汇编》《清代进士传录》《上海图书馆藏珍本年谱丛刊续编》《清华大学图书馆藏稿钞本日记丛刊》《大英图书馆藏中国古籍目录》《上海图书馆藏涉园稿钞校本丛书》。

获2018年国家社科基金后期资助项目出版4项：《传播侵权研究》《互联网时代的影像新闻研究》《颠覆与重构：危机传播新论》《中国近代书刊形态变迁研究》。

3. 优秀图书评奖

《中华传统文化百部经典》（1—10种）荣获第十三届文津图书奖；《清代诗文集珍本丛刊》（参见"年度掠影"之"《清代诗文集珍本丛刊》出版面世"）、《历代赋学文献辑刊》荣获2017年度全国优秀古籍图书奖一等奖，《普林斯顿大学图书馆藏中文善本书目》《德国柏林民族学博物馆藏〈永乐大典〉》《国家图书馆藏样式雷图档·圆明园卷续编》《明清孤本戏曲选本丛刊（第一辑）》获二等奖，《中华传统文化百部经典》（首批十种）获普及读物奖；《谢辰生先生往来书札续编（附日记）》荣获2017年度全国文化遗产十佳图书；《赣州年鉴（2017）》获第五届全国地方志优秀成果（年鉴类）特等奖（地市级综合年鉴类），《江西年鉴（2017）》获一等奖（省级综合年鉴类），《惠山年鉴（2017）》《信州年鉴（2017）》获二等奖（县区级综合年鉴类）；《中国图书馆史》荣获第一届中国图书馆史志优秀图书特等奖，《宁夏图书馆志》《湖北省图书馆百年纪事》获一等奖（参见"年度掠影"之"《中国图书馆史》《宁夏图书馆志》《湖北省图书馆百年纪事》分别荣获第一届中国图书馆史志优秀图书特等奖和一等奖"）；《赣州年鉴》《信州年鉴》获江西省第三届年鉴质量评比一等奖；《中国古籍修复纸谱》获九届全国书籍设计艺术展入围奖。

年度掠影

【中国记忆项目出版《一生一事——顾方舟口述史》《锦绣流光——黄能馥口述史》】

2018 年，“中国记忆·学者口述史”丛书又添新成员，《一生一事——顾方舟口述史》《锦绣流光——黄能馥口述史》分别于 5 月和 11 月由商务印书馆正式出版。

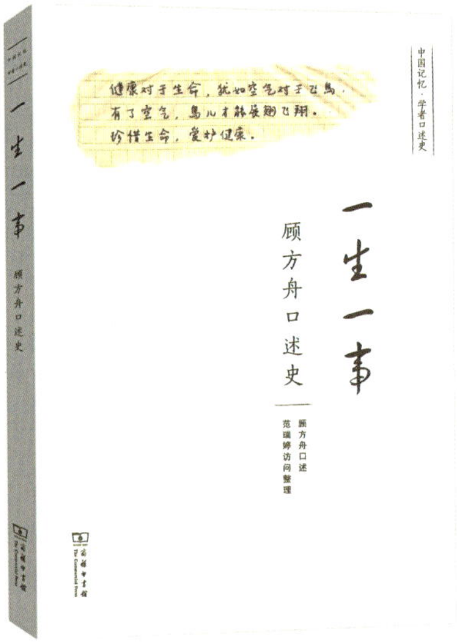

《一生一事——顾方舟口述史》

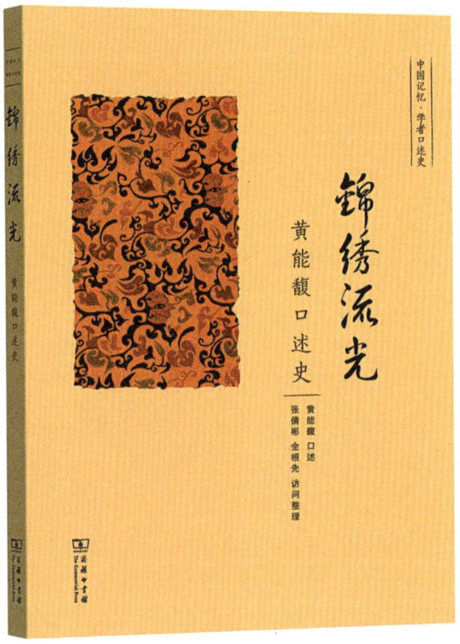

《锦绣流光——黄能馥口述史》

《一生一事——顾方舟口述史》由顾方舟先生口述，国家图书馆中国记忆项目中心历时 3 年访问整理，经顾先生多次修改后最终定稿，生动叙述顾先生 9 0 多年来的风雨历程。该书获得中国图书评论学会举办的 2018 年度“中国好书”称号。顾方舟先生是我国著名的医学科学家、病毒学家，为我国研制活疫苗消灭脊髓灰质炎做出重大贡献，2000 年，中国成为无脊灰国家。顾先生 1948 年底加入中国共产党，1950 年毕业于北京大学医学院。1951 年留学苏联，1955 年获苏联医学科学院医学副博士学位。1957 年正式转向脊髓灰质炎的研究。1960 年带领团队试制成功我国第一批脊灰（Sabin 型）活疫苗 500 万人份，并于 1962 年研制成功脊灰糖丸活疫苗。1964 年底，正式调入中国医学科学院医学生物学研究所任副所长。1978 年被国务院任命为中国医学科学院副院长、中国协和医科大学副校长，1984 年任院、校长。系中国科协常委、中国免疫学会名誉理事长、英国皇家内科学院（伦敦）院士、第三世界科学院院士等。

《锦绣流光——黄能馥口述史》由服饰史学家黄能馥先生口述，国家图书馆中国记忆项目中心访问整理，黄先生修改定稿。该书展现黄先生 90 多年的人生历程。黄能馥先生是我国当代著名服饰史、丝绸史专家，长期致力于中国传统装饰图案、服饰史、丝绸史的研究工作，填补了中国丝绸史史前时期研究的空白。黄先生1953年中央美术学院实用美术系毕业，1955年该院研究生毕业后留校任教，参与筹建中央工艺美术学院，后任染织系教授。教学之余，笔耕不辍，著作等身，其中主编的《中国美术全集·印染织绣》获全国首届美术图书特别金奖、首届国家图书奖荣誉奖，与夫人陈娟娟合著的《中华文化通志·服饰志》获第四届国家图书奖、《中国丝绸科技艺术七千年》获第六届国家图书奖、《中华历代服饰艺术》获第十二届中国图书奖。

【《自将摩挲认前朝——宋绍定井栏题字释注》、《宋绍定井栏题字册》（复制本）新书首发座谈会在北京举行】

2月4日，由中国航空工业集团公司科学技术委员会、国家图书馆出版社、上海科学技术文献出版社共同主办的《自将摩挲认前朝——宋绍定井栏题字释注》、《宋绍定井栏题字册》（复制本）新书首发座谈会在京举行，来自文化界、出版界、科技界的相关机构领导、专家学者以及顾诵芬夫妇，就两部新书发布的历史渊源和价值意义展开座谈。中国著名飞机设计师、飞机空气动力学家、两院院士顾诵芬就《宋绍定井栏题字册》的家族渊源、文化价值及为此付出的努力向出席的各位代表进行交流。国家图书馆出版社社长魏崇介绍《宋绍定井栏题字册》（复制本）的出版过程以及国家图书馆出版社的相关图书出版情况。上海科学技术文献出版社社长梅雪林、上海图书馆历史文献中心主任黄显功等与会代表也发表讲话。

宋绍定井栏的题咏册页留题较为集中在1931年及以后，留题者钱锺书、胡适、吴湖帆、张元济等名人大家凭借自己的智慧，运用广博的历史知识将久远的历史拉近，写下自己对历史和社会的邃密探究与对民族危难的深切关注。1981年，顾诵芬的父亲顾廷龙将珍藏的井栏石捐赠给苏州博物馆，之后顾诵芬又遵父嘱将“井栏题咏”册页捐赠给苏州博物馆。2018年，国家图书馆出版社出版此题字册复制本。

《自将摩挲认前朝——宋绍定井栏题字释注》、《宋绍定井栏题字册》（复制本）新书首发座谈会

【《清代诗文集珍本丛刊》出版面世】

4月26日，《清代诗文集珍本丛刊》出版座谈会暨文学文献整理学术研讨会在国家图书馆古籍馆举行。来自北京大学、清华大学、北京师范大学、中国社会科学院、人民文学出版社、国家图书馆、天津图书馆、上海图书馆等单位的专家学者出席，共同见证《清代诗文集珍本丛刊》的

出版面世。

清代集前代思想学术文化之大成，其诗文之盛亦远超前代。国家图书馆古籍馆和国家图书馆出版社广泛征求专家学者的建议，整理出版以国家图书馆珍藏为主体的《清代诗文集珍本丛刊》。该书作为国家图书馆出版社《历代诗文集汇刊》系列的第一种，收录国家图书馆珍藏的诗文集文献1300余种，囊括从明末清初的范凤翼、王琢璞、钱谦益到清末民初的胡薇元、徐本元、潘宗和等的诗文集著作。在此之前，国家清史纂修工程出版了较大规模的文献整理项目——《清代诗文集汇编》，共收录清代诗文集4000余种，是我国迄今第一部以影印方式出版的断代诗文总集。国家图书馆出版社此次整理出版的《清代诗文集珍本丛刊》，在前作的基础上，继续对清代诗文集文献进行整理发掘工作。此次出版座谈会，与会专家学者围绕《清代诗文集珍本丛刊》进行深入探讨。

【《中国图书馆史》《宁夏图书馆志》《湖北省图书馆百年纪事》分别荣获第一届中国图书馆史志优秀图书特等奖和一等奖】

5月11—14日，由中国图书馆学会学术研究委员会主办，中国图书馆学会学术研究委员会图书馆史研究专业委员会、河南师范大学图书馆等承办的第三届图书馆史学术研讨会在河南新乡召开。会上举行第一届中国图书馆史志优秀图书颁奖仪式。国家图书馆出版社出版的《中国图书馆史》荣获特等奖，《宁夏图书馆志》《湖北省图书馆百年纪事》荣获一等奖。其中，《中国图书馆史》由国家图书馆馆长韩永进主编，汇聚北京大学、中山大学、武汉大学、国家图书馆的科研团队，历经7年编纂而成。该书是一部中国图书馆通史，是对先秦至今3000多年藏书史及图书馆发展史的全面记录，也是对我国图书馆事业发展成就及经验教训的深刻总结；入选国家“十三五”重点图书出版规划，是国家社科基金后期资助项目。《宁夏图书馆志》专门记述宁夏回族自治区图书馆自1958年9月成立到2007年底的发展历程。《湖北省图书馆百年纪事》是《湖北省图书馆百年馆庆系列丛书》之一，记录湖北省图书馆1904—2004年百年步履，展示湖北省图书馆百年事业成就，总结历史经验，启迪未来发展，为当代人提供信息，为后来者保存史料。

【民国时期文献整理与研究国际研讨会在上海师范大学召开】

6月7—8日，由上海图书馆、国家图书馆出版社、上海师范大学共同主办的“回眸与展望：2018民国时期文献整理与研究国际研讨会”在上海师范大学召开。来自美国、博茨瓦纳等国，以及北京、天津、河北、河南、湖北、湖南、江苏、浙江、安徽等10余个省（自治区、直辖市）及上海地区的图书馆、出版社、高校、科研院所等学界、业界同人230余人参会。国家图书馆常务副馆长陈力致开幕辞，国家图书馆民国文献保护工作办公室主任马静、中山大学历史系教授桑兵做主旨报告。会议还举行《民国时期图书总目·哲学》新书发布仪式。

【《国家图书馆藏样式雷图档·颐和园卷》新书发布会在北京颐和园举行】

6月28日，《国家图书馆藏样式雷图档·颐和园卷》新书发布会在北京颐和园举行。该书是

《国家图书馆藏样式雷图档·颐和园卷》

《国家图书馆藏样式雷图档》的颐和园卷部分，收录国图藏清漪园、颐和园相关图档687件，其中图样608件，包括总图、景点图、装修图等；文档79件，包括《旨意档》《堂谕档》，以及与工程相关的说贴、略节和做法册等。样式雷图档相对于其他参考文献，最大的优点在于图文相参。因此，在充分整理研究的基础上好好利用样式雷图档，使学界对颐和园以及清末皇室和社会将有更深入和清晰的了解。在此之前，已经出版《国家图书馆藏样式雷图档·圆明园卷》及《圆明园卷续编》，之后还将继续出版《香山玉泉山卷》《清西陵卷》《清东陵卷》《王公府第卷》《家书卷》等10余卷样式雷图档。

“样式雷”是对清代200多年间主持皇家建筑设计的雷姓世家的誉称，是我国古代科技史上杰出代表，其创作涵盖都城、宫殿、园林、坛庙、陵寝等各类皇家建筑。据统计，现有2万余件样式雷图档存世，是世界建筑档案存世最多的一种。其中，国家图书馆收藏样式雷图档15000余件，是样式雷图档的最大收藏单位。为了更好地保护样式雷图档，促进图档的广泛利用，国家图书馆编辑出版馆藏全部图档，以为学术公器。

【国家图书馆出版社6个项目增补入选“十三五”国家重点出版物出版规划】

7月20日，国家新闻出版署下发《关于公布国家重点出版物出版规划调整情况的通知》（国新出发〔2018〕7号），国家图书馆出版社申报的《中国远征军档案汇编》（社会科学与人文科学出版规划）、《中国书院文献丛刊（第一辑）》（重大出版工程规划）、《和刻本中医古籍珍本丛刊》、《大英图书馆藏中国古籍目录》、《韩国藏中国古籍总目》、《美国芝加哥大学图书馆藏中文古籍善本书志》（古籍出版规划）6个项目增补入选《“十三五”国家重点图书、音像、电子出版物出版规划》（以下简称“十三五”规划），后4个项目同时列入2011—2020年国家古籍整理出版规划。

“十三五”规划由国家新闻出版署组织实施，是新闻出版领域服务“推动社会主义文化繁荣发展、建设社会主义文化强国”的主要抓手，由图书和音像制品、电子出版物两大部分11个子规划组成。经国家新闻出版署组织开展集中评审，从申报增补的3350个项目（其中图书项目3092个、音像电子出版物项目258个）中，最终确定“十三五”规划增补项目767个，其中图书项目709个、音像电子出版物项目58个。

国家图书馆出版社此次申报增补10个“十三五”规划项目、10个2011—2020年国家古籍整理出版规划项目。除6个入选项目外，撤销2011—2020年国家古籍整理出版规划项目1项：《国家图书馆古籍善本精品图录》；调整出版单位项目1项：《清代灾赈档案史料汇编》（出版单位由广西师范大学出版社变更为国家图书馆出版社）。调整后，国家图书馆出版社共承担“十三五”规划项目9项，2011—2020年国家古籍整理出版规划项目26项。

【“中国历史文献总库·民国图书数据库”实现重大升级】

2018年7月，国家图书馆出版社开发的“中国历史文献总库·民国图书数据库”在内容和功能上有重大升级，不仅完成4期建设，将上线图书增加到18万种，还完成全部18万种图书、3200余万页、100亿字的全文加工和上线。至此，“中国历史文献总库·民国图书数据库”在上线图书的种数上已远超其他同类数据库，并能够提供方便快捷的全文检索服务。

“民国图书数据库”是建设中的“中国历史文献总库”的重要子库。“中国历史文献总库”按照古籍、民国图书、近代期刊、近代报纸、历史档案、历史图片6种文献类型进行建设，每种文献类型为一个子库。各个子库既可以单独使用，也可以通过统一平台合并为总库，实现一次检索多种类型文献，为用户提供高效的文献发现系统，便捷的一站式检索、阅读服务；兼顾各学科教学和科研的需求，切实补充图书馆的馆藏，提供历史文献需求的整体解决方案。由于中国历史文献数量巨大，总库先期建设的是民国图书、古籍、近代报纸、历史图片子库，近代期刊、历史档案子库也正陆续推进中，预计完成时间为2020年。

【地方文献保护与整理出版研讨会在广州举行】

10月11—12日，由国家图书馆（国家古籍保护中心）、广东省文化厅指导，广州市委宣传部、市社科联、市文广新局主办，广州大典研究中心、国家图书馆出版社承办的地方文献保护与整理出版研讨会在广州举行。中共广东省委常委、广州市委书记张硕辅，中共广东省委常委、宣传部部长傅华，国家图书馆副馆长、国家古籍保护中心副主任张志清出席开幕式并致辞。中山大学党委书记、《广州大典》学术委员会主任陈春声，古籍文献学专家阳海清、黄灵庚等出席会议。广州市人大常委会主任、《广州大典》编纂委员会主任陈建华就《广州大典》编纂做主旨报告；国家图书馆出版社社长魏崇做题为“国家图书馆出版社地方文献出版的探索与实践”的主旨报告。会议设立“地方文献整理与研究”和“图书馆、地方志与地方文献保护整理”2个主题，共有来自全国20多个省、自治区、直辖市的230余名古籍文献工作人员参加。研讨会期间，举办“地方文献陈列展”，国家图书馆出版社将相关地方文献进行集中展示。

地方文献保护与整理出版研讨会

【《中国珍稀印谱原典大系》编纂研讨会在杭州召开】

10 月 18 日，由国家图书馆出版社和西泠印社出版社联合举办的《中国珍稀印谱原典大系》编纂研讨会在西泠印社出版社举行。国家图书馆出版社、西泠印社、国家图书馆、上海图书馆、南京图书馆、浙江图书馆等单位有关领导和专家出席。《中国珍稀印谱原典大系》由国家图书馆出版社和西泠印社出版社联合出版。整套丛书分 3 编出版，总量预计在 150—200 种之间，基本涵盖国内外珍稀印谱。每编各分专辑渐次推出。每辑采用通代混编的方式，均含古铜印谱、明清名人印谱、近代学术印谱 3 大类，并穿插其他特色印谱，形成各辑不同的结构次序与侧重。选取印谱时，注重原谱的文献价值。所选印谱均保留完整原貌，不任意删减，不取选本体式，即使页面无印蜕者或仅署版权页者，亦一并收入，以存真貌。与会专家表示，印谱原典大系是首次出版，对后世意义重大，也可以让更多人看到珍稀印谱的全貌。

【《中国书院文献丛刊》（第一辑）出版】

10 月 20—21 日，由湖南大学岳麓书院、湖南大学古籍整理研究所、国家图书馆出版社、上海科学技术文献出版社共同主办的《中国书院文献丛刊》（以下简称《丛刊》）新书出版座谈会暨第二届“明清书院文献与书院研究”研讨会在湖南大学岳麓书院举行。来自美国波特兰州立大学、北京大学、南京大学、中国社会科学院等十几所高校和藏书单位的 30 余位专家学者汇聚一堂，共同见证《丛刊》的出版，并围绕书院文献的价值等议题进行深入的学术研讨。湖南大学社会科学处处长侯俊军、湖南大学岳麓书院老院长陈谷嘉、国家古籍保护中心办公室综合组组长王沛、国家图书馆出版社总编辑殷梦霞共同为新书揭幕并分别致辞。《丛刊》主编邓洪波、国家图书馆出版社副编审南江涛分别就《丛刊》的编纂和出版工作做专题发言。会上还向岳麓书院赠送国家图书馆出版社出版的《国学基本典籍丛刊》61 种 300 册。

《中国书院文献丛刊》是国家社科基金重大项目“中国书院文献整理与研究”的阶段性成果，由邓洪波教授主持。经过 30 年的潜心研究和积累，其重要成果《丛刊》(第一辑)收录珍稀的书院文献 125 种，有书院志、书院文集诗集、讲义、会纪、课艺、日记，同门录、学规章程、山长志、学田志、藏书刻书目录等。编者为每种书撰写了详细的提要，不仅著录书名、作者、版本、馆藏单位等情况，还详细考证了每个书院的变迁史。

【《沈燮元文集》《南京图书馆藏稀见书目书志丛刊》在南京发布】

11 月 22 日，国家图书馆出版社出版的两部中华古籍保护计划重要成果《沈燮元文集》《南京图书馆藏稀见书目书志丛刊》新书发布会在南京图书馆举行。文化和旅游部公共服务司副司长陈彬斌，国家图书馆副馆长、国家古籍保护中心副主任张志清，新华书店总店总经理、《图书馆报》社长茅院生，中国古籍保护协会会长刘惠平，江苏省文化和旅游厅党组成员、副厅长裴旭，南京图书馆党委书记韩显红出席新书发布会。沈燮元先生在发布会上致辞，除表达对单位、领导和出版社的感谢之外，还对自己研究成果不多、版本目录学专著较少而表示遗憾，体现了先生的谦逊与治学的严谨。南京图书馆历史文献部青年员工为沈先生敬献鲜花，表达对先生崇高的敬意。《沈燮元文集》序言作者、著名版本目录学家沈津先生发表专题讲话，回顾了他与沈燮元先生数十年的交往，对沈先生的学术成就和人格进行高度评价，对国家图书馆出版社重视高龄学者著作的出版工作给予肯定和勉励。南京图书馆副馆长全勤介绍了《南京图书馆藏稀见书目书志丛刊》的编纂情况，强调《丛刊》的价值所在。国家图书馆出版社社长魏崇介绍《沈燮元文集》和《南京图书馆藏稀见书目书志丛刊》的出版细节，代表国家图书馆出版社表达对此次出版书籍在古籍整理保护方面的价值期许。随后，张志清、韩显红为两种新书揭幕。

【《孔子博物馆藏孔府档案汇编·明代卷》在山东曲阜发布】

11 月 26 日，《孔子博物馆藏孔府档案汇编·明代卷》新书发布会暨“新时代·新史料·新视角——孔府档案整理、出版与研究学术研讨会”在山东曲阜举行。此次会议由国家图书馆(国家古籍保护中心)、孔子博物馆、曲阜师范大学联合主办，国家图书馆出版社、孔子博物馆档案文献部、曲阜师范大学历史文化学院承办。

《孔子博物馆藏孔府档案汇编·明代卷》新书发布会赠书仪式

来自国家图书馆（国家古籍保护中心）、中国第二历史档案馆、山东省文化和旅游厅、中国社会科学院、北京大学、中国人民大学、山东省图书馆、孔子研究院、孔子博物馆、曲阜师范大学、国家图书馆出版社等多家单位的领导、专家学者及相关人员共约50人出席会议。曲阜市文物局局长、孔子博物馆馆长孔德平主持会议。中共曲阜市委书记刘东波致欢迎辞。国家图书馆副馆长、国家古籍保护中心副主任张志清，山东省文化和旅游厅一级巡视员周晓波，曲阜师范大学校长张洪海，世界孔子后裔联谊总会会长、中华孔子学会孔子后裔儒学促进委员会会长孔德墉先后发言。主办方分别向山东省图书馆、曲阜师范大学图书馆、孔子研究院、济宁干部政德教育学院、曲阜市档案馆、曲阜市图书馆赠送《孔子博物馆藏孔府档案汇编·明代卷》。

学术与科研

- 科研项目
- 学术成果
- 博士后科研工作站
- 图书馆事业发展研究与图书馆政策研究

学术与科研

一、科研项目

（一）立项情况

国家图书馆2018年获准立项国家社科基金项目3项，资助经费共计155万元。馆级课题立项项目24项，资助经费共计51万元（参见“统计资料”之四“科研项目”）。

（二）结项情况

2018年共结项21项。其中馆级项目17项、国家级项目4项（参见“统计资料”之四“科研项目”）。

二、学术成果

2018年国家图书馆员工完成的成果包括著作类（含参与编撰等）46部，论文324篇，国家标准3项。

文津出版基金资助著作8部，资助经费20万元。①刘鹏《清代藏书史研究论稿》，知识产权出版社出版。该书是作者对于清代藏书史及相关文献的研究成果。绪论部分，为清代藏书史的研究领域、史料范围、研究方法等问题的宏观论述。上编“怀瑾握瑜——藏书之家”，为清代藏书史的相关重要人物研究；中编“芸香永续——宋椠明抄”，为古籍善本的版本学和书籍史研究；下编“丹黄灿然——文字犹传”，为古籍题跋及古籍校勘学研究；附编“学步捧心”，为作者仿效先贤所撰藏书题跋及国家图书馆馆史研究。②李凡《国家图书馆参考工作史（1909—2008）》，国家图书馆出版社出版。国家图书馆的参考工作史是国家图书馆各部门协同发展，不断满足读者文献信息需求的历史，更是我国图书馆参考工作史乃至近现代文化史的缩影。该书分八个历史时期，系统研究1909—2008年国家图书馆参考工作的历史，梳理出国家图书馆参考工作从诞生、初步发展、艰难维持、走向新生、曲折前行、恢复发展、加速发展到开拓转型的百年发展历程，后附大事记。书中总结了国家图书馆参考工作的业务规律和工作方法，供图书馆参考工作者借鉴。③曹玉强《中文文献标引工作实用手册》，知识产权出版社出版。该手册适用于《中国分类主题词表》第三版，包括文献标引中的分类标引与主题标引，大致可分为两大部分：基础理论部分与应用部分，重点是文献标引特殊规则的应用。本手册注重理论知识的实际应用，通过列举大量实例说明问题，对于某些特殊问题尽可能用实例加以解释，循序渐进、通俗易懂，具有较强的实用性。所有实例均来源于“国家图书馆中文普通图书书目数据库”。④白鸿叶《样式雷》，国家图书馆出版社出版。

清代样式雷图档于2007年正式入选《世界记忆名录》。中国国家图书馆是世界范围内样式雷图档收藏数量最多、品种最全、内容最系统的机构，始终致力于向社会揭示样式雷图档并提供相关服务。全书共五章，分专题论述样式雷家族、样式雷图档以及样式雷参与设计和修建的建筑等。这是国家图书馆在完成大量编目、整理和研究工作的基础上，首次系统且全面地向社会介绍大国工匠样式雷及其图档。⑤雷亮《海外存藏日本战争罪行文献指要》，国家图书馆出版社出版。该书对美国国家档案馆、国际刑事法院、日本国立公文书馆、日本国立国会图书馆、美国麦克阿瑟纪念馆等9家机构所藏日本战争罪行文献资料进行较为系统的研究梳理，在调研并查阅大量原始文献基础上，汇总介绍各馆整体馆藏情况，分类说明重点专题馆藏，考证阐释部分重要文献，对各文献收藏机构的文献获取政策进行指引说明，从文献学角度为相关领域学者提供丰富、全面、专业的文献指引，助力学术研究。⑥马学良《哈佛燕京学社汉学引得丛刊研究》，社会科学文献出版社出版。该书通过系统研究引得丛刊的产生背景，哈佛燕京学社及其引得编纂处的成立过程、人员构成情况，引得丛刊的体例结构，从图书馆学、索引学的角度，全面、深入地剖析引得丛刊的特点、得失及学术贡献，总结引得丛刊本身所体现出的索引学思想，并在引得丛刊基础上探索性的对中华古籍语料库的建设及知识挖掘提出新的思路。⑦刘博涵《公共图书馆的残疾人服务：需求分析与案例》，国家图书馆出版社出版。公共图书馆承担为公众提供终身教育及平等获取信息的重要职能，有责任利用有效的方式使残疾人获得无差别文化服务。对残疾人而言，平等享受图书馆服务，对保障其生存权利、文化福利、受教育权利都具有重要意义。该书系统整理国内外公共图书馆残疾人服务的研究现状，对各类型残疾人读者的阅读现状和服务需求进行分析，并对我国公共图书馆残疾人服务现状进行调研，在此基础上对现阶段公共图书馆残疾人读者服务的开展提出建设性意见。⑧刘峥《音像电子资源CNMARC书目记录编制》，广西民族出版社出版。该书内容包括两部分：音像电子资源书目记录著录元素及细则，其中包含了书目记录著录的格式、字段的填写说明、音像电子资源著录规则以及相关示例；音像电子资源类型特点及著录实践分析：包括音像电子资源的概念、文献类型特征、样例分析，并附有大量的图片进行说明。同时根据工作实践，总结音像电子资源的著录方法及著录方式的选取以及对于多载体配套资源的管理方法等。全书既有理论知识也包含相关的实践案例，可供图书馆及情报机构从事非书资料及电子资源的编目人员工作时参考。

三、博士后科研工作站

2018年，国家图书馆博士后科研工作站（以下简称“工作站”）在全国博士后管委会办公室的指导和国家图书馆的领导下，紧密围绕图书馆事业发展重点，积极开展学术研究，完善内部管理机制，各项工作均取得稳步发展，一个科研与业务相互促进、科研与人才培养相互支撑的良性互动机制正在形成。

（一）继续完善工作站管理制度

2018 年，工作站围绕工作实践需要，继续对《国家图书馆博士后科研工作站管理办法》等工作站规章制度进行梳理和检查，进一步完善工作站管理制度。

（二）博士后进出站及日常管理情况

工作站发布 2018 年招生简章后，收到进站申请书 8 份，分 3 批组织进站面试，最后确定招收 2018 级博士后 3 名；组织完成 2 名博士后出站；组织召开出站鉴定会 1 场、中期考核会 2 场、开题论证会 3 场；办理 2 名 2016 级博士后延期出站手续。

2015 级博士后出站鉴定会

（三）在站博士后人员基本情况

截至 2018 年底，工作站共有合作导师 6 人，主要研究方向包括文献信息组织、数字图书馆、古典文献学研究和善本书志与古籍保护。已出站博士后 24 人，在站博士后 7 人。

在站博士后中：2016 级 2 人，2017 级 2 人，2018 级 3 人；古典文献学研究方向 3 人，图书馆学研究方向 4 人；女生 5 人，男生 2 人。

（四）博士后基金申报与资助情况

2018 年，工作站积极组织在站博士后申报博士后面上资助项目等科研项目，获批面上资助一等项目 1 项。

（五）博士后科研及学术交流情况

2018 年，工作站在站博士后共发表论文 10 余篇，参加学术研讨会 10 余人次。

四、图书馆事业发展研究与图书馆政策研究

（一）图书馆事业发展研究

1. 组织编撰事业发展出版物

组织编撰《中国图书馆事业发展报告》（蓝皮书）。其中《中国图书馆事业发展报告：“十二五”

时期事业发展卷》于8月正式出版，约52.5万字；《中国图书馆事业发展报告·图书馆标准化卷》完成撰写与统稿，约35万字；《中国图书馆事业发展报告·图书馆建筑卷》完成前期调研和编纂大纲制定。

组织编纂《国家图书馆概论》，为国家图书馆建设“国内最好，世界领先”图书馆提供参考借鉴。该书于9月正式出版，约35万字。

《中国图书馆事业发展报告·图书馆标准化卷》统稿会

组织编纂《图书馆行业中长期战略规划选编·“十三五”时期》，在国内外各有关图书馆和相关机构授权的基础上，征集、汇编、整理国内外各类图书馆及图书馆行业组织中长期发展规划56份，共计70余万字，于9月正式出版。

组织编纂《中国图书馆年鉴》和《国家图书馆年鉴》（参见“文献整理与编辑出版”之“年鉴编辑出版”）。编辑出版发行《国家图书馆学刊》和《文献》2018年各6期（参见“文献整理与编辑出版”之“学术期刊编辑出版”）。

在文化和旅游部财务司的支持与指导下，继续组织对我国公共图书馆事业发展的年度数据进行汇总整理和分析，编制完成《2017年全国公共图书馆事业发展基础数据概览》，供省级以上政府主管部门领导和副省级以上公共图书馆管理者参阅。

组织编纂《中国大百科全书》第三版“图书馆事业”分支条目，完成217个条目撰稿与审校。

2. 组织事业发展交流活动

组织开展“刘季平与中国图书馆事业改革发展”系列活动。召开“刘季平与中国图书馆事业改革发展”座谈会，参会代表80余人；开展征文活动，编辑出版《刘季平与中国图书馆事业改革发展论文集》，收录学术论文20篇；举办“天禄惟新　绍熙文脉——刘季平与中国图书馆事业改革发展”展览，展期2个月（参见“特别记载”之“国家图书馆举行‘刘季平与中国图书馆事业改革发展’系列纪念活动”）。

在国内外法人治理结构有关理论与实践研究的基础上，受文化和旅游部公共服务司委托，协助武汉大学、中山大学筹备“公共文化机构法人治理结构改革培训班”。

根据文化和旅游部政策法规司要求，征集上报国家图书馆各部处2017年度调研成果6项，其中《我国古籍文创产品开发现状调研报告》获文化和旅游部全国文化系统2017年度十佳调研报告，《开放获取西文图书的馆藏建设调研报告》《海内外中国古籍特藏资源数字化调研报告》获优秀调研报告。

（二）图书馆政策研究

1. 开展立法支撑研究

公共图书馆法宣传推广方面，配合文化和旅游部公共服务司，联合业界专家学者30人，共同编纂出版《中华人民共和国公共图书馆法解读》《中华人民共和国公共图书馆法学习问答》，共计30万字。组织业界专家在有关学术刊物、媒体上组织发表系列公共图书馆法解读、学习与宣传稿件10余篇。受文化和旅游部公共服务司委托，翻译《中华人民共和国公共图书馆法》《中华人民共和国公共文化服务保障法》英译本。在2018年中国图书馆学会年会上组织"新时代，新起点，新发展——《公共图书馆法》解读与贯彻主题论坛"，邀请7位专家做大会发言，会场讨论热烈。在法律正式实施当日，开展"国家图书馆公共图书馆法宣传推广元旦特别活动"。

公共图书馆法配套制度研究方面，受文化和旅游部公共服务司委托，与武汉大学共同开展"公共图书馆文献信息处置制度研究"，搜集整理国内43家副省级以上公共图书馆文献信息剔旧制度及各地区国有资产处置管理办法，对9位公共图书馆馆长进行专题访谈，并面向湖北、湖南、江西等省60余家图书馆开展问卷调查，完成逾7万字的调研报告、《公共图书馆文献信息处置工作管理办法（建议稿）》及起草说明，组织召开2次研讨会听取业界专家意见。受文化和旅游部公共服务司委托，与广州图书馆、中山大学等联合启动公共图书馆年报制度研究。

"公共图书馆文献信息处置制度研究"研讨会

2. 提供重要政策建议及报告

受文化和旅游部公共服务司委托，联合业界专家开展公共图书馆馆藏图书质量调研及政策支撑研究，在文献调研及赴山西、广东、浙江等地区开展实地调研的基础上，起草完成约1.2万字的《公共图书馆馆藏图书质量现状及政策建议》。

筹备国家图书馆法人治理结构改革试点，起草《国家图书馆法人治理结构改革实施方案》《国家图书馆章程（草案）》、法人治理结构改革文件起草说明及理事会议事规则等相关文件。

根据《文化和旅游部办公厅关于开展“十三五”时期文化发展改革规划实施情况中期评估工作的通知》要求，组织开展国家图书馆“十三五”规划中期评估工作。起草国家图书馆关于开展“十三五”时期文化发展改革规划实施情况中期评估工作报告和《国家图书馆“十三五”规划纲要》实施情况中期评估报告。

受国际图联（IFLA）委托，提供关于中国著作权集体管理制度的情况概要，并入选 IFLA 编辑的《关于扩展著作权集体许可的背景文件》公开发布。

3. 组织研制相关标准规范

开展《公共图书馆业务规范》系列标准研制工作，联合国内 9 家公共图书馆，共同起草省、市、县三级公共图书馆业务规范标准文本，并完成专家审查，根据专家意见修改后上报。

开展《公共图书馆总分馆业务规范》标准研制工作，联合广州图书馆、杭州图书馆项目组成员，共同赴广东地区和江浙沪地区进行总分馆体系建设的实地调研，规范初稿已完成。

开展《公共图书馆评估指标》系列标准修订工作，对国内外相关标准进行系统调研，重点就“区域公共图书馆事业发展评估指标”进行研究，其中区域公共图书馆事业、公共图书馆、少年儿童图书馆事业发展评估指标框架及指标描述方法已确定。

受文化和旅游部科技教育司及教育部语言文化应用管理司委托，承担“文化场馆语言文字规范化建设研究”项目，在开展我国文化场馆语言文字使用情况调查的基础上，起草《文化场馆语言文字规范化建设标准（草案）》。

就国际标准化组织（ISO）《信息与文献　国家图书馆质量评估》（*Information and Documentation—Quality Assessment for National Libraries*）标准草案面向全馆各相关部门征求意见，并在研究基础上两次以“中国国家图书馆”的名义通过全国信息与文献标准化技术委员会向国际标准化组织提交修改建议。

4. 对相关政策文件及行业发展动态进行搜集整理和研究

面向图书馆管理者和政府主管部门领导，跟踪报道国内外图书馆相关政策制度发布情况和图书馆事业发展动态信息，全年组织编发《图书馆决策参考》3 期、《图书馆动态》（原《业界动态》）20 期。

编辑整理《2017 年公共文化相关法律政策选编》等政策参考文件，共计 38 万余字。

（三）数字图书馆研究

2018 年，继续跟踪最新信息技术，结合相关业务，深入研究数字图书馆发展方向，探索新技术在数字图书馆中的应用。全年共完成 2 期数字图书馆发展研究专报、10 期数字图书馆技术动态。贯彻落实公共图书馆法及相关文件，“图书馆信息化工作专报”对《中华人民共和国公共图书馆法》及其他相关文化政策进行梳理和学习研究，分类归纳提炼文件中信息化热点，把握公共数字文化建设的发展方向和重点，对未来图书馆信息化工作进行深入思考和谋划。“区块链技术及其在图书馆应用探索专报”指出区块链技术因其去中心化、不可篡改、可追溯的特点成为全球关注的焦点。未来区块链技术将与产业应用结合，以“区块链 +”为核心，构建区块链 + 金融、能源、物流、文化等行业与领域的应用模式。区块链与云计算、物联网、大数据等新技术作为基础设施支撑，将从资源、管理、服务等多维度促进数字图书馆公共文化的提档升级。

对外交流与合作

- 赴国外及台、港、澳地区交流
- 国外及台、港、澳地区重要来访
- 国外及台、港、澳地区合作项目
- 年度掠影

对外交流与合作

一、赴国外及台、港、澳地区交流

2018 年，国家图书馆出国（境）访问共计 22 批 65 人次，主要活动为参加国际及台、港、澳地区会议，书展以及签署、执行合作协议。主要包括：

（一）馆领导出国（境）访问

共计 10 批 44 人次。其中，出国交流包括：2 月 7—9 日，副馆长张志清一行 5 人赴日本对永青文库待捐赠古籍进行鉴定并就捐赠的具体事宜进行沟通；4 月 15—19 日，馆长韩永进一行 3 人访问卡塔尔并与卡塔尔国家图书馆签署合作谅解备忘录；6 月 12—19 日，常务副馆长陈力一行 5 人访问英国同时与英国国家图书馆签署合作谅解备忘录，并访问德国巴伐利亚州立图书馆和柏林国家图书馆等机构；7 月 30 日—8 月 3 日，副馆长孙一钢一行 4 人赴美国参加中美文化论坛——第六届中美图书馆合作会议；8 月 23—30 日，副馆长孙一钢一行 10 人赴马来西亚参加第 84 届国际图联大会；10 月 21—25 日，副馆长孙一钢一行 3 人赴南非参加金砖国家图书馆联盟会议；10 月 28 日—11 月 4 日，副馆长张志清一行 5 人赴意大利、荷兰访问，就中文古籍的收藏、外文善本与手稿的保存与修复、古籍编目、整理出版等事项进行交流；11 月 5—12 日，副馆长陈樱一行 5 人赴韩国国立中央图书馆进行两馆第 21 次业务交流，并在访问韩国国会图书馆期间与该馆签署合作备忘录；11 月 14—18 日，副馆长汪东波一行 2 人赴俄罗斯参加第七届圣彼得堡国际文化论坛。

赴台、港、澳地区交流包括：4 月 16—20 日，副馆长张志清一行 2 人赴台湾参加第六届古籍保护与流传学术研讨会。

（二）业务部门出国（境）访问

共计 12 批 21 人次。其中，出国交流包括：4 月 9—13 日，国家图书馆出版社社长魏崇一行 2 人赴英国参加 2018 年伦敦书展；4 月 21—24 日，古籍保护中心办公室主任林世田随文化和旅游部外联局参加第 14 次中日政府间文化交流协商会议；5 月 1—5 日，法律事务处处长孙伯阳一行 2 人赴缅甸参加第 26 届亚洲及大洋洲地区国家图书馆馆长会议；5 月 9—13 日，外文采编部主任顾犇赴英国参加“资源描述与检索”（RDA）理事会会议；5 月 30 日—6 月 3 日，审计处处长安洁一行 2 人赴美国参加美国书展；7 月 2 日—9 月 28 日，外文采编部助理馆员吴蓓蓓赴韩国国立中央图书馆进行业务交流；9 月 17—21 日，中文采编部副主任槐燕一行 2 人赴美国参加第 43 届国际标准连续出版物号国家中心主任会议；9 月 29 日—10 月 3 日，古籍馆副馆长陈红彦赴韩国参加国际印刷博物馆协会成立会议；10 月 20 日—12 月 30 日，数字资源部副研究馆员汪静一行 2 人赴日本出版贩卖株式会社进行业务交流；10 月 31 日—11 月 4 日，古籍馆副馆长萨仁高娃一行 2 人赴英国参加国际敦煌项目工作会议。

赴台、港、澳地区交流包括：5 月 23—25 日，古籍馆副馆长陈红彦一行 2 人赴澳门参加澳门研究文献国际研讨会；5 月 25—31 日，社会教育部副主任田苗一行 3 人赴台湾参加海峡两岸档案暨缩微学术交流会。

二、国外及台、港、澳地区重要来访

2018 年，国家图书馆接待来访共计 59 批 513 人。主要包括：

（一）驻华使节和外国政要来访

接待哈萨克斯坦驻华大使沙赫拉特·努雷舍夫、突尼斯驻华大使迪阿·哈立德、纳米比亚驻华大使艾阿力·乔治·凯西莫、新西兰驻华大使傅恩莱、格鲁吉亚驻华大使馆一等秘书缇娜婷、吉尔吉斯斯坦驻华大使馆随员艾泽达等驻华使节，摩洛哥文化新闻大臣穆罕默德·拉哈吉、赤道几内亚文化、旅游和手工业促进部部长鲁菲诺·恩查马、哈萨克斯坦驻华大使馆文化参赞托列根、澳大利亚通讯和艺术部第一助理秘书长斯蒂芬·阿诺特等外国政要。

（二）国际图联和各国国家图书馆管理层来访

接待国际图联秘书长杰拉德·莱特内、新加坡国家图书馆管理局总裁梁宝珠、韩国国会图书馆馆长许荣范、捷克国家图书馆馆长马丁·戈康达、斯洛伐克国家图书馆馆长卡特里娜·卡利斯特福娃、沙特阿拉伯阿卜杜勒·阿齐兹国王公共图书馆执行总监阿卜杜·凯里木·载德、卡塔尔国家图书馆副馆长斯图尔特·汉密尔顿、越南图书馆立法考察团副司长段琼容、新西兰国家图书馆内政部副执行官彼得·穆雷和馆长威廉·麦克努特、日本国立国会图书馆副馆长坂田和光等。

（三）其他国外机构、人员来访

接待日本出版贩卖株式会社组织的第 39 次日本出版友好访华团、韩国国立中央图书馆交换馆员、新加坡国家图书馆管理局交换馆员以及美国纽约公共图书馆、美国芝加哥大学图书馆、德国巴伐利亚州立图书馆、丹麦哥本哈根中心图书馆、欧罗巴纳数字图书馆等图书馆机构代表来访；接待美国杰斐逊基金会、美国普林斯顿大学出版社、以色列艾利贝斯公司等机构代表；协助文化和旅游部做好相关接待工作，分别接待非洲国家文物修复培训班和海外中国文化中心教师研修班学员。

（四）台、港、澳地区人员来访

接待澳门特别行政区政府特首崔世安、台湾古籍保护学会会长林登昱、港澳大学生暑期实践活动人员、台湾高校教师文化教育团、香港教师国史研修班、台北市立图书馆馆员等。

三、国外及台、港、澳地区合作项目

2018年，服从我国文化外交大局，在对外交流过程中，结合国家图书馆业务寻求合作契机，通过主动组织外事交流活动和建立双、多边交流机制，搭建合作桥梁，打造合作品牌。

（一）成立丝绸之路国际图书馆联盟

为服务国家“一带一路”倡议，推动丝绸之路沿线各国图书馆事业共同进步，5月28日，中国国家图书馆联合中国图书馆学会、四川省委宣传部在四川成都举办丝绸之路国际图书馆联盟成立仪式和首届馆长论坛，并通过“成都倡议”。联盟以服务丝绸之路沿线国家图书馆为宗旨，搭建交流平台，完善合作机制，旨在互访、培训、展览、文献交换、资源建设、古籍保护等诸多领域开展合作，逐步建立起沿线各国图书馆之间长期战略合作关系。截至12月31日，联盟成员已达27家（参见“特别记载”之“丝绸之路国际图书馆联盟成立”）。

（二）启动中阿电子图书馆门户网站项目

近年来，为促进中阿文明的交融互鉴，推动中阿传统友谊与文化交流，中阿在图书馆和信息领域代表就建立信息领域合作机制、图书馆资源共享与合作发展、文献典籍保护与利用、电子图书馆发展合作等双方共同关心的问题进行了全面、深入的讨论，并就合作建立中阿电子图书馆门户网站达成一致意见。7月10日，中阿合作论坛第八届部长级会议在北京举行，作为中阿合作论坛机制性活动——中阿图书馆和信息领域合作机制成果的中阿电子图书馆门户项目正式启动。国务委员兼外交部部长王毅、阿盟秘书长盖特和沙特外交大臣朱拜尔出席启动仪式并共同点击启动按钮，中阿电子图书馆门户网站正式上线发布（参见“特别记载”之“中阿电子图书馆门户网站正式上线”）。

（三）举行日本永青文库汉籍捐赠仪式

为纪念中日和平友好条约缔结40周年，6月26日，日本永青文库汉籍捐赠仪式在中国国家图书馆举行，日本前首相、永青文库理事长细川护熙，中国文化和旅游部部长雒树刚等有关领导和嘉宾出席仪式。雒树刚在致辞中指出，细川护熙长期以来致力于中日友好事业，在中日和平友好条约缔结40周年之际，代表永青文库将细川家族数代人收藏的36部4175册珍贵汉籍捐赠中国国家图书馆，该义举将为新时期中日文化交流与合作发挥示范和推动作用（参见“特别记载”之“日本永青文库捐赠汉籍入藏中国国家图书馆”）。

年度掠影

【韩永进会见突尼斯驻华大使】

馆长韩永进会见突尼斯驻华大使迪阿·哈立德一行并接受突方赠书

3月29日，中国国家图书馆馆长韩永进会见来访的突尼斯驻华大使迪阿·哈立德一行并接受突方赠书。韩永进回顾了中国国家图书馆与突尼斯图书馆界的良好合作，并指出，此次赠书对于丰富中国国家图书馆外文图书馆藏，向中国读者展示突尼斯优秀灿烂的历史文化具有重要意义。哈立德指出，突尼斯与中国都有着悠久的历史，突尼斯作为丝绸之路上的重要国家，希望与中方进一步加强合作，通过图书交换等方式向两国人民展示彼此辉煌的历史文化。会见之后，哈立德一行参观了国家典籍博物馆和总馆北区阅览室。

【韩永进率团访问卡塔尔】

4月15—19日，应卡塔尔教育、科学和社会发展基金会邀请，中国国家图书馆馆长韩永进率代表团一行3人赴卡塔尔访问。访问期间，韩永进作为雒树刚部长代表出席卡塔尔国家图书馆开馆仪式系列活动，并在中国驻卡塔尔国大使李琛的见证下，与卡塔尔国家图书馆馆长索哈尔·瓦斯托共同签署《中国国家图书馆与卡塔尔国家图书馆合作谅解备忘录》。为进一步细化合作，韩永进与瓦斯托进行了深入的业务交流。经协商，两馆将以备忘录为基础，在人员培训、馆藏阿拉伯语文献编目与数字化等领域开展合作。

【陈力率团访问英国、德国】

6月12—19日，中国国家图书馆常务副馆长陈力率代表团一行5人赴英国、德国访问，代表团先后访问英国国家图书馆、伦敦大学亚非学院图书馆、德国巴伐利亚州立图书馆、慕尼黑城市图书馆和柏林国家图书馆。访问英国国家图书馆期间，陈力与该馆执行总裁罗伊·基廷续签两馆合作谅解备忘录，中国驻英国使馆文化处公使衔参赞项晓伟出席签字仪式。英方举办高层圆桌会议，双方就图书馆各项业务工作进行了深入交流，希望今后两国图书馆界的合作成为中英两国人文领域合作的亮点。代表团访问德国巴伐利亚州立图书馆、柏林国家图书馆期间，重点调研中文文献的收藏、利用及数字化情况，并与对方进行深入的业务交流。双方希望未来在图书馆相关领域不断加强交流，开展务实合作。

常务副馆长陈力率团访问英国国家图书馆并与该馆执行总裁罗伊·基廷续签两馆合作谅解备忘录

【孙一钢率团参加第六届中美图书馆合作会议】

7 月 31 日—8 月 1 日，由中国国家图书馆、中国图书馆学会、美国图书馆协会、美国研究图书馆协会联合举办的中美文化论坛——第六届中美图书馆合作会议在美国都柏林市联机计算机图书馆中心（OCLC）举行。中国驻美大使馆公使衔文化参赞李鸿，中国国家图书馆副馆长孙一钢，文化和旅游部外联局美大处处长林曦，中国图书馆学会副理事长、中山大学图书馆馆长程焕文等 10 名中国代表参加会议。会议主题为“合作与创新：构建图书馆命运共同体”，下设 4 个分主题：“全球背景下的图书馆领导力发展”“图书馆与其他机构间的合作与创新”“原生数字资源的保护”和“数字人文”。来自中国国家图书馆、首都图书馆、中山大学图书馆、吉林大学图书馆、吉林市图书馆的中方代表和来自美国图书馆协会、联机计算机图书馆中心、加拿大国家图书与档案馆、维多利亚大学图书馆、辛辛那提大学图书馆以及知名数据库的美方代表就上述主题分别做学术报告。

副馆长孙一钢率团赴美国参加中美文化论坛——第六届中美图书馆合作会议

【孙一钢率团参加第 84 届国际图联大会】

8 月 23—30 日，应国际图联邀请，中国国家图书馆副馆长孙一钢率代表团一行 5 人参加在马来西亚吉隆坡市举行的第 84 届国际图联大会及卫星会议。本届大会主题为“图书馆转型，社会转型”，安排各类会议总计 249 场，超过 3000 名各国代表参加大会。会前，中国国家图书馆为来自世界各地的华人参会代表举办“中文代表预备会”，详细介绍国际图联发展的最新动向以及第 84 届国际图联大会各专业组的会议情况。大会期间，孙一钢参加亚大地区专业组常委会会议和国家机构与国际关系特别兴趣小组会议并做报告，介绍丝绸之路国际图书馆联盟发展与规划以及中国国家图书馆对外交流与合作概况。另外，代表团还参加了国家图书馆馆长会议、保存与保护专业组会议、文献传递与资源共享专业组会议、东南亚国家联盟预备会议等，与各国图书馆高层就图书馆界热点问题进行探讨。同时还组织多场双、多边会谈，包括与新西兰内政部代理部长穆雷和新西兰国家图书馆馆长麦克努特共同探讨互访及签署新的合作协议等事宜，与加拿大国家图书与档案馆馆长古依商谈两馆今后的交流合作项目，与第六届中美图书馆合作会议主席温斯顿就会议的继续推进进行商讨，与新加坡国家图书馆管理局副总裁郑爱清会面并商讨丝绸之路国际图书馆联盟会议的筹办情况等。

副馆长孙一钢率团赴马来西亚参加第 84 届国际图联大会

【张志清率团访问意大利、荷兰】

10 月 28 日—11 月 4 日，中国国家图书馆副馆长张志清率代表团一行 5 人赴意大利、荷兰访问。在意大利访问期间，代表团访问了米兰市立公共图书馆、布雷拉国立美术学院图书馆、罗马国立中央图书馆、罗马天使图书馆等机构，重点了解中文古籍的收藏、外文善本与手稿的保存与修复情况。在荷兰访问期间，代表团参观了莱顿大学图书馆馆舍，了解其中文馆藏，并观看部分珍贵中文古籍；双方就下一步开展

副馆长张志清率团访问意大利米兰市立公共图书馆

古籍编目、整理出版等合作事项进行初步讨论。此次访问进一步密切中国国家图书馆与上述机构的联系，有助于加强海外中华古籍存藏状况的调查以及古籍文献保存与保护的交流合作。

【陈樱率团访问韩国】

11 月 5—12 日，中国国家图书馆副馆长陈樱率代表团一行 5 人赴韩国国立中央图书馆访问，进行两馆第 21 次业务交流活动。本次业务交流主题是“国家图书馆的作用与职能以及立法决策服务”，中韩双方分别就此做业务报告。同时，结合报告和实际业务工作，中韩双方还就文献数字化、少儿馆服务、古籍保护、图书馆法修订、图书馆国际业务交流等内容做深入交流和研讨。在访问韩国国会图书馆期间，陈樱与该馆馆长许容范签署《中国国家图书馆与韩国国会图书馆合作备忘录》，双方将在数字资源开发利用及人员培训交流等方面开展合作。此外，代表团还访问了韩国国立世宗图书馆、国立青少年图书馆、成均馆大学图书馆尊经阁、庆州市立图书馆等机构。

副馆长陈樱率团赴韩国国立中央图书馆进行业务交流

【汪东波率团参加第七届圣彼得堡国际文化论坛】

11 月 14—18 日，中国国家图书馆副馆长汪东波一行 2 人赴俄罗斯参加第七届圣彼得堡国际文化论坛。该论坛创立于 2012 年，被俄政府视为全面展示俄罗斯文化成就、加强与世界各国文化交流与合作的重要平台。俄总统普京出席本届论坛的相关活动。汪东波受邀在论坛“数字世界里的个人阅读”板块主题大会上做题为“数字阅读与图书馆”的发言，介绍中国图书馆界为满足人们在数字时代的阅读需求所做的积极努力，并期待依托丝绸之路国际图书馆联盟和金砖国家图书馆联盟，在数字阅读领域进一步加强与世界各国的交流与合作。此外，代表团还访问了俄罗斯国家图书馆、叶利钦总统图书馆等机构，分别与俄罗斯国家图书馆馆长韦尔希宁·亚历山大·巴甫洛维奇、叶利钦总统图书馆代理馆长西多林·瓦连京·瓦连京诺维奇进行业务交流。

【中国国家图书馆与日本国立国会图书馆进行第 37 次业务交流活动】

11 月 26 日—12 月 2 日，日本国立国会图书馆副馆长坂田和光率代表团一行 5 人来访中国国家图书馆，进行两馆间第 37 次业务交流活动。中国国家图书馆馆长饶权、副馆长陈樱会见坂田和光一行。饶权回顾了两馆业务交流的历程，对中日两馆通过长期交流与合作取得的丰硕成果表示肯定，并希望今后两馆间能够继续开展多种形式的交流，带动两国图书馆事业的合作发展。坂田和光表示，中日两馆业务交流具有优良的传统，日方愿意通过交流继续与中方分享图书馆业务发展的经验，她还转达该馆馆长羽入佐和子对饶权就任馆长的祝贺。

在 11 月 27 日和 28 日举行的两场业务交流会上，双方以报告会的形式分别就本馆一年来的最新发展、立法决策服务、少儿图书馆等业务进行深入探讨。副馆长陈樱、李虹霖、汪东波分别出席业务交流会，陈樱做题为“履行新职能，迎接新挑战，开创新局面”的中方基调报告，坂田和光做题为“国立国会图书馆第一要务——国会服务”的日方基调报告。

此外，代表团还访问了中国科学院文献情报中心、中国社会科学院图书馆、首都图书馆、上海图书馆、上海少年儿童图书馆等机构。

【饶权会见沙特阿拉伯阿卜杜勒·阿齐兹国王公共图书馆执行总监】

11 月 28 日下午，中国国家图书馆馆长饶权会见来访的沙特阿拉伯阿卜杜勒·阿齐兹国王公共图书馆执行总监阿卜杜·凯里木·载德博士一行。饶权代表中国国家图书馆感谢阿卜杜勒·阿齐兹国王公共图书馆受邀加入丝绸之路国际图书馆联盟，并向载德介绍联盟的发展规划，希望阿卜杜勒·阿齐兹国王公共图书馆充分发挥其影响力，推动联盟在中东地区的发展。载德向饶权介绍阿卜杜勒·阿齐兹国王公共图书馆的基本情况，并重点介绍由该馆承建的中阿电子图书馆项目阿方网站的建设情况，希望就下一阶段的各项工作交换意见。饶权承诺中方将继续做好中阿电子图书馆项目的后续工作，并建议双方从网站资源更新、元数据备份、规范法律许可、宣传报道和信息安全管理等方面加强沟通与协作。载德赞同饶权的提议，承诺将与中方携手共同建设好中阿电子图书馆项目，使门户网站成为展示中阿文明交流成果的重要窗口。会见之后，载德一行参观了国家典籍博物馆。

馆长饶权会见沙特阿拉伯阿卜杜勒·阿齐兹国王公共图书馆执行总监阿卜杜·凯里木·载德一行

机构与人事管理

- 机构设置与调整
- 干部管理
- 职称评审
- 养老保险及养老金管理
- 国家图书馆获批“国家级专业技术人员继续教育基地”

机构与人事管理

一、机构设置与调整

（一）优化科级机构设置

经 2018 年第 7 次馆务会研究决定，国家图书馆对部处内设机构进行调整，下发《国家图书馆关于调整部处内设机构的通知》（国图人发〔2018〕8 号）。此次调整，增设科组 14 个，更名科组 11 个，撤销科组 1 个，调整后的国家图书馆部处内设机构共 115 个。

（二）协调机构设立与调整

1. 成立国家图书馆文献搬迁工作领导小组

经 2018 年第 3 次馆务会研究决定，成立文献搬迁工作领导小组，主要职责是：天竺库房等文献搬迁事宜及承德文献周转库管理与规划工作。

2. 成立国家文献战略储备库建设工程领导小组

经 2018 年第 52 次馆务会研究决定，成立国家文献战略储备库建设工程领导小组，主要职责是：研究国家文献战略储备库工程重要工作，协调解决工程建设中有关问题。

3. 国家图书馆保密委员会名称变更

经 2018 年第 24 次馆务会研究决定，国家图书馆保密委员会更名为国家图书馆保密工作领导小组。

二、干部管理

（一）加强干部队伍建设，做好干部聘任工作

根据文化和旅游部对直属事业单位人事管理的规定和要求，进一步做好干部聘任调整工作，为推动业务工作发展提供切实组织保障。本年度共计完成 24 名处级干部聘任工作，其中，提任正处级干部 2 人，提任副处级干部 22 人；完成 7 名处级干部的任职转正工作。

进一步加强基层管理干部队伍建设。根据《国家图书馆关于科级干部聘任的通知》（国图人发〔2018〕9 号）要求，本年度完成 283 人次科级干部聘任、调整工作，其中，正科级干部 132 人、副科级干部 151 人。

（二）严格干部监督管理机制，加强综合管理

根据中组部、文化和旅游部相关文件精神及要求，进一步加强干部监督工作，不断完善干部

管理体系。深入贯彻落实《领导干部个人有关事项规定》和《领导干部个人有关事项报告核查结果处理办法》，严格按照修订后的规定要求开展2018年度领导干部个人有关事项报告工作，共计完成31名处级干部个人有关事项报告材料的填报、汇总及上报。继续做好处级干部因私出国（境）证件管理和因私外出审批工作。

三、职称评审

按照文化和旅游部关于职称评审工作的统一部署，组织完成2018年度职称评审和推荐工作。本年度共有161人申报评审，其中有11人晋升正高级专业技术职称资格，62人晋升副高级专业技术职称资格，22人晋升或转任中级及以下专业技术职称资格。93人完成专业技术职称资格初聘。

四、养老保险及养老金管理

2018年，中央国家机关事业单位养老保险管理中心（以下称“央保中心”）启动养老保险当期缴费及事业单位退休人员养老金待遇转移支付工作，机关事业单位养老保险改革政策正式落地。

6月，国家图书馆实现在职员工基本养老金当期征缴，养老保险及职业年金月缴费标准一并调整，6—12月共计向央保中心缴纳在职人员单位及个人基本养老保险费4283.39万元。事业单位退休人员养老金转移支付工作并行开展，国家图书馆退休人员养老金自6月起由央保中心统一发放，6—12月央保中心共计支付退休人员基本养老金5306.07万元。

五、国家图书馆获批“国家级专业技术人员继续教育基地”（参见“特别记载”之“国家图书馆获批‘国家级专业技术人员继续教育基地’”）

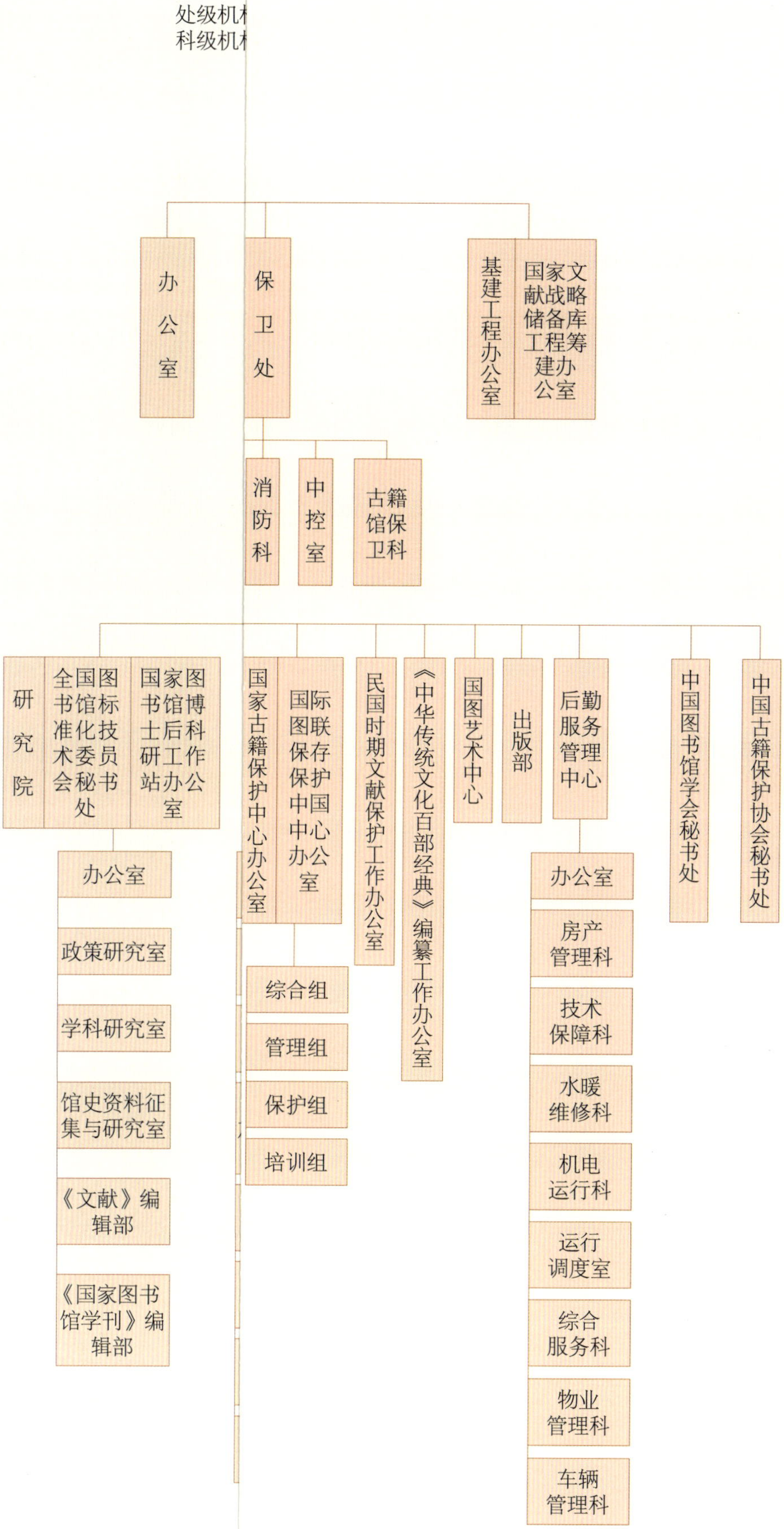
处级机
科级机
办公室
保卫处
基建工程办公室
国家文献战略储备库工程筹建办公室
消防科
中控室
古籍馆保卫科
研究院
全国图书馆标准化技术委员会秘书处
国家图书馆博士后科研工作站办公室
办公室
政策研究室
学科研究室
馆史资料征集与研究室
《文献》编辑部
《国家图书馆学刊》编辑部
国家古籍保护中心办公室
国际图联保存保护中心国家图书馆中心办公室
综合组
管理组
保护组
培训组
民国时期文献保护工作办公室
《中华传统文化百部经典》编纂工作办公室
国图艺术中心
出版部
后勤服务管理中心
办公室
房产管理科
技术保障科
水暖维修科
机电运行科
运行调度室
综合服务科
物业管理科
车辆管理科
中国图书馆学会秘书处
中国古籍保护协会秘书处

设施建设与安全保卫

- 基建工程
- 安全保卫
- 后勤服务保障
- 年度掠影

设施建设与安全保卫

一、基建工程

（一）全面推进国家图书馆国家文献战略储备库建设工程（以下简称“文献战略储备库工程”）前期各项工作

文献战略储备库工程项目建议书于 2015 年 11 月获得国家发展改革委正式立项，被列入国家“十三五”期间的重点文化设施建设工程。项目批复总投资 78646 万元，总建筑面积 60890 平方米。自 2017 年 11 月起，国家图书馆会同承德县人民政府、可行性研究报告编制单位和设计单位配合国家发展和改革委员会（以下简称“发改委”）国家投资项目评审中心完成现场踏勘，做好工程可行性研究报告评估工作。在此基础上，2018 年国家图书馆继续推进文献战略储备库工程前期各项工作。

1. 配合发改委国家投资项目评审中心完成可行性研究报告评估工作

针对发改委国家投资项目评审中心及评审专家提出关于可行性研究报告的意见和问题，国家图书馆会同承德县人民政府、可行性研究报告编制单位和设计单位经过 3 个多月的沟通和回复，于 2018 年 3 月配合评审中心完成评估工作。评估后的总投资比项目建议书批复增加 6.9%，总建筑面积比项目建议书批复增加 14.42%，为初步设计和投资概算阶段工作创造条件。

2. 取得可行性研究报告批复文件

2018 年 3 月起，国家图书馆继续积极与发改委社会发展司沟通，密切跟踪发改委内部行文和审批流程进度，加快推进工程可行性研究报告审批工作。4 月 13 日，发改委正式批复国家图书馆国家文献战略储备库建设工程可行性研究报告（发改社会〔2018〕565 号）。批复内容：项目总建筑面积 69670 平方米，总投资 84069 万元，其中工程建设费用 75222 万元，比项目建议书批复的相应费用增加 11.23%；土地费用 8847 万元，比项目建议书批复的相应费用减少 19.7%，全部由中央预算内投资解决；建设内容主要包括存储库区、数据资源存储及灾备中心、业务加工区、配套用房和地下车库及人防等；建议结合专家评审意见，在初步设计阶段对项目的使用功能布局等问题进行认真研究，进一步优化方案，并抓紧编制该项目初步设计方案和投资概算。

3. 开展工程初步设计和投资概算文件编制工作

为尽快开展工程初步设计和投资概算文件编制工作，3 月，国家图书馆在可行性研究报告通过专家评估后，随即组织设计单位根据专家评估最终意见和馆内各部处意见修改工程设计方案，进一步优化方案，确定工程初步设计平面布局，并经第 16 次馆务会研究通过。6 月，国家图书馆再次组织馆内相关部处汇报初步设计方案初稿，征求意见和建议，进一步完善初步设计方案，提高投资概算的完整性和准确性。

4. 配合文化和旅游部完成工程初步设计和投资概算审核工作并报送发改委

根据《文化和旅游部关于转发〈国家发展改革委关于国家图书馆国家文献战略储备库建设工程可行性研究报告的批复〉的通知》，7 月，国家图书馆正式上报《国家图书馆关于报送国家图书馆国家文献战略储备库建设工程初步设计和投资概算的请示》（国图建报〔2018〕118 号）。随后，国家图书馆配合文化和旅游部财务司委托的北京太和华典工程咨询有限公司进行本工程初步设计及投资概算评审工作。根据评审意见，国家图书馆会同设计单位认真修改和完善，并与评审单位反复沟通和回复。9 月，文化和旅游部财务司召集评审单位和国家图书馆主要负责人员，对评审意见和回复内容做进一步沟通，完成修改并获得认可。10—11 月，国家图书馆将审核通过的国家图书馆国家文献战略储备库建设工程初步设计及投资概算报送文化和旅游部、发改委。

5. 制定和执行工程投资计划

经国家图书馆申请，文化和旅游部财务司于 6 月印发《文化和旅游部财务司关于下达国家图书馆国家文献战略储备库建设工程 2018 年中央预算内投资计划的通知》（财务函〔2018〕255 号），下达 2018 年工程投资 10000 万元，其中包括土地费用 8847 万元和前期费用 1153 万元。根据上述通知要求，国家图书馆制定工程投资计划并加强动态管理，确保 2018 年工程投资计划执行到位。

6. 完成工程建设用地测绘和规划许可手续办理

4 月以来，陆续完成工程建设用地测绘单位选定工作，签订测绘合同，完成建设用地地形图、宗地图和勘测定界的测绘工作；6 月，办理完成本工程建设用地规划许可手续，取得建设用地规划许可证；10 月，与承德县人民政府签订《国家图书馆国家文献战略储备库建设工程项目用地补充协议》，并支付土地费用；11 月，取得《国有建设用地划拨决定书》和土地不动产权证书。

7. 完成岩土工程详细勘察现场钻探工作

为配合本工程初步设计工作，4 月以来陆续完成岩土工程详细勘察单位选定工作。勘察单位现场钻探工作于 5 月底开始，随后国家图书馆配合勘察单位克服现场重重困难，于 6 月中旬完成。

8. 全面推进工程各专项设计工作

为配合初步设计和投资概算编制工作，国家图书馆开展项目山林防火、山体稳定评估工作，以及防排洪、山体及深基坑支护、数据中心及配套机电基础设施等专项设计工作。

9. 解决项目现场有关问题

国家图书馆在面对项目现场道路不具备条件和受当地村民阻挠时，第一时间积极与承德县人民政府和相关部门协调，克服困难，稳妥有效地解决项目现场有关问题，确保现场各项工作按时完成。

10. 完成工程建设期间员工办公食宿用房租赁工作

根据国家图书馆 2017 年第 59 次馆务会关于统筹处理好基建办公与文献库房办公关系的精神，

国家图书馆于 2018 年 1 月拟定工程建设期间员工办公、住宿和食堂等用房租赁方案，并经 2018 年第 3 次馆务会通过；2 月，与出租方签署办公用房租赁备忘录；5 月，出租方完成该办公用房改造工作，并签订租赁合同。

（二）做好承德文献周转库各项工作

为确保 2018 年 6 月腾空国家图书馆天竺文献周转库，2017 年 10—12 月，国家图书馆开展新的文献周转库选址工作，在承德县经实地调研、充分论证和比选，2018 年第 3 次馆务会确定文献周转库选址（位于河北省承德县下板城镇北湾子村），强调文献周转库房搬迁工作与文献战略储备库项目建设紧密相关，对于促进国家图书馆事业发展具有重要意义，也是疏解北京非首都功能、促进京津冀协同发展的具体体现，要抓好落实，作为 2018 年重点工作抓紧推进。同时，成立文献搬迁工作领导小组，文献搬迁办公室设在基建工程办公室。全年完成承德文献周转库筹备、搬迁保障、日常管理各项工作。

1. 抓好承德文献周转库文献布局规划工作

为配合文献搬迁，扎实做好库房文献布局规划工作，1 月，基建工程办公室、业务管理处、典藏阅览部等有关部处赴承德县就库房布局进行实地调研，同时根据库房设计图纸制订文献布局规划方案。

2. 按时完成承德文献周转库安防和消防改造任务

根据 4 月韩永进馆长率队视察承德文献周转库时做出的指示精神，按照现行规范以及业务部门和保卫处提出的书面需求，国家图书馆与库房出租方确定安防、消防改造方案和时间表，克服时间紧、任务重的诸多困难，严格按照既定时间表加快推进相关工作。5 月初，承德文献周转库安防和消防改造任务全部完成，设施设备运行良好，具备使用条件，确保文献搬迁工作的如期启动。

3. 做好承德文献周转库人员办公和食宿的保障工作

为解决文献搬迁期间人员办公和食宿问题，自 2 月起，国家图书馆一方面督促库房出租方抓紧改造，一方面制订办公家具、设备以及厨具设备等物资设备的调配和采购方案，开展物资设备调研、调配和采购工作。根据文献搬迁工作领导小组第 1 次和第 2 次会议精神，确定文献搬迁参与人员食宿和补助标准，确保后续工作顺利开展。

4. 逐步制定完善承德文献周转库各项规章制度

为确保库区文献和人员安全，保障库区日常管理工作的有序开展，国家图书馆陆续制定并完善《承德文献周转库库房管理规定》《承德文献周转库办公室管理规定》《承德文献周转库管理人员职责》《食堂防火制度》《食堂六防措施制度》《食堂饮管人员岗位职责》等多项规章制度，并执行落实。

5. 选聘承德文献周转库保安公司和临时劳务人员

根据国家图书馆 2018 年第 10 次馆长办公会精神以及保卫处报送的《保卫处关于提交承德文献周转库安全需求方案的请示》，3—4 月，开展承德文献周转库保安公司调研工作，并做好选聘的商务谈判，确定承德县金盾保安服务有限公司并与其签订合同。5 月初，承德县金盾保安服务有限公司正式进驻承德文献周转库承担库区安全保卫工作。同时，为做好后勤保障工作，分别制定临时劳务人员的选聘方案和工资标准，5 月完成选聘工作。

6. 完成库房租赁合同谈判签订

按照国家图书馆 2018 年第 3 次馆务会精神，4 月完成承德文献周转库库房租赁商务谈判，拟定合同文本，5 月初正式与承德文献周转库出租方签署合同。

7. 做好搬迁期间文献接收和安全保障工作

自 5 月初承德文献周转库文献搬迁工作启动后，在文献搬迁工作领导小组的组织下，在文献搬迁指挥部的统一指挥下，文献接收和文献安全保障工作井然有序开展，6 月中旬圆满完成文献接收工作。

8. 确立搬迁结束后承德文献周转库日常工作模式

承德文献周转库进入日常平稳运行阶段后，国家图书馆在实践探索中逐步完善库区管理、安全保卫、人员值守等各项工作制度、模式。根据 2018 年第 10 次馆务会、第 57 次馆长办公会讨论研究的相关决议，逐步明确库区值班制度、往返交通模式、值班人员待遇等一系列具体事宜，为保障库区今后的长期平稳运行提供坚强保障。

二、安全保卫

（一）治安工作

1. 重大活动安保任务

2018 年，保卫处按照“统一思想、部门联动、信息共享、把好关口”的工作思路，圆满完成一系列重大安保任务。先后承担“2018 年新春团拜会”、“馆长带您走进国家图书馆”央视网直播、“4・23”世界读书日、第十三届文津图书奖颁奖、《朗读者》第二季新闻发布会、国图公开课、“不忘初心，牢记使命”中国书法家协会第七届理事书法作品展、“清官板桥，三绝传世”郑板桥专题展、“‘以古为镜’张宇书法作品展”开幕式、迪士尼动漫原画特展、“旷世宏编，文献大成”——国家图书馆藏《永乐大典》文献展、首届“一带一路”非中艺术交流展暨非中文化论坛、庆祝改革开放 40 周年浙江开化农民草书展、“刘季平与中国图书馆事业改革发展”系列纪念活动、“走近四库全书”、“弘扬中华优秀传统文化和梁启超家风”主题系列活动、韩永进馆长接受凤凰卫视采访等现场安保任务。协助配合警卫局和公安部门做好中共中央政治局原委员、中华人民共和国原国家副主席李源潮，中共中央政治局委员、国务院副总理孙春兰，澳门行政长官崔世安来馆调研视察以及日本前首相、日本国公益财团法人、永青文库理事长细川护熙来馆捐赠汉籍等重要安保工作。高标准完成 12 次部长讲座、56 次押运古籍善本、58 次文津讲坛及典籍文化讲座、8 次昆曲系列公益讲座的安全保卫任务。

2. 日常安保工作

全年共处理读者故意滋事30起，协助派出所逮捕盗窃嫌疑人5名，协助寻找走失儿童和老人9名，配合警方、读者调取视频监控共计60余次，查扣各类刀具90余把、打火机4000余个，捡拾并归还读者身份证45张、手机12部、钱包16个、笔记本电脑8台、现金5500余元。通过日常值班和巡视检查，发现并排除房屋漏雨、玻璃碎裂、围墙受损、门窗未关等隐患80余起。办理员工户籍有关工作258人次，办理IC卡丢失补办、变更权限、新增等手续680次。2月，妥善处理一起4名上访人员冒充读者混进古籍馆文津楼企图制造影响的事件；4月，经15天蹲守，发现并制止故意破坏阅览室书籍的读者2名。

3. 安保人员培训工作

为增强国家图书馆安保人员应对突发事件的处置能力，保卫处先后11次对各级值班人员进行设备操作使用、各类报警处置程序和方法的集中培训。借“119消防宣传月”契机举办系列活动，编写包含186道题目的“国家图书馆安全知识题库”，主要内容为在国家图书馆治安、消防、应急和日常工作中员工应知应会的安全常识与技能。将题库发至各部处认真学习后，组织全馆员工参加安全考核，并对所有安全员、按10%比例由电脑软件随机抽取的各部处员工共计153人开展安全知识考试，同时在古籍馆举办消防安全教育培训及演练活动。

“119消防宣传月”系列活动之安全知识考试

（二）消防安全工作

2018年，共召开消防安全专题会议7次；督促各部处开展节前自查4次，与33个部处签订安全责任书，制作悬挂警示横幅，成立处突小分队。全年坚持日常检查制度，对公共区域、办公场所开展安全巡查工作，杜绝使用明火、挤占消防疏散通道、封堵消火栓、遮挡消防指示标志等违章现象。吸取9月2日巴西国家博物馆大火的惨痛教训，积极组织开展大排查大整治行动，重点整治锁闭疏散门、展柜线路凌乱等问题。将地下车库的电动车充电桩转移到地面，消除故障自燃隐患。4月、9月，对总馆南区建筑和北区建筑内的灭火器进行年度检修，对总馆北区小院以及鼓楼西大街、金沟河、大柳树、舞蹈学院等地员工住宅楼的消防器具进行更换，共更换便携式灭火器6215具。古籍馆自行车棚安装9个电动自行车充电桩，消除在室内充电带来的安全隐患。

积极开展消防宣传。利用“安全生产月”契机，6月14日，联合紫竹院街道办事处在总馆北区东广场开展系列宣传活动，组织馆内员工、读者500余人参与。在遇到重要时期、敏感时段等，利用消防文摘、消防安全会议、消防挂图、宣传横幅等形式进行宣传教育。利用集体办公特点，通过OA系统在网上交流互动、友情提示。全年下发消防文摘12期840份，《国家图书馆通讯》刊发消防稿件8篇。

开展“安全生产月”系列宣传活动

（三）安防设施建设与维护工作

全年对国家图书馆71个保护区控制系统及现场设备进行逐一测试，及时修复线路、设备故障，纠正点位描述、设备关联等各类错误，确保系统保持正常工作状态。采取日常巡视、单点检查、集中普测的方法，发现并纠正25处消防报警设施现场位置与CRT图形显示位置描述信息错误，排除总馆北区消防高位水箱浮球阀、液位计、稳压泵控制按钮、8台排烟风机控制故障，更换2台消火栓稳压气罐、9套预作用低压维护装置、25个喷淋系统末端泄水球阀，修复总馆南区A栋、D栋喷淋管道漏水问题。针对J栋行政办公楼新增办公室和门禁的实际情况，按照规范要求安装消防探测器，启用门禁消防联动功能。在总馆北区中控室加装安全防护控制装置，防止总馆北区因消火栓按钮损坏或误操作引起大泵非正常启动现象。完成E栋、F栋、J栋、L栋19处门禁、6处监控摄像机和国家图书馆西北门闸机安装工作。全年共查火警或火警相关操作273人次，配合业务部门进行安防系统设、撤防操作2409次，现场核查漏水报警78次，无差错完成重大节假日闭馆广播手动操作26次，排除视频监控、入侵报警、门禁及漏水报警设备故障48处，配合属地派出所及相关单位调用查看录像62次，刻光盘37张，办理和修改门禁卡数据1424人次，累计提供监控数据31.66GB。9月2日，2名值班员及时发现并成功处理一起火警，获得通报表扬。

2018年，国家图书馆出资40余万元对古籍馆避雷设施、气体灭火系统和消防电气设备进行安全检测。另外，古籍馆存包处加装监控探头3个，中控和保卫值班室进行功能改造与重建。

三、后勤服务保障

2018年，后勤服务管理中心立足基础运行保障，做好服务后勤建设；关注民生强化监管，做好管理后勤建设；攻坚克难成果转化，在做好技术后勤建设的基础上，以“创新小组”为平台，推动科研成果在后勤工作中的不断转化；在以服务质量为中心，做好馆区物业服务和员工体检的组织工作；以员工聘任为契机，打造结构合理、业务精通的专业团队；以景观庭院改造为亮点，拉动馆区环境整体提升；以建章立制为基础，规范日常工作准则。全年确保各项工作稳步开展，各系统设备平稳运行，服务质量和服务水平稳步提高。

（一）系统设备运行保障和日常维修工作

全年无重大设备事故，综合设备完好率达到96%以上。完成冬季供暖和中央空调保障任务。中央空调安全运行5110小时，恒温恒湿机运行保障8760小时；电力设备巡检732次，春、秋季设备检修期间做到国家数字图书馆服务器不停机，安防、消防系统和小区不停电；照明设备、书刊传送系统以及房屋、给排水等各种维修近4000次；安装、调整电话437部；接听、解决全馆电话报修4256次。

（二）服务保障工作

完成“两会”期间的车辆保障及通讯保障，国家领导人参观视察、高层讲座、馆长公开课等重要活动，会议的空调、医务、保洁、绿植摆放等各项服务保障工作；完成国图艺术中心演出及活动空调保障401次、车辆保障496次；重大活动电力保障15次。

完成重大活动、会议车辆保障任务4800余台次，安全行驶20余万公里，无重大交通安全责任事故。日常门诊服务10973人次，完成全馆员工健康体检，并为各项活动提供医务保障12次。督促电梯公司加强日常巡检和年检，组织对馆内26部直梯、5套滚梯及馆属宿舍的38部电梯进行逐一排查，保证电梯安全运行。收发工作准确率达到99%以上。为馆区（含古籍馆）、宿舍区送水19500桶，清洗、维修饮水机近千台次。

（三）行政管理工作

完成计划生育、爱国卫生、房屋管理、人防工程、节能减排、馆区及宿舍区改造维修等各项行政管理工作。攻坚克难，在短时间内完成员工食堂经营模式转变工作，成立员工食堂监督管理小组对食堂经营进行监管。完成物业公司新一期招标工作、指导物业公司开展“厕所革命”，提升卫生间服务质量。对员工食堂食品与卫生工作、物业服务、设备运行以及安全管理等多次安排检查及抽查，促进其服务水平的提升，确保各项工作平稳运行。

年度掠影

【召开春节前安全工作会议】

2月8日下午，国家图书馆2018年春节前安全工作会议在综合楼528会议室召开，副馆长孙一钢出席会议并讲话。各部处正职、主管安全的部处领导、安全员近60人参加会议，保卫处副处长周道贵主持会议。会上，保卫处处长赵建国传达文化部系统安全工作会议精神和新修订的《北京市烟花爆竹安全管理规定》的有关要求；周道贵传达《保卫处关于做好春节期间各项安全工作的通知》（图保发〔2018〕2号），对有效开展节前安全检查工作做具体部署。孙一钢在会议最后提出三点工作要求：一是各部处要在节前结合部门安全工作实际，开展安全自查。各部处“一把手”要亲自带队，把部门长期存在且难解决的安全隐患解决掉，要对安全隐患采取零容忍、高压线的工作态度；二是各部处要高度重视，统一认识。三是要明确责任，层层传导安全压力。

【开展春节前安全工作检查】

2月14日上午，农历腊月二十九，常务副馆长陈力、副馆长陈樱分别带队检查总馆北区、南区安全工作的部署和落实情况，并向仍然奋斗在一线的员工送去新春祝福。馆领导在检查中要求工作人员务必严格遵守和执行各项安全管理规定，强调特别是在放假期间，值班人员要时刻保持警惕，把安全工作放在首位，牢牢守住“安全”这条红线；加大巡查和检查力度，及时排除隐患，把安全事故扼杀在萌芽之中；每个办公室最后离开的工作人员要进行一次安全自查，务必做到人走灯灭、门关、窗闭、断水断电，库房和较大办公区的部处要贴封条；假期值班人员和一线员工要增强工作责任心，尽职尽责，把安全压力层层传导到位、到人，确保国家图书馆度过一个和谐、稳定的新春佳节。

开展春节前安全工作检查

【召开国家图书馆2017年度安全工作总结表彰会】

3月12日下午，国家图书馆2017年度安全工作总结表彰会在综合楼5层多功能厅召开。受馆长、党委书记韩永进委托，常务副馆长陈力出席会议，副馆长孙一钢出席会议并讲话。各部处主管安全负责人、安全员以及先进集体和先进个人代表近 80 人参加会议，保卫处处长赵建国主持会议。会上，孙一钢宣读《国家图书馆关于表彰 2017 年度安全保卫工作先进集体和先进个人的决定》，赵建国向大会做“国家图书馆 2017 年度安全保卫工作总结”。人事处、外文采编部、立法决策服务部、展览部 4 个部处和保卫处消防科等 14 个科组被评为 2017 年度安全保卫工作先进集体，李东伦等 56 名同志被评为 2017 年度安全保卫工作先进个人。会上，馆领导向获奖者颁发奖牌。

国家图书馆 2017 年度安全工作总结表彰会

【开展安全生产月系列宣传活动】

6 月 14 日，围绕“生命至上，安全发展”的活动主题，国家图书馆联合紫竹院街道办事处、首体南路消防中队举办安全生产宣传和体验活动。国家图书馆、驻馆公司员工和读者共计 500 余人参加活动。此次活动设置体验区、展示区、宣传材料发放区等多个安全生产宣传平台。体验区特邀液化气站工作人员讲解并演示煤气罐火灾扑救，多名员工参与体验；烟道逃生让员工切身体会到火灾场景，身临其境知真险；灭火救援装备和消防云梯的现场体验则让员工感受到救援技术的长足进步。现场还利用展板、条幅展示和宣传手册发放等多种形式普及安全生产知识。

【举办“119 消防宣传月”系列活动】

为增强员工消防安全意识，提高员工消防“四个能力”，配合第 28 个“消防安全日”、第 2 个

“119 消防宣传月”，国家图书馆举办“119 消防宣传月”系列活动。11 月 1 日，在组织各部处学习“国家图书馆安全知识题库”后，组织全馆员工参加安全考核，发放并回收试卷 1377 份，参加考核率 97.4%。11 月 9 日，对所有安全员、按 10% 比例由电脑软件随机抽取的各部处员工共计 153 人开展安全知识抽考，其中：成绩 80 分以上 125 人，占考试总人数的 81.6%；90 分以上 62 人，占考试总人数的 40.5%。

11 月 9 日当天，还邀请西城消防支队什刹海消防中队消防员，在国家图书馆古籍馆广场举办消防安全教育培训及演练活动，110 余名馆内员工及驻馆单位人员参加活动。此次消防培训现场设置讲座区和操作展示区。消防员给大家重点讲解灭火器的种类、适用时机及其使用方法；讲解消火栓的使用方法及注意事项，并进行现场操作训练。这种消防安全教育模式达到很好的消防宣传效果，得到员工的一致好评。

消防员讲解消火栓使用方法

【召开安全培训考核讲评暨冬防工作部署会】

11 月 29 日上午，国家图书馆安全培训考核讲评暨冬防工作部署会在行政楼 413 会议室召开，各部处分管安全工作的部处领导和安全员共约 60 人参加会议。保卫处处长赵建国主持会议。会上，保卫处副处长周道贵对冬防工作进行部署，要求各部处做好防火安全检查及电气防火工作，尤其是大功率电器使用和电动自行车停放的问题。赵建国传达《北京市防火安全委员会办公室关于进一步加强电动自行车消防安全综合治理工作的通知》和《北京市防火安全委员会办公室关于深刻吸取近期火灾事故教训切实采取有效措施预防“小火亡人”事故的紧急通知》的精神，要求各部处强化落实消防安全责任，切实增强冬季火灾防控的责任感和紧迫感，深入推进冬防工作开展。此外，赵建国还对之前“119 消防宣传月”全员安全培训考核活动进行了讲评，对考核突出的部处及个人提出表扬。

【举办反恐防爆演练】

12 月 20 日上午，由北京市公安局海淀分局牵头、国图艺术中心具体负责组织的反恐防爆演练在国家图书馆国图艺术中心举办。海淀分局相关领导，国家图书馆安全员、阅览室负责人，海淀区相关文博单位、影剧院等相关负责人共约 150 人参加并观摩了此次演练。演练共分为三个部分，即反恐、防爆和疏散。演练过程真实呈现了如何在演出场所、影剧院等人员密集区域处置突发事件和暴恐伤人事件、发现不明可疑包裹的处置程序以及如何在紧急情况下引导观众和工作人员安全有序撤离疏散等。演练结束后，海淀分局相关负责人从总体上对此次演练给予充分肯定。

举办反恐防爆演练

【完成夏季防汛工作】

为确保国家图书馆顺利度过2018年夏季汛期，后勤服务管理中心提前着手，多次召开工作会议，细化工作方案，明确责任分工，做好防汛预演，并集中对总馆南区大屋顶、C栋扶梯间、M栋室外消防通道及部分馆属宿舍等易发区防水进行全面检查和修复。对上百台潜污泵逐台试车，确保汛期馆区没有发生任何房屋漏雨、路面积水、雨水井倒灌等问题。

【完成集贤园和古韵北亭景观绿化改造】

古韵北亭景观绿化改造完成

2018年，在先期完成集贤园（J栋南小院）、古韵北亭（B栋北小院）的雨水系统改造后，又进行景观绿化改造。清理土壤里面遗留的建筑垃圾，重新填入适宜植物生长的土壤；拆除并更换已经破损的叠石石材；修复破损的景观水池。装饰美化散水甬道；堆砌假山石装饰点缀园林意境，与周边环境相协调，讲究建筑与自然的融合。种植适宜生存且美观大方的绿植树种。

【转变食堂经营管理模式　提升员工就餐满意度】

在充分调研的基础上，经2018年第49次馆务会研究决定，自2019年1月起员工食堂转变经营管理方式，实行自助就餐模式。在时间紧、任务重的情况下，不断细化工作方案，明确责任分工，按照时间表和路线图有条不紊推进各项工作。一是做好各项调研，为此次转变员工食堂经营模式做好理论支持和案例支撑。自9月下旬起，开展员工食堂经营模式专项调研，在不到40天的时间里，先后实地走访文化和旅游部机关、故宫博物院、国家博物馆、中国国际广播电台等多家员工食堂。经研究论证、征求意见，提出员工食堂转变经营模式建议，并经多次专题讨论、两次馆长办公会以及两次馆务会最终确定。二是落实好经营模式转换工作，顺利完成新旧模式过渡与对接。组成攻坚团队，明确任务分工，制订工作方案，倒排工作账单，逐日推进工作进度。首先完成对原有餐厅布局、明厨亮灶设计等就餐相关硬件的施工改造；其次是完成就餐流程方案、LED电子宣传导引、餐厅设备调试管理等各类就餐环境改善工作，并实地考察餐饮公司和8家食材供货商。三是成立员工食堂监督管理小组，承担对餐饮公司每周制定的食谱审核流程把关，定期盘点每日进货量、价，查看三餐准备情况，巡视检查食堂后厨操作安全及食品加工安全；根据每日后厨制定的订货单，审核控制采购量联系订货，监管小组每日轮班早起与餐饮公司及采购员三方验收所有货品、核对单据，并进行入库登记，建立库房台账，根据需求逐个出库；餐卡系统管理，根据人事处和馆属企业、驻馆公司提供的就餐人员信息报表，重新整理审核信息，逐一登记录入系统，及时为员工办理（补办）餐卡，读者餐卡做好退卡解释工作；制定印发《员工文明就餐倡议书》和《员工食堂就餐管理办法》等多个文件规定，利用OA邮件和论坛进行制度宣传。

【申报中央预算内投资项目实现项目落地】

截至2018年底，后勤服务管理中心累计申报并立项“国家图书馆总馆北区恒温恒湿系统改造项目可行性方案研究”等8个馆级科研项目；在此基础上，文化和旅游部批复立项“国家图书馆二期数据中心和四库全书库空调系统改造工程”“国家图书馆南区夜景照明系统改造工程”“国家图书馆运行保障维护调度中心控制系统改造工程”等3个项目，总投资2239万元。其中，“国家图书馆二期数据中心和四库全书库空调系统改造工程”于2018年确定施工单位，并进入设计深化阶段；另外2个项目完成初步设计方案和投资概算委托评审，待文化和旅游部批复。2018年，向文化和旅游部申报“国家图书馆总馆北区基础设施设备改造项目”，主要内容包括总馆北区景观水池防水修复、气动窗系统维修、地下车库改造等8项，申请项目总投资为1715万元，已完成可行性研究报告（代项目建议书）的委托评审，待文化和旅游部批复。另外，为改善馆区环境，完成集贤园、古韵北亭的景观绿化改造，总馆南区西墙景观改造工作也进入方案的遴选、论证阶段。

党建与群团活动

- 党建工作
- 纪检监察审计及法务工作
- 工会工作
- 共青团工作
- 离退休人员服务与管理工作
- 年度掠影

党建与群团活动

一、党建工作

2018年是贯彻落实党的十九大精神的开局之年。国家图书馆在文化和旅游部党组的正确领导和部直属机关党委指导下，以习近平新时代中国特色社会主义思想和党的十九大精神为统领，深入推进“两学一做”学习教育常态化制度化建设，扎实推动中央巡视反馈意见整改落实，严格落实党建工作责任制和意识形态工作责任制，始终坚持党建工作和业务工作“六个统筹”，把党的建设贯穿业务工作和改革发展全过程，充分发挥国家图书馆党组织的战斗堡垒作用和党员先锋模范作用，不断激发全馆员工干事创业的积极性，为推进国家图书馆事业发展提供坚强的政治和组织保障。

（一）深入学习宣传贯彻习近平新时代中国特色社会主义思想和党的十九大精神

着力推进全馆党员干部员工深入学习贯彻习近平新时代中国特色社会主义思想和党的十九大精神，结合实际制定并落实专题学习计划，在全馆营造浓厚学习氛围。馆党政领导班子做到先学一步、学深一步，坚持读原著、学原文、悟原理，切实在学懂弄通做实上下功夫。党委中心组围绕党的十九大精神和《习近平谈治国理政（第二卷）》《习近平新时代中国特色社会主义思想三十讲》及年内习近平总书记发表的若干重要讲话深入学习，全年共组织7次专题学习。组织全馆党员干部员工参观“真理的力量——纪念马克思诞辰200周年主题展览”，收听收看纪念马克思诞辰200周年大会实况直播；参观“伟大的变革——庆祝改革开放40周年大型展览”，收听收看庆祝改革开放40周年大会直播；收看《榜样3》专题节目，引导党员进一步坚定理想信念、学习榜样奋发有为。为全体党员配发学习辅导材料，引导党员干部自觉学习。各党支部认真落实学习宣传贯彻习近平新时代中国特色社会主义思想各项工作，制定学习工作计划，依托“三会一课”，采取多种形式组织开展党员学习。馆工会、团委举办形式多样的活动，引导广大员工特别是青年员工提高政治站位、坚定理想信念。

国家图书馆党员干部集中收看庆祝改革开放40周年大会直播，学习习近平总书记重要讲话精神

通过组织广泛深入学习，国家图书馆广大党员进一步加深了对习近平新时代中国特色社会主义思想科学体系、精神实质、实践要求的认识，进一步增强“四个意识”，坚定“四个自信”，坚决维护习近平总书记党中央的核心、全党的核心地位，坚决维护党中央权威和集中统一领导的自觉得到进一步巩固。

（二）严格落实文化和旅游部巡视整改工作部署，推动形成问题整改常态长效机制

馆党政主要负责同志自觉履行第一责任人职责，馆领导班子成员认真落实“一岗双责”，扎实推进整改落实。中央巡视期间，国家图书馆按照部党组贯彻落实中央八项规定精神警示教育工作部署，召开警示教育大会，学习传达雒树刚同志讲话精神。馆班子召开专题民主生活会，组织各党支部召开专题组织生活会，深入查找在充分发挥基层党组织战斗堡垒作用以及党风廉政建设等方面存在的问题，研究制定整改措施并推进落实。成立国家图书馆巡视整改工作领导小组，及时传达中央巡视反馈意见及部党组扎实推进整改任务落实的重要指示精神。逐项对照部党组整改方案制定《国家图书馆关于落实中央巡视反馈意见的整改措施》，从强化理论武装、加强党组织建设、完善管理制度、落实意识形态工作责任制等 4 个方面确定整改措施。召开国家图书馆巡视整改进度推进会，对整改落实情况及时跟踪督办。认真核查上一轮中央巡视整改任务落实情况，确保整改任务逐项落到实处。

严格落实意识形态工作责任制。馆党委两次专题听取意识形态责任制落实情况报告，研究部署相关工作。馆班子成员在讲授党课时，将落实意识形态责任制作为重要内容。以支部部处为单位开展意识形态工作情况自查，系统梳理国图意识形态风险点。加强制度建设，研究制定《国家图书馆意识形态工作责任制实施办法》。开展馆藏文献意识形态筛查及调研工作。围绕数字资源采集、加工、发布全流程，制定完善相关业务规范。进一步加强读者活动、讲座论坛、展览演出、网络服务、文献开发、评奖活动、对外合作交流等文化活动和服务审批管理，加强事前审核、事中事后监管，严把政治关、导向关。加强思想教育，将意识形态工作纳入员工教育培训计划，举办专题讲座，强化党员干部员工意识形态观念。

（三）全面推进基层党组织建设，增强基层党组织战斗堡垒作用

坚持和完善国家图书馆党组织领导，研究制定《国家图书馆关于进一步完善馆党委议事决策机制的意见》，进一步明确馆党委在国家图书馆重大事项决策中的作用和地位。明确党组织在法人治理结构中的法定地位，将党建工作要求纳入国家图书馆章程。完善党支部设置，组织各党支部完成换届选举，新一届支委年轻化、知识化趋势进一步显著，为党建工作奠定坚实组织基础。举办新一届支委培训，通过邀请中央党校专家深入讲解政策理论、开展党务工作基础培训、向支部委员配发党建读物等方式，提升支委班子政策理论水平和党务管理水平。组织各党支部召开组织生活会，开展民主评议党员，不断提升支部建设水平。开展党建述职评议考核，强化党支部特别是党支部书记党建责任意识。

加强新形势下党员发展和管理工作，严格把握发展标准，坚持调控总量、提升质量，注重从管理及业务骨干中培养发展党员。选派党员干部参加文化和旅游部组织的学习活动。加强党建宣

传、党建档案管理、党组织和党员基本信息采集等工作，提升党建规范化水平。组织困难党员专项帮扶活动，增强党员对党组织的归属感。

（四）扎实落实“两学一做”学习教育常态化制度化建设任务

深入推进“两学一做”学习教育常态化制度化建设。坚持和改进党委委员参加馆务会听取中央和文旅部文件精神传达机制，不断提高党委委员的思想政治素质。馆领导班子成员坚持双重组织生活制度，深入所在支部与党员交流思想，以“不忘初心、牢记使命”为主题，到分管支部或部门讲授专题党课。组织开展“不忘初心、牢记使命”主题党课、党日活动和“弘扬爱国奋斗精神、建功立业新时代”教育活动，引导各党支部拓宽工作思路，创新学习手段，丰富活动形式，增强党员教育活动的吸引力和感染力。将党员教育与“国图精神”培育、业务建设相结合，以刘季平与中国图书馆事业改革发展座谈会为契机，组织党员参加相关活动，增强党员特别是青年党员的责任感、使命感和职业荣誉感。

在馆党政班子的领导下，各党支部以“两学一做”学习教育为主线，突出政治学习和教育，突出党性锻炼，策划实施各具特色的支部活动。有的支部定期组织读书分享活动，学习《习近平用典》等主题图书，结合实际交流学习体会；有的支部组织党员轮流讲授“微党课”，让身边人讲身边事，增强理论学习吸引力感染力；有的支部积极与馆内外党组织开展联学交流活动，拓宽党员教育渠道；有的支部利用革命文献整理、展览策划等机会，组织党员了解国家图书馆红色馆藏，开展党史教育；有的支部举办知识竞赛和学习征文活动，激励党员学习党的政治理论知识。

（五）深入开展警示教育活动（参见“特别记载”之“国家图书馆开展警示教育月活动”）

（六）扎实贯彻中央和部党组文化建设战略部署，稳步推进国家图书馆事业发展

馆党委牢固树立党建工作与业务工作“两手抓、两促进、两加强”的理念，以党建引领和保障业务工作健康发展，以党建调动激发全馆员工干事创业的积极性，推动国家图书馆业务工作取得新成绩。扎实落实中央和部党组文化建设战略部署，着重加强国家图书馆核心职能建设。深入学习宣传贯彻《中华人民共和国公共图书馆法》，为《中华人民共和国公共图书馆法》配套制度制定提供支撑研究。国家文献信息资源总库建设协调推进，文献信息资源藏量稳步增长，文献信息资源综合保障能力进一步增强。以国家图书馆开展“两会”服务20周年为契机，全方位提升立法决策和参考咨询服务效能。积极拓展线上线下读者服务方式途径，精细化服务水平和读者满意度进一步提升。深入实施中华古籍保护计划、革命文献与民国时期文献保护计划、数字图书馆推广工程、《中华传统文化百部经典》编纂项目、《鲁迅手稿全集》编辑出版项目、国家传统文化典籍整理工程，传承中华优秀传统文化，继承革命文化，发展社会主义先进文化。依托“春雨工程”，积极发挥国图在文化扶贫方面的积极作用。研究制定《国家图书馆法人治理结构改革实施方案》及《国家图书馆章程（草案）》，有序推进法人治理结构改革试点工作。稳步推进国家图书馆国家文献战略储备库建设项目，项目可行性研究报告获得发改委批复，项目开工在即。举办“刘季平

与中国图书馆事业改革发展”系列纪念活动，回顾总结改革开放40年中国图书馆事业发展。加强国内外交流合作，成立丝绸之路国际图书馆联盟，举办“一带一路”非中艺术交流展暨非中文化论坛、“书卷为媒　友谊长青——日本永青文库捐赠汉籍入藏中国国家图书馆展”，服务国家外交战略。

二、纪检监察审计及法务工作

（一）组织召开国家图书馆2018年党建工作会议暨党风廉政建设工作会议

为学习贯彻落实文化和旅游部2018年党的工作会议、党风廉政建设工作会议精神，总结和部署国家图书馆党风廉政建设工作，4月28日，召开国家图书馆2018年党建工作会议暨党风廉政建设工作会议，馆领导班子成员、党委委员、纪委委员、中层干部、各党支部委员出席会议。馆长、党委书记韩永进就进一步推进全馆党风廉政建设和反腐败工作做重要讲话。副馆长、党委副书记、纪委书记魏大威做国家图书馆党风廉政建设工作报告，总结2017年全馆党风廉政建设工作，并对2018年工作进行部署。

（二）贯彻落实中央八项规定精神，严防“四风”反弹

1. 加强警示教育，完善制度建设，做好中央八项规定精神的贯彻落实

认真传达中央、文化和旅游部关于严明纪律的情况通报。及时向全馆中层以上干部传达《中央纪委公开曝光七起违反中央八项规定精神问题》《关于转发中央和国家机关纪检监察工委〈关于14起违反中央八项规定精神问题的通报〉的通知》《中共文化和旅游部党组　中央纪委驻文化和旅游部纪检组　关于严肃查处违反中央八项规定精神问题　切实抓好作风建设的通报》等有关文件和情况通报精神，要求全体党员领导干部坚定不移、毫不松懈地贯彻落实中央八项规定精神。

2. 重点抓好节日关口反“四风”工作

在元旦、春节、五一、端午、中秋、国庆各节日关口，及时发布通知，严明纪律、明确要求。通过加强节前宣传教育、节日期间监督检查，认真做好节日关口的反“四风”工作，着重聚焦重点领域、薄弱环节和隐形变异新表现新问题，从小事入手，从现实问题出发，引导党员领导干部明底线、守纪律、知敬畏，切实保证中央精神和相关规定不折不扣地得到执行。

（三）落实各级纪检监察机关各项工作安排部署

按照中央纪委国家监委、中共中央国家机关纪律检查工作委员会、中央纪委驻文化和旅游部纪检监察组以及文化和旅游部直属机关纪委的有关要求，支持、配合上述单位开展有关工作。对中央巡视组移交的问题线索按有关规定进行处理。积极参加中央纪委驻文化和旅游部纪检监察组工作会议，并做好各项会议精神的贯彻落实工作。按照部直属机关纪委的要求和部署，做好节日反“四风”等有关工作的落实。按照文化和旅游部关于加强和规范问题线索管理处置工作的要求，认真做好线索处置情况的统计和报送工作。

（四）做好新任职干部廉政谈话工作

2018 年，国家图书馆开展副处级干部聘任工作。按照干部任前廉政谈话有关规定，馆纪委书记魏大威对新提任的 21 名副处级干部进行任前集体廉政谈话，要求大家在新的岗位、新的起点上，始终保持清醒的头脑，严格落实党风廉政建设和反腐败工作有关部署，从严要求自己，紧绷廉洁自律这根弦，牢记职责使命，干净干事，健康成长，不辜负组织和群众的信任与重托。

（五）有效开展监督，保障各项经济活动有序推进

1. 政府采购监督工作

按照此前相关管理规定，参与各项政府采购招投标、商务谈判、古籍鉴定、资产处置以及现场踏勘等事项的监督工作。全年参与的监督工作共计 125 项，其中，政府采购招投标开标监督等相关事项 43 项（国家图书馆 2018 年度库房临时租赁项目、2018—2019 年度中文图书采购项目等），数据库采购、设备采购等商务谈判 63 项（国家图书馆音像产品采购项目、2018 年度 HDS USPV 存储设备维保服务采购项目等），废旧家具、废旧电脑等物资处置 4 项，金石藏品、舆图、契约等古籍鉴定 12 项，物业服务、安保服务、空调改造现场踏勘 3 项。同时，按照中央纪委“三转”要求，探索有效监督模式，切实发挥“再监督”作用，以保障各项经济活动顺利有序开展。

2. 审计工作

（1）加强审计工作，发挥审计监督职能，保障规范运行。开展原文化部直属公共文化服务及艺术研究单位专项审计，切实做好审计整改工作，上报审计发现问题整改报告和关于馆藏相关工作的专题报告。配合审计署开展部领导任期（2014 年—2018 年 6 月）经济责任审计工作。做好国家重大政策措施贯彻落实情况跟踪审计问题整改工作，严肃对待审计署文体审计局 2018 年第二季度跟踪审计报告中提出的问题，制定措施，上报整改报告。开展国家图书馆出版社和 5 家馆属企业 2017 年度财务收支专项审计，出具各企业审计报告，加强企业监督管理，促进企业规范经营和财务核算。开展国家图书馆出版社和馆属企业 2017 年度经营指标完成情况内部审计，出具各企业内部审计报告，促进企业经营管理水平的提高。开展 3 个国家社会科学基金项目经费使用和管理情况结项审计，加强项目监督管理，促进基金使用的规范化和科学化。

（2）落实绩效管理，强化管理责任，提升效率意识。配合文化和旅游部开展 2017 年度国家数字图书馆资源建设及服务经费项目绩效评价，上报绩效报告，加强预算支出管理。配合文化和旅游部开展 2017 年度国家图书馆所有二级项目（包含以前年度结转结余资金）支出绩效自评工作，上报绩效自评报告，推进全过程预算绩效管理。配合文化和旅游部开展 2018 年 1—7 月国家图书馆所有二级项目支出绩效目标执行监控工作，上报绩效监控总结，建立绩效监控机制。参加文化和旅游部预算绩效目标编制培训，深入学习绩效管理，领会全面绩效管理精神。

（3）全面梳理内控制度，加强体系评价，提高有效管控。按照文化和旅游部通知要求，牵头整理佐证材料，上报内部控制报告。

（六）成立法律事务处统筹管理全馆法律事务，提升依法治馆水平

1. 组织与制度建设

2018 年，法律事务处正式组建运行。馆领导班子在厘定机构职责的基础上，将一直由纪检监察处代为行使的法律事务管理职能析出，成立独立运行的部处，归口管理全馆法律事务工作。纪检监察处积极与法律事务处及馆聘律师沟通交流，在对近年来的法律事务特别是涉诉案件进行系统梳理和回溯后，向法律事务处进行情况介绍并做好工作交接。按照“充分调研、明晰权责、定分止争、保障业务”的基本工作思路，法律事务处成立初期，对馆内外相关单位和部处的涉法制度与实际工作进行充分调研，完成“法律事务处工作调研报告”，初步确立工作思路和发展方向。

2. 案件处理

全年共计处理各类诉讼、非诉讼案件 59 件。其中，处理诉讼案件 56 件，申请执行案件 1 件，处理律师函 2 件；案由涉及知识产权纠纷 54 件，合同纠纷 2 件，人事及劳动争议 2 件，人身损害赔偿纠纷 1 件；聘请律师代理应诉案件 27 件，自行处理案件 32 件。

3. 知识产权保护与管理

在对全馆知识产权（包括作品、商标、专利的数量及权利状况）进行系统梳理和总结的基础上，2018 年以“商标权的注册保护”和“著作权的风险规避”为重点，探索推进全馆知识产权的保护和管理工作：一是制定《国家图书馆加强商标管理工作实施方案》，并根据方案要求，对全馆已注册商标的重点类别、重点群组和商品服务项目进行补充性拓展注册，对常用标识进行保护性商标注册；二是以国家图书馆视觉形象识别系统中的两大核心标志——“图”形标识和“书”形标识为试点，向中国版权保护中心申请著作权登记，并取得作品登记证书；三是举办 2 场以知识产权为主题的全馆培训讲座，以提高全员法制意识。

4. 法律咨询与服务

发挥专业优势，与外聘律师密切配合，为全馆提供优质高效的法律咨询服务，咨询范围涵盖资源建设与服务、规章制度的制修订、科研支撑、自有知识产权的维权保护，有力保障业务工作依法依规开展。每月底向馆内各部处发布下月律师到馆安排以提高咨询服务效率，对馆聘律师出具的书面法律意见进行备案备查，加强内控管理。

5. 外聘律师服务

全年外聘律师共计出具正式法律意见书 49 份，审核合同 1140 件次，提出审核意见 1578 条，回复邮件咨询或到馆咨询若干，切实发挥外聘律师管控全馆法律风险的重要作用。

三、工会工作

2018 年，国家图书馆工会以习近平新时代中国特色社会主义思想为指导，认真学习宣传贯彻党的十九大精神，以推进国家图书馆民主管理和文化建设为抓手，积极调动员工爱岗敬业的劳动热情和工作积极性，开展了一系列工作，充分发挥工会组织的桥梁纽带作用。

（一）深入学习宣传贯彻党的十九大精神

按照中华全国总工会和部直属机关工会的部署要求，在馆党政领导班子领导下，馆工会结合国家图书馆实际和员工特点，组织引导全馆员工认真学习党的十九大精神，不断深化对习近平新时代中国特色社会主义思想深刻内涵的认识，学习贯彻习近平总书记关于工人阶级和工会工作的重要论述，学习中国工会十七大精神，特别是习近平总书记同全总新一届领导班子成员以及同全国妇联新一届领导班子成员集体谈话时所做重要讲话精神，自觉用习近平新时代中国特色社会主义思想武装头脑，始终在思想上政治上行动上同以习近平同志为核心的党中央保持高度一致，以高度的主人翁使命感和历史责任感，积极投身我国文化事业建设。馆工会通过学习教育，进一步增强广大员工的使命感、责任感，强化政治意识、大局意识、核心意识、看齐意识，坚定了理想信念，凝聚了奋斗伟力，为推动国家图书馆事业发展提供坚强的思想政治保证。

（二）推动民主管理，促进合力办馆

馆工会积极发挥职工代表大会在推进国家图书馆民主管理中的重要作用。召开2018年国家图书馆第二届职工代表大会第七次全体会议，审议并通过《国家图书馆2018年工作要点》《国家图书馆2017年度财务工作报告》，报告2017年提案审理落实情况。召开2018年国家图书馆第二届职工代表大会第八次全体会议，听取国家图书馆法人治理结构改革试点工作进展及《国家图书馆章程（草案）》编制情况，并推举国家图书馆理事会理事候选人（员工代表）。

（三）广泛开展群众性文化活动和全民健身运动

馆工会以活跃员工文化生活、促进单位文化建设、凝聚全馆员工力量为着眼点，开展了丰富多彩的员工文体活动。举办“喜迎新时代　昂首新征程”国家图书馆第十二届员工艺术节，在全馆范围内开展书画比赛、摄影比赛、员工文艺展演，还鼓励各分工会（基层工会）结合自身特点和实际，举办各类文化艺术活动。此次艺术节共征集到书画作品122幅、摄影作品704幅，各分工会（基层工会）全部参与舞台艺术展演；700余人次参与，展现员工积极健康的精神风貌，丰富员工文化生活。

开展2018年“全民健身”活动，号召全馆员工积极开展健步走和广播体操等健身活动，1000余人次参与。举办2018年国家图书馆羽毛球团体赛，组建羽毛球俱乐部，更好满足员工健身需要。组队参加文化和旅游部“奋进新时代、迈步新征程”秋季健步走比赛，并获二等奖。针对特定人群开展形式多样的节日活动，“三八”妇女节开展女员工摄影比赛和观影活动；“六一”儿童节举办“六一”亲子互动活动；“八一”建军节对全馆在职复转军人给予慰问。鼓励和支持各分工会（基层工会）及员工社团因地制宜地开展系列群众性健身活动，吸引全馆员工积极参与，不断提高员工凝聚力。

国家图书馆第十二届员工艺术节舞台艺术展演

（四）关心群众生活，努力把工会建设成员工之家

馆工会努力发挥桥梁纽带作用，围绕民生问题，积极主动开展工作，不断提升服务水平。结合员工关注热点，举办“海淀区义务教育阶段升学政策解读”专题讲座，120 多名员工参加讲座。进一步加强母婴室、健身房等员工活动场所管理，员工活动室在社团活动、艺术节排练、老年大学教学中发挥积极作用，有力支持了群众文体活动的开展。坚持开展员工慰问和送温暖活动，给予当年罹患重病或生活出现特殊困难的员工切实帮扶，把温暖及时送到困难员工身边。

四、共青团工作

2018 年，馆团委以“党有号召，团有行动”为原则，紧密围绕国家图书馆中心工作和青年工作实际，积极打造服务青年堡垒，团结带领广大团员青年为国家图书馆事业发展贡献力量。

（一）强化青年理想信念教育，筑牢思想堡垒

深入学习宣传贯彻习近平新时代中国特色社会主义思想和党的十九大精神，学习习近平总书记在北京大学重要讲话、在纪念马克思诞辰 200 周年大会上的重要讲话精神，观看纪录片《厉害了，我的国》，不断增强团员青年的政治认同、思想认同、情感认同，在思想上政治上行动上同以习近平同志为核心的党中央保持高度一致，紧密结合自身实际学而信、学而用、学而行。结合党团纪念日，广泛开展“学习总书记讲话　做合格共青团员”“初心永不忘　砥砺新征程”“新时代・新青年・新作为”等主题活动，引导团员青年切实增强“四个自信”，坚定理想信念，以高度政治自觉担负起新的文化使命。

（二）扎实推进团组织建设，不断增强组织凝聚力和战斗力

积极落实共青团中央及文化和旅游部直属机关团委相关精神，做好“智慧团建”系统组织树建立阶段工作，推进共青团信息化建设。严肃团内组织生活，落实“三会两制一课”要求。指导团支部做好支部换届、支委补选等工作，有序推进第九次团代会筹备，进一步夯实团建基础，不断提升基层团组织建设水平。做好团支部2017年度团费收缴及团员信息统计报送工作，规范基础团务。为团支部配发《习近平关于青少年和共青团工作论述摘编》《中国共产主义青年团章程》等学习资料，加强团干部党性修养和作风锤炼，自觉强化政治素质和各项能力建设，塑造新时代国图团干部新风貌。

（三）坚持围绕中心服务大局，带领团员青年建功新时代

紧密结合“不忘初心、牢记使命”主题教育，在老馆长刘季平同志诞辰110周年之际，组织团员青年开展清明祭扫活动，组织青年代表参加刘季平与中国图书馆事业改革发展座谈会，激励青年员工传承先辈精神，立足岗位，为国家图书馆事业再建新功。以“融合与提升——新时代图书馆使命与目标”为主题，举办国家图书馆第三届青年学术论坛，并以论坛主题开展征文活动，优秀论文结集出版；组织征文获奖代表赴天津滨海新区文化中心参观交流，与滨海新区图书馆同人就图书馆业务工作展开交流探讨，进一步开拓团员青年视野，激发创新意识，提升业务素养。充分发挥团员青年生力军和突击队作用，积极动员青年员工参加文献搬迁志愿者突击队，圆满完成从天竺库区转移至承德周转库的文献搬迁任务。强化青年员工馆史馆情教育，引导青年广泛传播中华优秀传统文化、革命文化和社会主义先进文化，树立正确的人生观和价值观，大力弘扬国图精神。

国家图书馆第三届青年学术论坛之专家主题报告

（四）对接青年需求，持续提升团员青年获得感和幸福感

针对团员青年在工作生活中的需求，重点做好平台搭建、政策协调、信息对接等服务。开展“初心永不忘 砥砺新征程”主题系列活动，组织团员青年分别赴首都博物馆、国家博物馆、国家典籍博物馆，参观“天路文华——西藏历史文化展”“文艺复兴时期意大利艺术、文化和生活”展“真理的力量：纪念马克思诞辰200年主题展览”“复兴之路”“清官板桥 三绝传世——郑板桥专题展”等展览，丰富青年精神文化生活。为支部配发《习近平讲故事》《中华传统文化百部经典》以及文津图书奖获奖图书等书籍，鼓励团支部之间开展读书交流活动，营造浓厚书香氛围。继续组织好离退休干部春秋游志愿服务活动，建立离退休干部与团员青年结对帮带，增进交流，强化团员青年责任担当。组织开展“传递爱心”衣物捐赠活动，共募集衣物3800余件，分批次发往西藏拉孜县热萨乡查卧村。与水利部、中国文化传媒集团、文化和旅游部信息中心等单位团委加强合作交流，开阔工作思路，有效提升服务青年工作的针对性和实效性。与中国气象局、中国化工集团有限公司、北京首都机场等多家单位开展单身青年联谊会。

开展“初心永不忘 砥砺新征程”主题系列活动

（五）充分发挥基层团支部主体作用，开展丰富多彩的支部活动

各团支部充分发挥主体作用，立足部门实际，结合团员青年思想多元、需求多元特点，开展特色鲜明、富有创造性的支部活动。中文采编部团支部举办“中采好讲师业务宣讲赛”；典藏阅览部团支部开展以分享业内研讨会参会心得为主题的青年讲堂；缩微文献部团支部开展青年员工基础业务培训，为青年员工搭建业务学习交流、知识共享平台；职能联合、立法决策服务部、信息

技术部等团支部以“五四”“七一”“十一”等重大节庆日为契机，组织团员青年参观北京新文化运动纪念馆、首都博物馆等红色基地和展览馆，加强爱国主义教育；外文采编部团支部、社会教育部团支部举办主题青年座谈会，增进青年学习交流；展览部团支部以展览志愿服务活动为平台，积极开展志愿讲解员招募、培训等工作，更好地满足观众参观需求；古籍馆团支部、出版社团支部组织青年员工参观调研、参加培训班等活动，开拓青年员工业务学习新途径；参考咨询部团支部开展徒步体能运动，数字资源部团支部开展乐器、书法兴趣小组活动，丰富青年业余生活，增强团员青年凝聚力和向心力。

五、离退休人员服务与管理工作

2018年，国家图书馆离退休人员服务与管理工作坚持“围绕中心，服务大局”，全面做好服务保障，抓住重点统筹兼顾，加强离退休干部党支部建设，丰富老同志精神文化生活，引导老同志凝聚传播正能量，维护老干部队伍整体和谐稳定，按照年度计划扎实推进老干部工作。

（一）基础工作

1. 常规服务

截至2018年12月底，国家图书馆离退休员工1132人，其中离休员工42人、退休员工1090人。全年共接收新退休员工55人；为老同志办理就近就医医院及社区卫生服务中心登记备案及变更手续152人次；为年满80、90、100周岁的老同志上门祝寿28人次，探视慰问住院及生病人员、特困人员等161人次；协助过世离退休员工家属办理后事22人次；发放退休员工独生子女费44人次，共计44000元；发放年度医药补助53人次，共计59004元；为离退休女员工发放“三八”纪念礼品678份；协助老同志完成法律咨询5人；完成老同志党员政审5人；协助后勤服务管理中心完成离退休员工及高干体检，做好体检医院及方式变更的解释宣传工作；参加部门文书及兼职档案员培训1人，参加国家图书馆新闻宣传培训1人，参加文化和旅游部离退休干部业务工作培训2人。

国家图书馆离退休干部处为退休员工李世华祝寿

2. 党支部建设

截至 2018 年 12 月底，国家图书馆离退休干部处党支部（以下简称“支部”）共有党员 458 人，占离退休人员总数的 40.5%，全年共接收 9 名新退休党员的组织关系。支部按照文化和旅游部党组及馆党委部署，深入学习贯彻党的十九大及习近平总书记系列重要讲话精神，学习十九届三中全会公报、习近平在纪念马克思诞辰 200 周年大会上的讲话、全国宣传思想工作会议上的重要讲话精神等，加强对老同志的思想政治教育，引导老同志理解、支持、拥护党和国家的各项改革，在思想行动上与以习近平同志为核心的党中央保持高度一致，为党和国家的事业增添正能量；提交支部党建工作述职评议考核工作报告、支部专题组织生活会和民主评议党员情况汇报、查找问题及整改措施清单、意识形态工作情况自查报告、廉洁风险点自查报告、学习贯彻《中国共产党纪律处分条例》报告等，召开支部警示教育大会及专题生活会；组织离退休党员参加文化和旅游部“我看改革开放新成就”征文，提交征文 7 篇，参加“学习十九大　共筑国图梦”主题征文活动，提交征文 13 篇；组织离退休党员观看大型纪录影片《厉害了，我的国》，深入学习习近平新时代中国特色社会主义思想，弘扬爱国主义精神。8 月中旬，支部在昌黎培训基地举行离退休干部党小组长及协管工作骨干培训，进行工作总结，通报馆重点工作、支部换届选举结果等事宜，开展“重温入党申请书”主题教育活动，观看反腐倡廉教育影片，支部支委、党小组长、在职党员及老同志社团负责人等 39 人参与培训。12 月，支部组织支委、党小组长、入党积极分子等参观“伟大的变革——庆祝改革开放 40 周年大型展览”，回顾国家 40 年改革发展的光辉历程，感受国家改革开放 40 年的发展成就，接受生动的党性教育。

（二）重点工作

1. 春节团拜及节日慰问

2 月 5 日上午，国家图书馆 2018 年新春团拜会在国图艺术中心举行，700 余位离退休员工及统战人士团聚一堂，馆长韩永进代表馆领导班子致辞，向与会人员致以新年祝愿，对老同志为国家图书馆事业做出的贡献表达诚挚谢意。抽奖活动结束后，与会人员观看了贺岁电影。春节前夕，馆领导班子深入离退休老同志家中，通报国家图书馆事业取得的新成就新进展，倾听他们的意见建议，希望老同志们保重身体，为图书馆事业建设发展发挥余热。离退休干部处从老同志身体状况、家庭收入、离退休金水平、医药费报销额度等实际情况出发，为困难老同志发放困难补助 7.1 万元，缓解他们的生活压力。在中华民族传统佳节中秋、重阳来临之

馆长韩永进春节前看望老专家李致忠

际，离退休干部处代表馆领导分别走访慰问老馆长、老专家、离休干部、在敬老院居住的老同志等68位，衷心祝愿老人节日快乐，向他们转达馆领导和全馆员工的亲切问候与祝福。

2. 春秋游活动

5月16日、17日，组织400余名离退休员工分批前往世界葡萄博览园开展春游活动；9月26日、27日，组织400余名离退休员工分批前往百年栗园生态农场开展秋游活动。春秋游活动认真贯彻落实馆领导“高度重视安全工作”指示，离退休干部处实地踏勘、精心筹划，国家图书馆团委组织部处青年员工参与敬老志愿服务，后勤服务管理中心安排医务人员和应急车辆随行，多措并举保障春秋游活动顺利完成。

国家图书馆离退休员工秋游百年栗园生态农场

（三）文化养老

1. 离退休员工社团俱乐部

银杏摄影之家举办第四届金色年华摄影展并在国家图书馆、昌平圣学图书馆巡展，组织开展西山国家森林公园采风外拍，举行“逆光与花卉”“中国古建筑”季赛活动及观片交流会，参加国家图书馆“迎三八”女员工摄影大赛、中国图书馆学会“寻找图书馆最美阅读空间、人文阅读”摄影比赛，入围展览名录作品80幅。书香舞蹈队组织成员开展舞蹈课程学习训练，受邀参加社区运动会开幕式、“书香筑梦　科技兴国”国家图书馆科技周专场音乐会演出，参加紫竹院社区“五月的鲜花”文艺展演比赛并荣获第二名。夕阳红合唱团依托老年大学声乐班组织成员进行日常学习，提升专业技能，增进艺术修养，陶冶情操，帮助老同志焕发光彩。卓越乒乓球俱乐部坚持每周开展训练，引导老同志强身健体，促进身心愉悦，进行相关比赛及俱乐部活动。

2. 老年大学、馆艺术节

国家图书馆鼓励离退休员工参加文化和旅游部老年大学课程学习，在原文化部和原国家旅游局合并之后老年大学报名方式及课程调整的情况下，积极协助文化和旅游部离退休干部局发布招生简章及通知，做好政策宣传和报名汇总统计工作。9 月底，国家图书馆第十二届员工艺术节举行，离退休干部处组织老同志参与书画摄影大赛及舞台艺术展演活动，共提交软硬笔书法作品 4 幅、绘画作品 5 幅、摄影作品 61 幅，共计 13 人次获奖；参与合唱、舞蹈等多项文艺表演，丰富老同志精神文化生活，调动老同志表达自我热情，深入践行文化养老理念。

国家图书馆离退休员工书香舞蹈队参加第十二届员工艺术节舞台艺术展演

3. 其他活动

组织老同志参与中国记忆项目及口述史采访工作，为国家图书馆保存史料；组织老同志参加“文化养老，乐享生活”老年文化座谈会，为《中国文化报》更好地服务文化系统老同志及提高文化生活品质等建言献策；组织老同志参加刘季平与中国图书馆事业改革发展座谈会，纪念刘季平同志为国家图书馆及中国图书馆事业发展做出的卓越贡献，弘扬国图精神；开展“记忆国图”系列征文，深入挖掘老同志先进事迹，让老同志优秀品格鼓舞、激励、感染更多的离退休老同志及社会大众；支持老同志社团开展捐书、巡展、敬老演出等公益活动，发挥俱乐部组织优势及老同志特长，凝聚和传播正能量。

年度掠影

【召开 2018 年党建工作会议暨党风廉政建设工作会议】

4 月 28 日，国家图书馆召开 2018 年党建工作会议暨党风廉政建设工作会议。会议主要任务是，以习近平新时代中国特色社会主义思想为指导，深入学习贯彻党的十九大，十九届二中、三中全会和十九届中央纪委二次全会精神，落实部党组党建和党风廉政建设各项任务部署，安排国家图书馆 2018 年党建和党风廉政建设工作任务。馆领导班子成员、党委委员、纪委委员、中层干部、各党支部委员出席会议。党委书记、馆长韩永进做重要讲话。党委副书记、纪委书记、副馆长魏大威做国家图书馆党风廉政建设工作报告，总结 2017 年全馆党风廉政建设工作，对 2018 年工作进行部署。

2018 年党建工作会议暨党风廉政建设工作会议

【学习习近平总书记在纪念马克思诞辰 200 周年大会上的重要讲话精神】

5 月 4 日，纪念马克思诞辰 200 周年大会在人民大会堂举行，习近平总书记出席大会并发表重要讲话。国家图书馆党委高度重视，迅速部署、认真组织全馆党员干部员工收听收看大会实况直播，集中学习习近平总书记讲话精神。馆领导班子成员、党委委员集中观看大会实况。全馆 22 个党支部通过多种方式分别组织收听收看。

国家图书馆组织党委中心组（扩大）学习活动，赴国家博物馆集体参观“真理的力量——纪念马克思诞辰 200 周年主题展览”。各支部以微党课、研讨座谈、参观交流等多种形式组织进一步学习。国家图书馆还发挥宣传主阵地作用，在读者阅览区开设现场直播，组织读者观看纪念大会实况，积极策划展出马克思珍贵手稿，开设纪念马克思诞辰 200 周年图书专架，向读者推荐相关优秀出版物和《不朽的马克思》等多媒体资源，受到广大读者一致好评。

【召开纪委扩大会议专题学习新修订的《中国共产党纪律处分条例》】

9月12日，国家图书馆纪委召开扩大会议，专题学习新修订的《中国共产党纪律处分条例》（以下简称《条例》），党委副书记、纪委书记、副馆长魏大威主持会议并发表讲话。馆纪委委员、各党支部新一届纪检委员以及纪检监察处全体同志近30人参加会议。会议集中学习新修订的《条例》，重点对《条例》新修订的主要内容进行对照学习，对修订的主要条款进行说明解读。之后，魏大威发表讲话。他指出，新修订的《条例》是党中央站在新的历史起点上，为全面贯彻习近平新时代中国特色社会主义思想和党的十九大精神、落实新时代党的建设总要求和全面从严治党战略所做出的再动员、再部署，主要突出了政治性，彰显了时代性，增强了针对性。全馆各级党员领导干部特别是纪检干部要进一步提高政治站位，全面深入学习贯彻落实《条例》，切实把思想和行动统一到中央的部署要求上来，着重做好以下四方面工作：一要充分认识《条例》修订的重大意义，切实增强学习贯彻的自觉性和坚定性；二要准确把握纪律建设的政治性、时代性、针对性，将其体现到监督执纪问责全过程；三要采取有力措施，确保《条例》的学习贯彻落到实处；四要切实把自己摆进去，自觉做学习贯彻《条例》的表率。

国家图书馆纪委扩大会议

【举办新一届党支部委员培训班】

2018年上半年，国家图书馆各党支部圆满完成换届选举工作，产生新一届支委121人。为贯彻落实《中国共产党支部工作条例（试行）》精神，进一步提高新一届党支部党建工作能力，11月15—16日，国家图书馆党委组织全馆23个党支部百余名支部委员集中培训。党委书记、副馆长魏大威出席培训班开班仪式并做动员讲话，副馆长张志清主持开班仪式。此次培训班紧密围绕学习贯彻习近平新时代中国特色社会主义思想和党的十九大精神，结合国家图书馆基层党支部建设实际安排培训内容，邀请中央党校的专家学者围绕学习领会习近平新时代中国特色社会主义思想、加强意识形态责任制建设、促进党支部建设等主题讲座，设置专题党务实践环节的培训授课，并为新一届支部委员配发相关书籍。专门组织全馆各部处意识形态工作相关关键岗位的工作人员参加意识形态专题讲座，增强员工对意识形态工作极端重要性的理解，提高抓意识形态工作的政治意识和业务能力。

【国家图书馆党员干部集中收看庆祝改革开放40周年大会　学习习近平总书记重要讲话精神】

12月18日，国家图书馆党委组织全馆党员干部员工收看庆祝改革开放40周年大会直播，深入学习领会习近平总书记重要讲话和大会精神，结合实际广泛开展研讨交流。馆党委中心组召开专题学习会，集中收看直播，认真学习习近平总书记重要讲话精神，馆领导班子成员、党委委员参会。党委书记、副馆长魏大威主持学习并讲话，党委副书记、馆长饶权出席会议并讲话。与会人员结合国家图书馆实际工作畅谈学习体会。

【召开第二届职工代表大会第七次全体会议】

1月31日，国家图书馆第二届职工代表大会第七次全体会议在综合楼多功能厅召开。馆长、党委书记韩永进，常务副馆长陈力，副馆长张志清、李虹霖、陈樱，馆长助理汪东波作为特邀代表出席会议，馆党委原书记、原常务副馆长詹福瑞出席会议，全馆职代会代表参会。会议由副馆长、党委副书记、馆工会主席魏大威主持。陈力代表馆领导班子就《2018年度国家图书馆工作要点》做说明。财务处处长张军报告国家图书馆2017年度财务工作情况。馆工会副主席荣杰报告国家图书馆第二届职工代表大会第六次会议提案审理落实情况。与会代表审议并表决通过《2018年度国家图书馆工作要点》决议和《国家图书馆2017年度财务工作报告》决议。

【开展缅怀刘季平同志祭扫活动】

2018年适逢国家图书馆原馆长刘季平同志110周年诞辰。3月29日，馆团委紧密结合“不忘初心、牢记使命”主题教育，组织新入馆员工代表赴八宝山革命公墓开展清明祭扫活动，深切缅怀为中国图书馆事业改革发展做出卓越贡献的刘季平同志。青年员工纷纷表示，这是一次生动的馆史馆情教育，通过学习老馆长的生平事迹，进一步增强对图书馆事业以及文化事业建设的责任感和使命感，要珍惜革命先辈创造的优越条件，继承和发扬老一辈国图人的精神，不忘初心，继续前行。

【举办国家图书馆第三届青年学术论坛】

5月4日，“融合与提升——新时代图书馆使命与目标”国家图书馆第三届青年学术论坛在文会堂召开。馆长、党委书记韩永进，副馆长、党委副书记魏大威出席论坛并讲话，国家图书馆部处主任、青年代表等150余人参加论坛。论坛邀请南开大学教授、中国图书馆学会学术委员会副主任柯平，天津滨海新区图书馆副馆长刘秀峰和中国图书馆学会秘书长霍瑞娟，分别围绕公共图书馆事业与公共图书馆法、“网红”图书馆的优势与困惑、第六次全国县级以上公共图书馆评估定级工作整体情况等内容做主题发言。

此次论坛共收到征文 102 篇。经过 8 位专家两轮匿名评审，最终评选出一等奖 10 篇、二等奖 20 篇、三等奖 28 篇、优秀奖 30 篇。论坛通过征文比赛、讲座报告、座谈交流等丰富多样的形式，为青年图书馆员打造一个“有温度、有深度、有思想交流、有成果共享”的学术交流平台，对增进青年员工学术交流、提升科研水平、拓宽工作思路起到积极推动作用。

5 月 10 日，馆团委组织此次论坛获奖代表赴天津滨海新区学习交流。青年交流团参观了滨海新区文化中心，与滨海新区图书馆同人进行座谈，就图书馆基础业务展开交流探讨。此外，青年交流团还参观了国家超级计算天津中心、中新生态城管委会生态城、动漫产业园区和公用事业运行维护中心。

国家图书馆第三届青年学术论坛获奖代表参观天津市滨海新区图书馆

【举办国家图书馆第十二届员工艺术节】

6—9 月，国家图书馆举办“喜迎新时代　昂首新征程”国家图书馆第十二届员工艺术节。此届员工艺术节由“光辉历程　影像见证”摄影大赛、“丹青流韵　纸上芳华”书画比赛和“辉煌四十年　奋进新时代”舞台艺术展演三部分组成。自 6 月印发《国家图书馆第十二届员工艺术节活动方案》以来，共有 700 余人次参与各项活动。馆工会邀请馆外专家对参赛作品进行评选，在所征集的 122 幅书画作品、700 余幅摄影作品中，评选出硬笔书法、软笔书法、绘画、摄影 4 个大类共 53 幅获奖作品，并将优秀作品以展览的方式向广大员工展示和分享。

9 月 19 日下午，“辉煌四十年　奋进新时代”舞台艺术展演在国图艺术中心举办。文化和旅游部直属机关工会领导，紫竹院街道办事处领导，国家图书馆馆领导、员工和离退休老同志一同观看演出。至此，国家图书馆第十二届员工艺术节圆满落幕。

【召开第二届职工代表大会第八次全体会议】

11月30日，国家图书馆第二届职工代表大会第八次全体会议在综合楼多功能厅召开。馆长、党委副书记饶权，副馆长张志清、李虹霖、汪东波作为特邀代表出席会议，全馆职代会代表参会。会议由党委书记、副馆长、馆工会主席魏大威主持。研究院副院长申晓娟就《国家图书馆章程（草案）》做说明。与会代表深入讨论并提出若干意见建议，同时推举典藏阅览部副主任郭传芹为国家图书馆理事会理事候选人中的员工代表。

【举办国家图书馆离退休干部处党支部党小组长及协管工作骨干培训班】

8月15—17日，国家图书馆离退休干部处党支部党小组长及协管工作骨干培训班在河北昌黎培训基地举办，离退休干部处党支部支委、党小组长、在职党员及老同志社团负责人等39人参加培训。培训会上，离退休党支部进行工作总结，向与会人员通报国家图书馆重点工作、支部换届选举结果等事宜。会上安排与会人员观看《打铁还需自身硬》党风廉政建设教育专题片，组织开展“重温入党申请书”主题教育活动。每位离退休支委及党小组长拿到珍贵的入党申请书复印件，回顾入党初衷，审视思想政治发展脉络，重温入党时的庄严承诺和决心。对比老同志入党的时代背景，大家感受到在党的领导下国家和社会日新月异的进步与变化，纷纷表示应进一步坚定“四个自信”，积极主动担负起新时代赋予我们的责任与重担，不断提高党性修养，发挥先锋模范作用，更好地服务广大离退休党员群众。

国家图书馆离退休干部处党支部党小组长及协管工作骨干培训班

统计资料

- 经费使用
- 国有资产
- 业务统计数据
- 科研项目
- 人员
- 馆内外奖励
- 对外交流
- 部分会议、讲座、国图公开课、培训、展览
- 档案资料

统计资料

一、经费使用

（一）购书经费

单位：万元

项　目	经　费	项　目	经　费
中　文　书	2583.70	联合国资料	88.51
西　文　书	3736.27	图书装订费	121.59
东　文　书	916.84	中文资料	43.51
俄　文　书	301.64	中　文　刊	341.66
交　换　书	520.04	外　文　刊	4129.13
港　台　书	461.03	中　文　报	46.83
善本特藏	34.92	港台报刊	253.18
学位论文	7.31	其　他　书	27.63
视听资料	111.87	地方文献	270.07
合计	13995.73		

（二）国家数字图书馆资源建设及服务经费

单位：万元

项　目		经　费
电子出版物	中文	819.84
	外文	2526.20
合计	3346.04	

二、国有资产

（一）简况

截至2018年12月31日，国家图书馆资产总量达到约641553.16万元。其中：固定资产约372661.43万元，流动资产约35615.93万元，对外投资约2390.00万元，无形资产约30302.89万元，其他资产约200582.91万元（主要为国家图书馆一期和二期在建工程资产价值等）。固定资产中，图书文物约320014.40万元，房屋构筑物约7889.88万元，车辆约435.27万元，通用办公设备约2961.07万元，办公家具约8864.22万元，其他固定资产约32496.59万元。

与2017年12月31日相比，2018年资产总量增加约40113.91万元。其中：固定资产增加约19140.10万元，流动资产增加约5831.01万元，对外投资保持不变，无形资产增加约4182.28万元，其他资产增加约10960.53万元。

（二）政府采购

2018年，国家图书馆严格执行政府采购的各项法律法规，全年政府采购预算22659.70万元，节约资金5108.53万元，资金节约率为22.54%。

政府采购总额17551.17万元。其中：货物类7942.25万元，占采购总额的45.25%，比上年稍有下降；服务类8861.06万元，占采购总额的50.48%，比上年稍有上升。

政府集中采购504.88万元，占采购总额的2.88%，其中货物类374.71万元；分散采购17046.29万元，占采购总额的97.12%，其中货物类7567.54万元、服务类8861.06万元。

（三）馆属企业

馆属企业发展持续向好。馆属企业营业总收入（含国家图书馆出版社）由2017年的22932.82万元增长至2018年的26769.18万元，增长16.73%；缴纳国有资产收益费由2017年的4626.00万元增长至2018年的4793.00万元，增长3.61%，企业业务发展呈现平稳增长趋势。

三、业务统计数据

1. 各类文献登记总量638791种2997058册/件，登记册/件与2017年相比，增加0.06%。

2. 各类文献编目加工总量为603017种1330337册/件，编目加工种数与2017年相比，增加1.47%。

3. 正式入藏各类文献为638029种1325695册/件，正式入藏册/件与2017年相比，增加8.11%；非正式入藏各类文献591372册/件，非正式入藏册/件与2017年相比，增加0.18%。

4. 截至2018年底，馆藏总量为39011882册/件。

5. 接待到馆读者5458540人次，与2017年相比，减少6.52%。

6. 全馆流通书刊25499468册次，与2017年相比，减少0.23%。

7. 国家图书馆网站年访问量78536.4万次，与2017年相比，减少13.99%。月平均访问量为6544.70万次，日平均访问量为215.17万次。

8. 各类咨询112.57万件，与2017年相比，增加7.29%。其中一般咨询111.49万件，与2017年相比，增加7.24%。

9. 办理读者证卡共计 23.69 万个，其中实体证卡 18.19 万个，虚拟办证（网络实名注册）5.50 万个。实体证卡与 2017 年相比，减少 14.95%。

10. 培训、讲座、参观、展览等各项活动共接待读者 129.90 万人次，与 2017 年相比，减少 25.58%；其中举办展览 24 场，79.78 万人次；开办公益性讲座 506 场，6.29 万人次；组织培训 1748 批，27.57 万人次；接待参观 3894 批，8.80 万人次；举办演出 128 场，7.46 万人次。

11. 截至 2018 年底，数字资源总量达 1960.91TB，与 2017 年相比，总量增加 357.04TB。主要来源为：馆藏特色数字化资源 1390.41TB，外购数据库 191.6TB，网络导航和网络采集资源 209.98TB，征集数字资源 162.44TB，电子报纸交存 6.48TB。资源内容主要包括：电子图书 1998182 种 2478926 册，电子期刊 56882 种，电子报纸 3184 种，学位论文 7731871 篇，会议论文 7073228 篇，音频资料 1179391 首，视频资料 173531 小时。

12. 截至 2018 年底，外购数据库共计 254 个，包括中文数据库 128 个、外文数据库 126 个。

外购数据库类型及数量

数据库类型	中文库数量（个）	外文库数量（个）
全文数据库	65	80
文摘/索引数据库	15	21
数值/事实数据库	29	17
多媒体数据库	16	0
工具型数据库	3	3
复合型数据库	0	5
合计	128	126

13. 截至 2018 年底，已发布数字资源的内容单元主要包括：电子图书 1888032 种，发布率 94.5%；电子期刊 56719 种，发布率 99.7%；电子报纸 2869 种，发布率 90.1%；学位论文 7725604 篇，发布率 99.9%；会议论文 7073228 篇，发布率 100%；音频资料 703114 首，发布率 59.6%；视频资料 122518 小时，发布率 70.6%。

2018 年各类文献入藏明细表（正式馆藏）

	文献类别	种数	册/件数	上年册/件数	增长率 %
图书	中文普通书	269970	616324	565903	8.91
	台港图书	19180	19868	20660	−3.83
	盲文图书	1	8	1794	−99.55

（续表）

	文献类别	种数	册 / 件数	上年册 / 件数	增长率 %
	线装书	4363	5328	14512	−63.29
	中文图书总计	293514	641528	602869	6.10
	西文图书	44191	47923	53087	−9.73
	俄文图书	6561	6950	7041	−1.29
	日文图书	13697	14003	15503	−9.68
	东文图书	4377	4677	5088	−8.08
	外文图书总计	68826	73553	80719	−8.88
	图书总计	362340	715081	683588	4.33
期刊	中文期刊	10679	205471	202038	1.70
	台港期刊	755	8361	7922	5.54
	中文期刊总计	11434	213832	209960	1.84
	西文期刊	3466	32245	33633	−4.13
	日文期刊	941	9937	11310	−12.14
	俄文期刊	685	7531	6509	15.70
	东文期刊	39	1273	1077	18.20
	外文期刊总计	5131	50986	52529	−2.94
	期刊总计	16565	264818	262489	0.89
报纸	中文报纸	1424	9713	5150	88.60
	台港报纸	82	3545	1804	96.51
	中文报纸总计	1506	13258	6954	90.65
	外文报纸总计	63	1496	4280	−65.05
	报纸总计	1569	14754	11234	31.33
特藏专藏	善本	40	4326	7	61700.00
	外文善本	92	382	123	210.57
	新善本	106	124	415	−70.12
	精装精印	18	24	35	−31.43
	其他文献	2	2	10	−80.00
	金石文献	683	990	578	71.28
	手稿	2451	5306	995	433.27
	舆图	17192	36070	0	—
	画片	494	569	0	—

（续表）

	文献类别	种数	册 / 件数	上年册 / 件数	增长率 %
	照片	508	7226	0	—
	民语文献	5125	9286	10203	−8.99
	学位论文	195144	195144	184283	5.89
	敦煌资料	412	664	585	13.50
	地方文献	1259	11204	1314	752.66
	图书馆学资料	—	621	577	7.63
	联合国资料	812	1351	1289	4.81
	中文资料	6788	6992	8635	−19.03
	特藏专藏总计	231126	280281	209049	34.07
缩微文献	缩微平片	10535	18591	26891	−30.87
	缩微胶卷	0	0	353	—
	缩微文献总计	10535	18591	27244	−31.76
音像资料	中文音像资料	6053	14247	24576	−42.03
	外文音像资料	7624	11739	3425	242.74
	音像资料总计	13677	25986	28001	−7.20
电子文献	电子文献总计	2217	6184	4620	33.85
正式入藏文献总计		638029	1325695	1226225	8.11

注：表中报纸总登记量按单件统计，入藏量按合订册统计。

到馆读者人次、文献流通册次统计表

	人次	册次
1月	446402	1965223
2月	331718	1470365
3月	444558	2008320
4月	411126	1926722
5月	431239	1931213
6月	430687	2065766
7月	617834	2849787
8月	625771	3168704
9月	418444	2122844
10月	455957	2178029

（续表）

	人次	册次
11月	427564	1925219
12月	417240	1887276
合计	5458540	25499468

各阅览室与服务点接待读者人次统计表

阅览室及服务点名称	读者人次	阅览室及服务点名称	读者人次
OPAC检索（南区）	35685	OPAC检索（北区）	41957
人工复制（南区）	28863	人工复制（北区）	4660
自助复制（南区）	5839	自助复制（北区）	7444
缩微文献阅览室	8385	中文图书阅览区	1860170
保存本（综合阅览室）	6661	工具书区（北区）	391069
基藏本（综合阅览室）	163823	中文图书借阅区	301753
工具书（综合阅览室）	60180	中文报刊区（期刊）	124502
基藏外文图书外借出纳台	14239	中文报刊区（报纸）	83751
台港澳文献阅览室	28315	学位论文阅览室	45218
外文文献第一阅览室	73682	中国少数民族语文阅览室	7332
外文文献第二阅览室	27173	数字共享空间（集中区）	250746
外文文献第三阅览室 国际赠书阅览室 日本出版物文库阅览室	9187	数字共享空间（分散区）	17123
年鉴新方志阅览室	14273	视听服务空间	83561
善本特藏阅览室	4875	少年儿童图书馆	372289
敦煌吐鲁番资料研究中心	3472	复制服务（古籍馆）	799
国际组织与外国政府出版物阅览室	3590	普通古籍阅览室（古籍馆）	10646
海外中国问题研究资料中心	4112	家谱旧方志阅览室（古籍馆）	3202
法律参考阅览室	5375		
总计	4103951		

咨询工作统计

单位：件

	一般咨询	代检索课题	编制文献	年累计
党和国家领导	0	0	19	19
中央国家机关	5	1	1789	1795
重点科教单位	1493	4965	3704	10162
一般读者	1113426	70	189	1113685
年累计	1114924	5036	5701	1125661

国际互借工作统计表

项目	借出资料	借入资料
人次	40	301
册次	40	559
复印(件)	12	248
拒绝(件)	28	164

读者证卡统计

单位：个

<table>
<tr><th colspan="2">证卡名称</th><th>本年证卡</th><th>累计（实体/虚拟）</th></tr>
<tr><td rowspan="2">人工办证</td><td>成人读者卡</td><td>28319</td><td rowspan="3">2840695</td></tr>
<tr><td>少儿读者卡</td><td>2320</td></tr>
<tr><td>自助办证</td><td>读者卡</td><td>151311</td></tr>
<tr><td>虚拟办证</td><td>实名注册</td><td>54982</td><td>1565376</td></tr>
<tr><td colspan="2">合计</td><td>236932</td><td>4406071</td></tr>
</table>

四、科研项目

（一）立项科研项目

项目类别	编号	项目名称	申请人	经费（万元）	研制时间
社科基金重大项目	18ZDA301	国家图书馆藏甲骨整理与研究	陈红彦	80	2018.11—2023.12
社科基金冷门绝学和国别史研究专项	2018VJX104	国家图书馆藏边疆舆图整理与研究	白鸿叶	40	2018.9—2023.12
社科基金重点项目	18ATQ002	民国时期革命历史文献整理与研究	马　静	35	2018.6—2019.12
馆级	NLC-KY-2018-01	现代公共文化服务体系中的公共数字文化建设与服务研究	魏大威	5	2018.3—2020.9
馆级	NLC-KY-2018-02	《江瀚全集》整理与江瀚学术思想研究	马学良	5	2018.3—2020.3
馆级	NLC-KY-2018-03	新时代国家图书馆青年人才培养工作研究	王青云	2	2018.3—2020.2
馆级	NLC-KY-2018-04	互联网用户行为数据在图书馆大数据分析中应用研究	杨　帆	2	2018.3—2020.2
馆级	NLC-KY-2018-05	国家图书馆业务规章制度的历史沿革	毛雅君	2	2018.3—2020.7
馆级	NLC-KY-2018-06	《公共图书馆法》框架下国家图书馆中文文献资源总库建设策略研究	槐　燕	2	2018.3—2020.8
馆级	NLC-KY-2018-07	新时代国家图书馆外文文献资源建设和服务模式探析	宋仁霞	2	2018.3—2020.3
馆级	NLC-KY-2018-08	外文学术期刊评价方法的演进及其对采访工作的影响研究	齐东峰	2	2018.3—2019.12
馆级	NLC-KY-2018-09	民国时期图书与图书馆副刊资料研究	刘博涵	2	2018.3—2019.12
馆级	NLC-KY-2018-10	馆藏海外中国问题研究外文期刊调研	陈　宁	2	2018.3—2020.6

（续表）

项目类别	编号	项目名称	申请人	经费（万元）	研制时间
馆级	NLC-KY-2018-11	基于智慧数据的数字人文资源发现与服务研究	周笑盈	2	2018.3—2019.4
馆级	NLC-KY-2018-12	国家图书馆文献缩微工作标准体系建设研究	王　浩	2	2018.3—2020.2
馆级	NLC-KY-2018-13	国家图书馆藏中国古代域外—边疆缩微文献考察报告	朱庆华	2	2018.3—2019.12
馆级	NLC-KY-2018-14	缩微胶片冲洗废水处理的研究	李晓明	2	2018.3—2020.3
馆级	NLC-KY-2018-15	馆藏《四库全书》纸页黄斑发生情况及引发因素研究	易晓辉	2	2018.3—2020.12
馆级	NLC-KY-2018-16	国家图书馆新入藏四堡刻书资料整理与研究	尤海燕	2	2018.3—2019.12
馆级	NLC-KY-2018-17	《针灸大成》版本及学术价值研究	杨照坤	2	2018.3—2020.3
馆级	NLC-KY-2018-18	国立北平图书馆建筑设计历程考证	陈明颖	2	2018.3—2019.12
馆级	NLC-KY-2018-19	国家图书馆建筑设施设备信息化管理标准研究	张清华	2	2018.3—2019.2
馆级	NLC-KY-2018-20	基于海绵城市理念的图书馆景观规划设计研究	王　菲	2	2018.3—2018.12
馆级	NLC-KY-2018-21	不同加湿方式在图书馆应用的研究	师宇腾	2	2018.3—2018.12
馆级	NLC-KY-2018-22	国家图书馆藏中国近代建筑文献整理与研究	何　隽	1	2018.3—2019.12
馆级	NLC-KY-2018-23	朱砂印泥老化过程研究	张　铭	1	2018.3—2020.3
馆级	NLC-KY-2018-24	国内甲虫类图书害虫生物学特性研究	任珊珊	1	2018.3—2020.6

（二）结项科研项目

项目类别	编号	项目名称	申请人	经费（万元）	鉴定时间
社科基金后期资助	17FTQ006	汲古阁汇纪	苏晓君	20	2018-12-31
国家社科基金项目	14CTQ037	公共图书馆出版物国际交换研究	李　伟	20	2018-11-28
国家社科基金项目	12CZW037	明清叙事文学插图的图像学研究	颜　彦	15	2018-8-1
国家科技支撑计划项目	2014BAK15B01	以书为媒介的大众阅读互动平台研发及应用示范	孙一钢	398	2018-11-1
馆级	NLC-KY-2016-26	丝绸之路研究论著叙录	常荩心	2	2018-11-30
馆级	NLC-KY-2016-13	国家图书馆藏新民会查禁资料整理与研究	李　娟	2	2018-9-17
馆级	NLC-KY-2016-15	图书馆非标RFID标签数据迁移方法研究	陈　攀	2	2018-7-4
馆级	NLC-KY-2015-17	公共图书馆残疾人服务需求分析及阵地服务研究	刘博涵	2	2018-7-2
馆级	NLC-KY-2016-07	基于图书馆的互联网信息采集评估指标体系研究	吕　琳	2	2018-6-12
馆级	NLC-KY-2015-26	国家数字图书馆智能网络研究	邢　军	2	2018-6-4
馆级	NLC-KY-2015-10	网络数字环境下音视频资源的新形态及纳入国家图书馆馆藏的可行性研究	刘　峥	2	2018-5-30
馆级	NLC-KY-2015-36	基于红外光谱技术的纸质文献破损定级的可行性研究	马赵扬	1	2018-5-28
馆级	NLC-KY-2016-04	理论与实践——国家典籍博物馆运行机制探索	林世田	5	2018-5-23
馆级	NLC-KY-2016-33	基于国际组织与外国政府出版物的“一带一路”重要国家经济类文献整合及专题平台建设	武小瑞	1	2018-4-24

（续表）

项目类别	编号	项目名称	申请人	经费（万元）	鉴定时间
馆级	NLC-KY-2015-09	RDA和关联数据在国家图书馆音像资料编目工作中的应用研究	赵　琨	1	2018-4-23
馆级	NLC-KY-2014-28	基于LibQUAL+TM体系的国家图书馆服务质量评价研究与应用	杨　倩	1	2018-4-19
馆级	NLC-KY-2015-20	公共图书馆文献缩微工作馆际合作模式创新研究	李　进	2	2018-4-13
馆级	NLC-KY-2014-19	国家图书馆藏明代内府本研究	马学良	2	2018-4-9
馆级	NLC-KY-2015-03	国家图书馆在文化外交中的主体性作用研究	张　煦	2	2018-3-16
馆级	NLC-KY-2016-35	国家图书馆问题读者及服务危机研究	管　峰	1	2018-2-9
馆级	NLC-KY-2015-06	公共图书馆理事会制度：理论、现状、难点、前瞻	王秀香	2	2018-2-7

五、人员

（一）2018年馆领导名单（截至2018年12月31日）

姓名	职务名称
饶　权	馆长、党委副书记、国家古籍保护中心主任、国家典籍博物馆馆长
魏大威	党委书记、副馆长
张志清	副馆长兼国家古籍保护中心副主任
李虹霖	副馆长兼国家典籍博物馆常务副馆长
孙一钢	副馆长
陈　樱	副馆长、党委副书记、纪委书记
汪东波	副馆长

（二）2018 年度馆领导职务变动情况

2018 年 7 月起，陈力不再担任国家图书馆常务副馆长（正局级）。

2018 年 8 月起，饶权担任国家图书馆馆长、党委副书记、国家古籍保护中心主任、国家典籍博物馆馆长；魏大威担任国家图书馆党委书记、副馆长；韩永进不再担任国家图书馆馆长、党委书记、国家古籍保护中心主任、国家典籍博物馆馆长。

2018 年 11 月起，陈樱担任国家图书馆副馆长、党委副书记、纪委书记；汪东波担任国家图书馆副馆长。

（三）2018 年处级干部名单（截至 2018 年 12 月 31 日）

部处	职务名称	姓名	备注
办公室	主任	苏品红	
	副主任	李　楠	2018年1月聘任
	副主任	朱　亮	2018年1月聘任
人事处	处长	王青云	
	副处长	吴　洋	2018年1月聘任
财务处	处长	张　军	
	副处长	李红霞	
	副处长	刘婷婷	
业务管理处	处长	毛雅君	
	副处长	张　玮	
	副处长	廖永霞	
	副处长	樊　桦	2018年1月聘任
党群工作办公室	主任	荣　杰	
	副主任	张红霞	
	副主任	谢万幸	2018年1月聘任
纪检监察处	处长	陈荔京	
	副处长	王正元	
	纪检监察员（副处级）	乔淑锦	
审计处	处长	安　洁	
	副处长	尹存喜	

（续表）

部处	职务名称	姓名	备注
离退休干部处	处长	张艳霞	2018年6月退休
	副处长	孙　乐	
国际交流处（台港澳交流处）	处长	张　煦	
国有资产管理处	处长	黄　洁	2018年1月聘任
	副处长	郝丽萍	
	副处长	齐　欣	2018年1月聘任
法律事务处	处长	孙伯阳	2018年1月聘任
保卫处	处长	赵建国	
	副处长	张明亮	
	副处长	周道贵	2018年1月聘任
基建工程办公室	主任	王六长	
	副主任	卢　希	
研究院	副院长（正处级）	申晓娟	
	副院长（副处级）	王雁行	
	《文献》常务副主编（副处级）	张廷银	2018年5月调出
	《国家图书馆学刊》常务副主编（副处级）	陈清慧	
中文采编部	主任	王　洋	
	副主任	刘　瑛	
	副主任	槐　燕	2018年1月聘任
外文采编部	主任	顾　犇	
	副主任	罗　翀	
	副主任	宋仁霞	2018年1月聘任
典藏阅览部（国家图书馆少年儿童馆）	主任兼国家图书馆少年儿童馆馆长	王志庚	
	副主任	刘博涵	
	副主任	陈慧娜	
	副主任	郭传芹	2018年1月聘任

（续表）

部处	职务名称	姓名	备注
立法决策服务部	主任	李春明	
	副主任	白云峰	
	副主任	田贺龙	
参考咨询部	主任	王　磊	
	副主任	李翠薇	
	副主任	张李江	2018年1月聘任
	副主任	刘明杰	2018年1月聘任
数字资源部	主任	曹　宁	
	副主任	吕淑萍	
	副主任	李志尧	2018年1月聘任
信息技术部（国家图书馆现代技术研究所）	主任	谢　强	
	总工程师（正处级）	邢　军	
	副主任	张　炜	2018年1月聘任
	副主任	茹　文	2018年1月聘任
缩微文献部	主任	李晓明	
	副主任	张　阳	
	副主任	王　浩	
社会教育部	主任	汤更生	
	副主任	黄　亮	2018年1月聘任
	副主任	田　苗	2018年1月聘任
展览部	主任	辛　璐	
	副主任	顾　恒	
	副主任	张立朝	
古籍馆	馆长	张志清	兼任
	副馆长（正处级）	陈红彦	
	副馆长（副处级）	谢冬荣	
	副馆长（副处级）	萨仁高娃	
国家古籍保护中心办公室	主任	林世田	

（续表）

部处	职务名称	姓名	备注
民国时期文献保护工作办公室	主任	马　静	
	副主任	雷　亮	2018年1月聘任
《中华传统文化百部经典》编纂工作办公室	主任	张　洁	
	副主任	牛淑娟	2018年1月聘任 2018年8月调出
国图艺术中心	主任	吕慧军	
	副主任	侯　宁	
出版部	主任	方自金	
	总编辑	魏　崇	
	副主任	葛艳聪	
后勤服务管理中心	主任	曹　伟	
	副主任	张海波	
	副主任	董雪磊	2018年1月聘任
中国图书馆学会秘书处	秘书长	霍瑞娟	
	副秘书长	仲　岩	2018年10月调出
	《中国图书馆学报》副主编	卓连营	2018年2月退休
	《中国图书馆学报》副主编	吴澍时	2018年7月聘任
中国古籍保护协会秘书处	秘书长	梁爱民	2018年12月退休
	副秘书长	王红蕾	2018年1月聘任

（四）人员结构

单位：人

人员总数		
	在编员工	1440
	离退休人员	1132
	2018年进馆人数	19
	2018年离馆人数	92（其中退休57人，调出34人，开除1人）
性别结构		
	男	514

（续表）

	女	926
部处科组管理人员		
	处级	86
	科级	321
年龄结构		
	30岁及以下	275
	31—40岁	654
	41—50岁	209
	51岁及以上	302
专业技术职务结构		
	正高级职称	75
	副高级职称	450
	中级职称	712
	初级职称	124
学历结构		
	博士学历	83
	硕士学历	678
	本科学历(硕士学位)	76
	本科学历	450
	专科及以下学历	153

六、馆内外奖励

（一）馆内奖励

2018 年度先进集体名单

1. 获得 2018 年度国家图书馆先进集体的部处

保卫处　　中文采编部

立法决策服务部　　参考咨询部

古籍馆

2. 获得 2018 年度国家图书馆先进集体的科组

研究院学科研究室
外文采编部俄文图书采编组
典藏阅览部文献典藏二组
数字资源部数字资源整合组
信息技术部移动服务管理组
缩微文献部摄制与技术服务组
社会教育部教育培训组
展览部讲解服务组
国家古籍保护中心办公室综合组
后勤服务管理中心综合服务科

2018 年度国家图书馆服务标兵名单

徐闻卓（中文采编部国内出版物呈缴组）
李跃进（外文采编部国际组织与外国政府出版物组）
闫　宝（典藏阅览部音像制品和电子出版物典藏阅览组）
王　新（典藏阅览部数字资源服务组）
王宝兴（典藏阅览部基藏本阅览组）
刘会媛（典藏阅览部中文报刊和学位论文阅览组）
金　龙（典藏阅览部外文文献阅览组）
殷宏淼（典藏阅览部少年儿童服务组）
金　茜（典藏阅览部中文图书外借组）
张曙光（立法决策服务部综合服务组）
王　芬（立法决策服务部外交与国防组）
王继峰（参考咨询部社科咨询组）
谢桂苹（参考咨询部科技咨询组）
黄　伶（参考咨询部复制组）
谢　芳（参考咨询部读者证卡组）
李　莹（参考咨询部综合咨询组）
杨义臣（数字资源部网站管理组）
高　萌（信息技术部网络系统管理组）
宁　波（缩微文献部综合管理组）
刘　新（社会教育部教育培训组）
杨宵宵（社会教育部中国记忆组）
徐云平（展览部讲解服务组）
赵　前（古籍馆古籍善本特藏典阅组）

齐世峰（古籍馆经典文化推广组）
安延霞（古籍馆古籍善本特藏典阅组）
吴　密（古籍馆善本组）

2018 年度“馆长特别奖”获奖名单

1. 国家图书馆文献周转库搬迁及志愿服务组织工作（典藏阅览部、基建工程办公室、业务管理处、国有资产管理处、党群工作办公室）

2. 推进员工食堂经营模式转变工作（后勤服务管理中心、国有资产管理处、法律事务处、保卫处、财务处）

3. 日本永青文库捐赠汉籍入藏国家图书馆工作（国家古籍保护中心办公室、国际交流处、古籍馆、展览部、办公室）

4. 国家图书馆藏《永乐大典》文献展工作（展览部、古籍馆、办公室）

（二）馆外奖励

序号	获奖单位	奖项名称	授予单位
1	国家图书馆	2017年度文化信息工作先进单位	文化部办公厅
2	国家图书馆	“我国古籍文创产品开发现状调研报告”获评全国文化系统2017年度十佳调研报告	文化和旅游部办公厅
3	国家图书馆	“海内外中国古籍特藏资源数字化调研报告”获评全国文化系统2017年度优秀调研报告	文化和旅游部办公厅
4	国家图书馆	“开放获取西文图书的馆藏建设调研报告”获评全国文化系统2017年度优秀调研报告	文化和旅游部办公厅
5	国家图书馆	第八批国家级专业技术人员继续教育基地	人力资源社会保障部办公厅
6	国家图书馆	全国中小学生研学实践教育基地	教育部办公厅
7	国家图书馆	中国二十世纪建筑遗产(第三批)	中国文物学会、中国建筑学会
8	国家图书馆	2018中国图书馆展览会优秀参展单位	中国图书馆年会组委会

（续表）

序号	获奖单位	奖项名称	授予单位
9	国家图书馆	2017年度“两微一端”百佳评选 APP用户服务十佳账号	两微一端百佳评选组委会、中国互联网发展基金会
10	国家图书馆	2017年度“两微一端”百佳评选 微信贡献力十佳账号	两微一端百佳评选组委会、中国互联网发展基金会
11	国家图书馆	2018第十五届“北京礼物”旅游商品大赛优秀奖	北京市旅游发展委员会
12	国家图书馆	海淀区2018年度交通安全先进单位	北京市海淀区交通安全委员会
13	国家图书馆	2017年度海淀区社会治安综合治理工作先进地区单位	紫竹院地区社会治安综合治理委员会
14	国家典籍博物馆	第13届中国（义乌）文化产品交易会“博物馆文创系列产品推介奖”	中国（义乌）文化产品交易会组委会
15	国家典籍博物馆	2018年“第八届中国博物馆及相关产品与技术博览会”获“弘博奖·最佳展示奖”	第八届中国博物馆及相关产品与技术博览会组委会
16	全国图书馆联合编目中心	“中国图书馆最美故事”系列风采展示活动之优秀服务名单	中国图书馆年会组委会
17	古籍馆	《国家图书馆藏王国维往还书信集》荣获2017年度全国优秀古籍图书奖二等奖	中国出版协会古籍出版工作委员会
18	国家图书馆出版社	2017年度中央文化企业财务决算工作通报表扬单位	财政部
19	国家图书馆出版社	《中国图书馆史》荣获“第一届中国图书馆史志优秀图书”特等奖	中国图书馆学会学术研究委员会
20	国家图书馆出版社	《湖北省图书馆百年纪事》荣获“第一届中国图书馆史志优秀图书”一等奖	中国图书馆学会学术研究委员会
21	国家图书馆出版社	《宁夏图书馆志》荣获“第一届中国图书馆史志优秀图书”一等奖	中国图书馆学会学术研究委员会
22	国家图书馆出版社	2017年度全国优秀馆配商评选·全国优秀馆配出版社	图书馆报

（续表）

序号	获奖单位	奖项名称	授予单位
23	国家图书馆出版社	《谢辰生先生往来书札续编（附日记）》被评为2017年度全国文化遗产十佳图书	中国文物学会、中国文物报社
24	国家图书馆出版社	《清代诗文集珍本丛刊》荣获2017年度全国优秀古籍图书奖一等奖	中国出版协会古籍出版工作委员会
25	国家图书馆出版社	《历代赋学文献辑刊》荣获2017年度全国优秀古籍图书奖一等奖	中国出版协会古籍出版工作委员会
26	国家图书馆出版社	《普林斯顿大学图书馆藏中文善本书目》荣获2017年度全国优秀古籍图书奖二等奖	中国出版协会古籍出版工作委员会
27	国家图书馆出版社	《德国柏林民族学博物馆藏〈永乐大典〉》荣获2017年度全国优秀古籍图书奖二等奖	中国出版协会古籍出版工作委员会
28	国家图书馆出版社	《国家图书馆藏样式雷图档·圆明园卷续编》荣获2017年度全国优秀古籍图书奖二等奖	中国出版协会古籍出版工作委员会
29	国家图书馆出版社	《明清孤本戏曲选本丛刊（第一辑）》荣获2017年度全国优秀古籍图书奖二等奖	中国出版协会古籍出版工作委员会
30	国家图书馆出版社	《中华传统文化百部经典（首批10种）》荣获2017年度全国优秀古籍图书奖普及奖	中国出版协会古籍出版工作委员会
31	国家图书馆出版社	《陆川年鉴（2017）》荣获第六届年鉴编纂出版质量评比活动地方综合年鉴一等奖	中国出版协会年鉴工作委员会
32	国家图书馆出版社	《赣州年鉴（2017）》荣获第五届全国地方志优秀成果（年鉴类）评审活动地市级综合年鉴特等奖	中国地方志指导小组、中国地方志学会
33	国家图书馆出版社	《江西年鉴（2017）》荣获第五届全国地方志优秀成果（年鉴类）评审活动省级综合年鉴一等奖	中国地方志指导小组、中国地方志学会

（续表）

序号	获奖单位	奖项名称	授予单位
34	国家图书馆出版社	《惠山年鉴（2017）》荣获第五届全国地方志优秀成果（年鉴类）评审活动县区级综合年鉴二等奖	中国地方志指导小组、中国地方志学会
35	国家图书馆出版社	《信州年鉴（2017）》荣获第五届全国地方志优秀成果（年鉴类）评审活动县区级综合年鉴二等奖	中国地方志指导小组、中国地方志学会
36	国家图书馆出版社	《赣州年鉴（2017）》《信州年鉴（2017）》荣获江西省第三届年鉴质量评比一等奖	江西省地方志编纂委员会、江西省地方志学会
37	中国图书馆学会	2018年全国基层文化队伍培训工作绩效评价优秀等次	文化和旅游部公共服务司
38	中国图书馆学会	世界一流学会建设项目三类项目建设学会	中国科协办公厅
39	中国图书馆学会	2018年度全国学会科普工作予以表扬单位	中国科协科普部
40	中国图书馆学会	2017年度科协系统统计调查工作优秀单位	中国科协计划财务部
41	中国图书馆学会	2018年中国科协全国学会乒乓球赛（第九届）团体组织奖	中国科协机关党委、中国科协科技社团党委
42	中国图书馆学会党组织	“2018年创建星级学会党组织试点评价”优秀等次	中国科协科技社团党委
43	中国图书馆学会党组织	“不忘初心　牢记使命”——党的十九大精神知识竞答活动突出贡献奖	中国科协科技社团党委

七、对外交流

（一）出国（境）访问

2月7—9日，副馆长张志清，国家古籍保护中心办公室主任林世田，古籍馆副馆长谢冬荣、副研究馆员李文洁、馆员赵诗迪赴日本商谈永青文库赠书事宜。

4 月 9—13 日，国家图书馆出版社社长魏崇、数字出版部主任王涛赴英国参加 2018 年伦敦书展。

4 月 15—19 日，馆长韩永进，国际交流处处长张煦、馆员吴凯赴卡塔尔访问卡塔尔国家图书馆并与该馆签署合作备忘录。

4 月 16—20 日，副馆长张志清、中国古籍保护协会秘书处秘书长梁爱民赴台湾参加第六届古籍保护与流传学术研讨会。

4 月 21—24 日，古籍保护中心办公室主任林世田随文化和旅游部团组参加第 14 次中日政府间文化交流协商会议。

5 月 1—5 日，法律事务处处长孙伯阳、国际交流处馆员卫萌萌赴缅甸参加第 26 届亚洲及大洋洲地区国家图书馆馆长会议及东南亚图书馆人会议。

5 月 9—13 日，外文采编部主任顾犇赴英国参加“资源描述与检索”理事会会议。

5 月 23—25 日，古籍馆副馆长陈红彦、副研究馆员白鸿叶赴澳门参加澳门研究文献国际研讨会。

5 月 25—31 日，社会教育部副主任田苗，缩微文献部编目与典藏组副组长孙莹莹、计划与协调组副组长杨晓微赴台湾参加海峡两岸档案暨缩微学术交流会。

5 月 30 日—6 月 3 日，审计处处长安洁、国家图书馆出版社副社长葛艳聪赴美国参加美国书展。

6 月 12—19 日，常务副馆长陈力、办公室主任苏品红、民国时期文献保护工作办公室主任马静、国际交流处刘源泓、数字资源部毛嘉瑞赴英国访问英国国家图书馆，同时签署合作谅解备忘录，并访问德国。

7 月 2 日—9 月 28 日，外文采编部助理馆员吴蓓蓓赴韩国国立中央图书馆进行业务交流。

7 月 30 日—8 月 3 日，副馆长孙一钢、业务处副处长廖永霞、数字资源部副主任吕淑萍、国际交流处郭妮赴美国参加中美文化论坛——第六届中美图书馆合作会议。

8 月 23—30 日，副馆长孙一钢，数字资源部主任曹宁，参考咨询部主任王磊，业务管理处副处长樊桦、馆员王菲，国际交流处馆员谢天，典藏阅览部馆员陈小凡、助理馆员李洋，立法决策服务部馆员张小雨赴马来西亚参加第 84 届国际图联大会。

9 月 17—21 日，中文采编部副主任槐燕、馆员金文昌赴美国参加第 43 届国际标准连续出版物号国家中心主任会议。

9 月 29 日—10 月 3 日，古籍馆副馆长陈红彦赴韩国参加国际印刷博物馆协会会议。

10 月 20 日—12 月 30 日，数字资源部副研究馆员汪静、典藏阅览部助理馆员袁琨赴日本出版贩卖株式会社进行业务交流。

10 月 21—25 日，副馆长孙一钢、参考咨询部副主任张李江、国际交流处郭妮赴南非参加金砖国家图书馆联盟会议。

10 月 28 日—11 月 4 日，副馆长张志清、国家图书馆出版社总编辑殷梦霞、古籍馆副馆长谢冬荣、外文采编部国际交换组组长李伟、国家古籍保护中心培训组组长杨照坤访问意大利、荷兰的图书馆等相关机构。

10 月 31 日—11 月 4 日，古籍馆副馆长萨仁高娃、敦煌文献组组长刘波赴英国参加国际敦煌项目工作会议。

11 月 5—12 日，副馆长陈樱、业务管理处处长毛雅君、立法决策服务部主任李春明、办公室副主任李楠、外文采编部副研究馆员李吉子赴韩国国立中央图书馆进行业务交流。

11 月 14—18 日，副馆长汪东波、外文采编部馆员刁卓赴俄罗斯参加第七届圣彼得堡国际文化论坛。

（二）来访

1 月 17 日，美国芝加哥大学图书馆馆长周原来访洽谈合作事宜。

1 月 22 日，日本和平龙捧诚会顾问藤井光子来访交流。

2 月 7 日，哈萨克斯坦驻华大使馆大使沙赫拉特·努雷舍夫等 6 人来访交流参观。

2 月 28 日，新加坡国家图书馆管理局总裁梁宝珠等 3 人来访交流参观。

3 月 7 日，沙特阿拉伯阿卜杜勒·阿齐兹国王公共图书馆执行总监阿卜杜·凯里木·载德等 4 人来访商谈中阿数字图书馆项目。

3 月 12 日，美国芝加哥大学图书馆馆长周原来访洽谈合作事宜。

3 月 26—30 日，美国杰斐逊基金会主席莱斯利·波曼等 4 人来访洽谈展览事宜。

3 月 29 日，德国巴伐利亚州立图书馆保存保护中心主任托斯坦·奥施等 2 人来访交流。

3 月 29 日，突尼斯驻华大使迪阿·哈立德等 2 人来访洽谈合作事宜。

4 月 12 日，丹麦哥本哈根中心图书馆外事主管克里斯丁·万迪等 3 人来访交流参观。

4 月 17 日，斯里兰卡国家图书馆财务与行政处处长瓦杜格等 7 人来访交流参观。

4 月 17 日，德国歌德学院艺术家艾利克斯等 2 人来访洽谈合作事宜。

5 月 10 日，欧罗巴纳数字图书馆项目经理科斯塔斯来访洽谈合作事宜。

5 月 14 日，非洲国家文物修复培训班 15 人来访参观。

5 月 25 日，卡塔尔国家图书馆副馆长斯图尔特·汉密尔顿来访洽谈合作事宜。

5 月 29 日，国际图联秘书长杰拉德·莱特内来访交流。

5 月 30 日，台湾辅仁大学教授张琏等 2 人来访参观。

5 月 30 日，韩国庆北大学图书馆馆长金永浩等 10 人来访参观。

6 月 1 日，韩国实学博物馆首席研究官李寅载等 4 人来访参观。

6 月 4 日，英国国家图书馆亚非部主任孟露夏等 3 人来访参观。

6 月 11 日，参加港澳大学生文化实践活动开幕式的 120 名港澳学生来访参观。

6 月 12 日，韩国国会图书馆馆长许荣范来访洽谈合作事宜。

6 月 14 日，纳米比亚驻华大使艾阿力·乔治·凯西莫来访交流。

6 月 20 日，捷克国家图书馆馆长马丁·戈康达来访交流参观。

6 月 26—27 日，日本永青文库理事长、日本前首相细川护熙等 7 人来访赠书。

6月28日，尼泊尔特里布文大学中心图书馆馆长阿迪卡里等6人来访参观。

7月4日，蒙古国立大学图书馆馆员15人来访参观。

7月9日，阿拉伯国家联盟秘书处信息文献部主任哈拉·加德、沙特阿拉伯阿卜杜勒·阿齐兹国王公共图书馆执行总监阿卜杜·凯里木·载德来访参加中阿数字图书馆项目第三次工作会议。

7月13日，格鲁吉亚驻华大使馆一等秘书缇娜婷来访交流参观。

7月22日，澳门特别行政区政府特首崔世安等18人来访参观。

8月1日，台湾高校教师文化教育团40人来访交流参观。

8月15日，台北市立图书馆馆员2人来访参观。

8月24日，摩洛哥文化新闻部文化新闻大臣穆罕默德·拉哈吉等9人来访参观。

8月27日，普林斯顿大学出版社社长克里斯蒂·亨利等7人来访交流。

8月27日，吉尔吉斯斯坦驻华大使馆随员艾泽达来访交流参观。

8月27日，美国纽约公共图书馆馆员利比·罗梅罗等5人来访交流参观。

9月10日—12月7日，韩国国立中央图书馆交换馆员林玉熙来访进行业务交流。

9月18日，日本鹿儿岛县立图书馆馆长鹿口泉等5人来访交流参观。

9月20日，长江商学院学员等30人来访参观。

9月25日，赤道几内亚文化、旅游和手工业促进部部长鲁菲诺·恩查马等6人来访交流。

10月10—17日，日本出版友好访华团社长平林彰等12人来访进行业务交流。

10月16日，艾利贝斯中国分公司总经理沈辅成等3人来访交流。

10月24日，斯洛伐克国家图书馆馆长卡特里娜·卡利斯特福娃等2人来访参观。

10月30日，日本和平龙捧诚会总裁出居德久等3人来访参观。

11月1日，俄罗斯科学院自然科学院图书馆副馆长伊莲娜·库楚科娃等2人来访参观。

11月5日，越南图书馆立法考察团副司长段琼容等8人来访交流参观。

11月8日，哈萨克斯坦驻华大使馆文化参赞托列根等2人来访交流参观。

11月11—17日，新加坡国家图书馆管理局交换馆员4人来访进行业务交流。

11月18—22日，新西兰国家图书馆内政部副执行官彼得·穆雷、馆长威廉·麦克努特来访进行业务交流。

11月26日—12月2日，日本国立国会图书馆副馆长坂田和光等4人来访进行业务交流。

11月28日，沙特阿拉伯阿卜杜勒·阿齐兹国王公共图书馆执行总监阿卜杜·凯里木·载德等6人来访交流参观。

11月28日，哈萨克斯坦国家科学院图书馆馆员莉亚拉等7人来访交流参观。

12月5日，澳大利亚通讯和艺术部第一助理秘书长斯蒂芬·阿诺特等3人来访交流参观。

12月14日，新西兰驻华大使傅恩莱等3人来访交流参观。

12月26日，台湾古籍保护学会会长林登昱等3人来访交流参观。

12月26日，香港教师国史研究班23人来访参观。

八、部分会议、讲座、国图公开课、培训、展览

（一）会议

时间	会议名称	地点	备注
1月18日	北京天津地区珍贵古籍名录申报评审征求意见会	北京	
1月31日	中国文献影像技术协会、全国文献影像技术标准化技术委员会2017年年会	北京	中国文献影像技术协会、全国文献影像技术标准化技术委员会主办
2月1日	国家图书馆部委分馆馆长联席会议暨国家图书馆立法决策服务平台2017—2018年度服务年会	北京	
3月1日	《中华医藏》出版工作会	北京	
3月28日	民国时期文献整理出版项目专家评审会	北京	
3月29日	民国时期文献保护工作座谈会	北京	
4月25日	全国省级古籍保护中心工作会议	北京	
4月25日	2018年中央补助地方数字图书馆推广工程建设项目（第二批）评审会	北京	
5月4日	国家图书馆第三届青年学术论坛	北京	
5月18日	古籍修复工作研讨会	山西太原	
5月24日	2018年数字图书馆推广工程文化扶贫工作会议	北京	
5月26—31日	2018年海峡两岸档案暨缩微学术交流会	台湾台北	中国文献影像技术协会、中国档案学会、中华档案暨资讯微缩管理学会合办
5月28日	丝绸之路国际图书馆联盟成立暨“阅读·城市·文化”学术研讨会	四川成都	与中国图书馆学会、四川省委宣传部合办
6月1日	第二届中国记忆项目资源共建共享研讨会暨“中国图书馆界重要人物专题”交流会	河北廊坊	
6月3—5日	2018年全国公共图书馆技术部主任会议	北京	
6月14日	《韩国藏中国古籍总目》编撰出版项目启动仪式暨专家评议会	北京	
6月21日	申报第六批《国家珍贵古籍名录》专家讨论会	北京	

（续表）

时间	会议名称	地点	备注
7月3日	藏文古籍保护工作调研会	云南昆明	
7月18日	“全球汉籍合璧工程”实施方案评估会	山东济南	
7月23—27日	全国图书馆文化创意产品开发联盟年会暨图书馆文化创意产品开发培训班	辽宁沈阳	与辽宁省图书馆合办
7月23日	第六批“全国古籍重点保护单位”评审专家讨论会	北京	
7月26日	日本永青文库向中国国家图书馆捐赠汉籍专家座谈研讨会	北京	
8月23日	古籍整理研究项目评审会	北京	
9月7日	刘季平与中国图书馆事业改革发展座谈会	北京	
9月12—15日	第三届古籍保护学科建设研讨会暨第二届文献保护与修复研究生论坛	广东广州	
9月14日	河南省石刻拓片数字资源内容专家鉴定会	北京	
9月18—19日	全国图书馆联合编目中心2018年工作会议	陕西西安	
9月28日	古籍数字资源联合在线发布座谈会	北京	
9月29日	2019年中央补助地方数字图书馆推广工程建设项目评审会	北京	
11月9日	2018年“古籍再生性保护项目”选题评审会	北京	
12月7日	“全国水文古籍书影采集项目”结项会	北京	

（二）讲座

时间	讲座名称	主讲人	备注
1月3日	孔子与当代中国	陈来	孔子·儒学·儒藏——儒家思想与儒家经典名家系列，与北京大学《儒藏》编纂与研究中心合办
1月6日	肠道肿瘤的防治	张霁	国图讲坛之“健康中国”系列
1月6日	中国弹拨乐之美	谈龙建	国图讲坛之中国传统音乐赏析系列
1月7日	敦煌石窟艺术的观看之道——以莫高窟254窟为例	陈海涛	国图讲坛之“让文物活起来”古代物质文化系列
1月7日	东汉以前华夏聚落景观规制与秩序	王鲁民	国图讲坛之“匠意营造之中国传统建筑”系列
1月10日	儒家经典与《儒藏》编纂的价值意义	安平秋	孔子·儒学·儒藏——儒家思想与儒家经典名家系列，与北京大学《儒藏》编纂与研究中心合办
1月13日	宣南陈迹今犹在——北京安徽会馆的前世今生	贾珺	国图讲坛之“燕京梦华录”北京古都风物系列
1月13日	斑斓阅读，走进历史——20世纪英国之福利制度的建立与发展	宋云峰	文津读书沙龙
1月14日	菱花镜上行——白居易的镜中人生	霍宏伟	国图讲坛之“让文物活起来”古代物质文化系列
1月14日	古建巡礼之走上丝绸之路	曹汛	国图讲坛之“匠意营造之中国传统建筑”系列
1月17日	略议儒释道三教互动及其现代意义	魏常海	孔子·儒学·儒藏——儒家思想与儒家经典名家系列，与北京大学《儒藏》编纂与研究中心合办
1月20日	文化自信与中华传统	王蒙	部级领导干部历史文化讲座系列
1月20日	走近季羡林	崔岱远	文津读书沙龙
1月20日	八一南昌起义中的彭湃烈士	彭洁	国图讲坛之“不忘初心　牢记使命”系列
1月21日	品味西游	韩田鹿	国图流动讲坛，与福建省图书馆合办
1月21日	北京城记忆深处的胡同光影	刘一达	国家典籍博物馆系列讲座

（续表）

时间	讲座名称	主讲人	备注
1月24日	儒家的经典诠释及现代转化	景海峰	孔子·儒学·儒藏——儒家思想与儒家经典名家系列，与北京大学《儒藏》编纂与研究中心合办
1月27日	品味西游	韩田鹿	国图流动讲坛，与辽宁省图书馆合办
1月27日	运动与健康	黄光民	国图讲坛之全民健身计划系列
1月31日	儒家的乐感文化与忧患意识	郭齐勇	孔子·儒学·儒藏——儒家思想与儒家经典名家系列，与北京大学《儒藏》编纂与研究中心合办
2月4日	书通神明——《说文解字》与中国文化	吴晓明	国图讲坛之艺术家讲坛
2月4日	马克思主义与中国传统文化	刘润为	文津读书沙龙
2月25日	中国美术史的宏观观察	尹吉男	部级领导干部历史文化讲座系列
3月11日	当前文学的动态与走向	王干	国图流动讲坛，与福建省图书馆合办
3月17日	今天我们为什么要学习国学	孟宪实	国图流动讲坛，与福建省图书馆合办
3月22日	古籍刊印中的物质因素和模件系统	李啸非	中华古籍保护名师讲堂系列，南京艺术学院承办
3月24日	科学精神的起源	吴国盛	部级领导干部历史文化讲座系列
3月25日	藏区乡土建造的逻辑	范霄鹏	国图讲坛之“匠意营造之中国传统建筑”系列
3月25日	爱尔兰我之印象	樊剑	国图讲坛之外交官亲历系列
3月31日	一生爱好是天然——古典昆曲中的生活礼仪	孔爱萍	国图讲坛之艺术家讲坛
3月31日	数学的意义	席南华	国图讲坛之“科学与中国”院士专家巡讲系列
4月1日	春季话养生	王凤岐	国图讲坛之全民健身计划系列
4月1日	斑斓阅读，走进历史——文学中的18世纪英国	刘意青	文津读书沙龙
4月13日	关于中国古代重要科技发明创造的思考	张柏春	格致·考工·源流——中国古代重要科技发明创造名家系列，与中国科学院自然科学史所合办
4月14日	各美其美，美美与共——中国博物馆藏民族服饰文物美学特征探析	覃代伦	国图讲坛之“让文物活起来”古代物质文化系列

（续表）

时间	讲座名称	主讲人	备注
4月14日	故宫古钟表的修复与保护	王津	国图讲坛之“让文物活起来”古代物质文化系列
4月15日	用背脊读书——重构文学阅读的意义境域	吴子林	国图流动讲坛，与福建省图书馆合办
4月15日	读书明理为君子——《曾国藩家书》中持家教子方法	隋丽娟	国图流动讲坛，与辽宁省图书馆合办
4月20日	中国传统数学的机械化特征	王渝生	格致·考工·源流——中国古代重要科技发明创造名家系列，与中国科学院自然科学史所合办
4月21日	历史·世界史·全球史：关于人类命运共同体的思考	于沛	部级领导干部历史文化讲座系列
4月22日	经典阅读与人文情境	许结	国图流动讲坛，与福建省图书馆合办
4月27日	他山之石，可以攻玉——中国古玉制作技术浅议	关晓武	格致·考工·源流——中国古代重要科技发明创造名家系列，与中国科学院自然科学史所合办
5月4日	清华简《算表》及其在数学史上的意义	冯立昇	格致·考工·源流——中国古代重要科技发明创造名家系列，与中国科学院自然科学史所合办
5月8日	国家图书馆的古籍修复	朱振彬	中华古籍保护名师讲堂系列，南京艺术学院承办
5月11日	中国古代的天学与王权	江晓原	格致·考工·源流——中国古代重要科技发明创造名家系列，与中国科学院自然科学史所合办
5月11日	重新认识礼乐文明	吴飞	国家典籍博物馆系列讲座
5月12日	云说轻盈，水说轻灵——漫谈旧体词在当下的创作	蔡世平	国图讲坛之文津经典诵读系列
5月12日	盛世北京的胡同	鞠熙	国图讲坛之“燕京梦华录”北京古都风物系列
5月18日	古代指南针技术实证研究——兼谈磁技术的历史与文化	黄兴	格致·考工·源流——中国古代重要科技发明创造名家系列，与中国科学院自然科学史所合办
5月18日	自信的密码——溯源中国为什么自信	刘哲昕	国家典籍博物馆系列讲座

（续表）

时间	讲座名称	主讲人	备注
5月19日	“一带一路”倡议的历史逻辑与当代实践	李国强	部级领导干部历史文化讲座系列
5月19日	亲子关系与儿童青少年心理健康	刘华清	国图讲坛之教育家讲坛
5月19日	名画中的数学密码	梁进	文津读书沙龙
5月20日	纳米比亚——非洲最后一个独立国家	廉正保	国图讲坛之外交官亲历系列
5月20日	故宫古钟表的修复与保护	王津	国图流动讲坛，与辽宁省图书馆合办
5月21日	中国书籍史上的写本时代	刘冰	古籍保护名家论坛，辽宁省图书馆、沈阳师范大学承办
5月25日	钢铁技术与中华文明的壮大	李延祥	格致·考工·源流——中国古代重要科技发明创造名家系列，与中国科学院自然科学史所合办
5月25日	中国科学家的科研故事	林菁菁	
5月27日	诗人的使命	商震	国图流动讲坛，与福建省图书馆合办
5月27日	记忆与阐释——彩云之南的乡土聚落与建筑	王冬	国图讲坛之“匠意营造之中国传统建筑”系列
5月27日	陶出东方——中国史前陶器	高润民	国图讲坛之“让文物活起来”古代物质文化系列
5月28日	宋代的刻书概述	刘冰	古籍保护名家论坛，辽宁省图书馆、沈阳师范大学承办
5月29日	金陵刻经印刷技艺与古籍刻经字体的演变	邓清之	中华古籍保护名师讲堂系列，南京艺术学院承办
5月29日	拓片的制作与装帧形式	邢跃华	中华古籍保护名师讲堂系列，南京艺术学院承办
6月1日	宋慈和他的洗冤集录世界	韩健平	格致·考工·源流——中国古代重要科技发明创造名家系列，与中国科学院自然科学史所合办
6月4日	元代的刻书概述	刘冰	古籍保护名家论坛，辽宁省图书馆、沈阳师范大学承办
6月8日	中国栽培植物的发展与传播	罗桂环	格致·考工·源流——中国古代重要科技发明创造名家系列，与中国科学院自然科学史所合办

（续表）

时间	讲座名称	主讲人	备注
6月8日	世界杯与中国足球	金汕	国图讲坛之世界杯里的文化系列
6月8日	郑板桥的思想与艺术——从郑板桥专题展谈起	衣可红	国家典籍博物馆系列讲座
6月9日	谁在讲述中国故事——中国戏曲的艺术体系与审美维度	王馗	国图讲坛之2018年非物质文化遗产保护讲座月
6月9日	谁在讲述中国故事——古渔雁民间故事、汉川善书、木偶戏（邵阳布袋戏）项目主创交流	刘则亭 徐忠德 刘永安 王馗等	国图讲坛之2018年非物质文化遗产保护讲座月
6月9日	王阳明及其“知行合一”说	董平	国图流动讲坛，与福建省图书馆合办
6月11日	明代的刻书概述	刘冰	古籍保护名家论坛，辽宁省图书馆、沈阳师范大学承办
6月15日	节日的味道——在生活中感知文化	李松	国图讲坛之2018年非物质文化遗产保护讲座月
6月15日	汉机织汉锦：汉代丝织技术研究的回顾和进展	赵丰	格致·考工·源流——中国古代重要科技发明创造名家系列，与中国科学院自然科学史所合办
6月22日	历史上的丝绸之路与技术知识全球化	陈巍	格致·考工·源流——中国古代重要科技发明创造名家系列，与中国科学院自然科学史所合办
6月23日	历史学的价值	杨共乐	部级领导干部历史文化讲座系列
6月24日	中国古建筑的仿生观念与非遗内容	马炳坚	国图讲坛之2018年非物质文化遗产保护讲座月
6月24日	基因组、大数据、精准医学和人工智能	陈润生	国图讲坛之“科学与中国”院士专家巡讲系列
6月25日	清代的刻书概述	刘冰	古籍保护名家论坛，辽宁省图书馆、沈阳师范大学承办
6月26日	解开圆明园的神秘面纱——金牌讲解带你走进圆明园	解秀清	国图流动讲坛，与福建省图书馆合办
6月29日	海洋传奇——中国古代航海造船技术与海上丝绸之路	陈晓珊	格致·考工·源流——中国古代重要科技发明创造名家系列，与中国科学院自然科学史所合办

（续表）

时间	讲座名称	主讲人	备注
6月29日	世界杯：浓缩的政治经济文化大舞台	周继明	国图讲坛之世界杯里的文化系列
6月30日	气候变化与人类健康	朱定真	国图讲坛之健康中国系列
6月30日	锦绣中华　闪亮国图——传统服饰文化与现代设计	孙冬宁	国图讲坛之2018年非物质文化遗产保护讲座月
6月30日	郑板桥的书画艺术	薛永年	国家典籍博物馆系列讲座
7月6日	西游取经故事之东行记——中国古典小说《西游记》在东亚的流播	潘建国	国家典籍博物馆系列讲座
7月7日	民俗文化与乡村振兴	萧放	国图讲坛之2018年非物质文化遗产保护讲座月
7月7日	聚焦世界杯中的俄罗斯文化	周晓沛	国图讲坛之世界杯里的文化系列
7月8日	新时期我国的周边安全战略	徐焰	国图流动讲坛，与福建省图书馆合办
7月13日	左手学校，右手博物馆——青少年学习文化的两种途径	郭鸿	国家典籍博物馆系列讲座
7月14日	国际科学素养比较与中国面临的挑战	李大光	国图讲坛之科学家讲坛
7月14日	中国传统设计之美	杭间	国图讲坛之2018年非物质文化遗产保护讲座月
7月15日	书法品评与赏析	李胜洪	国图流动讲坛，与福建省图书馆合办
7月20日	第二届“老北京非遗趴”——燕京有八绝	程淑美 万紫等	国图讲坛之2018年非物质文化遗产保护讲座月特别活动
7月21日	糖尿病人群的健康管理	矫玮	国图讲坛之全民健身计划系列
7月21日	世界杯杂谈	张路	国图讲坛之世界杯里的文化系列
7月28日	从近代“千年之变”到当代改革开放	汪朝光	部级领导干部历史文化讲座系列
7月29日	梦的新解——与弗洛伊德对话	韩芳	文津读书沙龙
7月29日	从四大发明到三十大发明——对中国重大发明创造的再认识	冯立昇	文津读书沙龙
8月3日	《易经》与东方智慧	郑万耕	国家典籍博物馆系列讲座
8月4日	国民体质检测与大众科学健身	李晓慧	国图讲坛之全民健身计划系列
8月4日	斑斓阅读，走进艺术之大觉醒的时代——文艺复兴艺术	李建群	文津读书沙龙
8月8日	传世家训与现代教育	韩昇	国图流动讲坛，与福建省图书馆合办

（续表）

时间	讲座名称	主讲人	备注
8月12日	天地可鉴之《明史》中的忠臣良将	彭勇	国图讲坛之二十四史研读系列
8月12日	美洲文明古国墨西哥	曾钢	国图讲坛之外交官亲历系列
8月18日	文明的多样性和世界未来的发展	钱乘旦	部级领导干部历史文化讲座系列
8月26日	长城文化与人类命运共同体	董耀会	国图讲坛之“燕京梦华录”北京古都风物系列
8月26日	我们为什么要读希罗多德《历史》？	徐松岩	文津读书沙龙
8月26日	从胶片到数字化——神奇的动画世界	孙立军	国家典籍博物馆系列讲座
9月1日	2018年“开学第一课”——读《论语》，学做人	钱逊	文津读书沙龙特别活动
9月1日	唐宋城市风貌	宁欣	国图讲坛之二十四史研读系列
9月7日	我国图书馆事业改革之路径、经验与问题	柯平	国家典籍博物馆系列讲座
9月8日	《诗经》作品赏析	鲁洪生	国家典籍博物馆系列讲座
9月9日	北京地名的国都气派与历史文化价值	孙冬虎	国图讲坛之“燕京梦华录”北京古都风物系列
9月9日	运动与膝关节健康	解强	国图讲坛之全民健身计划系列
9月15日	融入世界：中国与经济全球化	李伯重	部级领导干部历史文化讲座系列
9月16日	习俗与教化——古代中国社会治理模式的形成	陈苏镇	国图讲坛之二十四史研读系列
9月16日	走近绿水青山和金山银山	翟裕生	国图讲坛之“科学与中国”院士专家巡讲系列
9月28日	集文献之大成的旷世巨著——《永乐大典》	陈红彦	国家典籍博物馆系列讲座
9月29日	康德道德哲学的论证方式	邓晓芒	文津读书沙龙
10月10日	中国古代历史的分期和特征	张帆	稽古·贯通·启新——北京大学中国古代史名家系列，与北京大学历史系合办
10月11日	中西古籍保护与修复比较	林明	古籍保护名家论坛，辽宁省图书馆、沈阳师范大学承办
10月12日	古籍修复之化“腐朽”为神奇——《永乐大典》的修复	杜伟生	国家典籍博物馆系列讲座
10月14日	营养、运动与健康	刘久平	国图讲坛之全民健身计划系列

（续表）

时间	讲座名称	主讲人	备注
10月14日	中国口技的历史传承、发展与创新	牛玉亮	国图讲坛之艺术家讲坛
10月19日	中华文明的曙光——史前和夏	刘绪	稽古·贯通·启新——北京大学中国古代史名家系列，与北京大学历史系合办
10月20日	历史与未来：古代中国的思考——以《周易》为例	王博	部级领导干部历史文化讲座系列
10月20日	数学真理的创立	李浙生	文津读书沙龙
10月20日	大一统下的多元文化——《史记》《汉书》中的文化分区与区域文化	雷虹霁	国图讲坛之二十四史研读系列
10月20日	科学的魅力	袁岚峰	国图流动讲坛，与辽宁省图书馆合办
10月22日	晚明粤东平寇的新史料：以明刊本《三省备边图记》为中心	李若晴	中华古籍保护名师讲堂系列，南京艺术学院承办
10月26日	薄如蝉翼、莹白似雪——中国造纸及其文化	张美芳	中华古籍保护名师讲堂系列，南京艺术学院承办
10月26日	甲骨与青铜的王朝——商与西周	朱凤瀚	稽古·贯通·启新——北京大学中国古代史名家系列，与北京大学历史系合办
10月26日	古籍版本鉴定基础	陈红彦	古籍保护名家论坛，辽宁省图书馆、沈阳师范大学承办
10月27日	世界历史与中西文明的比较研究	刘家和	国图讲坛之东西方古代文明比较研究系列
10月27日	清代皇室的财政收入	滕德永	文津读书沙龙
10月31日	古籍的整理、研究与保护	沈燮元	中华古籍保护名师讲堂系列，南京艺术学院承办
11月2日	争霸、兼并与社会变革——春秋战国	韩巍	稽古·贯通·启新——北京大学中国古代史名家系列，与北京大学历史系合办
11月2日	古籍修复的历史与实践探索	王红蕾	古籍保护名家论坛，辽宁省图书馆、沈阳师范大学承办
11月4日	现代人如何阅读经典？	余世存	文津读书沙龙
11月4日	昆虫毒针的前世今生和它们给人类的伤痛	丁亮	文津读书沙龙

（续表）

时间	讲座名称	主讲人	备注
11月7日	大一统帝国的建立和巩固（上）	陈苏镇	稽古·贯通·启新——北京大学中国古代史名家系列，与北京大学历史系合办
11月8日	明清宫廷典籍及其保护修复案例	朱赛虹	中华古籍保护名师讲堂系列，南京艺术学院承办
11月10日	健身新理念：运动是良医	王正珍	国图讲坛之全民健身计划系列
11月10日	外交无小事，礼仪须先行	鲁培新	国图讲坛之外交官亲历系列
11月14日	碑帖的装帧形式和案例	张品芳	中华古籍保护名师讲堂系列，南京艺术学院承办
11月16日	大一统帝国的建立和巩固（下）	陈苏镇	稽古·贯通·启新——北京大学中国古代史名家系列，与北京大学历史系合办
11月17日	中非关系与一带一路	李新烽	部级领导干部历史文化讲座系列
11月17日	词人情怀——从《西江月·三千弱水》说起	范诗银	国图讲坛之文津经典诵读系列
11月17日	达尔文与加拉帕戈斯群岛	张瑛	文津读书沙龙
11月23日	政治分裂与民族融合——魏晋南北朝（上）	叶炜	稽古·贯通·启新——北京大学中国古代史名家系列，与北京大学历史系合办
11月25日	如何发现生活之美?	史红	国图讲坛之美学与生活系列
11月25日	从几组档案看中共党史的几个片段	杨冬权	文津读书沙龙
11月28日	美国东亚图书馆所藏中国古籍述略	沈津	中华古籍保护名师讲堂系列，南京艺术学院承办
11月29日	北京大学图书馆古文献典藏与整理的历史回顾	姚伯岳	古籍保护名家论坛，辽宁省图书馆、沈阳师范大学承办
11月30日	政治分裂与民族融合——魏晋南北朝（下）	叶炜	稽古·贯通·启新——北京大学中国古代史名家系列，与北京大学历史系合办
12月2日	癌症的起因与治疗	秦志海	国图讲坛之科学家讲坛
12月2日	“比兴神合”——当代艺术综合性思考	贾金莉	国图讲坛之美学与生活系列

（续表）

时间	讲座名称	主讲人	备注
12月4日	欧阳脩《醉翁亭记》流行文本的订讹辨正	倪志云	中华古籍保护名师讲堂系列，南京艺术学院承办
12月7日	盛世的建设和瓦解——隋唐（上）	陆扬	稽古·贯通·启新——北京大学中国古代史名家系列，与北京大学历史系合办
12月8日	图书、档案词汇的历史演进与文化类型研究	丁海斌	古籍保护名家论坛，辽宁省图书馆、沈阳师范大学承办
12月8日	灿烂与悲情——两宋史略	傅小凡	国图流动讲坛，与福建省图书馆合办
12月9日	古都北京的水脉与文脉	吴文涛	国图讲坛之“燕京梦华录”北京古都风物系列
12月9日	晚清画报中的女子学堂与帝京想象	陈平原	文津读书沙龙
12月13日	盛世的建设和瓦解——隋唐（下）	陆扬	稽古·贯通·启新——北京大学中国古代史名家系列，与北京大学历史系合办
12月14日	读书明理为君子——《曾国藩家书》中持家教子方法	隋丽娟	国图流动讲坛，与辽宁省营口市图书馆合办
12月15日	山水诗与盛唐气象	葛晓音	部级领导干部历史文化讲座系列
12月15日	中国共产党夺取政权的历史经验	董洁	文津读书沙龙
12月15日	不朽的东北抗联	史义军	文津读书沙龙
12月21日	忧患与繁荣——宋辽金（上）	邓小南	稽古·贯通·启新——北京大学中国古代史名家系列，与北京大学历史系合办
12月22日	慢性病患者如何科学运动？	李璟	国图讲坛之全民健身计划系列
12月22日	冬至与中国年	辛德勇	国图讲坛之二十四史研读系列
12月22日	足球杂谈	张路	国图流动讲坛，与辽宁省图书馆合办
12月28日	忧患与繁荣——宋辽金（下）	邓小南	稽古·贯通·启新——北京大学中国古代史名家系列，与北京大学历史系合办
12月28日	姓氏文化纵横谈	王大良	国家典籍博物馆系列讲座

（三）国图公开课

时间	公开课名称	主讲人	备注
1月11日	中国古代建筑文化与艺术 第五讲　中国古代建筑思想简说	王贵祥	
1月11日	中国古代建筑文化与艺术 第六讲　中国古代建筑重要遗存	王贵祥	
1月14日	丹青之美 第一讲　原始到汉代	陈履生	
1月18日	心连广宇　志在苍穹——人类太空探索与中国航天之路 第七讲　百里挑一的太空人——航天员大写意	庞之浩	
1月18日	心连广宇　志在苍穹——人类太空探索与中国航天之路 第八讲　航天载人的三步曲——中国载人航天	庞之浩	
1月24日	舞蹈与生命的交响 第一讲　“远古传说——人类为什么要跳舞”	冯双白	
3月8日	中国书法：从书写中生长的民族精神 第四讲　书法的含义系统	邱振中	
3月8日	中国书法：从书写中生长的民族精神 第五讲　书法的神采与意境	邱振中	
3月9日	中国古代建筑文化与艺术 第七讲　中国建筑类型之一（基本建筑类型）	王贵祥	
3月23日	中国古代建筑文化与艺术 第八讲　中国建筑类型之二（祭祀与宗教建筑类型）	王贵祥	
4月12日	中国古代建筑文化与艺术 第九讲　中西建筑审美观念辩异	王贵祥	
4月12日	中国古代建筑文化与艺术 第十讲　中西建筑文化剖析	王贵祥	
4月13日	中国书法：从书写中生长的民族精神 第六讲　书体与作品（一）：篆书与隶书	邱振中	
4月13日	中国书法：从书写中生长的民族精神 第七讲　书体与作品（二）：草书	邱振中	

（续表）

时间	公开课名称	主讲人	备注
4月17日	盲人摸象戏曲谈 第四讲　自由的时空与物象	吴江	
4月18日	心连广宇　志在苍穹——人类太空探索与中国航天之路 第九讲　走近月球的探登驻——世界探月近况	庞之浩	
4月18日	心连广宇　志在苍穹——人类太空探索与中国航天之路 第十讲　火星探测的新高潮——竞探火星生命	庞之浩	
4月23日	4·23世界读书日第十三届文津图书奖发布暨国图公开课特别活动	陈鼓应 王宁	
4月26日	中国古代建筑文化与艺术 第十一讲　《营造法式》简介	王贵祥	
4月26日	中国古代建筑文化与艺术 第十二讲　《营造法式》与两宋辽金建筑	王贵祥	
5月10日	盲人摸象戏曲谈 第五讲　美的规矩、文明的程式	吴江	
5月11日	中国书法：从书写中生长的民族精神 第八讲　书体与作品（三）：楷书	邱振中	
5月11日	中国书法：从书写中生长的民族精神 第九讲　书体与作品（四）：行书	邱振中	
5月17日	盲人摸象戏曲谈 第六讲　“祖师爷”说了算	吴江	
5月17日	盲人摸象戏曲谈 第七讲　好角儿是怎样炼成的	吴江	
5月18日	舞蹈与生命的交响 第二讲　起舞山神——巫祝活动为什么选择身体语言	冯双白	
6月8日	中国书法：从书写中生长的民族精神 第十讲　书法的训练	邱振中	
10月13日	盲人摸象戏曲谈 第八讲　案头三味与场上三味	吴江	

（续表）

时间	公开课名称	主讲人	备注
10月25日	盲人摸象戏曲谈 第九讲　想飞起来就得展开双翅	吴江	
11月4日	盲人摸象戏曲谈 第十讲　心路、新路的交通	吴江	
11月17日	诗经二十讲 第十九讲　烂漫的野性婚俗	李山	
11月17日	诗经二十讲 第二十讲　诗经的艺术	李山	
11月27日	丹青之美 第二讲　顾恺之与魏晋美学	陈履生	
11月27日	丹青之美 第三讲　唐代绘画与文人画之祖王维	陈履生	
11月28日	丹青之美 第四讲　宋徽宗的画院与宋代绘画	陈履生	
11月28日	丹青之美 第五讲　赵孟頫与元四家	陈履生	
11月30日	舞蹈与生命的交响 第三讲　礼乐身心——儒家乐舞的思想形成及其历史实践	冯双白	
12月10日	《中华人民共和国公共图书馆法》解读 第一讲　公共图书馆立法的理念、思想与实践基础	李国新	
12月11日	《中华人民共和国公共图书馆法》解读 第二讲　公共图书馆法的主要内容与基本制度	李国新	
12月11日	《中华人民共和国公共图书馆法》解读 第三讲　依法建设人民美好生活向往的公共图书馆	李国新	
12月29日	汉字与中华文化 答疑课	王宁	

（四）培训

时间	培训项目	主讲人	培训地点	备注
3月2—31日	北京市2018年图书资料专业职称考试辅导班	朱芊、富平、刘小玲	北京	业界培训
3月10日—4月21日	传拓基础培训班（春季周末班）	袁玉红	北京	社会培训
3月20—23日	2018年全国省级及副省级市公共图书馆参考咨询工作培训	柯平、王世伟、王磊、李春明、张莉、谢岩岩	重庆	重庆图书馆承办
3月26日—4月27日	第七期全国古籍修复技术与工作管理研修班	赵嘉福	辽宁沈阳	辽宁省图书馆承办
4月9—13日	中国图书馆分类法与分类主题词表标引规则应用技能培训班	曹玉强	北京	业界培训
4月9—13日	国家图书馆2018年新员工培训（2016、2017年入馆新员工）	韩永进等	北京	馆内员工培训
4月9—20日	第十九期《全国古籍普查登记目录》审校人员培训班	吴格	浙江杭州	浙江图书馆承办
4月15—21日	第二十期《全国古籍普查登记目录》审校人员培训班	彭邦明	四川成都	四川省图书馆承办
4月16—27日	第六期全国少数民族古籍修复培训班	杨利群	贵州贵阳	贵州省图书馆承办
4月23日—5月25日	第七期全国古籍修复技术提高班	朱振彬、杨来京等	江苏南京	南京图书馆承办
5月7—11日	中国机读目录格式编目员上岗资质培训班	刘小玲、贺燕	北京	业界培训
5月7日—6月8日	第八期全国古籍修复技术与工作管理研修班	杜伟生、邢跃华等	广东广州	广东省立中山图书馆承办
5月12日—6月9日	西式精装书装帧培训班（夏季周末班）	侯郁然	北京	社会培训
5月14日—6月15日	第二十期全国古籍修复技术培训班	师有宽	甘肃兰州	甘肃省图书馆承办

（续表）

时间	培训项目	主讲人	培训地点	备注
5月17日	信息系统等级保护定级工作启动暨培训会	许蕗	北京	馆内员工培训
5月21—25日	信息时代图书馆读者服务工作培训班	郭斌、马涛、赵俭、董曦京、刘庆财、肖佐刚	北京	业界培训
5月21日—6月1日	第七期全国少数民族古籍修复培训班	杨利群	广西南宁	广西壮族自治区图书馆承办
5月28日—6月1日	第二十二期《全国古籍普查登记目录》审校人员培训班	郭立暄、陈雷等	上海	上海图书馆承办，提前举办
6月4—8日	中文普通图书编目与管理培训班	朱青青、王彦侨、王广平	北京	业界培训
6月4—15日	第二十一期《全国古籍普查登记目录》审校人员培训班	吴格	北京	首都图书馆承办
6月5日	计算机网络和网络安全检查主题培训	路龙惠、许蕗、任旭明	北京	馆内员工培训
6月17—30日	第二期全国西文古籍修复技术研修班	Yasmeen Khan	广东广州	中山大学承办
6月20—23日	数字图书馆创新服务培训班	范并思、廖永霞、王世伟、宋姝	重庆	重庆文化艺术职业学院承办，重庆图书馆协办
6月24—30日	县级数字图书馆建设培训班	温泉、姜晓曦、梁爱梅、于琳、章旭、宋蔚贤、吕佳兰、蔡晙、刘溪、牛现云、张丽萍、雍涛、何春兰	北京	
6月25—29日	中文期刊与报纸的编目管理培训班	贺燕、杨静	北京	业界培训

（续表）

时间	培训项目	主讲人	培训地点	备注
7月2—6日	国家图书馆RDA本地政策声明解读及实操培训班	罗翀、蔡丹、霍晓伟、李菡	北京	业界培训
7月2—13日	第八期全国少数民族古籍修复培训班——藏文古籍修复	杨利群	云南昆明	云南省图书馆承办
7月3—6日	民国时期文献保护工作培训班	陈力、柳德军、刘小玲、杨静、延卫平	山西太原	与中国图书馆学会、山西省文化厅合办（民国时期文献保护计划宣传推广系列活动）
7月9—12日	全国图书馆参考咨询协作网业务培训班	刘小琴、王磊（女）、运梅、赵红、邵思蜜、陈杏、李月明、刘煦赞	甘肃兰州	甘肃省图书馆承办
7月9—20日	第四期全国传拓技术培训班	李仁清	河南郑州	李仁清传习所承办
7月16—20日	图书馆参考咨询业务案例解析培训班	郭依群、吴杨、张莉、刘素清、唐晶、赵红	北京	业界培训
7月16—27日	古籍修复基础班（暑期脱产班）	李莉	北京	社会培训
7月17—20日	云林图书馆第一期佛教图书馆分类编目研修班	曹玉强、朱青青	浙江杭州	业界培训
7月17日—8月8日	第七期民族文字古籍普查培训班——藏文古籍普查	白张、边巴次仁等	西藏拉萨	西藏自治区图书馆承办
7月23—27日	第三十二期全国古籍普查培训班——道教古籍普查	尹志华、陈谊等	北京	中国道教学院承办
7月24—27日	中国机读目录格式编目员上岗资质培训班	贺燕	广西南宁	业界培训

（续表）

时间	培训项目	主讲人	培训地点	备注
8月4日—9月8日	传拓基础培训班（暑期周末班）	袁玉红	北京	社会培训
8月13—23日	欧洲古典书籍装帧培训班（暑期脱产班）	胡瑾	北京	社会培训
8月14—17日	数字图书馆推广工程资源联建培训班	黄如花、汪静、梁慧玮、许建业	四川成都	四川省图书馆承办
8月20—24日	2018年图书馆业界新入职及转岗员工培训班	张新宇、朱芊、马涛、王媛、金龙、马学良	北京	业界培训
8月27—31日	篆刻艺术鉴赏与实践培训班（暑期脱产班）	梅跃辉	北京	社会培训
8月28—31日	民国时期文献保护工作培训班	马静、高贤栋、王彦侨、贺燕、延卫平、索晶	山东烟台	与中国图书馆学会、山东省文化厅合办（民国时期文献保护计划宣传推广系列活动）
9月2—15日	数字图书馆推广工程馆员研修培训班(第一期)	王磊、李春梅、孙洁、马亚鹏、王峻岭、邵思蜜	北京	
9月3—14日	第九期全国少数民族古籍修复培训班——东巴文古籍修复	杨利群	云南玉龙	玉龙县图书馆承办
9月3—16日	古籍数字化理论与实践培训班	张智雄等	北京	
9月3—21日	第九期全国古籍修复技术与工作管理研修班	杜伟生、朱振彬等	北京	
9月9—22日	数字图书馆推广工程馆员研修培训班（第二期）	倪晓建、索传军、富平、申晓娟、孙伯阳、廖永霞等	北京	

（续表）

时间	培训项目	主讲人	培训地点	备注
9月17—20日	少儿数字阅读推广培训班	柯平、宋兆凯、刘秀峰、刘紫丹、宫昌俊、孙显斌	北京	中央文化管理干部学院承办
9月17—20日	2018年全国公共图书馆缩微技术培训班	李铭、张文增、李进、宋晶晶、杜文学、马玉峰、陈月婷	吉林延边	中国文献影像技术协会、吉林省图书馆、延边朝鲜族自治州图书馆承办
9月17—21日	音像电子出版物采编与服务中的版权管理培训班	刘铮、吕淑萍	北京	业界培训
9月18—21日	第三期全国古籍保护工作管理人员研修班	杨玉良、陈红彦等	上海	复旦大学图书馆承办
9月18—28日	第二十三期《全国古籍普查登记目录》审校人员培训班	吴格	湖北武汉	湖北省图书馆承办
10月8—13日	数字图书馆推广工程馆员研修培训班（第三期）	张李江、高伟、张秀丽、陈喆、陈魏魏	北京	
10月9—12日	数字图书馆推广工程技术支撑平台培训班	伍艺、张炜、路龙惠、宋姝、童忠勇、刘炜、刘金哲	湖南长沙	湖南艺术职业学院承办
10月15—19日	第三期中华传统文化推广培训班	杨朝明等	山东济南	山东省图书馆承办
10月20日—12月22日	古籍修复提高班（秋冬周末班）	崔志宾	北京	社会培训
10月30日—11月2日	民国时期文献保护工作培训班	雷亮、方宝川、刘小玲、朱芊、延卫平、	福建福州	与中国图书馆学会、福建省文化和旅游厅合办（民国时期文献保护计划宣传推广系列活动）

（续表）

时间	培训项目	主讲人	培训地点	备注
11月1—2日	全国副省级以上公共图书馆决策咨询服务培训班	张智雄、罗威、田侃、沈固朝等	山西太原	
11月5—9日	第八期民族文字古籍普查培训班——新疆古籍保护工作研修班	刘家真等	新疆吐鲁番	新疆维吾尔自治区古籍保护中心承办
11月5—19日	图书馆文献资源建设培训班	刘洁萍、崔云红、张涛、张新宇、孟丽娟、黄炜宇、韩玲	北京	业界培训
11月11—17日	《中华古籍总目·分省卷》编纂研修班	李致忠等	天津	天津图书馆承办
11月26日—12月7日	第五期全国传拓技术培训班	李仁清	云南楚雄	云南省古籍保护中心承办
12月12—14日	数字图书馆推广工程网络资源保存与服务系统专题培训班	钱毅、李一秀、季士妍	广东广州	广东省立中山图书馆承办

（五）展览

时间	展览名称	地点	备注
全年	名家手稿展	北京	
全年	甲骨文记忆展	北京	
全年	不忘初心　砥砺奋进——国家图书馆藏革命历史文献精品展	北京	
全年	从《诗经》到《红楼梦》——那些年我们读过的经典	北京	
2017年12月25日—2018年2月4日	“致敬经典·古韵弥新”文津经典诵读五周年回顾展	北京	
1月30日—4月8日	不忘初心　牢记使命——中国书法家协会第七届理事作品展	北京	与中国书法家协会、广东省文学艺术界联合会合办
2月6日—4月22日	明春节礼俗　树文化自信——2018年国家图书馆年俗文化展	北京	
4月23日—5月23日	第十三届文津图书奖获奖图书展	北京	
5月4日—7月1日	清官板桥　三绝传世——郑板桥专题展	北京	与潍坊市博物馆合办
5月18日—6月19日	册府千华　妙手匠心——山西省国家级珍贵古籍修复成果特展	山西太原	山西省图书馆承办
5月19—25日	外刊故事之Nature封面故事展	北京	
5月28日—6月10日	“致敬经典·翰墨诗韵”文津经典诵读五周年拟古诗优秀作品选展	北京	
5月31日—6月1日	2018年中国图书馆年会——中国图书馆学会年会·中国图书馆展览会之国家图书馆立法决策服务成果展	河北廊坊	
5月31日—6月1日	2018年中国图书馆年会——中国图书馆学会年会·中国图书馆展览会之中华古籍保护计划体验区	河北廊坊	
5月31日—6月1日	2018年中国图书馆年会——中国图书馆学会年会·中国图书馆展览会之数字图书馆推广工程体验区	河北廊坊	

（续表）

时间	展览名称	地点	备注
5月31日—6月1日	2018年中国图书馆年会——中国图书馆学会年会·中国图书馆展览会之第二届全国古籍保护技术与装备展区	河北廊坊	
5月31日—6月1日	2018年中国图书馆年会——中国图书馆学会年会·中国图书馆展览会之全国图书馆文化创意产品开发联盟文创精品展	河北廊坊	
6月8—29日	册府千华——山东珍贵文献展	山东济南	与山东省文化厅合办
6月26日—8月26日	书卷为媒　友谊长青——日本永青文库捐赠汉籍入藏中国国家图书馆展	北京	
7月3—6日	民国时期文献保护计划成果展	山西太原	与中国图书馆学会、山西省文化厅联合主办（民国时期文献保护计划宣传推广系列活动）
7月6—20日	年华易老　技·忆永存——国家级非物质文化遗产代表性传承人抢救性记录工作成果展	北京	
7月21日—10月14日	动漫原画特展——一支铅笔诞生的世界	北京	荔园文化（北京）有限公司承办
7月22—29日	纪念周恩来诞辰120周年美术作品巡展	北京	与淮安市委宣传部、淮安市文化广电新闻出版局、淮安市美术馆合办
8月28—31日	民国时期文献保护计划成果展	山东烟台	与中国图书馆学会、山东省文化厅合办（民国时期文献保护计划宣传推广系列活动）
9月2日—11月2日	册府千华——纳格拉洞藏经修复成果展	云南迪庆	与云南省文化厅、迪庆藏族自治州人民政府合办
9月7日—11月13日	天禄惟新　绍熙文脉——刘季平与中国图书馆事业改革发展	北京	
9月28日起	旷世宏编　文献大成——国家图书馆藏《永乐大典》文献展	北京	
10月9日—11月9日	册府千华——宁夏回族自治区珍贵古籍特展	宁西银川	宁夏回族自治区图书馆（宁夏回族自治区古籍保护中心）承办

（续表）

时间	展览名称	地点	备注
10月25—31日	首届“一带一路”非中艺术交流展	北京	肯尼亚共和国体育与文化遗产部主办，中国国家图书馆、肯尼亚非中文化交流协会、清华大学美术学院承办
10月30日—11月2日	民国时期文献保护计划成果展	福建福州	与中国图书馆学会、福建省文化和旅游厅合办（民国时期文献保护计划宣传推广系列活动）
11月7—18日	书写新时代——全国新文艺群体书法作品汇报展	北京	与中国文学艺术界联合会、中国书法家协会合办
11月16日—12月10日	册府千华——纳格拉洞藏经修复成果展	北京	与云南省文化厅、迪庆藏族自治州人民政府合办
11月18日—12月19日	册府千华——绍兴市古籍保护成果展	浙江绍兴	与绍兴市人民政府合办
11月25日—12月6日	全国第二届大学生书法篆刻作品展	北京	与中国书法家协会、郑州大学合办
11月26日—12月27日	册府千华——江苏省藏国家珍贵古籍特展	江苏南京	与江苏省文化和旅游厅合办
2018年12月5日—2019年1月6日	册府千华——广西壮族自治区藏国家珍贵古籍特展	广西南宁	与广西壮族自治区文化和旅游厅合办
12月14日起	哲匠世家　营造经典——京津冀地区园林样式雷图档展	北京	与中国园林博物馆合办
2018年12月15日—2019年1月1日	“屏”阅古今　对“画”时间——“古桥印象”少年儿童画展	北京	与中国古籍保护协会、京东方科技集团合办
12月19日起	出相入胜——中国古代书籍插图展	北京	
12月19日起	高文有典　美行如圭——郑振铎诞辰一百二十周年纪念展	北京	
12月28日起	问祖寻根——姓氏文化主题展	北京	随州博物馆承办

九、档案资料

2018 年，不断提升日常档案管理能力。4 月，在馆内组织部处主任、兼职档案员进行档案综合管理系统使用培训，加强在档案系统实际操作方面的业务指导。对档案综合管理系统存在的问题进行梳理，解决系统问题 10 余项，并对数据库进行调整和补充。以加大重大活动归档为抓手，增强督办力度，有效增强各部处档案意识、提高归档率；加大对各部处兼职档案管理员的档案业务辅导力度，电话辅导 200 余人次，在档案室一对一辅导 40 余人次。

完成 2017 年度归档工作。本年度共接收 32 个交档部处（法律事物处和出版部 2 个部处新组建无档案移交）移交的文书、活动、业务等各类电子档案 21196 件；接收纸质档案 3 批（含办公室移交收文 359 件、人事处移交去世人员档案 12 袋、立法决策服务部移交部长讲座文件 5 卷）。

积极为馆内业务工作提供档案支持。馆档案室全年共接待 13 个部处通过档案管理系统中借阅档案 745 条，共接待 18 个部处 135 人次到档案室查阅实体档案。

档案室分别对业务管理处、党群工作办公室、国有资产管理处、立法决策服务部、缩微文献部留存的历史档案进行核查，开会研讨并指导其立卷归档，推动相关部处提交历史业务档案。本年接收财务处预存票据 6 批 175 箱。

归档情况统计

档案类型	档案数量
文书档案	4276件
活动档案	623件
业务档案	678件
照片档案	15520张
实物档案	2件
刊物档案	74件
项目档案	23件
合计	21196件/张

重要文件选编

- 馆发主要文件目录
- 重要文件选编

重要文件选编

一、馆发主要文件目录

◇ 国家图书馆关于黄洁等 23 人职务试用聘任的通知
国图人发〔2018〕1 号

◇ 关于印发《国家图书馆贯彻落实雒树刚部长在 2018 年全国文化厅局长会议上的讲话精神及文化部 2018 年工作要点任务分解表》的通知
国图研发〔2018〕2 号

◇ 关于印发韩永进同志在 2018 年年初中层干部工作会上讲话的通知
国图研发〔2018〕3 号

◇ 关于馆领导班子成员分工调整的通知
国图人发〔2018〕4 号

◇ 国家图书馆关于 2017 年度全员考核情况的通报
国图人发〔2018〕5 号

◇ 国家图书馆关于调整职能部门人员编制的通知
国图人发〔2018〕6 号

◇ 国家图书馆关于调整参照职能部门管理部门人员编制的通知
国图人发〔2018〕7 号

◇ 国家图书馆关于调整部处内设机构的通知
国图人发〔2018〕8 号

◇ 国家图书馆关于科级干部聘任的通知
国图人发〔2018〕9 号

◇ 国家图书馆关于员工聘任工作的通知
国图人发〔2018〕10 号

◇ 国家图书馆关于颁发 2017 年度“馆长特别奖”的决定
国图办发〔2018〕11 号

◇ 国家图书馆关于表彰 2017 年度先进集体的决定
国图人发〔2018〕12 号

◇ 国家图书馆关于表彰 2017 年度创新奖项目的决定
国图人发〔2018〕13 号

◇ 国家图书馆关于表彰 2017 年度服务标兵的决定
国图业发〔2018〕14 号

◇ 国家图书馆关于成立文献搬迁工作领导小组的通知

国图人发〔2018〕15号

◇ 关于印发文化部领导重要批示和《2017年度国家图书馆工作总结》《2018年度国家图书馆工作要点》的通知

国图办发〔2018〕16号

◇ 关于印发韩永进同志在2018年全馆员工大会上讲话的通知

国图研发〔2018〕17号

◇ 国家图书馆关于表彰2017年度安全保卫工作先进集体和先进个人的决定

国图保发〔2018〕18号

◇ 关于表彰2017年度宣传工作先进集体和个人的决定

国图办发〔2018〕19号

◇ 国家图书馆关于给予常进开除处分的决定

国图人发〔2018〕20号

◇ 关于《中国图书馆学报》副主编（副处级）岗位竞争上岗的通知

国图人发〔2018〕21号

◇ 关于印发《国家图书馆采购管理办法（修订）》的通知

国图资发〔2018〕22号

◇ 国家图书馆关于李春明等7人任职转正的通知

国图人发〔2018〕23号

◇ 国家图书馆关于吴澍时任职公示的通知

国图人发〔2018〕24号

◇ 国家图书馆关于保密委员会更名及人员调整的通知

国图人发〔2018〕25号

◇ 国家图书馆关于调整员工基本养老保险费和职业年金的通知

国图人发〔2018〕26号

◇ 国家图书馆关于退休人员养老保险待遇由中央国家机关养老保险管理中心发放的通知

国图人发〔2018〕27号

◇ 关于印发韩永进同志在2018年年中中层干部会上讲话的通知

国图研发〔2018〕28号

◇ 国家图书馆关于吴澍时职务试用聘任的通知

国图人发〔2018〕29号

◇ 国家图书馆关于2018年度职称评审工作的通知

国图人发〔2018〕30号

◇ 国家图书馆关于对英勇扑救新能源汽车火灾员工的表彰通报

国图保发〔2018〕33号

◇ 关于转发《中共文化和旅游部党组关于印发〈中共文化和旅游部党组贯彻落实中央八项规定精神实施细则〉的通知》的通知

国图办发〔2018〕34号

◇ 关于公示2018年度高级专业技术职务任职资格评审结果的通知

国图人发〔2018〕35号

◇ 国家图书馆关于文献资源建设委员会人员调整的通知

国图人发〔2018〕36号

◇ 国家图书馆关于印发《国家图书馆关于进一步贯彻落实中央八项规定精神的实施细则》的通知

国图办发〔2018〕37号

◇ 关于转发《中共文化和旅游部党组关于陈樱同志任职的通知》的通知

国图人发〔2018〕38号

◇ 国家图书馆关于成立国家文献战略储备库建设工程领导小组的通知

国图人发〔2018〕39号

◇ 国家图书馆关于印发《国家图书馆意识形态工作责任制实施办法》的通知

国图办发〔2018〕40号

◇ 关于馆领导班子成员分工调整的通知

国图人发〔2018〕41号

◇ 关于2018年度部处领导班子及全员年度考核工作的通知

国图人发〔2018〕42号

◇ 国家图书馆关于馆属企业管理岗位竞争上岗的通知

国图人发〔2018〕44号

二、重要文件选编

2018年度国家图书馆工作要点

2018年是贯彻落实党的十九大精神的开局之年，是改革开放40周年，是《公共图书馆法》的实施元年，同时也是实施“十三五”规划承上启下的关键之年。国家图书馆将以习近平新时代中国特色社会主义思想为指导，紧紧围绕“五位一体”总体布局和“四个全面”战略布局，坚持以人民为中心，坚持以社会主义核心价值观为引领，坚持创造性转化、创新性发展，继续秉承“传承文明　服务社会”的宗旨，全面贯彻落实国家文化发展战略，按照稳中求进的工作总基调，加强核心职能建设，以优异成绩开启新时代国家图书馆事业发展的新征程。

一、深入学习贯彻党的十九大精神和《公共图书馆法》，以习近平新时代中国特色社会主义思想统领事业发展

把学习宣传贯彻党的十九大精神和习近平新时代中国特色社会主义思想作为首要政治任务贯穿始终。坚持学懂、弄通、做实，进一步增强“四个意识”，坚定“四个自信”，在政治立场、政治方向、政治原则、政治道路上同以习近平同志为核心的党中央保持高度一致。准确领会党的十九大提出的新理念、新论断、新任务、新举措，引导党员干部充分认识自身肩负的历史使命和文化担当，坚持党的建设与业务建设“两手抓、两加强、两促进”工作格局，带领全馆干部群众立足本职岗位，把智慧和力量凝聚到贯彻落实党的十九大确定的各项战略部署和重大决策上来。

贯彻落实《公共图书馆法》，协助编纂《公共图书馆法》解读和问答，深入开展公共图书馆文献处置制度、公共图书馆服务规范等配套制度研究，组织全国图书馆界开展学习培训和普法宣传。全面加强图书馆建设，着力强化核心职能建设，建设好社会主义意识形态重要阵地，不断提高公共文化服务效能，为建设学习大国、满足人民日益增长的美好生活需要做出贡献。

二、全面加强党的建设，落实从严治党各项部署

认真落实全面从严治党各项部署，持续推进“两学一做”学习教育常态化、制度化，组织开展“不忘初心、牢记使命”主题教育，不断增强国家图书馆党组织战斗堡垒作用。深入学习党章，引导党员加强党性修养和党性锻炼，提高政治觉悟和政治能力。完善党建述职评议考核制度，从严落实基层党建工作责任制。不断巩固中央八项规定精神成果，持续整治“四风”，坚决反对各种形式主义、官僚主义，加大纪律审查力度，将作风建设不断引向深入。

加强学习型领导班子建设，充分发挥中心组在学习上的统领和示范作用，带动全馆营造浓厚学习氛围。进一步落实民主集中制，不断提升班子民主决策科学化水平。进一步规范党内政治生活，严格落实“三会一课”、民主生活会、谈心谈话等组织生活制度。进一步完善党委议事决策制度，增强党政统筹力度。进一步建强基层党组织，完成支部换届选举工作，提升支部建设的规范化科学化水平。完善党费管理使用制度，激发支部活力。做好党员发展和管理，组织好党员和党务干部培训。探索非事业编制党员管理教育的有效路径。加强馆属企业党的建设，明确党组织在企业决策中的地位作用。

三、切实增强国家文献信息资源总库建设，提高国家文献信息战略保存能力

稳步推进国家文献战略储备库建设项目。配合有关部门完成项目可行性研究报告评审，优化项目设计方案，开展项目详细勘察，力争年内开工建设。以项目为抓手，加强功能定位和存藏布局设计，为实际利用做好准备。加大力度推进临时文献周转库转移、搬迁工作，细化落实多载体文献补藏和保存利用方案，不断深化国家级文献资源保障中心和保存基地建设。

适应时代发展赋予国家文献信息资源总库新的内涵，构建实体资源、数字资源、网络资源和活态记忆资源充分融合的现代馆藏体系。根据国内外信息环境及出版市场发展变化，启动修订《国家图书馆文献采选条例》。以《公共图书馆法》建立国家出版物交存制度为契机，采取多种措施提高文献交存率。继续加强“一带一路”沿线国家、周边国家和地区、与国家重大战略关系密切的国家和地区等重点领域文献的采访与征集，构建国家文献信息资源保障体系。继续开展乐谱、音像资料等视听特色资源的采访入藏。加强数字资源生命周期各环节管理力度，进一步明确网络信息资源采集的目标、原则、内容与方法，着手调查数字资源管理现状，提出数字资源版权获取、长期保存方案。以“中国记忆”项目为依托，逐步完善针对影像、口述活态记忆资源建设和服务的标准规范体系，加强专题策划，进一步扩大国家文献信息资源总库入藏范围。

四、充分发挥国家书目中心职能，进一步促进国家文献信息资源总目的整合优化

依托国家书目和全国图书馆联合目录建设工作，积极推进全国公共图书馆馆藏文献元数据的集中登记与协同共享。多渠道征集完善国内出版新书目和国外中国学文献的出版信息，加快推进馆藏未编文献的回溯编目工作，启动《中国国家书目》的编辑出版。继续做好少儿图书馆基本藏书目录和县级图书馆基本藏书目录的编制工作，提升数据服务效能。继续优化馆藏文献信息资源目录体系，逐步实现已发布数字化馆藏资源与馆藏实体文献书目信息的整合揭示与一站式检索，完成文津搜索的日常更新与维护。

不断加强元数据标准规范建设，开展新标准新技术研究与实践。完成资源描述与检索（RDA）本地化实施切换工作，积极推广和普及我馆RDA本地政策声明，履行好RDA亚洲地区国家机构代表职责。启用《原生性中文数字馆藏元数据著录规范》和《实体馆藏再建中文数字资源元数据著录规范》，着手编制乐谱、黑胶唱片等特色文献资源编目规则。深入开展知识组织与发现技术的跟踪研究与创新应用，完成《中分表》简单知识组织系统（SKOS）数据注册及关联数据发布工作，提升专题知识服务能力。探索多语种名称规范元数据整合与业界推广工作，探讨跨语种规范控制工作模式。

五、提升专业化服务能力，扎实推进为国家立法和决策服务

围绕国家政治、经济、文化、社会和生态等重点领域和重大问题提供热点研判和及时服务响

应，不断提升面向国家立法决策服务的针对性、前瞻性和专业性。大力加强与专业性国家级智库间的合作与交流，为党和国家工作大局提供专业化文献信息服务。继续为党和国家领导人、中央国家机关、全国人大和政协专门委员会的重大决策提供信息专报，继续为全国人大常委会立法工作提供文献信息保障，继续开展全国“两会”服务，举办“两会服务20周年成果展”。优化部委分馆服务平台，加强统筹规划。进一步加强海外中国问题研究资料中心和中国边疆文献研究中心建设与服务。进一步完善法律法规信息服务系统资源建设，深化立法服务保障，适时扩大特色数据库服务受众。继续承办部级领导干部历史文化讲座，不断提升精细化服务水平，深入挖掘讲座资源，开发特色文化产品，扩大品牌影响力。

六、着力加强服务效能建设，助力科技创新和全民阅读

进一步做好面向重点教育、科研机构与企业的参考咨询服务，研究新形势下开展馆藏分析与服务的创新方案，促进文献信息的有效利用。依托国家图书馆科学评价中心，着手开发信息分析与服务产品，积极探索提高参考咨询新型服务能力。启用参考咨询机构知识库，拓展与国内外文献信息机构在文献传递与馆际互借方面的合作，为建设世界科技强国提供文献保障与智力支持。着手开展第六次公共图书馆评估数据分析。适时为中小企业和社会公众创新创业提供工具、空间、文献与咨询服务。

坚持贯彻“以人为本”的服务理念，不断优化服务布局，提高服务质量，提升服务的供需适配度。策划举办“走进新时代的图书馆”“纪念马克思诞辰200周年”“国家图书馆参考咨询服务百年”等综合性主题活动，进一步整合讲座、展览和培训资源，丰富社会教育活动内涵，服务学习大国战略。依托“国图公开课”，不断推出国家级精品课程，为公众提供高品质教育资源。加强视听服务中心建设，推进国图艺术中心与视听服务空间等项目的融合促进，提升艺术普及服务水平，满足公众对美好生活的向往和追求。大力推动、引导全民阅读，营造书香社会氛围。依托“文津图书奖”评选、推荐优秀阅读资源，继续优化“文津经典诵读”“M地铁·图书馆”等项目，将阅读融入人们的日常生活。依托国家图书馆少年儿童馆，加强阅读指导和社会教育活动，联合举办“全国少年儿童阅读年”系列活动。考虑老年人、残疾人等群体特点，积极创造条件，提供适合其需要的文献信息、无障碍设施设备和服务。

七、大力拓展公共数字文化服务，推进文化精准扶贫

利用大数据、云计算、物联网等新技术，进一步推进数字图书馆一体化网络建设，以用户需求为导向加强数字资源的统一调度，提升公共数字文化服务能力，更好地满足广大人民群众快速增长的数字文化需求。主动适应读者阅读习惯的变化，不断完善新媒体服务策略，及时调整与优化服务形式与服务内容。特别是加强移动服务工作的整体规划，结合读者需求研发便捷式智能应用。依托数字图书馆体验区和数字共享空间，加强数字资源服务推广，展示数字图书馆创新服务成果。继续深化微博、微信互动服务能力，提升用户微体验。完成国家图书馆网站改版建设与优化，提升服务效能。

依托数字图书馆推广工程，构建标准统一、互联互通的国家数字图书馆服务网络，解决公共数字文化发展不平衡不充分的问题。加强实体馆藏管理与服务平台、推广工程整合服务平台、决策咨询服务协作平台、参考咨询协作网的统筹管理，共同构建全国公共图书馆联合服务网络，推进公共数字文化服务的线上线下融合发展。继续加强推广工程资源整合工作，提升数字资源的共享能力和服务水平。以推广工程移动阅读平台为切入点，不断完善数字图书馆移动服务体系。深化“网络书香”品牌影响力，积极配合“春雨工程”等国家文化项目开展大型阅读推广活动。通过网络搭建、资源推送、人才培养、服务活动等多种途径，全方位开展文化扶贫工作。依托基层图书馆互联互通和帮扶计划，积极推进精准扶贫，将资源与服务向县级及县以下的基层进行延伸和共享，力争完成100家扶贫点的服务推送。特别加大对革命老区、民族地区、边疆地区、贫困地区的推广力度，逐步实现数字图书馆服务的全覆盖。

八、提高信息技术支撑能力，确保网络安全和数据支持

进一步完善信息安全管理体系，建立网络综合治理机制，营造和谐、清朗的网络空间。继续做好全馆信息化建设规划，不断完善信息化建设全生命周期的流程规范，着手构建统一的元数据管理体系，全面推进信息服务系统的远程调试和控制。完成总馆馆区网络调整，开展古籍馆馆区网络调研，提升网络运行管理能力。不断完善安全管理制度和应急预案，特别是加强网络安全体系化建设，进一步落实网络安全责任制，开展信息系统等保定级，提高网络安全技防能力。

加强基础调研，逐步实现全馆业务数据和用户数据的统筹管理。继续开展对在用和未使用业务系统的软硬件情况、运行情况及未来需求的梳理和分析，提升信息系统对业务工作及事业发展的支撑能力。进一步完善业务统计分析平台，提高系统的运行性能和访问速度。对内部业务工作和读者服务过程中产生的大数据进行挖掘与整理，特别是对有关馆藏资源利用和读者信息行为数据进行分析，为馆藏发展政策和用户服务政策的调整提供数据支持。

九、继续实施中华古籍保护计划、民国时期文献保护计划，推进全国文献保护工作

依托“中华古籍保护计划”“革命文献与民国时期文献保护计划”联合全国各级各类存藏机构、研究学者，不断推进各项工作深入开展。继续开展文献普查工作，力争完成全国四分之三省份的古籍普查登记工作，出版《全国古籍普查登记目录》，推动《中华古籍总目天津卷》出版。推进《民国时期图书总目》编纂出版，做好平台维护和数据发布。适时开展申报评审及项目资助，根据上级部门要求，适时开展第六批《国家珍贵古籍名录》和“全国古籍重点保护单位”评审工作。做好全国古籍重点保护单位、国家古籍保护培训基地、国家级古籍修复中心的监督管理工作。协助做好国家一级文物中古籍的鉴定工作。继续开展民国时期重要文献征集及史料整理工作，重点加强革命历史文献和抗战文献的整理出版及专题数据库建设。继续开展馆藏善本缩微胶片、普通古籍、少数民族文字古籍和民国图书缩微胶卷数字化工作，启动日本战争罪行史料整理工作。继续开展馆藏“天禄琳琅”、西夏文献、契约文书、鲁迅博物馆藏书的修复工作，以及新采拓片的镶衬和《赵城金藏》残片的修复整理研究。加强国家级古籍修复技艺传习中心和传习所的建设，

积极推动“中华优秀传统文化实践基地”工作的开展。继续做好文献保护相关工作，不断改善古籍保护科技文化部重点实验室和古籍装具条件，继续开展“民国时期文献脱酸研究与脱酸设备研制”二期项目，不断推进西域文献保护研究中心和古籍保护装备研发中心建设工作。继续配合做好《古籍保护条例》的立法调研等相关工作，继续开展古籍保护相关标准的立项审批、完善修改等工作。继续加大人才培养力度，建设“四位一体”的人才培养体系，建立全国古籍保护人才库。继续开展宣传推广活动，进一步普及文献保护理念和方法。

十、加强中华文化典籍整理出版和宣传推广，进一步促进文化创意产品开发

结合国家图书馆在文献收藏、保护、整理与开发利用方面的优势，组织实施《中华优秀传统文化百部经典》、《鲁迅手稿全集》、国家传统文化典籍整理等项目，继续开展《中国珍贵典籍史话丛书》《中国古籍珍本丛刊》等的编纂工作，做好《中华再造善本》（续编）颁赠工作，推进《中华医藏》编纂出版工作，推动中华优秀传统文化的创造性转化和创新性发展、革命文化的继承与传扬。

通过巡回展览、公益性讲座、创意产品开发等方式，全面推动中华优秀传统文化的挖掘阐发、保护弘扬和传播推广。充分利用国家典籍博物馆开展优秀典籍文化的展陈、研究和宣传，举办《永乐大典》展、中国古代姓氏文化专题展、郑振铎纪念展、《九成宫醴泉铭》碑帖展、绍兴历史文化展等主题展览，积极推广巡展及进校园活动，为践行“文化自信”贡献力量。进一步推进博物馆资源与学校教育的有效衔接，加大典籍博物馆公共教育力度，持续开展“走进典籍博物馆大课堂”系列活动，完善“研学游”的规划组织，扩大典籍博物馆社会影响力。

依托“全国图书馆文化创意产品开发联盟”，深入推进文化创意产品开发，建设全国图书馆文化创意资源开发对接一体化平台，建设国家文化创意产品素材库，进一步深入挖掘馆属资源，积极吸引社会力量开展合作，构建服务于图书馆行业的集文创素材整理、设计、制作、授权、营销推广等于一体的文创开发立体生态体系。

十一、切实发挥示范引领作用，开展图书馆发展研究

进一步完善开放合作的研究工作机制，联合全国图书馆界，围绕新时代人民群众对图书馆需求的变化、公共图书馆发展不平衡不充分的矛盾现状及其解决路径，以及现代科技在图书馆领域的应用等事业发展重点领域、关键问题开展调查研究、技术研发、标准研制及制度设计，总结经验，为全国图书馆事业发展和政策制定提供理论支撑和决策参考。

继续提升《中国图书馆学报》《国家图书馆学刊》《文献》等学术性刊物的学术水平和行业影响力，广泛组织学界和业界专业力量，积极参与国际图联的各项交流活动。加强对中国图书馆学会、中国古籍保护协会、中国文献影像技术协会、全国图书馆标准化技术委员会、全国文献影像技术标准化技术委员会的支持，为行业组织履职提供保障。

十二、务实推进国际交流与合作，提升国际影响力

配合中国对外文化交流合作的总体战略，主动策划国际交流活动。继续巩固和加强与周边国家、重点地区国家图书馆间的双边与多边交流机制，促进金砖国家图书馆联盟论坛活动的开展，推动举办金砖国家图书馆馆长论坛。举办“丝绸之路国家图书馆馆长论坛”，探索建立“丝绸之路国际图书馆联盟”的长效工作机制。参加国际图联大会、中美图书馆合作会议等重要国际会议。积极推动与海外机构合作办展。继续推进与台港澳地区图书馆交流与合作。继续与境外图书馆开展数字图书馆合作项目。继续为海外中国文化中心图书馆建设提供资源与服务支撑，助推中华优秀传统文化的国际传播。继续承担国际图联保存保护中心中国中心、中文语言中心相关工作。进一步推进海外中华珍贵典籍文献和民国时期文献的调查摸底，与海外存藏机构开展合作，推进韩国和日本藏中国古籍目录的编纂，积极探索以文献实体、影印出版、缩微复制、数字化版权使用等方式促进海外中华珍贵文献的回归与补藏。

十三、进一步完善人才培养体系，协同推进科研进步和业务发展

进一步调整优化科级机构建制，完成科级干部聘任和全员聘任工作，全面加强干部队伍和员工队伍建设，优化岗位管理，提升工作效率。坚持统筹规划、分类分级，服务大局、按需施教，开展好优秀人才的选拔、培养、推荐等工作，尤其加强对新提任干部和青年专业技术人才的培养，积极选派各级各类优秀干部参加中组部、文化部等组织的培训或研修，全面增强管理干部的德才素质和履职能力。紧扣我馆人才需求，进一步做好优秀高校毕业生的引进工作，不断完善人才队伍结构，为我馆事业发展持续注入新生力量。努力建设一支优秀的文化人才队伍，为实现图书馆事业的蓬勃发展提供思想政治保证、人才保证和智力支持。

进一步发挥国家图书馆学术委员会的作用，实现科研工作与业务建设的融合发展和良性互动。积极争取国家级科研项目，以项目促进科研、业务建设和事业发展。加强馆级科研项目的选题规划与评审，重点支持与业务工作和事业发展需求关系密切的选题研究。继续办好国家图书馆青年学术论坛，完善机构知识库建设，促进馆内科研成果共享利用。

十四、进一步加强内部管理，提高综合保障能力

根据中央关于文化体制改革的要求，深化内部体制机制改革，进一步提高管理水平，不断强化“严细深实”的工作作风，按程序、规定办事，推动形成责任明确、行为规范、富有效率、服务优良的运行机制，营造良好的事业发展环境。定期公告服务开展情况，听取读者意见，完善反馈机制，接受社会监督。

加大力度统筹开展全馆宣传服务工作，探索图书馆营销策略。整合国家图书馆优势资源，形成系列拳头产品，构建品牌推广战略。不断完善宣传工作机制，建设覆盖各类媒体的宣传工作网络，为国家图书馆事业发展创造更好的舆论环境，增强国家图书馆的吸引力、凝聚力和感染力。

进一步规范财务预算和执行、国有资产管理和审计工作流程，不断健全内部控制体系。加强项目支出绩效监控、绩效自评和绩效评价工作，提高预算执行与绩效目标匹配度，推进全过程预

算绩效管理。按照国家统一部署，进一步推进机关事业单位工作人员养老保险制度改革工作。不断拓宽创收渠道，做好创收工作的统筹管理。加强出版社和馆属企业管理与支持，坚持社会效益与经济效益相统一的原则推动企业规范经营，不断增强长远发展能力和对馆方回报能力。

强化安全意识、底线意识，做好各项安全管理和保障工作。重点抓好全员安全教育、安全培训、安全检查和安全主体责任的落实，不断提高消防能力建设水平和员工反恐防恐意识，提高实际操作和应急处置能力；继续做好安全保卫，不断强化保卫队伍建设，提高保安服务水平；加大日常巡检力度，及时发现和解决各类安全隐患。

做好各项行政管理和后勤保障工作，完成一期维修改造工程收尾工作，着力解决北区机房空调改造和夜景照明、景观设计等问题，抓好节能减排和防汛抢险工作，确保全馆水、电、暖、热力和空调、传送等系统设备及车辆安全正常运行。加强对物业公司、员工食堂的监督管理，提升服务水平。

十五、立体推进群团工作，增强事业发展活力

明确理念共识，激发全馆员工的使命意识和责任意识，突出制度创新，实施创新驱动发展战略，为国家图书馆事业迈向新时代积蓄力量。创新群团组织工作思路，激发馆员创造力，关注员工需求，丰富和活跃员工文化生活。组织召开国家图书馆第四次工会代表大会暨第三届职工代表大会，完成工会换届，充分调动广大职工的主观能动性，凝聚集体智慧，切实解决员工关心的问题。广泛开展全民健身运动和群众性文娱活动，办好国家图书馆第十二届艺术节。加强团组织建设，召开共青团国家图书馆第九次代表大会，完成团委换届改选。创新共青团工作形式和载体，搭建团员青年工作交流平台，进一步增强团组织吸引力和凝聚力。继续做好文化志愿者队伍建设。充分发挥离退休老同志的积极作用，切实关心离退休员工生活，形成全馆上下齐心，团结协作的强大合力。

国家图书馆采购管理办法（修订）

第一章　总则

第一条　为加强对国家图书馆采购工作的监督管理，规范采购行为，提高资金的使用效益，根据《中华人民共和国政府采购法》《中华人民共和国招标投标法》《中华人民共和国政府采购法实施条例》《政府采购货物和服务招标投标管理办法》及有关规定，结合国家图书馆工作实际，制定本办法。

第二条　本办法适用于纳入国家图书馆预算管理，使用财政拨款及非财政拨款的全口径预算资金实施的采购行为。

第三条　本办法所称采购，是指以合同方式有偿取得各类货物、服务的行为。其中货物类采购内容包括固定资产和批量低值易耗品等，服务类采购内容包括业务外包、信息化建设及其他服务项目等。

建设工程在政府采购工程限额标准（120万元）以下的参照本办法执行，限额以上工程采购按照《中华人民共和国招标投标法》及相关工程建设招投标法规执行。

以征集方式采购特殊文献按照《国家图书馆特殊文献购买管理办法》相关规定执行。

第四条　采购工作原则：

（一）应遵循公开、公平、公正、诚实信用和效益的原则。

（二）采购管理坚持与预算管理相结合，坚持与资产管理相结合。

（三）采购工作坚持各部门分工负责、相互协作、环节分离、流程制约的原则。

第五条　本办法所称采购分为三类：政府采购、馆定集中采购和部门分散采购。

（一）政府采购是指采购《中央单位政府集中采购目录及标准》范围内的集中采购品目和采购限额标准以上（100万元，含100万元）的货物和服务的行为。

（二）馆定集中采购是指除政府采购以外，一次性或批量采购预算超过馆定集中采购限额标准以上（50万元，含50万元）的货物和服务行为。

（三）部门分散采购是指在馆定集中采购限额标准以下的各类采购行为。

第六条　采购项目根据预算金额和重要程度分为重大项目和常规项目，其中重大项目一般是指预算金额300万元以上（含）或对全馆有重要影响的采购项目，常规项目是指除重大项目的其他采购项目。

第二章　机构设置与职责分工

第七条　国有资产管理处是国家图书馆采购工作综合管理部门，对政府采购和馆定集中采购负责组织实施管理，对部门分散采购负责监督管理。其主要职责是：

（一）研究制定国家图书馆采购管理办法及相关流程；

（二）编制审核国家图书馆年度常规资产购置计划；

（三）组织实施本办法规定的政府采购项目和馆定集中采购项目，作为政府采购项目和馆定集中采购项目的商务代表；

（四）审批各部门分散采购项目并监督实施；

（五）编报国家图书馆政府采购信息统计报表；

（六）受理国家图书馆采购活动中的质疑及答复事项；

（七）完成上级部门交办的其他采购活动相关事项。

第八条　需求部门是提出采购需求并负责采购后项目实施的部门。其主要职责是：

（一）制定本部门年度采购预算和计划；

（二）编制报批采购需求，包括采购清单及有关资料；

（三）配合国有资产管理处实施政府采购和馆定集中采购活动，负责政府采购和馆定集中采购项目的合同执行监管；

（四）组织实施本办法规定的部门分散采购项目的采购活动、合同编制报批及签订实施。

第九条　采购预算编制与审核：

（一）采购预算编制：采购预算是部门年度预算的组成部分，在编制年度预算的同时，需求部门编制年度资产采购预算和服务项目预算。通用办公设备、家具严格按照配置标准进行申报编制。

（二）采购预算审核：年度资产采购预算由国有资产管理处牵头，会同财务处及有关业务主管部门、技术部门进行审核，审核后报商务主管馆领导、财务主管馆领导签批意见后，报馆长审批。

（三）全馆年度政府采购预算和季度政府采购实施计划，由国有资产管理处会同财务处统一编制，并报上级部门审批。

第十条　采购活动严格在批复预算内开展，对特殊事项确需增加采购经费的，须按照《国家图书馆财务管理办法》有关规定重新申请追加预算。

第三章　政府采购方式

第十一条　政府采购方式分为：公开招标、邀请招标、竞争性谈判、单一来源采购、询价采购、竞争性磋商及经上级部门认定的其他采购方式，其中公开招标为政府采购的主要采购方式。

第十二条　政府采购方式适用范围：

（一）单次或批量采购金额一次达到 200 万以上（含）的货物或服务必须采取公开招标方式，其中批量采购是指在一个预算年度内需重复采购的同一品目或类别的货物或服务项目。

（二）符合下列情况之一的货物或服务，可采用邀请招标方式采购：具有特殊性，只能从有限范围的供应商处采购；采用公开招标方式的费用占政府采购项目总价值的比例过大的。

（三）符合下列情况之一的货物或服务，可采用竞争性谈判方式采购：招标后没有供应商投标或者没有合格标的或者重新招标未能成立的；技术复杂或者性质特殊，不能确定详细规格或者具体要求的；不能事先计算出价格总额的。

（四）符合下列情况之一的货物或服务，可采用单一来源采购方式采购：只能从唯一供应商处采购的；必须保证原有采购项目一致性或者服务配套的要求，需要继续从原供应商处添购，且添购资金总额不超过原合同采购金额百分之十的。

（五）采购的货物规格、标准统一，现货货源充足且价格变化幅度小的采购项目，可采取询价方式采购。

（六）符合下列情况之一的货物或服务，可采用竞争性磋商方式采购：政府购买服务项目；技术复杂或者性质特殊，不能确定详细规格或者具体要求的；因艺术品采购、专利、专有技术或者服务的时间、数量事先不能确定等原因不能事先计算出价格总额的；市场竞争不充分的科研项目，以及需要扶持的科技成果转化项目。

第十三条　纳入集中采购目录的政府采购项目必须按规定委托集中采购代理机构采购；未纳入集中采购目录的政府采购项目，可以委托采购代理机构进行采购。

纳入协议供货和定点采购范围内的项目，可直接与中央国家机关政府采购中心确认的协议供应商签订合同，实施采购。如一次性采购金额在5万元以上（含）的，应选取三家协议供应商就价格再次询价，择优选择协议供应商。纳入集中采购目录但未实施协议供货和定点采购制度的项目，预算金额在50万元以下的，应采取网上竞价方式进行采购。

第十四条　确定政府采购方式：

（一）对政府采购限额以上的项目一般采取公开招标方式进行采购。

（二）对政府采购限额以上的项目需采用单一来源方式采购的，由国有资产管理处召开采购方式专家论证会，并报商务主管馆领导、项目主管馆领导、财务主管馆领导签批意见后，报馆长审批。国有资产管理处负责专家论证会的组织工作，需求部门协助国有资产管理处组织召开专家论证会。

（三）对超过政府采购公开招标限额以上的采购项目如需改变采购方式的，还须依规报上级部门审批。由国有资产管理处根据公文管理办法负责改变政府采购方式文件的呈报审批。

（四）在一个财政年度内，若将一个预算项目下的同一品目或者类别的货物、服务采用公开招标以外的方式多次采购，累计资金数额超过公开招标数额标准的，属于以化整为零方式规避公开招标，但项目预算调整或者经批准采用公开招标以外方式采购除外。

（五）变更政府采购方式项目进行一揽子申报和批复，除公开招标失败项目外，原则上将按照统一部署和实际需要每半年组织一次集中申报审核。

（六）各部门在承办项目预算接近馆定集中采购限额、政府采购限额、公开招标限额采购项目前应进行充分调研，审慎建议和确定采购方式。预算达到相应限额90%以上的项目，具备条件的一般比照超过限额标准规定的采购方式执行。

第十五条　政府采购进口产品管理：除《中华人民共和国政府采购法》规定的特殊情形外，政府采购应当采购本国货物和服务。政府采购项目如需采购进口产品，国有资产管理处年初进行集中统一申报，上级部门将进行集中论证。

第四章　政府采购基本程序

第十六条　在项目预算批复后，需求部门负责采购需求书的编制，采购需求应当合规、完整、明确，需求复杂的采购项目可引入第三方专业机构和专家，吸纳社会力量参与采购需求编制及论证，并履行馆内审批程序。

（一）项目需求经相关部门会签意见，报项目主管馆领导、商务主管馆领导、财务主管馆领导签批意见后，报馆长签批。

（二）重大项目须提交馆务会研究。需求书经相关部门会签意见，报项目主管馆领导、商务主管馆领导、财务主管馆领导签批意见后，馆长签批。

（三）纳入批量集中采购管理的项目，国有资产管理处依据规定分别按季度和按月进行采购，需求部门须在每月底及每季度末完成需求报批。

第十七条　采购需求书审批不通过，则采购终止或返回需求部门修改调整，审批同意后，方可进入采购程序。

第十八条　国有资产管理处作为国家图书馆商务代表负责与中央国家机关政府采购中心、采购代理机构进行沟通和联系。

第十九条　编制采购文件：国有资产管理处会同需求部门共同编写采购文件（包括招标文件、竞争性谈判文件、单一来源采购文件、询价文件和竞争性磋商文件）。

第二十条　法律顾问审核：采购文件编制完成后应送馆聘法律顾问审核，并出具法律意见书，对提出的意见由国有资产管理处会同需求部门进行修改。

第二十一条　采购文件呈报审批：采购文件由国有资产管理处呈报审批，常规项目采购文件经相关部门会签意见，报商务主管馆领导、项目主管馆领导、财务主管馆领导签批意见后，报馆长签批。重大项目采购文件须提交馆务会研究。

第二十二条　采购人代表委派：

采购人代表采用直接指定委派方式，由国有资产管理处起草纸质报批文报送商务主管馆领导，由馆领导确定合适人选参加评审。

第二十三条　现场踏勘及标前说明会：

（一）根据项目的具体情况，国有资产管理处可以组织潜在投标人进行现场踏勘及标前说明会，需求部门参加并配合相关事项。

（二）任何工作人员不得组织单个或者部分潜在投标人进行现场踏勘及标前说明会。

第二十四条　开标：

（一）开标应当在采购文件确定的提交投标文件截止时间的同一时间公开进行；开标地点应当为招标文件中预先确定的地点。

（二）采用委托招标的，开标过程由采购代理机构组织；自行招标的，开标过程由国有资产管理处相关工作人员组织。

第二十五条　评标：

（一）开评标前应确定评标委员会，评标委员会由采购人代表和有关技术、经济等方面的评审专家组成，成员人数应当为七人以上单数。采购人代表不超过评标委员会人数的1/3。

（二）评审专家应由采购代理机构在政府采购专家库随机抽取，抽取时间在开标前1—2个工作日。

（三）采用委托招标的，评标现场由采购代理机构组织，自行招标的，评标现场由国有资产管理处组织。评标委员会由推举产生的评标委员会组长召集，采购人代表不得担任组长。

（四）对参与我馆自行组织招标项目的评标、谈判、磋商或论证的馆外专家支付适当劳务费，参考标准为800元／人日。

第二十六条　采购结果确认：由国有资产管理处履行馆内审批程序。

采购结果经商务主管馆领导、项目主管馆领导、财务主管馆领导签批意见后，报馆长签批确认结果。

第二十七条　项目执行监管与合同履约验收：

（一）除资产采购项目由国有资产管理处直接执行外，其他政府采购项目合同签订完成后一般由需求部门负责合同的执行监管，国有资产管理处向需求部门移交合同，由需求部门负责项目实施及合同执行。

（二）除馆内依职能和分工有明确履约验收责任的项目外，一般由需求部门按照采购合同的约定组织履约验收工作。验收人员应当包括实际使用人，在项目实施阶段实际担任馆方代表的项目具体负责人一般不得担任验收小组负责人，必要时可委托专业机构验收。

（三）国有资产管理处根据项目实际情况确定是否参与验收或根据部门要求配合进行项目验收。

第五章　馆定集中采购项目基本程序

第二十八条　馆定集中采购项目由国有资产管理处负责采购的组织实施。

第二十九条　馆定集中采购项目具备条件的参照政府采购项目程序实施，或直接采用商务谈判方式采购。

第三十条　商务谈判采购程序：

（一）由需求部门在前期调研基础上确定一至三家商务谈判候选供应商。

（二）馆定集中采购项目商务谈判应组成谈判小组，小组成员一般由需求部门、国有资产管理处有关人员组成，负责对商务谈判对象的企业资质、报价、经营情况、服务能力进行审查，按照性价比原则择优确定成交供应商。国有资产管理处应妥善保存谈判文件，以备后查。

第三十一条　采购结果确认后，馆定集中采购项目由需求部门进行合同呈报审批，并在合同报批中附商务谈判相关资料。合同审批完成后由需求部门负责项目合同的执行监管。

第六章　部门分散采购项目基本程序

第三十二条　除政府采购和馆定集中采购外，金额在50万元以下除固定资产外的其他采购项目为部门分散采购项目，原则上由需求部门负责采购。

第三十三条　部门分散采购项目一般采用商务谈判方式采购，需求部门在做好调研基础上可自行确定一至三家商务谈判对象。需求部门应组织相关人员成立评审小组与商务谈判对象进行谈判，对商务谈判对象的企业资质、报价、经营情况、服务能力进行审查，择优选择供应商。需求部门应妥善保存谈判文件，以备后查。

第三十四条　选定供应商后，部门分散采购项目由需求部门自行上报并履行合同报批手续。

第七章　信息统计与档案管理

第三十五条　建立政府采购信息统计编报制度。每年年底，国有资产管理处向上级部门报送政府采购信息统计年度报表。

第三十六条　国有资产管理处应妥善保存政府采购项目中每项采购活动的采购文件，不得伪造、变造、隐匿或者销毁。采购文件的保存期限为从采购结束之日起至少保存十五年。

采购文件包括采购活动记录、采购预算、招标文件、投标文件、评标标准、评估报告、定标文件、合同文本、验收证明、质疑答复、投诉处理决定及其他有关文件资料等。

第八章　质疑答复与投诉受理

第三十七条　质疑答复：如供应商提出澄清、质疑等，政府采购项目采用委托代理的，一般由代理机构组织答复，其中答复意见由国有资产管理处会同代理机构答复，涉及技术和需求内容的由需求部门提供答复意见，答复内容均不得涉及商业秘密。国家图书馆对外发布的答复意见均由国有资产管理处呈报，由商务主管馆领导审批。

第三十八条　投诉：如投标人向上级主管部门或监督部门进行投诉，国有资产管理处应及时向纪检监察处进行通报，并将相关情况上报商务主管馆领导。根据要求须提交有关材料的，由国有资产管理处呈报，经商务主管馆领导、项目主管馆领导、馆长审批后上报。

第九章　监督检查与严肃纪律

第三十九条　采购项目均应在纪检监察处备案，由纪检监察处视情况确认项目监督参与方式。采购工作同时还接受上级主管部门、采购监管部门以及财政、监察、审计部门的监督检查。

第四十条　严格执行采购纪律：

（一）参与采购工作各环节的部门及相关人员，必须加强法律意识，严格遵守相关法律、法规，认真组织实施采购活动。

（二）不得将货物、服务进行分拆或者以其他任何方式规避政府采购或馆定集中采购。

（三）不得以不合理的条件限制、排斥潜在投标人，对潜在投标人实行歧视待遇或限制投标人之间竞争，或者指定供应商。

（四）在限制期不与有可能影响采购公正性的当事人联系：自招标公告发布之日到采购结果公告公示期间，除采购公告对外公布的馆方商务代表外，国有资产管理处其他人员、需求部门及涉及项目的其他人员均不得与供应商或潜在供应商联系。在此期间不组织对供应商进行调研。

第四十一条　严格执行保密规定：

（一）在开标之前，潜在投标人数量、名单及未在采购文件中公布的预算以及可能影响采购公正性的其他事项均为保密事项；

（二）相关人员在被通知指定为采购人代表后，不得向其他人泄露其采购人代表的身份或私下与潜在投标人联系。

（三）在采购结果公告之前，采购结果和评审过程、评审专家名单均为保密事项，参与项目采购的相关人员均负有保密义务。

第四十二条　采购过程中，相关责任部门和责任人违反采购纪律、泄露采购保密事项以及其他违反国家相关法律法规的行为损害馆方利益的，追究责任部门和有关人员责任，并视情况给予经济处罚、行政处分及追究其他相关法律责任。

第十章　附则

第四十三条　本办法经2018年第20次馆务会议讨论通过，自发布之日起施行。过去有关规定与本办法相悖的，以本办法为准。未尽事宜，依照国家有关规定执行。

第四十四条　在本办法执行过程中，如遇国家发布新规定与本办法相悖的，以国家有关规定为准。

第四十五条　本办法由国有资产管理处负责解释。

附件：政府采购阶段相关事项报批流程（略）

国家图书馆关于进一步贯彻落实中央八项规定精神实施细则

为严格落实中央八项规定精神，按照《中共文化和旅游部党组贯彻落实中央八项规定精神实施细则》相关要求，结合国家图书馆工作实际，制定我馆实施细则。

一、改进调查研究

1. 务求实际效果。要加大调研在公务活动中的比重，多开展专项调研，调研主题要明确，要围绕国图事业发展的重点、难点，带着问题，突出实效，实事求是，深入基层和业务一线，密切联系群众，准确全面了解情况。在调研点上要亲自选择，加大随机调研力度，不能遇到问题躲着走，要解决实际问题。各调研点现场要真实，不得提前布置。每次调研要有明确主题，防止走过场，坚决反对形式主义和官僚主义。坚持问题导向，重要调研要提交报告，报告要具体实在，既要讲成绩，也要讲问题，重在提出对策建议。

2. 改进调研作风。要加强统筹协调，内容、时间相近的调研活动，尽量合并开展或错开时间，减轻接待单位或部门压力。领导干部出京调研须履行书面报批程序，本馆人员一般不超过 3 人。不得在地方单位已有餐食、交通安排的情况下，违规领取出差补助费用。

二、精简会议活动

3. 严格会议活动管理。要开务实管用的会，不得层层重复开会，不得用会议落实会议。以国家图书馆名义举办的各类活动，要按照有关规定履行审批程序。要加强培训活动统筹管理，开展培训应当优先选择党校、行政学院、干部学院以及组织人事部门认可的其他培训机构承办。严格执行《国家图书馆举办会议、展览、培训、讲座相关活动的规定》《国家图书馆举办会议、展览、培训、讲座相关活动规定的补充通知》《关于进一步加强国家图书馆举办各类活动管理工作的通知》的相关规定，坚持会议活动的计划编报审批制度、组织实施前的“一事一报”制度及相关备案制度。未经批准，各部处不得以国家图书馆名义或部处名义对外举办活动，不得擅自将党和国家领导人、文化和旅游部领导以及国家图书馆馆领导列入活动组织机构进行宣传，不得擅自开展全国性、涉外、涉港澳台文化活动。严格务实地制定年度会议计划，年底前将下一年度会议计划报文化和旅游部财务司备案。

4. 改进会议形式。要开短会、讲短话，力戒空话、套话。积极利用现代技术手段改进会议形式，提高会议效率。需要安排讨论的会议，要精心设置议题，充分安排讨论时间，讨论发言要紧扣主题、简明扼要，多提建设性意见和建议，不要搞成工作汇报。

5. 严格办会纪律。厉行节约，反对铺张浪费。会议活动现场布置要简朴，工作会议一律不摆花草、不制作背景板。严格按照有关规定选择会议召开场所，参会人员以在京单位为主的会议不得到京外召开，不得到党中央、国务院明令禁止的风景名胜区召开会议。严格执行《文化部会议费管理办法》《国家图书馆会议费管理实施细则》的相关规定，控制会议费支出范围和支出标准。严禁组织会议代表旅游和与会议无关的参观，严禁以任何名义发放或收受纪念品。严格按照规定乘坐交通工具。

三、精简文件简报

6. 减少文件数量。要从严控制发文数量和发文规格，没有实质内容，可发可不发的文件，一律不发，能以职能部处名义印发的，不以国家图书馆名义印发。凡是能够通过电话沟通解决的不发文，能通过信息渠道报送的不通过文件报送。要严格按程序报文，不得多头报文。

7. 控制简报数量。以馆名义编发、上报文化和旅游部的简报原则上只保留《国家图书馆简报》《党委工作简报》《〈中华传统文化百部经典〉编纂工作简报》《〈鲁迅手稿全集〉编辑工作简报》。

8. 提高文件简报质量。严格控制文字篇幅，避免空话套话、形式主义，切实做到精炼、务实、管用。上报文化和旅游部及领导同志个人的公文，原则上不超过2000字；普发性文件一般不超过2000字；简报要减少一般性工作情况汇报，重点反映图书馆领域重要动态、经验、问题和工作对策建议等内容，每期一般不超过2000字。印发文件、编发简报须严格执行《国家图书馆公文处理办法》，履行报批程序。文件和简报中的数据统计要真实可靠，禁止数据统计造假行为。

四、规范因公出国（境）

9. 从严出国（境）管理。进一步从严出国（境）管理，坚持因事定人原则，从实际工作需要出发，科学合理安排出国（境）团组，不得安排照顾性、任务虚、目的不明确和无实质内容的一般性访问。严格控制出国（境）团组数量、人数、访问国家数和在外停留天数，严格执行司局级领导干部出访相关规定。严格控制出访团组经费，严格执行国家规定的支出范围和标准。根据工作需要，科学制定年度因公临时出国（境）计划，报文化和旅游部党组审定，计划内团组出国（境）前实行逐案报批制度。

10. 严守外事纪律。根据《国家图书馆因公出国（境）管理办法》内容要求，严守外事纪律，严禁利用职权擅自安排因私出国（境），严禁持因私证件出国（境）执行公务。严禁携带配偶、子女及其家属同行。出访期满后不得私自逗留，返回后要在规定时间上交有关证照。

11. 严格执行信息公开和出访报告制度。因公临时出国（境）团组应按规定进行事前和事后公开。出访前按照规定对出访任务、人员、路线、天数进行公示，召开行前会，明确外事纪律和出访任务。出访后及时报送出访报告和实际执行情况。实行事前批准事项与实际执行情况比对机制，对因公临时出国（境）实施全程监管，对违规行为依法依规严肃处理，并追究有关人员责任。

五、改进新闻报道，严格文稿发表

12. 规范新闻报道。馆领导班子成员的公务活动，要根据工作需要、新闻价值和社会效果决定是否报道，确需报道的，一般不超过800字，并严格配发涉及馆领导的照片。多报道业务工作重点、亮点，减少对个人的报道和一般性新闻。

13. 严格领导干部文稿发表。未经批准，馆领导班子成员不得发表政论类署名文章，不得公开出版讲话文稿汇编，不得举办个人作品展览，不得对外发贺信、贺电、题词、题字。

六、厉行勤俭节约

14. 规范津补贴和劳务费发放。严格奖励性补贴、加班补贴、交通补贴等工作补贴管理，规范津补贴发放范围、项目，不得擅自提高津补贴标准，不得违规自定薪酬，严禁超标准、巧立名目滥发津补贴、奖金和实物。厘清工会活动费用和财政资金，保障党员干部按规定享有正常的福利待遇。发放劳务费应严格执行相关制度，严格履行财务审批程序，按照规定的支出范围和标准发放，不得擅自提高劳务费发放标准，不得违规自定名目发放劳务费。

15. 节俭安排公务接待。严格执行《国家图书馆国内公务接待管理办法》相关规定，严格控制国内公务接待标准。国内公务接待不得张贴悬挂标语横幅，不摆放花草绿植。严格控制接待标准，不得组织营业性娱乐、健身场所活动，不得将休假、探亲、旅游等活动纳入国内公务接待范围。外事接待方面，结合外事工作的政治性和政策性特点确定礼宾规格，遵照国际惯例和对等原则，注意规模适度和节俭务实。邀请外宾来访、参会等过程中，严格执行文化和旅游部外宾接待经费管理办法的有关规定，合理安排住宿、宴请、参观等活动。在未获得批准或授权的情况下，不擅自向外方发出邀请或做出承诺。严格控制公务接待费支出，严格执行规定的支出范围和支出标准，不得用公款报销与公务无关或支付应由个人负担的费用，不得向企业摊派、转嫁公务接待费用。

16. 完善公务用车使用管理。严格执行中央公务用车管理规定，落实国家图书馆公务用车制度改革，修订车辆使用规定，加强车辆日常管理。不得换用、借用、占有下属单位或其他单位和个人的车辆，不得违反用途使用或固定给个人使用机要通信等公务用车。严禁公车私用、私车公养。严禁既领取公务交通补贴，又违规乘坐公务用车。严格限定公务交通补贴发放人员和范围，并按部门额度严格控制业务交通费用。

17. 严格办公用房使用管理。切实执行《党政机关办公用房建设标准》，从严核定办公用房面积，巩固办公用房清理整改成果，完善办公用房分配、使用、维修改造和管理程序，办公用房使用分配方案要由馆领导班子集体讨论决定，并在单位内部公示。严禁超标准装修、豪华装修等情况。严格履行部分附属用房的出租审批手续。

七、严格职业操守

18. 规范专业研究行为。国家图书馆党员干部从事专业研究不得利用职权为个人专业研究谋取私利，不得用公款办个人展示活动或将个人展示活动费用转嫁给相关部处，不得在出版作品、展示个人成果时，接受有利害关系的单位或个人赞助。

19. 规范公务行为。未经批准，各级干部不得擅自出席各类剪彩、颁奖、奠基仪式、开闭幕式和庆祝会、纪念会、表彰会、博览会，不得擅自以公职身份参加纯私人性质的文艺演出、展示、研讨活动。

20. 严禁利用职权不当谋利。各级领导干部应该恪尽职守，不得利用职权或影响力干预、插手文化市场经济活动，相关标准制定等过程中，从中获取利益。包括文化、文物市场、工程项目承包，政府采购，企业重组改制、兼并、破产、清产核资，集体资金、资产和资源的使用分配，文物、书画、文献收藏等。不得向他人泄露可能影响评奖、评审、职称评定和招投标等工作的有关信息。

21. 坚持公私分明。要廉洁自律，克己奉公，清白做事，干净做人。国家图书馆党员干部参加馆里组织的各类项目的评审、论证、鉴定和验收活动，不得领取报酬；从事检查调研、会议讲话等公务活动时，不得以讲课费、劳务费等名义领取报酬；因工作需要在馆外兼职，应当经馆方批准并报文化和旅游部备案，不得领取兼职报酬和补贴。严禁借公务差旅之机旅游或者以公务差旅之名变相旅游。领导干部按规定的时间等要求安排休假休息，实行严格报批制度。公务差旅不得搞“特殊化”，要按规定向地方交纳餐饮住宿交通费用，不得接受超标准接待。

22. 带头树立良好家风。各级领导干部要严格执行廉洁自律准则，廉洁齐家，注重家庭、家教、家风，教育管理好亲属和身边工作人员，要求他们谨言慎行、本分做人。

八、加强监督检查

23. 各级领导干部要坚持以人为本、执政为民，不忘初心、牢记使命，忠诚履职、敢于担当，带头改进工作作风，带头反对特权、不搞特权，带头深入基层调查研究，带头密切联系群众，带头解决实际问题。

24. 各级领导干部要严格执行本细则的规定，把贯彻落实中央八项规定精神情况作为民主生活会对照检查的重要内容，作为党风廉政建设责任制的重要内容。办公室联合党群工作办公室、纪检监察处等部门，每年对各部门执行情况至少进行一次专项检查，将检查结果报文化和旅游部，对表态多调门高、行动少落实差等突出问题，要严肃批评，责令整改，对违纪行为要严肃处理。

25. 各级党组织要认真履行主体责任，把握运用“四种形态”，对“四风”问题紧盯不放、露头就打，对热衷搞形式主义、官僚主义的党员干部及时进行提醒、诫勉，持之以恒，正风肃纪。纪检组织要严格监督执纪问责，对违反相关规定，确实构成违纪、需要追究党纪政纪责任的党员干部严肃处理，既追究直接责任人的责任，又追究有关领导的责任，以严肃问责推动本细则落实，促进广大党员干部进一步转作风改作风。

本细则自 2018 年 12 月 1 日起实施。

国家图书馆意识形态工作责任制实施办法

第一章　总则

第一条　为贯彻落实党中央及文化和旅游部党组关于加强意识形态工作责任制指示精神，加强国家图书馆意识形态工作，明确各级领导干部和全体员工的意识形态工作责任，根据中央和文化和旅游部关于意识形态工作责任制有关要求，结合本馆工作实际，制定本办法。

第二条　本办法的指导思想：高举中国特色社会主义伟大旗帜，以马克思列宁主义、毛泽东思想、邓小平理论、“三个代表”重要思想、科学发展观、习近平新时代中国特色社会主义思想为指导，坚持中国共产党的领导，坚定中国特色社会主义道路自信、理论自信、制度自信、文化自信，传播弘扬社会主义核心价值观。

第三条　意识形态决定文化前进方向和发展道路，意识形态工作是党的一项极端重要的工作。要始终绷紧意识形态这根弦，增强全馆党员干部员工政治意识、大局意识、核心意识、看齐意识，自觉在政治立场、政治方向、政治原则、政治道路上同以习近平同志为核心的党中央保持高度一致，切实把意识形态工作落到实处。

第四条　加强意识形态工作应遵循以下原则：

（一）坚持党管意识形态不动摇。以党的政治建设为统领，牢固树立“四个意识”，坚持做到“两个维护”，牢牢把握馆党委对意识形态工作的主导权，党政主要负责人要经常研究意识形态工作，带头把方向、抓导向、管阵地、强队伍。

（二）坚持政治理论武装不懈怠。加强意识形态理论学习教育和培训，使全馆各级政治理论学习制度化、规范化，切实增强学习的自觉性和主动性，把理论学习与员工素质提高紧密结合起来，不断提高全馆员工意识形态理论素养和解决实际问题的能力。

（三）坚持正确舆论引导不放松。进一步增强政治敏锐性和政治鉴别力，把社会主义核心价值观融入全馆各项工作中，弘扬主旋律，传播正能量。

第二章　职责分工

第五条　国家图书馆意识形态工作坚持党委统一领导、党政齐抓共管，严格按照领导班子的组织分工进行管理，坚持谁主管谁审批、谁审批谁负责的责任分工原则，减少交叉，层层落实。

（一）党政领导班子对全馆意识形态工作负主体责任；党政主要负责人是意识形态工作第一责任人，应旗帜鲜明地站在意识形态工作第一线，带头抓意识形态工作；党政领导班子其他成员根据工作分工对职责范围内意识形态工作负领导责任，按照“一岗双责”要求，抓好分管部门、分管业务的意识形态工作。

（二）各党支部、各部（处）领导班子要按照“一岗双责”要求，对本党支部、本部（处）意识形态工作负主体责任；党支部书记、部（处）一把手是第一责任人；部（处）班子其他成员根据工作分工，对职责范围内意识形态工作负领导责任。

（三）各科（组）负责人对本科（组）意识形态工作负主体责任；科（组）一把手是第一责任

人；其他科（组）负责人根据工作分工，对职责范围内意识形态工作负直接领导责任。

（四）员工对本人岗位职责范围内工作负意识形态工作直接责任。

第三章　主要责任

第六条　馆党政领导班子要将意识形态工作摆在极端重要的位置，统筹规划，认真做好各项工作部署。

（一）纳入党委会、馆务会重要议事日程。党委会或党政联席会每年至少两次专题研究意识形态工作，每半年听取一次意识形态工作汇报并进行研讨，对意识形态工作方面出现的新情况、新问题进行深入分析，提出工作对策，及时做出工作安排；如遇突发事件或其他临时性问题，要随时进行工作研判和应对部署。

（二）纳入党委中心组学习的重要内容。党委要及时传达学习党中央及部党组关于意识形态工作决策部署，将意识形态工作纳入理论学习计划。

（三）纳入党建工作责任制。要把意识形态工作作为党的思想建设、组织建设、作风建设、制度建设、廉政建设以及馆内业务建设的重要内容。

（四）纳入领导班子和领导干部目标管理。要按照领导干部"一岗双责"要求，把意识形态工作列入年度工作要点，与业务工作紧密结合，在年终考核工作中重点进行意识形态检查和考核，并向全馆员工通报当年意识形态工作情况。

第七条　各党支部、各部（处）负责人要加强本党支部、本部（处）意识形态工作。

（一）要有政治敏锐性，开展各项工作和活动时，首先从意识形态上进行研判，确保正确的政治方向。

（二）要根据工作实际，就所辖业务范围及时制定或修订相关工作制度，增强意识形态工作责任制落实意识。

（三）要加强对本党支部、本部（处）干部职工意识形态教育和管理，对干部职工中的倾向性问题有针对性地进行引导。

（四）要及时进行意识形态工作自查和总结，每半年向馆党委汇报一次意识形态相关工作，每年向本支部、本部（处）通报意识形态工作相关情况。

第八条　各科（组）要严格按照意识形态相关制度推进工作，及时向本部（处）汇报意识形态工作情况，及时排查、汇报本科（组）意识形态工作隐患。

第九条　员工在具体工作中，要严格按照相关规章制度开展工作；在工作中如发现意识形态问题，应立即进行应对处置，同时向上级汇报有关情况。

第十条　要强化对重点业务工作领域的意识形态管理，将政治导向审查作为工作流程的前置程序，严格按照规章制度开展工作，做到事前审核、事中事后监督；制定应急处置预案，遇到突发事件立即进行应对处置，同时向上级汇报有关情况；相关业务工作管理办法应及时修订完善，增加意识形态责任制相关内容。

（一）强化文献采编管理。加强各类文献资源采编、加工环节的意识形态审核工作。按照《国家图书馆文献采选条例》《国家图书馆捐赠文献接受管理办法》《国家图书馆数字资源管理办法》等相关文件要求开展文献采编工作，严格做好意识形态问题文献的鉴别、标识和统一管理工作。

（二）强化文献典藏管理。要按照《国家图书馆馆藏文献库房管理条例》《关于加强涉密文献、内部发行文献管理的通知》等文件要求，严格进行库房管理。

（三）强化文献服务管理。要做好文献大众阅览服务的政治把关，控制涉密文献、内部发行文献的阅览和使用，要加强阅览区文献的日常排查和借阅审查，及时制止具有意识形态问题的文献进入大众阅览；对外提供参考咨询服务要严格按照《国家图书馆文献利用条例》要求开展工作，严防意识形态敏感性文献、工作档案及相关资料和信息外流；开展立法决策服务要按照《国家图书馆为中央国家机关立法决策服务保密工作管理办法》《国家图书馆为中央国家机关立法决策服务工作条例》的要求执行，确保咨询档案安全。

（四）强化文献开发和利用管理。文献开发和利用应逐级履行审查和报批程序，按照《国家图书馆馆藏文献开发管理办法》《国家图书馆文献利用条例》要求开展工作，文献开发负责部门应提交相关项目的意识形态审核意见并报馆领导审批。

（五）强化外事合作管理。开展文化交流项目要有政治敏锐度，各种涉外及涉港澳台活动应逐级审核和报批，严格选择符合主流意识形态的合作项目。

（六）强化新闻宣传管理。要加强各渠道媒体宣传，尤其是新媒体宣传的管理力度，新闻宣传要严格进行内容审核，建立层层审核制度，实行统一管理、统一发布；要做好舆情监测，提高对重大信息、敏感信息的应急处置能力；要积极开展对外宣传，讲好国图故事，弘扬主旋律。

（七）强化网络运行管理。馆内新媒体平台要坚持“统筹规划、分级管理”的运行管理模式；各类网络平台的信息发布按照《国家图书馆网站信息发布与管理办法》执行；要及时完善、更新网络安全系统和设施，提高网络安全防护能力，保障网络系统、信息内容、传播渠道和用户数据安全。

（八）强化展览讲座管理。举办展览、讲座、培训要积极弘扬社会主义核心价值观，发挥国家图书馆的示范性和引领性作用，按照《国家图书馆举办会议、展览、培训、讲座相关活动规定》等办法组织策划及报批；相关工作应分别制定意识形态工作实施细则并严格执行。

（九）强化活动项目管理。组织会议、演出、文创开发等活动要严格事前审核和过程把控，把握好活动主题和内容；严格执行活动备案审批制度，负责部门应提供相关项目、活动意识形态审核意见报主管馆领导审批后方可开展相关工作；要完善突发事件应急预案，做好活动过程中如遇突发意识形态问题的应急处置。

（十）强化社会合作管理。开展相关活动如需与其他单位合作的，负责部门须对合作方的资质、信用进行核查，对合作方提供的各类内容进行意识形态审核，并在合作协议上明确意识形态相关要求和责任归属。合作中如发现意识形态问题应暂停或中止相关合作。

（十一）强化出版发布管理。国家图书馆主办的刊物和编辑出版的书籍、内部出版物要加强政治导向管理，做好出版选题规划、重大选题备案、项目申报管理工作，严格执行相关出版发行制度；发布数字资源应按照《国家图书馆数字资源发布管理办法》要求严格进行资源审查。

（十二）强化评奖审查管理。建立严格的评奖审查制度，加强对专家委员会的审查和管理，将意识形态和政治导向作为评奖遴选的首要条件，对存在意识形态问题的作品、项目在评审中实行“一票否决”制；评奖活动负责部门应提供相关作品、项目的意识形态审核意见。

（十三）强化信访工作管理。要高度重视意识形态方面的信访举报材料，认真核查处理，重要材料须报主管馆领导阅示，加强风险点防控，防患于未然。

第十一条　建立意识形态工作监督检查机制。各级领导班子要对中央等上级部门意识形态工作相关文件精神和工作部署的贯彻落实情况进行监督检查，对日常工作中的意识形态工作责任落实情况进行监督检查，建立问题处置反馈机制。

第四章　考核问责

第十二条　建立健全考核机制。要把意识形态工作纳入干部年度考核中，作为各级党政领导班子年度工作总结、党的纪律检查、民主生活会和述职报告的重要内容，作为干部评价、使用和奖惩的重要依据，与业务工作紧密结合，同部署、同落实、同检查、同考核。对于出现严重意识形态问题的干部员工，年终考核等次定为不合格。

第十三条　意识形态工作重点考核各级领导干部贯彻党中央、文化和旅游部党组及国家图书馆党委关于意识形态工作的决策部署、落实意识形态工作主体责任、加强组织领导、分析研判意识形态领域状况、加强意识形态阵地管理、维护网络意识形态安全、开展思想舆论宣传等方面情况。

第十四条　有下列情形之一的，视情节轻重追究有关领导干部责任：

（一）对党中央、文化和旅游部党组及馆党委安排部署的重大宣传教育任务和意识形态工作开展不力的；

（二）对所辖干部职工公开发表违背党章、党的决定决议和政策的言论放任不管、处置不力的；

（三）所辖业务范围内发生由意识形态问题引发的重大事件的；

（四）管辖范围内网络内容出现严重意识形态问题的；

（五）管辖范围内举办的会议、讲座、展览、评奖等活动有发表否定党的领导、攻击中国特色社会主义制度言论，造成不良影响和后果的；

（六）其他未能切实履行意识形态工作职责，造成严重后果的。

第十五条　实施责任追究应当实事求是，分清直接责任和领导责任，主要领导责任和重要领导责任。发生意识形态重大问题，分管馆领导承担主要领导责任，部（处）领导班子主要负责人和参与决策的班子其他成员承担重要领导责任，科组负责人和参与决策的班子其他成员承担直接领导责任；错误决策由领导干部个人决定或者批准的，追究该领导干部个人责任；发生一般性意识形态问题，相关部（处）、科（组）负责人应根据实际情况承担领导责任；由于个人原因直接造成意识形态问题的人员负直接责任。

第十六条　发生意识形态问题，按照相关管理办法，情节较轻的，给予批评教育、责令作出书面检查；情节较重的，给予通报批评；情节严重的，给予警告、记过、降职等组织处理和纪律处分。

第十七条　挂靠的社团办事机构、国家图书馆出版社和馆属企业应参照本办法并结合实际情况，制定实施细则。

第十八条　本办法由办公室负责解释。

第十九条　本办法自印发之日开始施行。

媒体报道

媒体报道

一、广电媒体

日期	标题	媒体名称
1月4日	韩永进：这是读书学习最好的时代	中央电视台CCTV1
6月9日	文化和自然遗产日：多彩非遗　美好生活	中央电视台CCTV1
6月28日	[朝闻天下]日本永青文库向我国捐赠汉籍 4175 册汉籍入藏中国国家图书馆	中央电视台CCTV1
6月28日	[朝闻天下]日本永青文库向我国捐赠汉籍·中国外交部　书写中日友好新佳话	中央电视台CCTV1
7月25日	动漫原画展　带您重温记忆	中央电视台CCTV1
9月3日	今天是中国人民抗日战争胜利纪念日　抗战史料数据平台发布免费开放	中央电视台CCTV1
9月29日	北京：国家图书馆藏《永乐大典》文献展　向公众免费开放　持续到今年底	中央电视台CCTV1
10月6日	感受璀璨中华文明　假期文化游成热点	中央电视台CCTV1
12月13日	中国历代绘画大系阶段性成果首发	中央电视台CCTV1
1月21日	真相报告：纸制书籍可以保存千年，是真的吗?	中央电视台CCTV2
4月12日	孔府珍藏文献展，品读儒家文化魅力	中央电视台CCTV3
2月20日	国图邀您共度文化新年	中央电视台CCTV4
6月27日	[中国新闻]日本永青文库向中国捐赠汉籍 4000 余册	中央电视台CCTV4
6月27日	[中国新闻]中国外交部：高度赞赏日本前首相细川护熙向中国捐赠汉籍	中央电视台CCTV4
3月3日	[聚焦三农]国家图书馆为两会提供文献信息服务	中央电视台CCTV7
5月4日	国家图书馆推出京剧电影工程系列影片展映	中央电视台CCTV11
5月5日	京歌京韵操走进国家图书馆	中央电视台CCTV11

8月18日	国家图书馆举办少儿京剧音乐会	中央电视台CCTV11
3月12日	[东方时空]两会面对面：专访全国人大代表韩永进　全民读书塑造文化强国	中央电视台CCTV13
3月12日	[东方时空]两会面对面：专访全国人大代表韩永进　现在是读书最好的时代	中央电视台CCTV13
4月23日	探访最美公共图书馆·国家图书馆：国家的宝藏　你的书房	中央电视台CCTV13
5月27日	致敬经典分享与四大名著的故事	中央电视台CCTV13
6月8日	国图与上海自贸区达成战略合作	中央电视台CCTV13
6月9日	文化和自然遗产日：多彩非遗　美好生活	中央电视台CCTV13
6月27日	[24小时]日本永青文库向我国捐赠汉籍4175册汉籍·外交部　书写中日友好新佳话	中央电视台CCTV13
6月27日	[东方时空]日本永青文库向我国捐赠4175册汉籍·外交部　书写中日友好新佳话	中央电视台CCTV13
6月28日	[共同关注]日本永青文库向我国捐赠汉籍4175册汉籍正式入藏国家图书馆	中央电视台CCTV13
6月28日	[午夜新闻]日本永青文库向我国捐赠汉籍4175册汉籍正式入藏国家图书馆	中央电视台CCTV13
6月28日	[新闻直播间]日本永青文库向我国捐赠汉籍　中国外交部：书写中日友好新佳话	中央电视台CCTV13
9月2日	中国社科院抗战史料数据平台今天发布	中央电视台CCTV13
9月29日	国家图书馆藏《永乐大典》文献展　向公众免费开放　持续到今年底	中央电视台CCTV13
10月6日	感受璀璨中华文明　假期文化游成热点	中央电视台CCTV13
12月13日	北京　中国历代绘画大系阶段性成果发布	中央电视台CCTV13
12月13日	中国历代绘画大系阶段性成果首发	中央电视台CCTV13
12月20日	《中华续道藏》编纂出版工程启动	中央电视台CCTV13
12月21日	《中华续道藏》编纂出版工程启动	中央电视台CCTV13
6月26日	Former Japanese PM donates ancient Chinese books to China	中国国际电视台

6月28日	Gift of Ancient Books: Hosokawa donation fosters China-Japan bond	中国国际电视台
2月9日	国家图书馆：看《永乐大典》迎戊戌新年	中国教育电视台
2月16日	新春第一天　国图赠送新年“头本书”	中国教育电视台
5月20日	公众科学口：“科技史名家讲坛”国图开讲	中国教育电视台
7月25日	迪士尼动漫原画特展：一支铅笔诞生的世界	中国教育电视台
8月6日	首届研学旅游季：科技＋文化　让青少年玩转暑假	中国教育电视台
9月7日	“抗日战争与近代中日关系文献数据平台”正式上线	中国教育电视台
9月19日	国家图书馆：当《诗经》邮票遇上人工智能	中国教育电视台
9月28日	刘季平：我国图书馆事业的顶层设计者	中国教育电视台
10月5日	国家图书馆展出镇馆之宝《永乐大典》	中国教育电视台
10月17日	首届研学旅行季：从甲骨文到人工智能	中国教育电视台
10月29日	“一带一路”非中艺术交流展：为中非友谊架起桥梁	中国教育电视台
11月13日	研学旅行：发挥文化育人功能　避免同质化	中国教育电视台
2月4日	国图 2018 新年活动	中央人民广播电台文艺之声
2月13日	《永乐大典》专辑	中央人民广播电台文艺之声
1月2日	向经典致敬　国图馆藏《四库全书》元旦露真容	北京电视台BTV1
1月4日	国图“盘活”典籍　明成祖朱棣敕令编修的《道藏》将出版	北京电视台BTV1
2月7日	国图春节活动全面启动　邀市民文化过新年	北京电视台BTV1
2月8日	国图春节活动全面启动　邀市民文化过新年	北京电视台BTV1
2月16日	国家图书馆给新春第一批读者拜年	北京电视台BTV1
3月10日	[北京您早] 对话两会：坚定文化自信　推动社会主义文化繁荣兴盛	北京电视台BTV1
5月5日	纪念马克思诞辰 200 周年：到典籍博物馆　看马克思手稿	北京电视台BTV1
5月10日	到国家图书馆看马克思手稿	北京电视台BTV1
5月23日	国图员工“秀”绝技　为工匠精神点赞	北京电视台BTV1
5月30日	国图开启《致敬经典之四大名著》系列活动　田连元带来首场公益讲座	北京电视台BTV1

6月9日	国图与上海自贸区签约　推进文化遗产传播插上“文创”翅膀	北京电视台BTV1
7月1日	[北京您早]国家图书馆入藏日本前首相捐赠汉籍4175册	北京电视台BTV1
7月1日	[特别关注—北京]国家图书馆入藏日本前首相捐赠汉籍4175册	北京电视台BTV1
7月1日	中华古籍保护计划十余年　整理再造惠及大众	北京电视台BTV1
7月8日	国家图书馆公布首批国家级非遗代表性传承人抢救记录成果	北京电视台BTV1
8月8日	首届海淀区研学旅游季开幕 科教研学游成暑期亮点	北京电视台BTV1
9月29日	《永乐大典》12册原件展出	北京电视台BTV1
9月29日	国图展出《永乐大典》12册原件　“国宝”故事多	北京电视台BTV1
9月29日	让古籍“活”起来　15家图书馆联合发布数字资源	北京电视台BTV1
10月5日	《永乐大典》展出　观众热捧	北京电视台BTV1
10月10日	国图再次展出《四库全书》　可现场体验“抄书”	北京电视台BTV1
10月19日	国家典籍博物馆开启2018“悦读之旅”	北京电视台BTV1
11月11日	国家图书馆：传播知识　传承文化	北京电视台BTV1
11月13日	国家图书馆：传播知识　传承文化	北京电视台BTV1
12月21日	郑振铎诞辰120周年纪念展在国图开幕	北京电视台BTV1
6月16日	国图牵手自贸区让馆藏古籍“活”起来	北京电视台BTV5
12月12日	多种尝试大开脑洞　博物馆的新思维	北京电视台BTV5
4月18日	《永乐大典》正本藏在哪?	北京电视台BTV8
1月4日	国图“盘活”典籍　明成祖朱棣敕令编修的《道藏》将出版	北京电视台BTV9
2月4日	《永乐大典》春节与读者见面	北京电视台BTV9
2月9日	国家图书馆邀市民临摹国宝《永乐大典》	北京电视台BTV9
2月16日	国家图书馆给新春第一批读者拜年	北京电视台BTV9
3月10日	[直播北京]对话两会：坚定文化自信　推动社会主义文化繁荣兴盛	北京电视台BTV9
4月23日	世界读书日探访国图：国家的宝藏　你的书房	北京电视台BTV9
4月23日	世界读书日：第十三届“文津图书奖”获奖图书名单揭晓	北京电视台BTV9
5月4日	国家典籍博物馆推出“清官板桥三绝传世——郑板桥专题展”	北京电视台BTV9
5月5日	纪念马克思诞辰200周年：到典籍博物馆　看马克思手稿	北京电视台BTV9

5月23日	国图员工“秀”绝技　为工匠精神点赞	北京电视台BTV9
5月30日	国图开启《致敬经典之四大名著》系列活动　田连元带来首场公益讲座	北京电视台BTV9
6月9日	国图与上海自贸区签约　推进文化遗产传播插上“文创”翅膀	北京电视台BTV9
7月1日	［直播北京］国家图书馆入藏日本前首相捐赠汉籍4175册	北京电视台BTV9
7月21日	国图第二届“老北京非遗趴”燕京八绝集体亮绝活	北京电视台BTV9
8月8日	首届海淀区研学旅游季开幕　科教研学游成暑期亮点	北京电视台BTV9
9月3日	抗战史料数据平台免费开放	北京电视台BTV9
9月11日	国家图书馆多项展览“致敬经典”	北京电视台BTV9
9月12日	国家图书馆多项展览“致敬经典”	北京电视台BTV9
9月29日	《永乐大典》12册原件展出	北京电视台BTV9
9月29日	让古籍“活”起来　15家图书馆联合发布数字资源	北京电视台BTV9
10月9日	国图再次展出《四库全书》　可现场体验“抄书”	北京电视台BTV9
10月10日	国图再次展出《四库全书》　可现场体验“抄书”	北京电视台BTV9
11月13日	国家图书馆：传播知识　传承文化	北京电视台BTV9
12月19日	皇家建筑世家“样式雷”园博馆开展	北京电视台BTV9
7月2日	为了周总理的嘱托　国家图书馆诞生记	北京电视台BTV纪实
7月22日	国家图书馆典籍博物馆举办动漫原画特展	北京交通广播电台
2月17日	戊戌狗年第一天　国图首批读者获赠图书	北京人民广播电台
2月19日	国家图书馆春节活动：现场临摹《永乐大典》	上海东方卫视
4月23日	北京：助力国民通识教育　第十三届文津图书奖发布	上海东方卫视
6月7日	国家图书馆与上海自贸试验区管委会签约战略合作	上海东方卫视
9月8日	《诗经》特种邮票今日首发	上海东方卫视
9月29日	国家图书馆“镇馆之宝”《永乐大典》开展：规模、展出数量创历年之最	上海东方卫视
9月8日	《诗经》特种邮票首发	上海电视台新闻综合频道
2月13日	看《永乐大典》　迎戊戌新年——国家图书馆举办《永乐大典》展暨抄写活动	旅游卫视
5月19日	北京：国家典籍博物馆开展推出国际博物馆日系列活动	旅游卫视

7月28日	400余幅动漫原画国内首展	旅游卫视
6月10日	孔子博物馆传习所在曲阜成立	山东卫视
6月28日	［早安山东］日本永青文库向我国捐赠汉籍	山东卫视
2月20日	国图亮宝　抄《永乐大典》迎新年	天津卫视
8月3日	米老鼠　海贼王　国图去看动漫原画展吧！	天津卫视
1月5日	国图“盘活”典籍　明成祖朱棣敕令编修的《道藏》将出版	河北卫视
7月9日	国家图书馆公布首批国家级非遗代表性传承人抢救记录成果	河北卫视
9月3日	今天是中国人民抗日战争胜利纪念日，抗战史料数据平台发布，免费开放	河南卫视
6月16日	中国国家图书馆总馆介绍	凤凰卫视

二、平面媒体

日期	标题	媒体名称
3月2日	让传统文化焕发新活力	人民日报
5月25日	中国图书馆年会将举办	人民日报
6月1日	中国图书馆年会廊坊召开	人民日报
6月11日	留影记忆　看见非遗	人民日报
6月27日	日本永青文库向中国国家图书馆捐赠汉籍	人民日报
8月12日	祝愿日中两国共创共享光明未来	人民日报
8月15日	国家图书馆朱振彬——匠心修得古籍香（故事·百姓影像）	人民日报
9月12日	《诗经》特种邮票首发	人民日报
10月15日	为深化抗战研究提供史料支撑——“抗日战争与近代中日关系文献数据平台”	人民日报
2月12日	春节哪里过　国图抄“永乐”	人民日报海外版
3月30日	国家图书馆为两会提供服务	人民日报海外版
6月1日	丝路国际图书馆联盟成立	人民日报海外版
6月2日	2018中国图书馆年会举办	人民日报海外版

6月27日	日本永青文库向国图捐赠汉籍	人民日报海外版
7月27日	一支铅笔诞生的世界	人民日报海外版
8月7日	国图“老北京非遗趴”：赏“燕京八绝” 传非遗技艺	人民日报海外版
8月10日	一衣带水书为舟——日本永清文库向中国捐赠汉籍始末	人民日报海外版
9月1日	纪录片助力非遗传播（墙内看花）	人民日报海外版
9月14日	《诗经》上邮票	人民日报海外版
10月12日	国图展出“镇馆之宝”之《永乐大典》	人民日报海外版
10月20日	亲手抄“四库” 文创产品多 《四库全书》与今天的对话	人民日报海外版
10月22日	纪念梁启超诞辰145周年活动举行	人民日报海外版
10月26日	跨越大洲的艺术交流	人民日报海外版
11月1日	肯尼亚在中国发起“一带一路”文化交流	人民日报海外版
1月2日	“老经验”+“新科技”让古籍新生	光明日报
1月2日	“天禄琳琅”藏书的时代印迹	光明日报
1月2日	礼敬祖先留下来的古籍	光明日报
5月24日	2018年中国图书馆年会将关注“图书馆与社会”	光明日报
6月2日	纪录片成为非遗传承传播的新平台	光明日报
6月10日	用最新记录手段传播非遗	光明日报
7月5日	述说纵贯千年的中日文化交流史——日本永青文库捐赠汉籍在国家图书馆展出	光明日报
7月12日	一场和时间赛跑的抢救保护——3年来227位高龄国家非遗传承人的技艺和记忆得到留存	光明日报
7月26日	“纪念周恩来诞辰120周年美术作品巡展”在国家典籍博物馆开展	光明日报
9月2日	铅笔尖上的童年	光明日报
9月11日	文献构筑信史 数据引领未来——“抗日战争与近代中日关系文献数据平台”正式上线	光明日报
9月20日	“抗战文献平台”与抗战史研究的新境	光明日报
9月30日	国图展出《永乐大典》	光明日报
10月20日	为中日务实合作开辟新路径	光明日报

12月13日	“中国历代绘画大系”阶段性成果在京首发	光明日报
12月28日	为文化留根　为民族存史——郑振铎诞辰一百二十周年纪念展侧记	光明日报
4月21日	《永乐大典》：沧桑历尽续传奇	经济日报
5月24日	中国图书馆年会将在廊坊举办	经济日报
6月11日	国家图书馆与上海自贸区管委会达成战略合作	经济日报
2月9日	Copies of Ming-era encyclopedia on show	China Daily
2月9日	Library offers calligraphy treat for New Year	China Daily
4月24日	Book prize jury focuses on traditional culture when picking winners	China Daily
7月26日	In the frame	China Daily
12月21日	Cultural institutions honor contributions to relics' protection	China Daily
2月27日	国家图书馆：“两会”服务将全面启动	科技日报
4月26日	科普教育走进国家图书馆	科技日报
6月27日	日本永青文库向国家图书馆捐赠汉籍	科技日报
5月28日	国图首次尝试舞台演出传播科技知识	工人日报
3月9日	《永乐大典》沧桑600年	中国青年报
7月7日	和时间赛跑！国家级非遗代表性传承人抢救性记录	中国青年报
8月7日	这里所有的奇迹都源于一支铅笔	中国青年报
5月31日	国图举办“致敬经典之四大名著”首场活动	中国妇女报
7月26日	回到那年，一支铅笔诞生的动漫世界	中国妇女报
7月10日	听国图“掌门人”讲执法检查那些事	法制日报
1月3日	山西临汾与国家图书馆“文化结盟”	中国文化报
1月30日	国图艺术中心新春演出季好戏连台	中国文化报
2月7日	国家图书馆新春展出《永乐大典》	中国文化报
3月9日	国图服务全国两会20年：打造新型“两会智库”	中国文化报
3月13日	弘扬中华优秀传统文化　构建中国特色哲学社会科学	中国文化报
4月2日	专家座谈民国时期文献保护工作	中国文化报
4月19日	国图启动古代重要科技发明名家讲座	中国文化报

4月25日	国图启动“京剧电影”公益展映	中国文化报
4月26日	第十三届文津图书奖揭晓	中国文化报
5月6日	国家典籍博物馆展出马克思等手稿真迹	中国文化报
5月7日	专家座谈《清代诗文集珍本丛刊》	中国文化报
5月25日	2018年中国图书馆年会将办	中国文化报
5月29日	国家图书馆举办科技创新音乐会	中国文化报
5月30日	丝绸之路国际图书馆联盟成立	中国文化报
6月1日	2018年中国图书馆年会在河北廊坊开幕	中国文化报
6月8日	“文化和自然遗产日非遗影像展”在平遥开幕	中国文化报
6月11日	提升服务效能　展示行业风采	中国文化报
6月15日	国图举办古诗词原创作品展	中国文化报
6月17日	国家图书馆与上海自贸区达成战略合作	中国文化报
6月21日	年华易老　记忆永存	中国文化报
7月10日	民国时期文献保护计划太原站活动举办	中国文化报
7月11日	国家级非遗代表性传承人抢救性记录首批优秀成果发布	中国文化报
7月26日	国图展出海外珍贵动漫原画	中国文化报
7月27日	中日和平友好条约缔结40周年：文化交流焕发新活力	中国文化报
8月3日	图书馆文创产品开发培训班开班	中国文化报
8月10日	首届海淀区研学旅游季北京启动	中国文化报
8月23日	国图系列讲座致敬四大名著	中国文化报
9月3日	传递友谊的永青赠书	中国文化报
9月3日	捐赠之前，收藏之后	中国文化报
9月6日	抗日战争与近代中日关系文献数据平台正式上线	中国文化报
9月12日	六小龄童在国图开讲	中国文化报
9月13日	国图举行系列活动纪念刘季平	中国文化报
9月17日	《诗经》特种邮票首发	中国文化报
9月26日	杨凡、吴素霞伉俪革命历史文献入藏国图	中国文化报

9月29日	“旷世宏编　文献大成——国家图书馆藏《永乐大典》文献展”在北京国家典籍博物馆第一展厅正式开展	中国文化报
10月11日	国图联合14家单位在线发布古籍数字资源	中国文化报
10月14日	旷世宏编　文献大成——国家图书馆藏《永乐大典》文献展举办	中国文化报
10月22日	善待古籍　延续文脉	中国文化报
10月22日	首届海淀区研学旅游季启动	中国文化报
10月22日	文化养老　乐在国图	中国文化报
10月25日	国图携手北大开讲中国古代史	中国文化报
11月1日	国图系列活动纪念梁启超诞辰145周年	中国文化报
12月2日	全国第二届大学生书法篆刻作品展举办	中国文化报
12月17日	京津冀地区园林样式雷图档展开幕	中国文化报
12月20日	“纪念郑振铎先生诞辰120周年座谈会”举行	中国文化报
12月30日	“中国连环画百年历史展”在国家图书馆举办	中国文化报
2月12日	国图2018年春节活动全面启动	人民政协报
2月26日	国图2018年两会服务启动	人民政协报
3月15日	国家图书馆精心服务两会二十年	人民政协报
3月15日	两会服务进入“互联网+”快车道	人民政协报
3月15日	特色产品定制打造两会名片	人民政协报
5月7日	“第十三届文津图书奖发布暨国图公开课特别活动”在京举行	人民政协报
6月4日	国家图书馆启动“致敬经典之四大名著”首场名家讲坛	人民政协报
7月2日	2018年中国图书馆年会召开	人民政协报
8月6日	“全国图书馆文化创意产品开发联盟”举办首届年会	人民政协报
11月1日	《永乐大典》的聚散离合	人民政协报
1月3日	国图在元旦前后举办多种体验活动	中华读书报
1月31日	经典的生命在于当下——写在《中华传统文化百部经典》首批十种出版之际	中华读书报
2月7日	国家图书馆2018年春节系列活动全面启动	中华读书报
2月28日	国家图书馆2018年“两会”服务全面启动	中华读书报

3月21日	“原创图画书 2017 年度排行榜”发布	中华读书报
4月4日	文献面临“断层” 国图力推“民国时期文献保护计划”	中华读书报
4月25日	第十三届文津图书奖发布 9 种获奖 51 种推荐	中华读书报
5月30日	国家图书馆首次推出科技创新音乐会	中华读书报
5月30日	国图举办“致敬经典之四大名著”首场活动	中华读书报
6月6日	2018 年中国图书馆年会在河北廊坊召开	中华读书报
7月4日	国家图书馆入藏日本前首相捐赠汉籍 4175 册	中华读书报
8月8日	国图举办“首届海淀区研学旅游季”系列活动	中华读书报
9月12日	“抗日战争与近代中日关系文献数据平台”上线	中华读书报
9月12日	国图举办“刘季平与中国图书馆事业改革发展”纪念活动	中华读书报
10月10日	国家图书馆联合 14 家单位在线发布古籍数字资源	中华读书报
11月28日	北京海淀区研学旅游专题研讨会在国图举行	中华读书报
12月26日	《国家图书馆西谛藏书善本图录》首发	中华读书报
1月5日	国图藏《正统道藏》《万历续道藏》将复制出版	中国科学报
3月9日	国家图书馆：服务两会 20 年	中国科学报
4月27日	《中国三十大发明》等 9 种图书获第 13 届文津图书奖	中国科学报
7月27日	去国图看米老鼠诞生记	中国科学报
10月12日	全国携手联动 共享古籍资源——国家图书馆联合十四家单位在线发布古籍数字资源	中国科学报
10月26日	书香为伴 悦享精彩 国家典籍博物馆开启“悦读之旅”	中国科学报
2月12日	国图邀读者新春看《永乐大典》	中国教育报
3月19日	国图开展两会专项服务	中国教育报
5月7日	9 种图书获第十三届文津图书奖	中国教育报
9月3日	国图启动首届海淀区研学旅游季系列活动	中国教育报
9月17日	一支铅笔诞生的世界	中国教育报
10月22日	北大 10 余位大咖在国图讲述中国古代史	中国教育报
1月3日	国家图书馆举办“观‘四库’抄经典”体验活动	中国社会科学报

2月7日	“新时代、新春联——名家带你写春联”活动在国家典籍博物馆举行	中国社会科学报
2月12日	“看《永乐大典》 迎戊戌新年”——《永乐大典》展暨临摹抄写活动在国家图书馆举行	中国社会科学报
3月16日	政协委员在驻地国图两会服务点办理阅读卡	中国社会科学报
5月9日	“清官板桥　三绝传世——郑板桥专题展”在国家典籍博物馆开展	中国社会科学报
7月2日	近日，日本永青文库向中国国家图书馆捐赠汉籍	中国社会科学报
7月23日	“第二届老北京非遗趴——燕京有八绝”在国家图书馆北区学津堂举行	中国社会科学报
10月10日	“旷世宏编　文献大成——国家图书馆藏《永乐大典》文献展”在国家典籍博物馆开展	中国社会科学报
10月12日	国家图书馆举办“走近四库全书”活动	中国社会科学报
10月24日	“悦读之旅”活动在国家典籍博物馆举行	中国社会科学报
11月12日	“书写新时代——全国新文艺群体书法作品汇报展”在国家典籍博物馆开展	中国社会科学报
12月26日	国家图书馆开启了以“让传统经典走进现代生活”为主题的国家图书馆读书周	中国社会科学报
1月3日	《正统道藏》《万历续道藏》将出版高仿复制本	中国艺术报
1月3日	走进新时代的图书馆，向经典致敬	中国艺术报
2月7日	迎新年国图邀读者抄写《永乐大典》	中国艺术报
3月5日	国图服务两会 20 周年再出发	中国艺术报
4月25日	我们都是书籍的孩子——九种图书获第十三届文津图书奖	中国艺术报
5月11日	郑板桥专题展再现清官风采	中国艺术报
5月25日	国图首次推出科技创新音乐会	中国艺术报
5月30日	丝绸之路国际图书馆联盟成立	中国艺术报
6月6日	国图推出当代古诗创作翰墨展	中国艺术报
6月15日	国家典籍博物馆举办非遗系列宣传展示活动	中国艺术报
7月25日	“老北京非遗趴”亮相国图	中国艺术报

7月27日	与周恩来总理“相遇”	中国艺术报
8月3日	图书馆文创产品开发联盟举行首届年会	中国艺术报
9月14日	六小龄童国图开讲《西游记》	中国艺术报
10月19日	首届海淀区研学旅游季线路体验活动开幕	中国艺术报
11月30日	孔府档案走出秘府助力学术研究	中国艺术报
2月6日	国家图书馆 2018 年春节活动启幕	中国新闻出版广电报
2月27日	国图为政协委员专制“阅览卡”	中国新闻出版广电报
4月27日	第十三届文津图书奖在京揭晓	中国新闻出版广电报
5月30日	“致敬经典之四大名著”名家讲坛开讲	中国新闻出版广电报
6月5日	国家图书馆举办服务宣传周	中国新闻出版广电报
9月3日	“抗日战争与近代中日关系文献数据平台”上线	中国新闻出版广电报
10月10日	国家图书馆国庆接待读者超 11 万人次	中国新闻出版广电报
10月23日	国图镇馆之宝《永乐大典》展出	中国新闻出版广电报
12月25日	国家图书馆启动 2018 年读书周	中国新闻出版广电报
2月6日	国家图书馆 2018 年春节活动全面启动	中国文物报
7月31日	国图推出动漫原画特展	中国文物报
8月7日	国图启动首届海淀区研学旅游季系列活动	中国文物报
12月21日	纪念郑振铎诞辰 120 周年系列活动举行	中国文物报
2月6日	国图启动 2018 年春节活动	中国财经报
3月1日	国家图书馆启动 2018 年两会服务	中国财经报
4月24日	9 种图书入围文津图书奖	中国财经报
4月26日	“国图公开课”助力全民阅读	中国财经报
5月24日	传唱经典的时代之音——《中华传统文化百部经典》编纂背后的故事	中国财经报
6月11日	国图携手上海自贸区促文创发展	中国财经报
1月5日	国图藏《正统道藏》《万历续道藏》将高仿复制出版	中国出版传媒商报
2月2日	倡导文化新年，国家图书馆 2018 年春节活动日前全面启动	中国出版传媒商报
2月13日	国图举办《永乐大典》展暨临摹抄写活动迎新年（提及国图 2018 春节活动）	中国出版传媒商报

3月9日	让典籍文化渗透日常生活	中国出版传媒商报
4月24日	第十三届文津图书奖发布 9 种好书获奖	中国出版传媒商报
5月29日	“丝绸之路国际图书馆联盟”成立	中国出版传媒商报
6月12日	来国图看非遗如何让生活更美好	中国出版传媒商报
7月27日	国图 2018“非物质文化遗产保护讲座月”活动落幕	中国出版传媒商报
9月11日	“抗日战争与近代中日关系文献数据平台”正式上线	中国出版传媒商报
9月11日	六小龄童走进国图　讲述 86 版《西游记》背后的故事	中国出版传媒商报
10月9日	国家图书馆展出“镇馆之宝”　让典籍走进百姓生活	中国出版传媒商报
12月28日	国家图书馆岁末开读书派对，“爱书说”创新阅读推广	中国出版传媒商报
8月1日	来自儿童文学现场的纪念　国图文津讲坛举办《文心雕虎全编》分享会	文艺报
6月28日	日本前首相细川护熙向中国捐赠 4175 册汉籍我外交部发言人表示高度赞赏	解放军报
2月9日	国家图书馆展现文人情怀	金融时报
5月4日	第十三届文津图书奖揭晓	金融时报
4月27日	第十三届文津图书奖揭晓	人民公安报
1月7日	国家图书馆等将复制出版《正统道藏》《万历续道藏》	人民铁道报
9月27日	方寸之间凝聚古韵，《诗经》特种邮票首发	环球时报
11月30日	《十竹斋笺谱》复刻在京发布	环球时报
2月6日	《明清时期丝绸之路档案图典》编纂工作全面启动	中国档案报
6月8日	活态“非遗”：让更多人与中华文化共鸣	中国经济导报
11月23日	“文心风雅——董平沙画展”在国家典籍博物馆开展	中国经济导报
8月6日	国家图书馆举办研学旅游系列活动	中国旅游报
10月8日	到国图　品书香	中国旅游报
10月16日	海淀首届研学旅游季揭幕	中国旅游报
1月9日	国图藏《正统道藏》《万历续道藏》将高仿复制出版	中国民族报
3月2日	初心如磐　勇踏征程——2018 年国家图书馆两会服务全面启动	中国人大
7月12日	国图“牵手”上海自贸区　助推文创产业发展	中国商报

6月15日	非遗饕餮盛宴传承文化之美	中国知识产权报
7月28日	诸多手稿与观众见面　国图展出海外珍贵动漫原画	团结报
2月9日	国家图书馆 2018 年春节活动全面启动	图书馆报
3月2日	国家图书馆 2018 年“两会”服务全面启动	图书馆报
3月2日	国家图书馆成为 RDA 国家机构代表	图书馆报
3月16日	法藏敦煌遗书数字资源在国图发布	图书馆报
3月23日	原创图画书 2017 年度排行榜发布	图书馆报
4月6日	民国时期文献保护工作座谈会在国图举行	图书馆报
4月20日	“中国古代重要科技发明创造名家讲座”在国图开幕	图书馆报
4月27日	第十三届文津图书奖在国图揭晓	图书馆报
5月4日	冬奥主题图书馆在京开馆	图书馆报
5月4日	激活经典　熔古铸今　评《中华传统文化百部经典》	图书馆报
5月25日	中科院自然科学史所 2018 年公众科学日在国图举行	图书馆报
6月1日	“丝绸之路国际图书馆联盟”成立	图书馆报
6月1日	国图首次推出科技创新音乐会	图书馆报
6月1日	韩永进：推进丝绸之路文献资源共知共建共享	图书馆报
6月15日	国图启动 2018 年“非遗讲座月”	图书馆报
6月22日	陈力：关于民国时期文献保护工作的几点建议	图书馆报
6月22日	国图与上海自贸区管委会进行战略合作	图书馆报
6月22日	开放合作　协同创新　2018 民国时期文献整理与研究国际研讨会召开	图书馆报
6月29日	日本永青文库向国家图书馆捐赠珍贵汉籍	图书馆报
7月13日	国图大力推介国家级非遗代表性传承人抢救性纪录工作成果	图书馆报
7月20日	中阿电子图书馆门户网站项目启动	图书馆报
7月27日	国家典籍博物馆举行“动漫原画特展”	图书馆报
8月1日	“燕京有八绝”特别活动在国图举行	图书馆报
8月8日	“全国图书馆文化创意产品开发联盟”年会举行	图书馆报
8月17日	国图启动首届海淀区研学旅游季系列活动	图书馆报

8月31日	王立平做客国图“致敬经典”系列公益讲座	图书馆报
9月14日	《诗经》特种邮票在国图首发	图书馆报
9月14日	国图隆重举行“刘季平与中国图书馆事业改革发展”系列纪念活动	图书馆报
9月14日	六小龄童做客国图“致敬经典”公益讲座	图书馆报
10月19日	国图等 15 家图书馆联手在线发布古籍数字资源	图书馆报
11月2日	“数字图书馆建设与服务”宣传推广项目（贵州站）启动	图书馆报
11月2日	国家典籍博物馆举办海淀研学游“悦读之旅”	图书馆报
11月9日	首届“一带一路”非中艺术交流展暨非中文化论坛在国图举行	图书馆报
11月16日	北京海淀区研学旅游专题研讨会在国图举行	图书馆报
11月16日	共建共享原则下的中华文献典籍保护	图书馆报
11月30日	《孔子博物馆藏孔府档案汇编·明代卷》出版	图书馆报
11月30日	张志清：让古籍保护成果进一步为公共所知	图书馆报
12月7日	国家典籍博物馆荣获 2018 博博会“弘博奖·最佳展示奖”	图书馆报
2月5日	国图邀您临摹《永乐大典》	北京日报
4月24日	北京冬奥组委冬奥主题图书馆开馆	北京日报
4月25日	9 种图书获第 13 届文津图书奖	北京日报
5月24日	新颖乐器亮相国图科技音乐会	北京日报
6月9日	国家图书馆开启非遗讲座月	北京日报
6月27日	日本前首相细川护熙代表永青文库捐赠，包括宋代底本影印《尚书正义》等珍本 4175 册汉籍入藏国图	北京日报
7月24日	“一支铅笔诞生的世界”国图开展	北京日报
9月26日	国图镇馆之宝《永乐大典》将展出	北京日报
9月29日	《永乐大典》12 册原件展出	北京日报
10月10日	《四库全书》国图露真容	北京日报
11月28日	孔府档案走出秘府推出明代卷	北京日报
1月2日	国图亮镇馆之宝 《四库全书》露真容	北京青年报
1月16日	文房艺术与文人生活特展亮相国家典籍博物馆	北京青年报
2月9日	教育圆桌公众号会员国图抄写《永乐大典》	北京青年报

2月18日	国图馆长为教育圆桌粉丝签名赠书	北京青年报
2月28日	国家图书馆推出全国“两会”服务	北京青年报
3月9日	法国藏敦煌经卷数字化回归国图	北京青年报
4月14日	“格致·考工·源流”国家图书馆开讲	北京青年报
4月23日	十部京剧电影将亮相国图艺术中心	北京青年报
4月30日	9 种图书获第十三届“文津图书奖”	北京青年报
5月12日	郑板桥专题展再现“传世三绝”	北京青年报
5月20日	国家典籍博物馆系列活动展示典籍魅力	北京青年报
5月28日	国图开启名家讲坛　田连元讲座火爆开场	北京青年报
6月27日	日本永青文库向国家图书馆捐赠汉籍	北京青年报
7月24日	“动漫原画特展——一支铅笔诞生的世界”开展	北京青年报
7月24日	圆桌小记者体验“动漫”诞生	北京青年报
8月6日	海淀区研学旅游季开启国图悦读之旅	北京青年报
9月14日	邮储银行首发《诗经》主题信用卡	北京青年报
9月20日	六小龄童现身国图讲述“猴王精神”	北京青年报
9月29日	国图展出“镇馆之宝”《永乐大典》	北京青年报
10月25日	国图北昆联手推出传统折子戏演出	北京青年报
2月20日	国图馆长向读者拜年　六旬老人排队 11 小时获赠书	北京晨报
3月1日	国图提供数字化信息服务	北京晨报
3月8日	上千人在图书馆里“过大年”	北京晨报
3月28日	中国古代插画艺术展亮相博洛尼亚	北京晨报
4月24日	文津图书奖　好书送校园	北京晨报
6月11日	国图非遗保护讲座月启动	北京晨报
6月27日	日本前首相向国图捐赠珍藏汉籍	北京晨报
7月24日	米老鼠等迪士尼原画国图展出	北京晨报
8月22日	国图致敬经典“走进”《红楼梦》 46 家公共图书馆同步直播	北京晨报
9月3日	1000 万页抗战史料可免费查询，文献数据平台正式上线　红色文献专题数据库成亮点	北京晨报

9月10日	国图古琴演出免费欣赏	北京晨报
10月5日	《永乐大典》展出　观众热捧	北京晨报
10月15日	国图北昆联手推出“荣庆学堂”	北京晨报
11月16日	“首届海淀区研学旅游季”专题研讨会举办	北京晨报
12月27日	样式雷图档展	北京晨报
1月16日	瑰宝《四库全书》	北京晚报
2月27日	《永乐大典》传奇	北京晚报
2月27日	国图将全面启动“两会”服务	北京晚报
3月7日	韩永进代表：新时代是读书学习的最好时代	北京晚报
3月12日	敦煌遗书数字文献回归国图	北京晚报
3月21日	国图里的甲骨守护者	北京晚报
4月19日	“中国记忆”留住中国的记忆	北京晚报
5月29日	500 种图书馆文创产品明起亮相	北京晚报
5月30日	国图启动“四大名著”名家讲坛	北京晚报
6月9日	国家文献战略储备库年内开建　选址在河北承德　预计 2021 年建成投入使用	北京晚报
6月26日	国图获捐曾失传千年典籍	北京晚报
7月5日	珍贵古籍述说中日文化交流佳话　强震之后墙皮之下惊现《左传》	北京晚报
7月9日	到国图看国家级非遗保护展	北京晚报
7月23日	到国图重温儿时的记忆	北京晚报
8月17日	左手古籍　右手动漫	北京晚报
8月20日	作曲家王立平做客国图　讲述名曲背后的故事　火车上 5 天创作出《驼铃》	北京晚报
8月21日	国家数字图书馆用户超千万　通过移动平台可免费阅读 10 万册电子书	北京晚报
8月31日	“文化圣地”吸引大客流　暑期国图少儿馆日均接待 3000 人次	北京晚报
9月2日	抗战文献数据可随时免费访问	北京晚报

9月4日	汉籍在日本	北京晚报
9月20日	古籍修复技艺有了“传习所”	北京晚报
9月20日	邮储银行首发《诗经》主题信用卡	北京晚报
9月26日	12 册《永乐大典》周五亮相国图	北京晚报
9月27日	国图藏《永乐大典》原件将展出	北京晚报
10月6日	《永乐大典》原件“十一”期间在国图展出　为国图四大专藏之一　亦为镇馆之宝	北京晚报
10月10日	国图两代修书人妙手护国宝　破损古籍重生记	北京晚报
10月15日	8000 余部数字古籍免费发布　国图“中华古籍资源库”资源总量已超 2.7 万部	北京晚报
10月15日	六十年前尚存六百余出　如今只有不足百出在演　到国图为“北昆”加油	北京晚报
10月25日	首届“一带一路”非中艺术交流展在国家图书馆开幕	北京晚报
12月3日	珍贵明代孔府档案“走出深闺”	北京晚报
12月27日	皇家建筑世家“样式雷”园博馆开展	北京晚报
1月1日	“零距离”接触《四库全书》　观众可现场临摹	法制晚报
2月2日	国图 2018 年春节活动启动：可在现场临摹《永乐大典》	法制晚报
2月8日	春节期间《永乐大典》国图展出 23 天　可以临摹抄写	法制晚报
6月26日	日本捐赠汉籍国图免费展览一个月	法制晚报
7月23日	看展览与“米老鼠”互动	法制晚报
9月7日	北图老馆长珍贵手稿入藏国图	法制晚报
10月10日	400 学生“走近”四库全书	法制晚报
11月18日	添彩《永乐大典》	法制晚报
11月18日	阅《永乐大典》　为古籍“添色”	法制晚报
11月27日	“孔府明代档案”正式出版	法制晚报
3月9日	当好委员，要“阅读”好生活这本书	新京报
10月10日	《四库全书》库房对外展出	新京报
10月10日	走近四库全书	新京报

6月15日	国家图书馆与上海自贸区达成战略合作	北京商报
3月15日	《永乐大典》沧桑六百年	北京文摘
3月5日	让古籍“活起来”：他们是如何推广传统文化的	藏书报
4月9日	国图举办民国时期文献保护工作座谈会	藏书报
4月23日	国图举办系列讲座　让大众了解中国科技发展史	藏书报
4月30日	致敬经典　面向未来　第十三届文津图书奖在国图揭晓	藏书报
5月28日	有效传承是古籍保护的最终目的	藏书报
6月18日	国家级古籍修复技艺传习中心孔子博物馆传习所揭牌	藏书报
6月18日	国家文献战略储备库年内开建	藏书报
6月18日	民国时期文献整理与研究国际研讨会在沪举行	藏书报
6月25日	“古籍修复技艺进校园”在全国多地登陆	藏书报
7月2日	日本永青文库向国家图书馆捐赠汉籍仪式在京举行　所捐赠汉籍将面向公众展出一个月	藏书报
7月2日	日本永青文库向国家图书馆捐赠一批珍贵汉籍	藏书报
7月16日	藏文古籍保护工作调研会在昆明举行	藏书报
8月6日	专家探讨“日本永青文库捐献汉籍的藏与用”	藏书报
9月17日	文献构筑信史　数据引领未来　“抗日战争与近代中日关系文献数据平台”正式发布	藏书报
10月8日	国家图书馆：“北京大学中国古代史名家讲座”即将开讲	藏书报
10月15日	国图举办“走近四库全书”活动　读者可近距离目睹原函原架原书	藏书报
11月19日	北大11位学者向公众讲述中国古代史	藏书报
12月3日	纪念梁启超先生诞辰145周年　国家图书馆举办系列主题活动	藏书报
12月3日	阙里遗珍　化身千百　孔子博物馆藏孔府明代档案整理出版	藏书报
12月17日	回顾连环画百年历程　“中国连环画百年历史展”在京举行	藏书报
12月17日	走下神坛　走近大众　看国图镇馆之宝《永乐大典》如何“活起来”	藏书报
12月24日	高文有典　美行如圭　纪念郑振铎诞辰120周年纪念展在京举行	藏书报

10月16日	让“启超家风”在新会蔚然成风　新会将于本月20日向国家图书馆捐赠梁启超铜像	南方日报
10月23日	纪念梁启超诞辰145周年系列活动在国家图书馆举行　启超家风　积厚行远	南方日报
8月1日	400余件动漫原作亮相国家图书馆	山西日报
2月3日	戊戌年迎新春，到国图看《永乐大典》	文汇报
2月8日	抄《永乐大典》赏名家画作	文汇报
3月8日	散佚敦煌遗书精华数字化回归	文汇报
6月8日	国图携手上海自贸区促文创发展　加强国家级文化资源联动	文汇报
7月3日	日本永青文库向国图捐赠汉籍4175册	文汇报
7月27日	用一支铅笔描绘出一个想象的世界	文汇报
10月5日	旷世巨制《永乐大典》在中国国家典籍博物馆展出	青年报
5月27日	《本草纲目》祖本首次回归故里	湖北日报
6月11日	非遗传承人抢救性记录工作获赞	湖北日报
2月8日	《永乐大典》春节与读者见面　可体验临摹抄写经典篇章	天津日报
2月17日	国图举办春节系列活动　走进新时代的图书馆	天津日报
7月24日	400余件动漫原作亮相国图	天津日报
10月28日	“一带一路”非中艺术交流展亮相国图	天津日报
6月19日	孔子博物馆传习所揭牌仪式暨“古籍修复技艺进校园”活动在曲阜举行	大众日报
11月26日	国家图书馆向敖汉旗捐赠1万余册图书	内蒙古晨报
1月4日	从“皇家”到“公家”“天禄琳琅”藏书的时代印迹	宁夏日报
4月18日	经典古籍展吸引读者	宁夏日报
5月28日	国图启动“致敬经典之四大名著”活动	宁夏日报
6月28日	向中国捐赠4175册汉籍　中方高度赞赏日本前首相细川护熙捐赠义举	宁夏日报
8月20日	“从87版《红楼梦》的音乐说起”讲座亮相国图	宁夏日报
10月10日	宁夏珍贵古籍特展开幕　百部珍贵古籍亮相	宁夏日报
5月18日	丝绸之路国际图书馆联盟月底成立　国际图书大佬云集成都	四川日报

6月28日	日本前首相细川护熙向中国捐赠 4175 册汉籍	四川日报
9月6日	“册府千华”纳格拉洞藏经修复成果展在迪庆举行	云南日报
5月5日	郑板桥真迹亮相国家典籍博物馆	海南日报
5月24日	国图推出科技创新音乐会	海南日报
9月30日	国家图书馆展出“镇馆之宝”《永乐大典》	海南日报
10月17日	举旗帜　兴文化　打造江西发展新形象——访国家图书馆馆长饶权	江西日报
6月28日	外交部：高度赞赏日本前首相细川护熙向中国捐赠汉籍	福建日报
6月29日	日本前首相细川护熙捐汉籍　中国国家图书馆设永青文库	福建侨报
2月26日	国图 3 月 1 日启两会服务　提供专业信息保障	香港文汇报
7月31日	“国图”举办“老北京非遗展”　燕京八绝悉数亮相	香港文汇报
9月3日	抗战与中日关系文献数据平台上线	香港文汇报
9月29日	国图镇馆之宝　永乐大典开展　12 册原件京亮相　占存世数量逾半	香港文汇报
2月26日	国家图书馆“3·1”启“两会”服务	大公报
5月5日	郑板桥真迹书画亮相北京	大公报
6月27日	细川护熙捐华 36 部汉籍含千年佚卷	大公报
11月30日	《十竹斋笺谱》	大公报
6月27日	细川护熙向华赠汉籍	澳门日报
6月18日	孔子故里设古籍修复所	明报

三、网络媒体

日期	标题	媒体名称
1月2日	观四库　抄经典	新华网
1月11日	国家典籍博物馆举办“器用为尚——文房艺术与文人生活特展”	新华网
2月3日	国家图书馆启动“文化新年”系列活动　读者可临摹《永乐大典》	新华网
2月16日	国图举办“走进新时代的图书馆”春节系列活动	新华网

3月12日	Dunhuang relics "return" to China in digital form	新华网
4月16日	中国古代重要科技发明创造名家系列讲座在国图开讲	新华网
4月17日	国家典籍博物馆经典古籍展吸引读者	新华网
4月23日	《中华传统文化百部经典》等 9 种图书获第十三届文津图书奖	新华网
5月4日	国家典籍博物馆举行郑板桥专题展	新华网
5月5日	郑板桥真迹《峤壁兰图》《春风十里》书法轴亮相国图	新华网
5月19日	国家典籍博物馆推出国际博物馆日系列活动：解读文化自信 展示典籍魅力	新华网
5月23日	国家图书馆推出科技创新音乐会	新华网
5月27日	国图启动“致敬经典之四大名著”系列活动 评书名家田连元与读者分享《读书与说书》	新华网
5月28日	国家图书馆举办“致敬经典·翰墨诗韵”古诗词原创作品展	新华网
5月28日	丝绸之路国际图书馆联盟成立	新华网
6月1日	“以古为镜——张宇书法作品展”在京开幕	新华网
6月2日	2018 年中国图书馆年会聚焦“图书馆与社会：共享 效能 法治”	新华网
6月8日	国家图书馆与上海自贸试验区管委会合力推进文创产品开发	新华网
6月26日	日本永青文库向国家图书馆捐赠四千余册珍贵汉籍	新华网
6月27日	外交部：高度赞赏日本前首相细川护熙向中国捐赠 4175 册汉籍	新华网
7月7日	国家级非遗代表性传承人抢救性记录工作成果展映月系列活动在国图举办	新华网
7月23日	动漫原画特展国图开展	新华网
7月23日	米老鼠、白雪公主、铁臂阿童木……400 余件动漫原作亮相国图	新华网
8月19日	国图举办“从 87 版《红楼梦》的音乐说起”公益讲座	新华网
8月27日	2018 年第 8 期部级领导干部历史文化讲座：钱乘旦主讲“文明的多样性和世界未来的发展”	新华网
9月6日	“中国印刷术的活化石：十竹斋木版水印艺术作品展”在京开展	新华网
9月8日	“刘季平与中国图书馆事业改革发展”系列纪念活动在国家图书馆举行	新华网
9月28日	国家图书馆联合 14 家单位在线发布八千余部古籍数字资源	新华网

9月28日	国家图书馆展出《永乐大典》	新华网
9月29日	国家图书馆展出“镇馆之宝”《永乐大典》	新华网
10月14日	“荣庆学堂”北方昆曲传统折子戏专场演出将亮相京城	新华网
10月24日	首届“一带一路”非中艺术交流展暨非中文化论坛举行	新华网
10月27日	首届“一带一路”非中艺术交流展亮相国图	新华网
11月23日	2018 古籍整理与保护学术研讨会在南京举行	新华网
11月28日	世界经典动漫原画展览即将亮相天津常青藤文化产业园	新华网
11月29日	《十竹斋笺谱》复刻新闻发布会在国家图书馆举行	新华网
12月12日	“中国历代绘画大系”之《先秦汉唐画全集》《明画全集》《清画全集》阶段性成果在京首发	新华网
12月19日	郑振铎诞辰一百二十周年纪念展在国家典籍博物馆举行	新华网
10月25日	首届“一带一路”非中艺术交流展：缔结文化纽带　促进民心相通	新华丝路网
12月28日	“册府千华——吉林省珍贵古籍特展”开幕式在吉林省图书馆举行	新华丝路网
5月24日	探索“馆店融合”之路　丝绸之路国际图书馆联盟成立	央广网
5月28日	丝绸之路国际图书馆联盟在成都成立　让阅读成为生活态度	央广网
6月1日	2018 年中国图书馆年会在河北廊坊召开	央广网
6月9日	“非物质文化遗产影像展”举行　近距离展现非遗魅力	央广网
6月9日	《非遗公开课》：一次别开生面的文化之旅	央广网
10月23日	纪念梁启超诞辰 145 周年活动举行	央广网
10月23日	王立平：一朝入梦　终身不醒	央广网
11月9日	专家献策海淀研学旅行发展　国家图书馆将深挖文旅价值	央广网
11月17日	门内门外阅古今　为国宝《永乐大典》插图填色	央广网
11月27日	阙里遗珍化身千百　《孔子博物馆藏孔府档案汇编·明代卷》出版	央广网
12月12日	跨越千年历久弥新　《国图日历》展现中国传统版画魅力	央广网
12月19日	《国家图书馆西谛藏书善本图录》在京首发	央广网
12月19日	郑振铎纪念展亮相国图　部分古籍为国宝级孤本	央广网
12月29日	图书馆人的“脱口秀”在国图开讲	央广网

12月29日	问祖寻根　探秘姓氏里的文化密码	央广网
1月1日	国家图书馆里临摹经典迎新年　《四库全书》主题展亮相	中国新闻网
2月8日	《永乐大典》亮相国图　观众可现场临摹书叶	中国新闻网
2月16日	国图馆长初一拜大年　首位进馆读者彻夜守候	中国新闻网
3月29日	民国时期海外文献征集填补中国相关空白	中国新闻网
4月13日	中国古代重要科技发明创造名家讲座将在京连办 12 场	中国新闻网
4月23日	9 种图书获第十三届“文津图书奖”	中国新闻网
4月23日	三联书店小资地标开分店　国家图书馆发“文津”书单	中国新闻网
5月4日	郑板桥真迹书画亮相国家典籍博物馆	中国新闻网
5月18日	国家古籍保护中心：中国超 2000 多万册古籍已得到妥善保护	中国新闻网
5月22日	2018 年中国图书馆年会将在河北廊坊举办	中国新闻网
5月23日	国家图书馆首次尝试舞台演出形式传播科技知识	中国新闻网
5月27日	国图启动“四大名著”名家讲坛　田连元打头炮讲“水浒”	中国新闻网
6月7日	2018 年“文化和自然遗产日非遗影像展”在山西平遥举行	中国新闻网
6月7日	国家图书馆与上海自贸试验区管委会达成战略合作	中国新闻网
6月18日	端午节“听见经典·中外名篇亲子乐读会”在京上演	中国新闻网
6月26日	日本前首相细川护熙无偿向中国捐赠 36 部珍贵汉籍	中国新闻网
6月27日	日本前首相细川护熙向中国捐赠汉籍　外交部：高度赞赏	中国新闻网
7月7日	国家级非遗代表性传承人抢救性记录首批优秀成果发布	中国新闻网
7月23日	400 多幅迪士尼动画和日本动漫原画首次在北京展出	中国新闻网
7月24日	日本永青文库向中国国家图书馆捐赠汉籍	中国新闻网
9月2日	“抗日战争与近代中日关系文献数据平台”正式上线　1000 万页史料免费下载	中国新闻网
9月7日	国家图书馆举办系列活动纪念老馆长刘季平	中国新闻网
9月8日	可视可听的《诗经》特种邮票在国家图书馆首发	中国新闻网
9月28日	国家图书馆展出“镇馆之宝”《永乐大典》	中国新闻网
9月30日	国图“镇馆之宝”《永乐大典》12 册原件北京现真身	中国新闻网
10月9日	皇家“百科全书”长啥样　来国图看旷世宏编《永乐大典》	中国新闻网
10月10日	北大 10 余位大咖将在国家图书馆讲述中国古代史	中国新闻网

10月12日	北方昆曲传统折子戏专场演出将亮相国图艺术中心	中国新闻网
10月12日	正本消失副本流散 《永乐大典》600年风雨飘摇今何在	中国新闻网
10月15日	国家图书馆展示《四库全书》库房 可近距离目睹古籍	中国新闻网
10月17日	揭秘《永乐大典》修复：曾被暖气困扰 细致如绣花	中国新闻网
10月24日	首届“一带一路”非中艺术交流展暨非中文化论坛在京举办	中国新闻网
10月26日	浙江开化农民草书作品在京展出	中国新闻网
11月9日	海淀区研学旅游专题研讨会在国家图书馆举办	中国新闻网
11月21日	“书写新时代——全国新文艺群体书法作品汇报展”在京举行	中国新闻网
12月19日	故宫和中国国家图书馆纪念郑振铎诞辰120周年	中国新闻网
12月20日	《中华续道藏》编纂出版工程在北京启动	中国新闻网
1月2日	《公共图书馆法》实施 馆长带您走进新时代的国家图书馆	人民网
2月5日	国图新春亮宝：看《永乐大典》 迎戊戌新年	人民网
4月16日	国图举办中国古代重要科技发明创造名家讲座	人民网
4月18日	文房艺术与文人生活展在典籍博物馆开展	人民网
4月23日	世界读书日：文津图书奖发布暨国图公开课活动举行	人民网
5月4日	“清官板桥 三绝传世——郑板桥专题展”在典籍博物馆开展	人民网
5月8日	“郑板桥专题展”在典籍博物馆开展	人民网
5月23日	国家图书馆首次推出科技创新音乐会	人民网
6月1日	2018年中国图书馆年会在河北廊坊召开	人民网
6月8日	国家典籍博物馆举办“文化和自然遗产日”系列活动	人民网
6月11日	国家图书馆与上海自贸区签约战略合作助推文创产业发展	人民网
6月26日	日本永青文库向国家图书馆捐赠汉籍仪式在京举行	人民网
6月28日	日本前首相细川护熙向中国捐赠汉籍 外交部：高度赞赏	人民网
7月9日	国家级非遗代表性传承人抢救性记录工作成果展映月系列活动在国图举办	人民网
7月24日	“动漫原画特展——一支铅笔诞生的世界”在国家典籍博物馆开展	人民网
7月30日	“纪念周恩来诞辰120周年中国画作品展”全国巡展开幕	人民网
8月6日	国图启动首届海淀区研学旅游季系列活动	人民网

8月20日	国家图书馆举办《从87版〈红楼梦〉的音乐说起》公益讲座	人民网
9月3日	“抗日战争与近代中日关系文献数据平台”正式上线发布	人民网
9月28日	国家图书馆联合14家单位在线发布八千余部古籍数字资源	人民网
9月29日	国家图书馆镇馆之宝《永乐大典》现真身	人民网
10月10日	《永乐大典》12册原件在国家典籍博物馆展出	人民网
10月11日	北大10余位大咖在国图讲述中国古代史	人民网
10月20日	纪念梁启超诞辰145周年系列活动在国家图书馆举行	人民网
11月20日	“文心风雅——董平沙画展”在国家典籍博物馆开展	人民网
11月27日	全国第二届大学生书法篆刻作品展在京开幕	人民网
11月30日	《十竹斋笺谱》复刻在京发布　再现历史艺术经典	人民网
1月1日	《公共图书馆法》正式实施　走进新时代的中国国家图书馆	光明网
1月8日	“走进新时代的图书馆——向经典致敬”国家图书馆读书周活动精彩呈现	光明网
1月8日	《公共图书馆法》正式实施　全国图书馆联动共庆祝	光明网
1月8日	《正统道藏》《万历续道藏》复制出版签约仪式在国家图书馆举行	光明网
1月8日	国家图书馆与临汾市人民政府签署战略合作框架协议	光明网
1月8日	全国图书馆文创开发创新论坛暨优秀校企对接会在国家图书馆举办	光明网
1月8日	郑振铎先生铜像揭幕仪式暨学术研讨会在国家图书馆举行	光明网
1月18日	国家图书馆开展"文艺小分队"下基层网络书香送温暖活动	光明网
1月25日	服务全民阅读　助力书香中国——有关部门负责人和专家学者热议公共图书馆法	光明网
2月5日	国家图书馆2018年春节活动全面启动	光明网
2月6日	国家图书馆开放展示《永乐大典》迎戊戌新年	光明网
2月9日	国家图书馆全面启动2018年春节活动	光明网
2月9日	国家图书馆荣登“两微一端”百佳评选“微信贡献力十佳”“APP用户服务十佳”榜单	光明网
2月11日	看《永乐大典》迎戊戌新年——国家图书馆举办《永乐大典》展暨抄写活动	光明网

2月16日	一分半的视频，看看国图馆长如何给读者拜年	光明网
2月22日	国家图书馆荣获“北京市健康示范单位”称号	光明网
2月22日	戊戌新年第一天，国图馆长向读者拜年	光明网
2月26日	国家图书馆 2018 年“两会”服务全面启动	光明网
3月15日	法藏敦煌遗书数字资源正式发布	光明网
4月4日	民国时期文献保护工作座谈会在国家图书馆举行	光明网
4月16日	国家图书馆高品质两会服务获赞扬	光明网
4月20日	第十三届文津图书奖 60 种入围图书出炉　世界图书日将揭晓	光明网
4月23日	“京剧电影工程”系列影片公益展映在国家图书馆启动	光明网
4月25日	致敬经典　面向未来——第十三届文津图书奖发布暨国图公开课特别活动在国家图书馆举行	光明网
5月2日	《朗读者》第二季新闻发布会在国家图书馆举行	光明网
5月7日	到国家典籍博物馆　品郑板桥绝世真迹	光明网
5月9日	国图公开课系列丛书首发	光明网
5月28日	“格致·考工·源流——中国古代重要科技发明创造名家讲座”继续在国家图书馆开讲	光明网
5月28日	“书香筑梦　科技兴国”国家图书馆首次推出科技创新音乐会	光明网
5月28日	2018 年中国图书馆年会即将在廊坊召开	光明网
5月28日	丝绸之路国际图书馆联盟成立：共同探讨图书馆与书店融合发展	光明网
5月31日	数字图书馆推广工程文化扶贫工作会议	光明网
5月31日	丝绸之路国际图书馆联盟成立暨“阅读·城市·文化”学术研讨会在成都举行	光明网
6月4日	文化和自然遗产日非遗影像展将于 6 月 7 日在山西平遥开幕	光明网
6月5日	2018 年中国图书馆年会在河北廊坊召开	光明网
6月6日	2018 年“古籍修复技艺进校园活动”在北京师范大学图书馆举行	光明网
6月6日	国家级古籍修复技艺传习中心北京师范大学传习所正式揭牌，古籍修复技艺走进北师大校园	光明网
6月8日	“童音诵古韵·经典有新声”——数字图书馆推广工程 2018 年全国少儿诗词在线诵读活动正式启动	光明网

6月8日	国家图书馆与上海自贸区签约战略合作　助推文创产业发展	光明网
6月8日	体验区亮相2018年中国图书馆年会	光明网
6月9日	“国家级非物质文化遗产代表性传承人抢救性记录工作成果展映月”系列活动在京拉开帷幕	光明网
6月20日	“回眸与展望：2018民国时期文献整理与研究国际研讨会”在沪举行	光明网
6月20日	国家数字图书馆体验区亮相2018年中国图书馆年会	光明网
6月20日	国家图书馆联合全国十八家图书馆共同开展移动阅读推广活动	光明网
6月20日	国家图书馆与上海自贸区管委会签订战略合作协议	光明网
6月20日	国图2018“文化和自然遗产日”活动精彩纷呈	光明网
6月20日	我馆牵头举办全国图书馆文创精品展　500种文创亮相图书馆年会	光明网
6月25日	国家图书馆“古籍修复技艺进校园”活动在曲阜举行	光明网
6月26日	日本永青文库向国家图书馆捐赠汉籍仪式在京举行	光明网
7月3日	“古籍修复技艺进校园”走进海南师范大学	光明网
7月3日	“古籍修复技艺进校园”走进河南大学图书馆	光明网
7月3日	“古籍修复技艺进校园”走进湖北传习所	光明网
7月3日	“古籍修复技艺进校园”走进南京艺术学院	光明网
7月3日	“古籍修复技艺进校园”走进山西省图书馆	光明网
7月3日	“古籍修复技艺进校园”走进新疆古籍保护中心	光明网
7月3日	“古籍修复技艺进校园”走进浙大图书馆	光明网
7月16日	国家级非遗代表性传承人抢救性记录工作成果展映月系列活动在国家图书馆举行	光明网
7月16日	全国联动，薪火相传　中华古籍保护计划开展“古籍修复技艺进校园”系列活动	光明网
7月16日	中阿电子图书馆门户网站项目启动	光明网
7月24日	“一支铅笔诞生的世界”动漫原画特展在国家图书馆开展	光明网
7月25日	国家图书馆里看“非遗中的老北京”	光明网
7月26日	“纪念周恩来诞辰120周年中国画作品展”全国巡展北京站开幕	光明网

8月13日	“全国图书馆文化创意产品开发联盟”举办首届年会	光明网
8月13日	第六届中美图书馆合作会议在美国召开	光明网
8月13日	非遗讲座月收官之作——燕京有八绝特别活动亮相国家图书馆	光明网
8月13日	国图启动首届海淀区研学旅游季系列活动	光明网
8月18日	“致敬经典·走近四大名著”之听王立平先生讲述红楼音乐	光明网
8月27日	国家图书馆举办《“一朝入梦，终身不醒”——从87版〈红楼梦〉的音乐说起》公益讲座	光明网
9月8日	“刘季平与中国图书馆事业改革发展”系列纪念活动在国家图书馆举行	光明网
9月8日	六小龄童：苦练七十二变，笑对八十一难	光明网
9月10日	邮储银行首发《诗经》主题信用卡	光明网
9月11日	《诗经》特种邮票在国家图书馆首发	光明网
9月11日	国家图书馆受赠十竹斋水印版画《廿四节气》	光明网
9月11日	中国图书馆事业改革发展与刘季平同志的发轫贡献	光明网
9月26日	国家图书馆藏《永乐大典》文献展即将开幕	光明网
9月29日	“国家图书馆藏《永乐大典》文献展”正式开展	光明网
9月30日	旷世宏编　文献大成　国家图书馆藏《永乐大典》文献展即将开幕	光明网
10月8日	“走近《四库全书》”直播预告	光明网
10月9日	走近《四库全书》一起品读乾隆年间文化盛事	光明网
10月11日	北大中国历史名家讲座10月10日国图开讲	光明网
10月25日	首届“一带一路”非中艺术交流展暨非中文化论坛在中国国家图书馆举行	光明网
10月26日	浙江开化农民草书作品展在北京开幕	光明网
11月8日	“书写新时代——全国新文艺群体书法作品汇报展”在国家典籍博物馆举办	光明网
11月23日	古籍整理与保护系列活动在南京举行	光明网
11月29日	《孔子博物馆藏孔府档案汇编·明代卷》出版发行	光明网
12月21日	“古桥印象”少年儿童画展在国家图书馆开幕	光明网

2月2日	《永乐大典》部分珍品春节将在国图集中展示	国际在线
4月13日	“中国古代重要科技发明创造名家讲座”在国家图书馆举行	国际在线
4月19日	第十三届文津图书奖获奖图书即将揭晓	国际在线
5月22日	“文化和自然遗产日”即将到来　全国将举行4000多项精彩活动	国际在线
5月28日	丝绸之路国际图书馆联盟在成都成立	国际在线
5月29日	国家图书馆服务宣传周拉开大幕　丰富活动“让经典走进生活”	国际在线
6月26日	日本永青文库向中国国家图书馆捐赠4000多册珍贵汉籍	国际在线
6月27日	外交部：高度赞赏细川护熙捐献汉籍义举　望中日继续开展多种形式交流与合作	国际在线
9月28日	国家图书馆集中展出“镇馆之宝”《永乐大典》	国际在线
9月28日	十五家图书馆联合发布数字资源　让古籍里的文字真正“活”起来	国际在线
10月8日	超11万人次全国各地读者“十一”走进国图过书香假期	国际在线
12月20日	中国启动《中华续道藏》编纂出版工程　完善道经入藏体系	国际在线
2月9日	《永乐大典》展暨抄写活动在国家图书馆启动	中国日报网
5月25日	丝绸之路国际图书馆联盟成立暨“阅读·城市·文化”图书馆、书店融合发展学术研讨会将在四川举行	中国日报网
6月29日	Former Japanese PM donates large number of books to Chinese library	中国日报网
12月6日	“甲骨文记忆展”亮相国家典籍博物馆　现罕见人头骨	中国日报网
12月11日	《永乐大典》12册原件在国家典籍博物馆展出	中国日报网
12月20日	35件珍贵建筑图档在京亮相　揭秘皇家建筑世家“样式雷”传奇	中国日报网
1月1日	2018新年第一天　在国家图书馆“观四库　抄经典”	中国经济网
2月4日	看经典写经典　国家图书馆2018春节带你走近《永乐大典》	中国经济网
2月27日	国家图书馆2018年“两会”服务3月1日全面启动	中国经济网
3月20日	2018中国原创图画书论坛在京举行	中国经济网
4月19日	第十三届文津图书奖出炉　60种图书入围	中国经济网
4月23日	第十三届文津图书奖揭晓　《中国三十大发明》等9种图书获奖	中国经济网
5月31日	共享　效能　法治　2018年中国图书馆年会在河北廊坊召开	中国经济网

5月31日	行业盛会人气高涨　2018 年中国图书馆年会在河北廊坊召开	中国经济网
6月26日	日本永青文库将 4175 册珍贵汉籍无偿赠予中国国家图书馆	中国经济网
8月7日	白雪公主、米老鼠、柯南 ... 来国家图书馆看 400 余幅动漫原画特展	中国经济网
8月20日	国图举办走近四大名著系列公益讲座　王立平现场讲述 87 版《红楼梦》音乐	中国经济网
9月7日	刘季平与中国图书馆事业改革发展系列纪念活动在国家图书馆举行	中国经济网
9月10日	六小龄童现身国图　讲述 86 版《西游记》背后的故事	中国经济网
9月28日	国家图书馆展出“镇馆之宝”之《永乐大典》	中国经济网
9月29日	国家图书馆联合十四家单位在线发布古籍数字资源 8000 多部	中国经济网
10月8日	超 11 万人次读者 2018 年国庆假期走进国家图书馆	中国经济网
10月9日	世界唯一原架、原函、原书一体存放的《四库全书》再次面向公众开放	中国经济网
10月23日	“文旅・融合・创新——首届海淀区研学旅游季”之线路体验活动拉开帷幕	中国经济网
11月7日	书写新时代——全国新文艺群体书法作品汇报展在国家典籍博物馆开展	中国经济网
12月17日	国家图书馆推出《永乐大典》文创产品　主打文化与科技的结合	中国经济网
6月1日	地铁四号线送你六一“有声”礼物　61 本经典童书等你来“听”	中国青年网
9月28日	国家图书馆镇馆之宝《永乐大典》文献展开展	中国青年网
10月15日	国图展示《四库全书》库房　近距离目睹原架原函原书	中国青年网
1月1日	“观四库　抄经典”读者体验活动在国图举办	中国社会科学网
1月7日	“文房艺术与文人生活特展”亮相国家典籍博物馆	中国社会科学网
2月3日	看《永乐大典》 迎戊戌新年——国家图书馆 2018 年春节活动启动	中国社会科学网
2月7日	“2018 年国家图书馆年俗文化展”在国家典籍博物馆举办	中国社会科学网
2月9日	《永乐大典》展暨抄写活动在国家图书馆启动	中国社会科学网
2月9日	2018 年国家图书馆年俗文化展举办	中国社会科学网
2月16日	戊戌新年第一天　国图馆长向读者拜年	中国社会科学网

2月26日	国家图书馆 2018 年“两会”服务将于 3 月 1 日启动	中国社会科学网
3月29日	开创“十三五”时期民国文献保护新局面	中国社会科学网
4月19日	第十三届文津图书奖 60 种入围图书出炉　获奖图书将于 4 月 23 日揭晓	中国社会科学网
4月20日	“赤子的世界——傅雷诞辰一百一十周年纪念展”在北大红楼展出	中国社会科学网
4月24日	第十三届文津图书奖揭晓　9 种图书获奖	中国社会科学网
4月27日	清代诗文集文献整理取得新进展 《清代诗文集珍本丛刊》面世	中国社会科学网
5月19日	国家典籍博物馆推出博物馆日系列活动	中国社会科学网
5月23日	“书香筑梦·科技兴国”国家图书馆首次推出科技创新音乐会	中国社会科学网
5月27日	国图艺术中心开启《致敬经典之四大名著》系列活动	中国社会科学网
5月29日	“致敬经典·翰墨诗韵”古诗词原创作品展在国图开展	中国社会科学网
5月30日	国家图书馆举办 2018 年服务宣传周	中国社会科学网
6月7日	国家级古籍修复技艺传习中心北京师范大学传习所揭牌	中国社会科学网
6月7日	国家图书馆与上海自贸试验区管委会在京签订战略合作协议	中国社会科学网
6月8日	国家级非遗代表性传承人抢救性记录工作成果将首次发布	中国社会科学网
6月9日	国家图书馆 2018 年“非物质文化遗产保护讲座月”启动	中国社会科学网
6月16日	“汉机织汉锦：汉代丝织技术研究的回顾和进展”讲座在国图举行	中国社会科学网
6月23日	“历史上的丝绸之路与技术知识全球化”讲座在国图举行	中国社会科学网
6月26日	日本永青文库向中国国家图书馆捐赠 4175 册汉籍	中国社会科学网
6月29日	“海洋传奇——中国古代航海造船技术与海上丝绸之路”讲座在国图举行	中国社会科学网
7月8日	“年华易老，技·忆永存——国家级非遗代表性传承人抢救性记录成果展”在国图举办	中国社会科学网
7月8日	7 月 6 日，“年华易老，技·忆永存——国家级非物质文化遗产代表性传承人抢救性记录成果展”在国家图书馆举行	中国社会科学网
7月8日	国家级非遗代表性传承人抢救性记录首批优秀成果推介会在国图举行	中国社会科学网
7月21日	第二届“老北京非遗趴——燕京有八绝”活动在国图举行	中国社会科学网
7月23日	“动漫原画特展——一支铅笔诞生的世界”在国图开展	中国社会科学网

7月30日	全国图书馆文化创意产品开发联盟年会	中国社会科学网
8月4日	国家图书馆启动首届海淀区研学旅游季系列活动	中国社会科学网
8月8日	第六届中美图书馆合作会议在美国召开	中国社会科学网
8月18日	著名作曲家王立平做客国图　讲述87版《红楼梦》音乐创作	中国社会科学网
9月8日	“刘季平与中国图书馆事业改革发展”纪念展在国图开展	中国社会科学网
9月9日	《诗经》特种邮票在国家图书馆首发	中国社会科学网
9月29日	国家图书馆展出“镇馆之宝”《永乐大典》	中国社会科学网
10月8日	国庆黄金周国家图书馆累计接待读者超11万人次	中国社会科学网
10月10日	“北京大学中国古代史名家讲座”在国图开讲	中国社会科学网
10月12日	国家图书馆饶权馆长会见日本出版友好访华团	中国社会科学网
10月19日	国家典籍博物馆开启2018年海淀研学游之“悦读之旅”	中国社会科学网
11月18日	为《永乐大典》插图填色	中国社会科学网
11月27日	《孔子博物馆藏孔府档案汇编·明代卷》出版	中国社会科学网
12月16日	“哲匠世家　营造经典——京津冀地区园林样式雷图档展”在京举行	中国社会科学网
12月19日	“郑振铎诞辰一百二十周年纪念展”在国家典籍博物馆开展	中国社会科学网
12月20日	《国家图书馆西谛藏书善本图录》（全七册）在京首发	中国社会科学网
12月25日	国家图书馆启动2018年读书周	中国社会科学网
12月30日	“爱书说”阅读分享会在国家图书馆举办	中国社会科学网
2月5日	国家图书馆开放展示《永乐大典》迎新年	中青在线
2月8日	看《永乐大典》，迎戊戌新年	中青在线
5月4日	到国家图书馆，邂逅郑板桥的“春风十里”	中青在线
5月4日	自称“老尼克”，到国图看马克思写给燕妮的书信原件	中青在线
5月23日	你见过丁笛、文琴吗？国图首次推出新型乐器音乐会	中青在线
5月27日	田连元国图说水浒　开启“致敬经典之四大名著”系列活动	中青在线
5月28日	丝绸之路国际图书馆联盟成立	中青在线
6月1日	2018年中国图书馆年会在廊坊召开	中青在线
6月10日	迎“文化和自然遗产日”，国家典籍博物馆带你体验雕版印刷	中青在线

6月26日	日本永青文库向国家图书馆捐赠汉籍仪式在京举行　纪念中日和平友好条约缔结40周年	中青在线
7月31日	全国图书馆，联合起来做文创	中青在线
9月2日	“抗日战争与近代中日关系文献数据平台”正式上线	中青在线
9月7日	国图老馆长刘季平诞辰110周年，家属捐赠13件手稿	中青在线
9月29日	国家图书馆展出“镇馆之宝”《永乐大典》	中青在线
9月29日	国图等15家图书馆发布免费古籍数字资源8000余部	中青在线
10月11日	北大10余位大咖在国图讲述中国古代史	中青在线
10月21日	弘扬中华优秀传统文化和启超家风，纪念梁启超诞辰145周年活动在京举行	中青在线
11月9日	国家图书馆举办研学旅游专题研讨会	中青在线
11月26日	孔府档案出版明代卷，已公布不足总藏量1%	中青在线
6月12日	国家级非遗代表性传承人抢救性记录成果展映月活动启幕	中国新闻出版广电网
7月25日	动漫原画特展在京开展	中国新闻出版广电网
9月28日	国家图书馆藏《永乐大典》文献展即将开幕	中国新闻出版广电网
10月17日	现场临摹《四库全书》	中国新闻出版广电网
6月21日	国家级非遗代表性传承人抢救性记录工作成果首次发布	中国文化传媒网
7月25日	“燕京八绝”亮相国图	中国文化传媒网
7月26日	赴“老北京非遗趴”感受非遗活态传承	中国文化传媒网
10月20日	北方昆曲传统折子戏专场演出将亮相国图艺术中心	中国文化传媒网
2月7日	国家图书馆2018年春节活动全面启动	央视网
2月8日	2018国家图书馆年俗文化展开幕：细数春节那些事儿	央视网
2月13日	新时代·新春联——2018央视春联征集书写活动收官	央视网
5月31日	2018年中国图书馆年会在河北廊坊隆重召开	央视网
6月8日	非遗公开课：一次别开生面的文化之旅	央视网
6月26日	日本前首相细川护熙向中国捐赠珍贵汉籍　外交部：高度赞赏!	央视网
7月8日	国家图书馆公布首批国家级非遗代表性传承人抢救记录成果	央视网
7月23日	Beijing hosts Key Animation Expo.	央视网

7月24日	400余幅动漫原画亮相国图　探秘迪士尼、热门日本动漫背后的创作世界	央视网
7月25日	迪士尼七龙珠柯南海贼王　国图动漫原画特展大部作品国内首现	央视网
10月12日	北昆联手国图艺术中心推出“荣庆学堂”传统折子戏专场演出	央视网
2月3日	赏《永乐大典》、品网络书香 国图邀读者欢度文化新春	中国网
4月19日	第13届文津图书奖将于世界图书日揭晓　60种图书入围	中国网
4月23日	“京剧电影工程”系列影片公益展映在国图启动	中国网
5月22日	2018年中国图书馆年会将在廊坊举办　全民阅读时代即将来临	中国网
5月27日	国图启动“四大名著”名家讲坛　田连元首场讲座火爆开场	中国网
6月4日	2018中国图书馆年会隆重召开——“共享　效能　法治”让“文化梦”再添精彩	中国网
6月26日	日本前首相向国图捐赠4175册汉籍　失传千年典籍回家	中国网
6月27日	外交部：高度赞赏日本前首相细川护熙向中国捐赠汉籍	中国网
7月23日	来国图重温童年400幅动漫原画与珍稀赛璐璐中国首展	中国网
9月6日	“印刷术的活化石”亮相北京　十竹斋木版水印艺术展开展	中国网
11月26日	《孔子博物馆藏孔府档案汇编·明代卷》正式出版	中国网
12月19日	郑振铎诞辰120周年：曾促成《伯远帖》等重要文物回归	中国网
12月20日	《中华续道藏》编纂出版工程启动仪式在京举行	中国网
4月23日	“京剧电影工程”系列影片公益展映在国家图书馆启动	环球网
6月11日	国家典籍博物馆举办“文化和自然遗产日”系列活动	环球网
6月27日	日本前首相向中国捐赠4175册汉籍　外交部回应	环球网
2月27日	国家图书馆2018年“两会”服务即将启动	人民政协网
4月23日	第十三届文津图书奖揭晓　9种图书上榜	人民政协网
5月18日	2018公众科学日将启　中科院科学家在国图讲述指南针的“前世今生”	人民政协网
5月28日	丝绸之路国际图书馆联盟成立	人民政协网
6月26日	“书卷为媒　友谊长青——日本永青文库捐赠汉籍入藏中国国家图书馆展”开展	人民政协网
9月9日	“刘季平与中国图书馆事业改革发展”系列纪念活动在国图举行	人民政协网

9月28日	嘉靖喜欢的案头书！国家图书馆“镇馆之宝”《永乐大典》展出	人民政协网
10月19日	国家典籍博物馆开启2018年海淀研学游之“悦读之旅”	人民政协网
11月27日	《孔子博物馆藏孔府档案汇编·明代卷》出版	人民政协网
12月16日	“哲匠世家　营造经典——京津冀地区园林样式雷图档展”亮相北京	人民政协网
12月20日	《中华续道藏》编纂出版工程正式启动	人民政协网
6月21日	中英国家图书馆续签合作谅解备忘录	中国文化网
6月26日	Rare book donation fosters China-Japan bond	中国文化网
6月26日	日本永青文库向国家图书馆捐赠汉籍仪式在京举行	中国文化网
9月28日	全国携手联动　共享古籍资源——国家图书馆联合十四家单位在线发布古籍数字资源	中国文化网
10月30日	国图代表团赴南非出席金砖图书馆联盟会议	中国文化网
4月16日	“格致·考工·源流——中国古代重要科技发明创造名家讲座”开幕式暨首场讲座在国家图书馆举行	中国科技网
8月2日	数字化：中华古籍“回家”的另一种方式	中国科技网
9月3日	“抗日战争与近代中日关系文献数据平台”正式上线发布	中国科技网
11月9日	文旅·融合·创新——“首届海淀区研学旅游季”专题研讨会在国图举办	中国科技网
11月10日	“首届海淀区研学旅游季”系列活动之海淀区研学旅游专题研讨会在国家图书馆举办	中国报道网
5月19日	国家典籍博物馆推出博物馆日系列活动——搭建博物馆与公众的互动平台	中国出版传媒网
6月27日	日本永青文库向国图捐赠一批珍贵汉籍	中国出版传媒网
10月8日	让典籍走进百姓生活　国家图书馆展出“镇馆之宝”之《永乐大典》	中国出版传媒网
12月20日	纪念郑振铎诞辰一百二十周年系列活动在国家图书馆举行	中国出版传媒网
9月29日	国家图书馆展出“镇馆之宝”《永乐大典》	中国旅游新闻网
8月1日	海淀科教特色夏令营走进国图“悦读之旅”体验传统文化	中国商网
2月5日	国家图书馆：读者可临摹《永乐大典》，春节更有“文化味”	中国作家网

5月28日	听！田连元在国图说《水浒》——首场“致敬经典之四大名著”名家讲坛举办	中国作家网
6月26日	日本“永青文库”4175册典籍今日入藏中国国家图书馆	中国作家网
9月29日	去国家图书馆看《永乐大典》的前世今生	中国作家网
6月14日	央视“非遗公开课”讲好非遗故事　厚植文化底蕴	中央电视台官网
5月27日	国家图书馆开启《致敬经典之四大名著》系列活动	法制网
9月28日	国家图书馆联合14家单位在线发布古籍数字资源	科学网
2月3日	国图2018年春节活动启动：现场临摹《永乐大典》	新浪网
2月6日	国家图书馆春节前夕开放展示《永乐大典》喜迎戊戌新年	新浪网
2月7日	欢度文化新年：国家图书馆2018年春节活动启动	新浪网
3月20日	“原创图画书2017年度排行榜”发布会	新浪网
3月20日	2018中国原创图画书论坛在京隆重举行	新浪网
4月23日	第十三届“文津图书奖”获奖图书揭晓	新浪网
6月6日	北师大传习所揭牌拜师仪式暨古籍修复技艺进校园活动举行	新浪网
6月9日	国家非遗传承人抢救性记录工作成果展映系列活动在京拉开帷幕	新浪网
6月26日	日本永青文库向国图捐赠4175册汉籍　将展出1个月	新浪网
7月30日	“全国图书馆文化创意产品开发联盟”举办首届年会	新浪网
7月31日	纪念周恩来诞辰120周年中国画作品展北京巡展开幕	新浪网
10月10日	11万人国庆长假光顾国家图书馆	新浪网
10月15日	国图8000余部数字古籍免费发布　资源总量超2.7万部	新浪网
10月18日	北方昆曲传统折子戏专场演出将亮相国图艺术中心	新浪网
10月20日	“纪念梁启超诞辰145周年”系列活动在国家图书馆举行	新浪网
11月7日	全国新文艺群体书法作品汇报展在国家典籍博物馆开展	新浪网
11月23日	册府千华——2018江苏省藏国家珍贵古籍特展开幕式举办	新浪网
1月22日	国图艺术中心新春贺礼　2018国图新春乐相声晚会	搜狐网
6月6日	“国家级古籍修复技艺传习中心北京师范大学传习所揭牌拜师仪式暨2018年古籍修复技艺进校园活动”在北师大举行	腾讯网
8月17日	典藏龚鹏程：从美国国会图书馆到中国国家图书馆	凤凰网
10月25日	首届“一带一路”非中艺术交流展在中国国家图书馆举行	凤凰网

9月8日	“会说话”的《诗经》特种邮票首发	法晚网
9月13日	从《诗经》到《红楼梦》 国图首发“会说话的”多媒体邮册	法晚网
9月28日	国图“镇馆之宝”《永乐大典》开展 连展三个月免费开放	法晚网
10月8日	11 万人国庆长假光顾国家图书馆	法晚网
10月9日	国图《四库全书》免费开展一周 400 名初中生现场教学	法晚网
10月25日	来国图感知新非洲 首届“一带一路”非中艺术交流展开展	法晚网
11月17日	门内门外阅古今 为《永乐大典》插图填色	法晚网
11月26日	孔府档案明代卷今出版 民国和清代档案五年内出版	法晚网
2月6日	看春节年俗、抄《永乐大典》 国图举办多项活动迎新春	新京报网站
3月1日	国家图书馆启动全国两会服务 为代表委员提供热门议题文献	新京报网站
5月27日	国图启动“四大名著”名家讲坛 田连元首场分享《水浒传》评书创作	新京报网站
6月26日	日本永青文库向国图捐赠 4000 余册汉籍 失传千年唐代典籍日刻本入藏	新京报网站
7月23日	“动漫原画特展——一支铅笔诞生的世界”在国图开展	新京报网站
8月18日	87 版《红楼梦》音乐作者王立平国图开讲	新京报网站
9月2日	“抗日战争与近代中日关系文献数据平台”上线 抗战史料永久免费开放	新京报网站
9月8日	《诗经》特种邮票在国家典籍博物馆首发	新京报网站
9月28日	国图展出嘉靖年间《永乐大典》原本 历经 400 余年光洁如新	新京报网站
10月9日	国家图书馆展示《四库全书》库房 可近距离目睹原架原函原书	新京报网站
12月16日	皇家建筑世家“样式雷”开展，圆明园设计图纸亮相	新京报网站
12月19日	“古籍守护人”郑振铎纪念展亮相国图	新京报网站
5月18日	国图策划传统艺术系列公开课 吴江开讲《盲人摸象戏曲谈》座无虚席	北晚新视觉网
6月9日	国图开启非遗展映月：国家级非遗传承人抢救工作成果首次发布	北晚新视觉网
9月25日	《永乐大典》文献展周五国图亮相，还有五大主题活动等您参与	北晚新视觉网
10月8日	国庆假期国家图书馆累计接待读者超 11 万 单日最高超 2.2 万	北晚新视觉网
12月22日	国家图书馆将开启 2018 年读书周 读名著做手工等活动不容错过	北晚新视觉网

9月28日	国家图书馆“镇馆之宝”《永乐大典》现真容	北青网
8月4日	首届海淀区研学旅游季正式启动	北京参考网
2月5日	国图春节好礼送不停！小年来抄《永乐大典》　邀您共度“文化新年”	北京时间网
2月8日	带您玩转 2018 国图年俗文化展	北京时间网
2月16日	大年初一国图里里外外热闹非凡！馆长携“文化大餐”向读者拜年	北京时间网
4月19日	你关注的来啦！第十三届文津图书奖 60 种入围图书出炉　获奖书单即将揭晓	北京时间网
4月23日	今年首选书单新鲜出炉！国图揭晓“文津奖”9 种获奖图书	北京时间网
4月23日	“京剧电影工程”系列影片公益展映在国家图书馆启动	北京时间网
5月4日	国图邀您赏国家一级文物　品郑板桥传世名言“难得糊涂”	北京时间网
5月4日	致敬“千年第一思想家”　马克思书信手稿亮相国图	北京时间网
5月22日	2018“科技活动周”国图邀您观赏科技音乐会	北京时间网
5月28日	田连元和六小龄童等亮相国图名家讲坛　讲述与《四大名著》的故事	北京时间网
6月11日	田苗：和时间赛跑　为每一个传承人做一部纪录片	北京时间网
6月26日	进日本永青文库捐赠汉籍入藏中国国家图书馆展	北京时间网
6月26日	日本前首相向国图捐赠 36 部 4 千余册汉籍　失传千年典籍现身	北京时间网
7月5日	“年华易老技忆永存——抢救性记录首批国家级非物质文化遗产成果展”将于 6 日在京举行	北京时间网
7月8日	田苗：每个中国人都应是非物质文化遗产传承人	北京时间网
7月25日	来国图看展览啦！400 余幅动漫原画北京首秀	北京时间网
8月20日	一声叹息：跟王立平一起走进《红楼梦》的音乐世界	北京时间网
9月9日	六小龄童在国图讲述如何“苦练七十二变、笑对八十一难”	北京时间网
9月26日	旷世宏编　文献大成——国家图书馆藏《永乐大典》文献展即将开幕	北京时间网
10月10日	我和《四库全书》首次亲密接触！首师大附中 400 学生走进国图看宝	北京时间网

11月9日	“首届海淀区研学旅游季”系列活动之海淀区研学旅游专题研讨会在国家图书馆举行	北京时间网
11月19日	又涨知识了！通过《永乐大典》认识中国古代建筑精髓	北京时间网
11月26日	阙里遗珍　化身千百——《孔子博物馆藏孔府档案汇编·明代卷》正式出版	北京时间网
12月30日	寒冬里的温暖！来国图欣赏一个别开生面的“脱口秀”	北京时间网
12月30日	想了解你的姓氏文化吗？到国家典籍博物馆一探究竟	北京时间网
1月5日	炫彩童年——中国百年童书展开启你的童年记忆	千龙网
9月26日	12 册《永乐大典》9 月 28 日亮相国图	千龙网
2月5日	国家图书馆 2018 年春节活动全面启动	国家文物局网站
5月21日	国家典籍博物馆推出国际博物馆日系列活动	国家文物局网站
10月26日	纪念梁启超诞辰 145 周年系列活动在国家图书馆举行	国家文物局网站
10月10日	北京：国图镇馆之宝《永乐大典》展出　展览深受市民欢迎	中工网
6月27日	日媒：日本文库向中国国家图书馆捐赠 4175 册“汉籍”	参考消息网
7月2日	刚刚从日本回归中国的国宝，到底意味着什么？	参考消息网
12月3日	“不忘初心　砥砺奋进——国家图书馆革命历史文献精品展”	未来网
12月3日	“甲骨文记忆展”亮相国家典籍博物馆	未来网
12月16日	北京：国家图书馆学习氛围浓	未来网
1月12日	器用为尚：从古籍《文房四谱》看到明代兰玉墨	澎湃新闻网
3月8日	法藏敦煌遗书资源回归，存世最早《温泉铭》《化度寺碑》在列	澎湃新闻网
5月8日	在国家典籍博物馆看郑板桥的“难得糊涂”	澎湃新闻网
6月26日	日本前首相向中国捐赠 4175 册汉籍，含失传千年唐代典籍	澎湃新闻网
7月26日	动漫原画特展：探寻米老鼠和柯南等动漫人物们最原始的模样	澎湃新闻网
9月18日	抗战文献数据平台正式上线，推进学术的同时服务大众	澎湃新闻网
12月20日	郑振铎当年如何抢救古籍文物，国家典籍博物馆与故宫展开纪念	澎湃新闻网
9月28日	国图展出“镇馆之宝”　12 册《永乐大典》勾勒大典多舛命运	新民网
10月9日	国家图书馆今起打开库房，举办“走近四库全书”活动	新民网

4月23日	世界读书日：传统文化百部经典、太空日记、给孩子讲量子力学……“文津图书奖”书单来了	文汇网
6月26日	失传千年重要典籍现身国图　日本永青文库向国图捐赠珍贵汉籍4175册	文汇网
9月28日	现场抄写嘉靖案头书啥滋味？国家典籍博物馆请您近距离领略《永乐大典》风采	文汇网
6月27日	日本前首相捐赠4175册汉籍入藏中国国家图书馆	香港文汇网
7月26日	400余动漫原画及珍稀赛璐璐首度登陆京城　还原迪斯尼画师工作室	香港文汇网
9月30日	非遗烙书在香港参加改革开放40周年图片展受关注	香港商报网
2月25日	国图3月1日启动“两会”服务　为代表、委员参政议政提供专业信息保障	大公网
4月23日	文津图书奖揭晓《太空日记：景海鹏、陈冬太空全纪实》等九种图书获奖	大公网
6月7日	国家图书馆与上海自贸区达成战略合作　共同助推文创产业发展	大公网
9月28日	国图镇馆之宝《永乐大典》开展　观众可近距离欣赏12册珍贵原件	大公网
11月29日	南京复刻400年前《十竹斋笺谱》复活失传“拱花”绝技	大公网
2月13日	北京：大年初一国家图书馆向市民大拜年　将举办现场赠书系列活动	大众网

年度大事记

年度大事记

一 月

1 日，《中华人民共和国公共图书馆法》正式实施。为庆祝该法律实施，国家图书馆、中国图书馆学会倡导全国公共图书馆在元旦期间举办各类丰富的读者体验活动，让大众走进身边的公共图书馆。国家图书馆作为主场开展了“馆长带您走进国家图书馆”直播互动活动，倡导广大读者走进图书馆、利用图书馆，共建书香社会。

10—11 日，国家图书馆 2018 年元旦春节期间“文艺小分队下基层”活动在江西省赣州市兴国县举办。文艺小分队在国家图书馆副馆长、党委副书记魏大威的带领下，深入生活、扎根基层，开展一系列文化惠民活动。国家图书馆专门定制的兴国县基层数字图书馆平台和移动数字图书馆平台正式开通，遴选 5000 册图书与《中华传统文化百部经典》首批一套 10 部赠予兴国县图书馆。

二 月

2 日，国家图书馆 2018 年记者座谈会暨春节活动新闻发布会在国图视听服务空间举行。国家图书馆馆长韩永进，常务副馆长陈力，副馆长孙一钢、陈樱等出席座谈会。会上，陈力介绍 2018 年国图春节读者活动的主要内容，包括举办“年俗文化展”“名家带你写春联”等到馆活动，国图官网推出专题网页，联合全国 400 多家公共图书馆开展“网络书香过大年”活动等。

5 日，国家图书馆 2018 年春节团拜会在国图艺术中心举行，馆领导班子成员、各部处主任与 700 余位离退休干部及统战人士欢聚一堂，喜迎新春。

6 日，由国家互联网信息办公室、教育部、工业和信息化部、文化部、国家新闻出版广电总局指导，中国互联网发展基金会主办的 2017 年度“两微一端”百佳评选榜单揭晓仪式在人民日报社举行。国家图书馆微信订阅号、国家数字图书馆客户端分别荣登“微信贡献力十佳榜单”与“APP 用户服务十佳榜单”。

7 日，中国国家图书馆馆长韩永进会见哈萨克斯坦驻华大使沙赫拉特·努雷舍夫并接受哈方赠书，副馆长孙一钢参加会见。

8 日，“看《永乐大典》 迎戊戌新年”——《永乐大典》展暨临摹抄写活动在国家图书馆举行。国图从馆藏《永乐大典》中挑选出一些寓意吉祥、贴近民众的书页，制作成抄书页，读者可以每日选择不同主题内容誊写临摹。展览展出 1983 年从山东掖县发现并入藏的一册《永乐大典》和 2007 年从海外华人袁女士手中回归到国图的一册《永乐大典》，以及从《永乐大典》中辑佚的《旧五代史》《宋会要辑稿》《建炎以来系年要录》《水经注》等珍贵文献。

16 日（正月初一）上午，国家图书馆馆长韩永进，常务副馆长陈力，副馆长张志清、李虹霖、陈樱以及相关部处负责同志在总馆北区二层大厅喜迎戊戌年首批读者的到来。韩永进向第一位到馆读者赠送《中华传统文化百部经典》首批 10 部和文津图书奖精选获奖图书等。

28 日，中国国家图书馆常务副馆长陈力会见来访的新加坡国家图书馆管理局总裁梁宝珠、新加坡国家图书馆馆长伍慧贤一行，副馆长孙一钢参加会见。

三　月

5 日，法国国家图书馆藏敦煌遗书数字资源正式在中国国家图书馆网站“中华古籍资源库”发布。该批资源共计 5300 余号 31000 余拍。读者可登录中国国家图书馆网站，在线进行检索和全文浏览。此次发布的资源，如存世最早的拓本文献唐太宗《温泉铭》、欧阳询《化度寺故僧邕禅师舍利塔铭》《沙州都督府图经》等，历来备受敦煌学研究的重视。

15—23 日，国家图书馆接连收到 4 封感谢信，分别来自全国人大信息中心、十三届全国人大一次会议新闻组信息服务中心、全国政协办公厅、全国政协十三届一次会议大会发言组。4 封感谢信用“高质量”“高效率”“恪尽职守”等词汇对国家图书馆“两会”服务给予良好评价。

26 日，中国国家图书馆馆长韩永进会见来访的美国杰斐逊基金会主席莱斯利·波曼一行，副馆长李虹霖、孙一钢参加会见。韩永进希望双方进一步加强在展览领域的交流与合作，将中美两国优秀的历史文化展示给大众。

28 日，国家图书馆召开 2018 年宣传暨党建信息工作表彰会。馆长、党委书记韩永进，副馆长、党委副书记魏大威，副馆长陈樱出席会议并为 2017 年度在党建信息报送工作中取得优秀成绩的集体和个人颁奖。

29 日，民国时期文献保护工作座谈会在国家图书馆举行。会议由国家图书馆常务副馆长陈力主持，来自全国省级图书馆的代表，档案馆、高校以及各研究机构的专家学者近 50 人参加会议。此次会议总结交流近年来的主要进展和工作经验，进一步明确“十三五”期间民国时期文献保护的工作思路和工作重点。

29日，中国国家图书馆馆长韩永进会见来访的突尼斯驻华大使迪阿·哈立德一行并接受突方赠书。

四　月

13日，由国家图书馆（国家古籍保护中心）和中国科学院自然科学史研究所联合主办的“格致·考工·源流——中国古代重要科技发明创造名家讲座”开幕式暨首场讲座在国家图书馆文会堂举行。国家图书馆馆长、党委书记、国家古籍保护中心主任韩永进，中国科学院自然科学史研究所所长张柏春出席活动。该系列讲座全年共举办12场，内容包括古代数学、医学、农学、天文历法、冶金、琢玉、纺织、建筑、军事技术等诸多方面，涉及相关学科最重要、最前沿的研究成果。

15—19日，中国国家图书馆馆长韩永进一行3人赴卡塔尔访问。韩永进作为雒树刚部长代表出席卡塔尔国家图书馆开馆仪式系列活动，并与卡塔尔国家图书馆馆长索哈尔·瓦斯托共同签署《中国国家图书馆与卡塔尔国家图书馆合作谅解备忘录》。

16—20日，中国国家图书馆副馆长、国家古籍保护中心副主任、中国古籍保护协会常务副会长张志清一行2人赴台北参加由台湾古籍保护学会主办的第六届古籍保护与流传学术研讨会。此次会议是六届会议中规模最大的一次，大陆和台湾从事古籍保护、整理与研究的专家学者70余人与会，宣讲49篇论文和报告，就古籍保护人才培养、学科建设、专业技术、文献整理与揭示、数字服务等论题展开热烈讨论。会上，张志清发表题为“中华古籍保护新进展”的主题演讲。

22日，在世界读书日来临之际，由国家图书馆与首都京胡艺术研究会共同主办的“京剧电影工程”系列影片公益展映启动仪式在国图艺术中心举行。北京市人大常委会原副主任、“京剧电影工程”领导小组副组长刘晓晨，国家图书馆馆长、党委书记韩永进，中央文史馆馆员、国家京剧院原院长吴江等近千人出席活动。刘晓晨向国家图书馆捐赠“京剧电影工程”首批10部影片的光盘和系列丛书。

23日，在第23个世界读书日到来之际，第十三届文津图书奖发布暨国图公开课特别活动在国家图书馆举行。国家图书馆馆长、党委书记韩永进，文化和旅游部公共文化司副司长陈彬斌，国家图书馆常务副馆长陈力、副馆长李虹霖等领导出席颁奖仪式。本届文津图书奖收到有效参评图书1874种，最终评选出获奖图书9种、推荐图书51种。

26日，中央电视台大型文化情感类节目《朗读者》第二季新闻发布会在国家图书馆举行。中央电视台综艺频道总监、大型节目中心主任郎昆，中国作协副主席李敬泽，中央美术学院院长范迪安，国家图书馆副馆长、党委副书记魏大威，国家图书馆副馆长陈樱，中国戏剧家协会主席濮存昕，茅盾文学奖获得者毕飞宇，《朗读者》制作人、总导演董卿等人参加活动。活动现场，播放了《朗读者》第二季宣传片，董卿讲述了创作录制《朗读者》第二季的真情实感。

五　月

4 日，由国家图书馆（国家典籍博物馆）与潍坊市博物馆共同主办的“清官板桥　三绝传世——郑板桥专题展”在国家典籍博物馆正式开展。此次展览为广大观众呈现郑板桥以民为本、为政为民的做官理念，以及坚守理想信念不动摇，为文、为艺的人生风貌。

7—11 日，国家图书馆 2018 年新任中层干部培训班在上海全国文化干部培训基地举办，28 名新任中层干部参加培训。本次培训以“完成角色转换，提升综合管理能力”为主题，理论与实践相结合，充分考虑中层干部实际需求进行课程设置，切实增强学员的综合管理素质和领导力提升。国家图书馆馆长、党委书记韩永进为学员做题为“坚定文化自信　强化责任担当　携手再创国家图书馆事业发展新辉煌”的第一讲。

18 日，国家典籍博物馆举办国际博物馆日系列活动，通过开展公益讲座、古诗词朗诵和手工体验等活动内容，加深公众对典籍博物馆以及典籍文化的了解与认同，搭建起博物馆与公众沟通互动的有效平台。

19—31 日，国家图书馆发起以“科技创新　强国富民”为主题的移动阅读推广活动。活动内容包括推送线上专题公益阅读和互动闯关，线下扫码读书、读书问答等。浙江、河南、新疆、云南等 18 家省（市、区）公共图书馆的移动阅读分站共同参与，线上参与人数达到 3 万人。

22 日，“书香筑梦・科技兴国——2018 国家图书馆科技创新音乐会”在国图艺术中心举办。中国科协原副主席冯长根、国家图书馆副馆长孙一钢、北京市科委副主任伍健民出席活动，1000 多名观众观看此次公益演出。该活动是国家图书馆首次通过舞台艺术形式展现发明成果、传播科技知识。

24 日，数字图书馆推广工程文化扶贫工作会议在国家图书馆召开。国家图书馆馆长、党委书记韩永进，副馆长、党委副书记魏大威，文化和旅游部财务司规划统计处处长杨雪出席会议。全国 30 家省级公共图书馆馆长及陕西丹凤县、四川汶川县图书馆馆长参加会议。会上，韩永进阐述中央开展文化精准扶贫的政策背景以及数字图书馆推广工程开展文化扶贫的可行性和必要性，杨雪介绍“十三五”时期全国文化扶贫工作的有关情况以及文化和旅游部下一阶段扶贫整体工作安排。

28 日，由中国国家图书馆、中国图书馆学会、四川省委宣传部主办的丝绸之路国际图书馆联盟成立暨“阅读·城市·文化”学术研讨会在四川省图书馆举办。大会发布《丝绸之路国际图书馆联盟成都倡议》《图书馆、书店融合发展联盟宣言》，并签署《图书馆、书店融合发展合作协议》。文化和旅游部党组成员于群，四川省人民政府副省长杨兴平，国家图书馆馆长、中国图书馆学会理事长韩永进等领导，以及来自哈萨克斯坦等国家的 20 余名联盟成员馆馆长、文化官员、专家出席活动。

5 月 31 日—6 月 1 日，2018 年中国图书馆年会——中国图书馆学会年会·中国图书馆展览会在河北省廊坊市召开。本次年会主题为“图书馆与社会：共享　效能　法治”，包括开闭幕活动、主题论坛、学术分会场、展览会、图书馆人之夜等重要内容。文化和旅游部副部长项兆伦，河北省人民政府副省长徐建培，国际图联主席歌莉娅·佩雷兹·萨尔梅隆等领导和嘉宾出席年会。全国各级各类图书馆工作者和有关专家学者等 3000 余人参会。

六　月

1 日，数字图书馆推广工程办公室联合全国各级公共图书馆共同举办的“童音诵古韵·经典有新声”2018 年全国少儿诗词在线诵读活动正式启动。活动为期 2 个月，面向全国各地 6—12 岁的小朋友在微信端开展。

3—5 日，2018 年全国公共图书馆技术部主任会议在北京召开。国家图书馆常务副馆长陈力出席会议并讲话，来自全国 20 余个省、市公共图书馆的近 50 位缩微工作负责人参加会议。

7 日，国家图书馆与上海自贸区管委会签订战略合作协议，正式建立合作伙伴关系。双方将在 IP 研发授权、艺术品国际通道、文创产品开发、线上线下运营等多个方面开展合作。

7—8 日，由上海图书馆、国家图书馆出版社、上海师范大学共同主办的“回眸与展望：2018 民国时期文献整理与研究国际研讨会”在上海师范大学召开。国家图书馆常务副馆长陈力出席会议并致辞，民国时期文献保护工作办公室主任马静做主旨报告。

9 日，在我国“文化和自然遗产日”当天，国家图书馆启动“年华易老　技·忆永存——国家级非物质文化遗产代表性传承人抢救性记录工作成果展映月”系列活动，包括纪录片展映、主题活动、优秀成果推介会、主题展览等。此次展映的纪录片是文化和旅游部非遗司 2015 年支持的国家级非遗代表性传承人抢救性记录工作的优秀成果，内容涵盖我国非遗的全部类别，包括河北的衡水内画、河南的撂石锁、贵州的水书习俗等 25 部非遗纪录片。

12 日，中国国家图书馆馆长韩永进会见来访的韩国国会图书馆馆长许容范一行，副馆长孙一钢参加会见。

12—19 日，中国国家图书馆常务副馆长陈力率团一行 5 人赴英国、德国访问。访问英国国家图书馆期间，陈力与该馆执行总裁罗伊・基廷续签两馆合作谅解备忘录。代表团访问德国巴伐利亚州立图书馆、柏林国家图书馆期间，重点调研了中文文献的收藏、利用及数字化情况，并与对方进行深入的业务交流。

14 日，中国国家图书馆馆长韩永进会见来访的纳米比亚驻华大使艾力阿・乔治・凯亚莫一行，副馆长孙一钢参加会见。韩永进向凯亚莫一行介绍由中国国家图书馆发起的“丝绸之路国际图书馆联盟”成立的情况。

20 日，中国国家图书馆副馆长孙一钢会见来访的捷克国家图书馆馆长马丁・戈康达一行。孙一钢向戈康达馆长一行介绍“丝绸之路国际图书馆联盟”成立的情况，并向捷方发出邀请，希望该馆充分发挥其影响力，推动联盟在中东欧地区的发展。

26 日，日本永青文库汉籍捐赠仪式在中国国家图书馆举行，这是中日和平友好条约缔结 40 周年的重要纪念活动。日本前首相、永青文库理事长细川护熙，文化和旅游部部长雒树刚、党组成员于群，中国驻日本大使程永华，日本驻华大使横井裕，中国国家图书馆馆长韩永进，以及日本永青文库、驻华使馆、文化和旅游部、外交部、中国国家图书馆有关领导和嘉宾，古籍版本专家等出席仪式。细川护熙长期以来致力于中日友好事业，此次代表永青文库将细川家族数代人收藏的 36 部 4175 册珍贵汉籍捐赠中国国家图书馆。

第十三个“文化和自然遗产日”期间，国家图书馆（国家古籍保护中心）组织国家级古籍修复技艺传习中心及附设传习所、国家级古籍修复中心、各省级古籍保护中心等单位，开展了全国性的“古籍修复技艺进校园”活动。活动从 5 月下旬开始，持续到 6 月底，全国 50 余所大中小学不同年龄段的青少年亲身体验相关非遗传统技艺。

七　月

4—5 日，“春雨工程・网络书香”数字阅读推广活动在黑龙江省大庆市图书馆举办。这是国家图书馆积极响应文化和旅游部、中央文明办组织开展“春雨工程——全国文化志愿者边疆行”的号召，结合数字图书馆推广工程建设成果主办的系列活动之一，来自黑龙江省的基层图书馆代表 200 余人参加。活动以展览和培训为主要形式，推介、展示数字图书馆推广工程面向全国提供的数字资源及服务平台。

6日，经文化和旅游部推荐，人力资源社会保障部评议，国家图书馆获批第八批“国家级专业技术人员继续教育基地”，标志着国家图书馆能够承办国家级专业技术人员继续教育基地重大专项工程项目；举办政府部门、行业协会、企事业单位委托的培训班、研修班或进修班等。国家图书馆是全国图书馆界首家正式获批的单位，也是2018年文化和旅游部系统内唯一一家获批单位。

10日，中阿合作论坛第八届部长级会议在北京举行，作为中阿合作论坛机制性活动——中阿图书馆和信息领域合作机制成果的中阿电子图书馆门户项目正式启动。国务委员兼外交部部长王毅、阿盟秘书长盖特和沙特外交大臣朱拜尔出席启动仪式并共同点击启动按钮，中阿电子图书馆门户网站（http://chn-las.nlc.cn/）正式上线发布。文化和旅游部党组成员杜江、中国国家图书馆副馆长魏大威、阿盟秘书处信息文献部主任贾德和沙特阿拉伯阿卜杜勒·阿齐兹国王公共图书馆执行总监阿卜杜·凯里木·载德等出席启动仪式。

17日，国家图书馆举办2018年新闻宣传工作培训。培训活动为期一天，包括专题讲座和外出参观交流活动。国家图书馆副馆长陈樱主持活动。各部处分管宣传工作主任、宣传员，《国图通讯》编委，微传播成员等90余人参加培训。

20日，第二届“‘老北京非遗趴’——燕京有八绝”特别活动在国家图书馆举行。此次活动以“燕京八绝”为主题，通过嘉宾对话、展品展示、非遗技艺演示、老北京曲艺会等方式，借助网络直播实现线上与线下读者共同体验非遗技艺，感受“燕京八绝”之美。

21日，“动漫原画特展——一支铅笔诞生的世界”在国家典籍博物馆正式开展。此次展览集中展出400余幅动漫原画与珍稀赛璐璐，包括迪士尼经典动画电影以及热门日本动漫等。大部分作品是首次在国内展出。

23—27日，国家图书馆、辽宁省图书馆共同主办的全国图书馆文化创意产品开发联盟年会暨图书馆文化创意产品开发培训班在辽宁省图书馆举行。此次会议是联盟成立以来举行的首届年度会议，讨论通过2018—2019年度重点工作，为联盟未来的发展指明方向。

7月31日—8月1日，由中国国家图书馆、中国图书馆学会、美国图书馆协会、美国研究图书馆协会联合举办的中美文化论坛——第六届中美图书馆合作会议在美国都柏林市联机计算机图书馆中心（OCLC）举行。中国驻美大使馆公使衔文化参赞李鸿，中国国家图书馆副馆长孙一钢等10名中国代表参加会议。与会者围绕“合作与创新：构建图书馆命运共同体”这一会议主题做报告。

八　月

3日，由国家图书馆（国家典籍博物馆）主办、海淀区旅游发展委员会支持的“文旅·融合·创新——首届海淀区研学旅游季”系列活动启动仪式及研学旅游推介会在国家图书馆举办。国家图书馆副馆长陈樱出席活动，来自文化、教育、旅游及研学旅游相关领域专业人士100余人参加活动。会上，与会人员围绕研学旅游相关政策解读、研学旅游设计、师资培训等内容展开交流讨论，共同探索研学旅游创新发展道路。

23—30日，应国际图联邀请，中国国家图书馆副馆长孙一钢率代表团一行5人参加在马来西亚吉隆坡市举行的第84届国际图联大会及卫星会议。大会期间，孙一钢一行参加亚大地区专业组常委会会议和国家机构与国际关系特别兴趣小组会议并做报告，介绍“丝绸之路国际图书馆联盟”发展与规划以及中国国家图书馆对外交流与合作概况。

24日，中国国家图书馆馆长韩永进会见摩洛哥文化新闻大臣穆罕默德·拉哈吉一行，对摩洛哥作为2018北京国际图书博览会主宾国表示祝贺，并邀请摩洛哥国家图书馆加入“丝绸之路国际图书馆联盟”。

九　月

5日，十竹斋木版水印艺术作品展在京开展。国家艺术基金理事长、原文化部部长蔡武，中华艺文基金会理事长、原文化部副部长王文章等嘉宾出席活动。开幕式上，国家图书馆馆长韩永进接受杭州十竹斋艺术馆馆长魏立中捐赠的十竹斋水印版画《廿四节气》，并向其颁发捐赠证书。

7日，刘季平与中国图书馆事业改革发展座谈会在国家图书馆召开。文化和旅游部公共文化司副司长陈彬斌，国家图书馆馆长、党委书记韩永进，副馆长张志清、李虹霖、孙一钢、陈樱，研究院院长汪东波，业界及专家代表，刘季平馆长家属代表，在职和离退休员工代表等参加会议。副馆长、党委副书记魏大威主持会议。与会者在发言中回顾改革开放四十年来中国图书馆事业的光辉历程与非凡成就，对刘季平馆长在改革开放国策确立前后，带领一代中国图书馆人积极解放思想、引领业界逐步走上适应中国特色社会主义发展道路的历史贡献予以充分肯定。此前，国家图书馆以“刘季平与中国图书馆事业改革发展”为主题，面向全社会开展征文活动，经专家评审后结集出版，共收录论文20篇。同主题展览在北区大厅举行，展期两个月。

8日，由国家图书馆（国家典籍博物馆）和中国邮政集团公司联合主办的《诗经》特种邮票首发式在国家图书馆举办。国家图书馆馆长、党委书记韩永进，国家图书馆副馆长兼国家典籍博物馆常务副馆长李虹霖，中国邮政集团公司邮票发行部副总经理赵爱国等出席活动。韩永进、赵爱国共同为《诗经》特种邮票揭幕。中国集邮总公司发布了与国家图书馆联合策划开发的《从〈诗经〉到〈红楼梦〉》多媒体邮册。

19日，文化和旅游部在国家图书馆召开馆领导干部职务任免宣布会。部党组成员、副部长张旭出席会议，会议由人事司司长汪志刚主持，国家图书馆领导班子成员、全体处级干部以及部分高级专业技术人员参加会议。汪志刚宣读干部任免文件，任命饶权同志为国家图书馆馆长、党委副书记、国家古籍保护中心主任、国家典籍博物馆馆长；任命魏大威同志为国家图书馆党委书记，免去其国家图书馆纪委书记职务；由于年龄原因，韩永进同志不再担任国家图书馆馆长、党委书记、国家古籍保护中心主任、国家典籍博物馆馆长职务。

20日，杨凡、吴素霞伉俪革命历史文献捐赠仪式暨座谈会在国家图书馆举行。国家图书馆副馆长兼国家典籍博物馆常务副馆长李虹霖，杨凡、郭沫若、胡一声、袁超俊、连贯、李伯球、邱克辉等革命先贤的家人，以及来自国家图书馆、华侨历史博物馆等相关部门负责人出席捐赠仪式。此次入藏国家图书馆的杨凡、吴素霞伉俪革命历史文献共计295种1157册/件。

27日，文化和旅游部财务司司长马秦临，国家图书馆馆长、党委副书记饶权，副馆长孙一钢、陈樱等人赴河北省承德县视察国家文献战略储备库项目用地和文献周转库，了解相关工作进展情况，慰问筹建办工作人员及周转库值守人员。

28日，国家图书馆（国家古籍保护中心）联合14家单位共同发布古籍数字资源，免费服务大众阅览和学术研究。国家图书馆副馆长、国家古籍保护中心副主任张志清，各发布单位代表出席活动。此次发布的资源多达8000余部，其中国家图书馆发布1100多部。资源总量累计超过2.7万部。

28日，由国家图书馆（国家典籍博物馆）主办的“旷世宏编　文献大成——国家图书馆藏《永乐大典》文献展”在国家典籍博物馆第一展厅开展。此次展览分为5个单元，展出《永乐大典》12册，贯穿国家图书馆入藏《永乐大典》的主要过程，同时展出相关珍贵善本古籍、金石拓片、名家手稿和舆图，以及各个时期《永乐大典》入藏国图的档案，不同时期出版的《永乐大典》影印本及海外收藏《永乐大典》影印本等多种类型文献。

十　月

9日，国家图书馆（国家古籍保护中心）在总馆北区一层稽古厅举办为期一周的“走近四库全书”活动，通过展板展示、互动体验、讲座、现场抄四库等多种形式向校园师生、社会公众介绍《四库全书》。

10 日，中国国家图书馆馆长饶权会见以日本出版贩卖株式会社社长平林彰为团长的第 39 次日本出版友好访华团一行 12 人，副馆长孙一钢参加会见。

22—23 日，中国国家图书馆副馆长孙一钢率代表团一行 3 人赴南非首都比勒陀利亚参加第二届金砖国家图书馆会议。会议通过《金砖国家图书馆联盟合作意向声明》，进一步明确金砖国家图书馆联盟的发展方向。

24 日，中国国家图书馆馆长饶权会见来访的斯洛伐克国家图书馆馆长卡特里娜·卡利斯特福娃一行。

24 日，首届"一带一路"非中艺术交流展暨非中文化论坛在中国国家图书馆举行。肯尼亚体育与文化遗产部文化理事齐普洛普·拉贾特，肯尼亚驻华大使馆代办奥迪波，津巴布韦国家艺术管理委员会副主任尼古拉斯·摩尤，中国国家图书馆馆长饶权等出席艺术交流展开幕式。

10 月 28 日—11 月 4 日，张志清副馆长率团一行 5 人赴意大利、荷兰访问。意大利访问期间，代表团访问了米兰市立公共图书馆、布雷拉国立美术学院图书馆、罗马国立中央图书馆、罗马天使图书馆等机构，重点了解中文古籍的收藏、外文善本与手稿的保存与修复情况。荷兰访问期间，代表团参观了莱顿大学图书馆馆舍，双方就下一步开展古籍编目、整理出版等合作事项进行了初步讨论。

十一月

5—12 日，中国国家图书馆副馆长陈樱率团一行 5 人赴韩国国立中央图书馆访问，进行两馆第 21 次业务交流活动。此次业务交流主题是国家图书馆的作用与职能以及立法决策服务，中韩双方分别就此做业务报告。

14—18 日，中国国家图书馆副馆长汪东波一行 2 人赴俄罗斯参加第七届圣彼得堡国际文化论坛。俄总统普京出席论坛的相关活动。汪东波受邀在论坛"数字世界里的个人阅读"板块主题大会上做题为"数字阅读与图书馆"的发言。

18 日，在福建省莆田市举办的第三届世界妈祖文化论坛上，国家图书馆与莆田市政府签署战略合作协议。今后，双方将通过展览展示、文创产品开发、品牌宣传推广等方式，利用国家图书馆丰富的馆藏资源、专家资源和行业影响力，围绕妈祖文化等开展创意性资源开发，共同促进莆田地方特色文化产业发展，实现国家图书馆优秀文化资源的创造性转化及创新性发展，推动"一带一路"建设深入开展。

20日，“文心风雅——董平沙画展”在国家典籍博物馆正式开展。国家图书馆理事会理事长韩永进，文化和旅游部海外文化设施建设管理中心原主任白国庆，国家图书馆副馆长陈樱，国家画院党委副书记张兵等出席开幕活动。开幕式上，董平沙向国家图书馆捐赠绘画作品，陈樱向董平沙颁发捐赠证书。

21—26日，第八届中国博物馆及相关产品与技术博览会在福州举行，国家典籍博物馆文创展区荣获本届博览会“弘博奖·最佳展示奖”。

24日，由中国文物学会、中国建筑学会联合主办的第三批中国20世纪建筑遗产项目公布学术活动在南京举行。国家图书馆总馆南区以其突出的历史价值、艺术价值、科学价值，以及对中国社会发展所产生的深远影响，被评为“中国20世纪建筑遗产”。国家图书馆副馆长陈樱作为入选项目单位代表接受主办方颁发的项目铭牌和荣誉证书。

25日，由国家典籍博物馆、中国书法家协会、郑州大学共同主办的全国第二届大学生书法篆刻作品展在国家典籍博物馆开幕，共展出包括15位评委监委在内的212件作品。

26日，由国家图书馆（国家古籍保护中心）、曲阜师范大学、孔子博物馆主办的《孔子博物馆藏孔府档案汇编·明代卷》新书发布会在孔子博物馆举行，山东省文化和旅游厅一级巡视员周晓波，国家图书馆副馆长张志清出席活动。

11月26日—12月2日，日本国立国会图书馆副馆长坂田和光率代表团一行5人来访中国国家图书馆，进行两馆间第37次业务交流活动。中国国家图书馆馆长饶权、副馆长陈樱会见坂田和光一行。双方还举行2场业务交流会。

28日，中国国家图书馆馆长饶权会见来访的沙特阿拉伯阿卜杜勒·阿齐兹国王公共图书馆执行总监阿卜杜·凯里木·载德博士一行。饶权代表中国国家图书馆感谢阿卜杜勒·阿齐兹国王公共图书馆受邀加入“丝绸之路国际图书馆联盟”，并向载德介绍了联盟的发展规划。

十二月

5日，由国家图书馆（国家古籍保护中心）、广西壮族自治区文化和旅游厅联合主办的“册府千华——广西壮族自治区藏国家珍贵古籍特展”开幕式在广西壮族自治区图书馆举行。国家图书馆馆长、国家古籍保护中心主任饶权，国家图书馆副馆长、国家古籍保护中心副主任张志清，自治区文化和旅游厅厅长甘霖、副厅长严霜出席开幕式。展览展出汉文古籍、少数民族古籍共计150部。

12日，“中国历代绘画大系”之《先秦汉唐画全集》《明画全集》《清画全集》首发式暨捐赠仪式在国家图书馆举行。中共中央宣传部常务副部长王晓晖，教育部副部长杜占元，文化和旅游部副部长张旭，浙江省委常委、宣传部长朱国贤，浙江大学党委书记邹晓东，浙江大学发展委员会主席、“大系”总主编张曦，国家图书馆馆长饶权，副馆长张志清、汪东波以及文化界、教育界、出版界的多位领导和嘉宾出席活动。饶权代表国家图书馆接受赠书，并向浙江大学、浙江省文物局颁发捐赠证书。

14日，中国国家图书馆馆长饶权会见来访的新西兰驻华大使傅恩莱一行，副馆长陈樱参加会见。

19日，“高文有典　美行如圭——郑振铎诞辰一百二十周年纪念展”在国家典籍博物馆开展。国家图书馆馆长、国家古籍保护中心主任、国家典籍博物馆馆长饶权，国家文物局办公室主任解冰，中国社会科学院文学研究所所长刘跃进，国家图书馆副馆长、国家古籍保护中心副主任张志清，中华书局总编辑顾青，郑振铎先生家属代表以及相关专家学者等80余人出席展览开幕式。展览展出70余件展品，生动地展示了这位文化巨匠爱书、护书、献书而殚精竭虑、亲力躬行的壮阔一生。

综合索引

D

E

F

G

H

J

K

L

M

N

O

P

Q

R

S

T

W

X

Y

Z

（衡中青编制）